कितना राज, कितना काज

लालू-नीतीश का बिहार

''रूल्ड ऑर मिसरूल्ड द स्टोरी एंड डेस्टिनी ऑफ़ बिहार''
(ब्लूम्सबरी, 2015) का संशोधित अनुवादित संस्करण

कितना राज, कितना काज

लालू-नीतीश का बिहार

संतोष सिंह

अनुवाद

कल्पना शर्मा

वाणी प्रकाशन

सजिल्द प्रथम संस्करण : 2023

वाणी प्रकाशन

4695, 21-ए, दरियागंज, नयी दिल्ली 110 002

फ़ोन : +91 11 23273167 फ़ैक्स : +91 11 23275710

शाखाएँ

अशोक राजपथ, पटना 800 004, बिहार

कॉफ़ी हाउस कैम्पस, महात्मा गांधी मार्ग, इलाहाबाद 211 001, उत्तर प्रदेश

महात्मा गांधी अन्तरराष्ट्रीय हिन्दी विश्वविद्यालय, वर्धा 442 001, महाराष्ट्र

36/ए, शेक्सपीयर सरणी, रानी बिरला गर्ल्स कॉलेज के पास, कोलकाता 700 017, पं. बंगाल

www.vaniprakashan.com
marketing@vaniprakashan.in
sales@vaniprakashan.in

Kitna Raj, Kitna Kaj

by Santosh Singh
Translated by Kalpana Sharma

ISBN : 978-81-962190-0-0
Journalism /Politics

मूल्य : ₹ 599

आर. टेक ऑफ़सेट प्रिंटर्स, दिल्ली-110 032 में मुद्रित

वाणी प्रकाशन का लोगो मक़बूल फ़िदा हुसेन की कूची से

स्नेहमयी

सासू माँ हेमलता सिंह

की स्मृति में

गिरो जैसे गिरती है बर्फ़
ऊँची चोटियों पर
जहाँ से फूटती हैं मीठे पानी की नदियाँ
गिरो प्यासे हलक में एक घूँट जल की तरह
रीते पात्र में पानी की तरह गिरो
उसे भरे जाने के संगीत से भरते हुए

नरेश सक्सेना

अनुक्रम

मैं बिहार हूँ

मैं ही सीता की धरा हूँ,
विदेह जनक की देह हूँ,
मैं ही रश्मिरथी कर्ण हूँ,
गौतम ऋषि का आश्रम हूँ,
अहिल्या का कायाकल्प हूँ,

मैं अशोक का स्तम्भ हूँ,
चाणक्य की कुटिल प्रज्ञा हूँ,
लोकतन्त्र की जननी वैशाली हूँ,
मैं आर्यभट्ट भी हूँ,
मैं ही तारेगना हूँ,
मैं मगध भी हूँ,
मैं पाटलिपुत्र हूँ,
नालन्दा हूँ,
विक्रमशिला हूँ,
तिलका माँझी हूँ,
गुरु गोविन्द सिंह हूँ,
कुँवर सिंह भी हूँ,
मैं भिखारी ठाकुर हूँ,
महेन्द्र मिसिर हूँ,
मण्डन मिश्र हूँ,
विद्यापति हूँ,
दिनकर हूँ,

मैं शेरशाह सूरी हूँ,
संरचनात्मक विकास की धुरी हूँ,
मैं शाद अज़ीमावादी भी हूँ,
देशप्रेम में अतिवादी हूँ,
ख़ुदीराम बोस की क्रान्तिकारी तरुणाई हूँ,
बिस्मिल्लाह ख़ान की शहनाई हूँ,
गाँधी का चम्पारण सत्याग्रह हूँ,
मोहनदास से महात्मा बनने का आग्रह हूँ।

मैं मन्दार पर्वत हूँ,
जो गवाह है समुद्र मन्थन का,
मुझे अमृत-विष का अन्तर पता है,
मैं दशरथ माँझी भी हूँ,
पहाड़ मेरे इरादों से ही रास्ता हो जाता है।

पर मैं क्या सिर्फ़ एक भव्य इतिहास हूँ?
मेरा वर्तमान क्या है?
मैं राजेन्द्र प्रसाद भी हूँ,
जय प्रकाश नारायण हूँ,
रामनन्दन मिश्र भी हूँ,
मैं श्रीकृष्ण सिंह हूँ,
अनुग्रह नारायण हूँ,
कृष्ण बल्लभ सहाय हूँ,
उनका ज़मींदारी उन्मूलन हूँ,
मैं जननायक कर्पूरी हूँ,
समाजवाद की धुरी हूँ,
मैं कांग्रेस का भग्न क़िला हूँ,
साम्यवाद की उलझन हूँ,
नक्सलवाद का लहू हूँ,
अतरंगी राजनीतिक गठबन्धन हूँ,

समाजवादी बिखरी धारा हूँ,
गेरुआ-हरा का मिलन हूँ।

लालू प्रसाद भी हूँ,
मण्डल मसीहा हूँ,
ग़रीब-गुरबा की आवाज़ हूँ,
उनका राजनीतिक प्रमाद भी हूँ,
पिछड़ेपन का गहरा अवसाद भी हूँ।

नीतीश कुमार तो हूँ ही,
बिहार का बहुत कुछ कायाकल्प हूँ,
सुशासन का संकल्प हूँ,
उनकी राजनीति का तिलस्म हूँ,
उनका 'व्यावहारिक समाजवाद' हूँ,
बहार और बनाव का अंतर्द्वंद्व हूँ
पर मैं सरदार पटेल भवन भी हूँ,
बापू सभागार, सभ्यता द्वार भी!

रामविलास का छोटा आसमान हूँ,
दलित राजनीति में उलझा पासवान हूँ,
जगजीवन राम का अधूरा प्रयास हूँ,
दलित सत्ता हस्तान्तरण की आस हूँ,

कैलाशपति मिश्र का संगठन विस्तार हूँ,
गोविन्दाचार्य का ओजस्वी विचार हूँ,
जनसंघ से भाजपा की अपूर्ण यात्रा हूँ,
उनकी सफलता में अटकी नीतीश की मात्रा हूँ,
थोड़ा सुशील मोदी भी हूँ,
उनकी रक्षात्मक राजनीति का विरोधी भी हूँ।

युवा तेजस्वी के आगमन की आहट हूँ,
भाजपा के नेतृत्व उलझन की छटपटाहट हूँ।

मैं एक कसक भी हूँ,
बिहार से बाहर 'अबे बिहारी' भी,
पलायित छात्र हूँ,
प्रदेश में दिहाड़ी मज़दूर भी,
मैं रायसीना में सिविल सेवा का बड़ा अधिकारी भी हूँ,
देश के विकास का भागीदारी भी हूँ।

मुझमें कोई कमी नहीं है,
मैं कितना उर्वर हूँ,
मैं आत्मनिर्भर हूँ,
मैं बस लिट्टी-चोखा नहीं हूँ,
एक व्यंजन से पहचान का धोखा नहीं हूँ,
मैं चम्पारण का अहुना हूँ,
एक स्वागतयोग्य पहुना हूँ,
मैं दरभंगा का मख़ाना हूँ,
उत्तर बिहार के लीची का ख़ज़ाना हूँ,
मैं हाजीपुर का केला हूँ,
मैं बिहार हूँ, अलबेला हूँ,
मैं अंग का रेशम हूँ,
परेब का पीतल हूँ,
मैं उदवंतनगर का खुरमा, बेलग्रामी हूँ
पिपरा, सिलाव का खाजा हूँ,
मनेर का लड्डू हूँ,
गया का तिलकुट हूँ,
धनुरूआ, बाढ़ का लायी हूँ,
मिथिला की सकरौरी हूँ,
फतुहा की निरजयी हूँ,
रुनी सैदपुर का बालूशाही हूँ,

रोहतास के चावल का कटोरा हूँ,
भागलपुर का कतरनी हूँ,
दिल से पुकारो तो वैतरणी हूँ।
मिथिला के छप्पन व्यंजन का थाल हूँ,
बंगाल का संस्कृति द्वार हूँ,
मैं भुला दी गयी मंजूषा हूँ,
मिथिला की अद्भुत चित्रकला हूँ,
शारदा सिन्हा का छठ गीत हूँ,
अस्तांचलगामी सूर्य को भी नमन हूँ।

सच है मैं कोसी का टूटता कछार हूँ,
बाढ़ का बरबस प्रहार हूँ,
पर मैं गंगा का उद्गार भी हूँ,
मैं अब भी बुद्ध-महावीर का विचार हूँ,
क्योंकि मैं बिहार हूँ।

(ये कविता लेखक संतोष सिंह के आने वाले कविता संग्रह "करवट" से ली गई है जो वाणी प्रकाशन द्वारा प्रकाशित होनी है।)

'कहते हैं परिवर्तन प्रकृति का नियम है पर राजनीति कुछ ज्यादा ही परिवर्तनशील है। बात अगर बिहार की राजनीति की हो तो यहाँ कुछ ज्यादा ही परिवर्तन हुए विगत एक दशक में। इस परिवर्तन के केंद्र में एक ही व्यक्ति हैं—नीतीश कुमार। इस किताब की शुरुआत किसी और तरीके से होनी थी लेकिन नीतीश कुमार ने न सिर्फ इसका उन्मान बदला बल्कि इसका उपसंहार क्या हो ये भी उस महान परिवर्तन के नियम पर छोड़ दिया है जिसके रचियता खुद नीतीश कुमार हैं।

दिन 9 अगस्त, 2022 का था। 1942 के भारत छोड़ो आंदोलन की वर्षगांठ। वैसे भारतीय स्वतंत्रता आंदोलन की इस प्रमुख तिथि का नीतीश कुमार के एक बार फिर भाजपा का साथ छोड़ने और राजद के साथ होने से कोई लेना-देना नहीं था लेकिन प्रतीक तो कहा ही जा सकता है। तेजस्वी प्रसाद यादव फिर से उप-मुख्यमन्त्री बन गये। नीतीश कुमार ने तर्क दिया कि केन्द्र उनकी सुन नहीं रहा था, वो घुटन सा महसूस कर रहे थे और केन्द्र की राजनीति में उनकी फिर से रुचि

जाग गयी या फिर दबी हुई महत्वाकांक्षा फिर से उभर गयी। लेकिन सच्चाई तो यह थी कि नीतीश कुमार 2020 चुनाव के बाद से ही सहज नहीं थे। भले ही भाजपा ने उन्हें पहले ही कि तरह आज़ादी दी, विगत सरकार वाले सारे मंत्रालय दिये लेकिन यदा-कदा कटाक्ष भी सुनते रहे। एक तरफ केन्द्रीय राज्यमन्त्री नित्यानंद राय खुद को परोक्ष रूप से मुख्यमन्त्री उम्मीदवार घोषित करते रहे, दूसरी तरफ बिहार भाजपा के अध्यक्ष संजय जायसवाल भी नीतीश कुमार की आलोचना करते रहे। भाजपा ने अपने संगठन विस्तार की एक कड़ी में पटना में एक बड़ा आयोजन रखा। भाजपा के राष्ट्रीय अध्यक्ष जे.पी.नड्डा ने अपने भाषण के क्रम में कह दिया कि राष्ट्रीय दलों में सिर्फ भाजपा टिकी रहेगी और तमाम क्षेत्रीय दल धोरे-धीरे समाप्त हो जायेंगे। नड्डा का आशय कुछ और ही था पर जदयू को उसका तात्कालिक कारण मिल गया।

उस 9 अगस्त के दिन बिहार की राजधानी में सब कुछ सामान्य था। मुख्यमन्त्री निवास और राजभवन के बीच की पचास मीटर की दूरी के बीच मीडिया अपना-अपना विश्लेषण कर रहा था लेकिन इस बार 2013 के नीतीश-भाजपा अलगाव या फिर 2017 के नीतीश-भाजपा पुनर्मिलन वाली बात नहीं थी। सामान्य जन भी या तो उदासीन थे या नीतीश के राजनीतिक पैंतरें से खिन्न थे। एक दशक के अंदर तीसरे फेरबदल के बीच में एक ही बात उभयनिष्ठ थी—मुख्यमन्त्री नीतीश कुमार ही थे। ये क्या था? राजनैतिक कौशल या राजनीतिक अवसरवादिता या एक ऐसा सम्मिश्रण जो राजनीति विज्ञान के शोधार्थी के लिए एक बहुत अच्छी विषय वस्तु हो सकता है।

जो भी हो बिहार की समाजवादी राजनीति के अपना चक्र पूरा कर लिया। वर्ष 1990 में लालू प्रसाद बिहार के मुख्यमन्त्री बने थे। उस समय यही नीतीश उनके सिपहसालार थे। बत्तीस बरस बाद लालू प्रसाद के पुत्र तेजस्वी फिर से अपने राजनीतिक चाचा के साथ थे। तेजस्वी ने खुलकर कह दिया कि आपस में लड़ेंगे लेकिन साथ भी रहेंगे और समाजवादी राजनीति की विरासत उनके साथ रहेगी।

लेकिन अभी थोड़ा पुनर्विलोकन करते है। चलते हैं साल 2020, जब नीतीश गाथा की नई पटकथा तैयार हो रही थी। उस साल के चुनाव के लिये तेजस्वी यादव कहते नहीं थकते कि 2020 चुनाव में फर्क तो बस लगभग 13000 मतों का था। तेजस्वी अब अपने पिता और नीतीश के साये से बाहर आ गए दिखते हैं। लालू प्रसाद का जमानत पर बाहर आना राजद को संजीवनी ही दे रहा है। लालू प्रसाद अपना ऑक्सीजन स्तर कम होने के डर से ज्यादा नहीं बोलते, लेकिन महज़ उनकी उपस्थिति उनकी पार्टी में नवजीवन का संचार तो कर ही रही है।

उधर लोक जनशक्ति पार्टी (अब लोजपा (रामविलास) के नेता चिराग पासवान हैं, जो अपने पिता और पूर्व केन्द्रीय मन्त्री राम विलास पासवान की मृत्यु के बाद अपनी राजनीतिक ज़मीन तलाशने में लगे है। उनके चाचा पशुपति कुमार पारस लगभग पूरी पार्टी ही तोड़ के ले गए और केंद्र में मन्त्री भी बन गये। लेकिन चिराग जानते हैं कि बिहार में एक दलित नेता की जगह पूरी तरह खाली है और उनके पास पर्याप्त समय है। शर्त यह है कि चिराग बिहार में डटे रहें। तेजस्वी और चिराग के साथ आने की पूरी संभावना है, दोनों युवा नेता अपना समय ले रहे हैं। चिराग भाजपा को अब भी पूरी तरह परख लेना चाहते हैं। और अभी चुनाव भी दूर है। एक और नेता जो अभी चुप है वो कन्हैया कुमार है जो अब कांग्रेस में शामिल हो गए हैं. उनकी विडंबना ये रही कि उनकी पूर्व पार्टी सीपीआई का बिहार में कोई संगठन नहीं है। उनके पास कांग्रेस के अलावा और कोई विकल्प नहीं था और कांग्रेस, कन्हैया को लेकर उहापोह की स्थिति में थी। तेजस्वी और कन्हैया में अलग ही स्पर्धा है।

ऐसे में 2025 का विधानसभा चुनाव बहुत ही रोचक होगा। समाजवादी धारा के दो बड़े नेता—लालू प्रसाद और नीतीश कुमार अपनी उम्र के ढलान पर हैं। दूसरी पीढ़ी सत्ता हस्तान्तरण के लिए तैयार होगी, चाहे नायक किसी दल से हों। बिहार की राजनीति भाजपा और राजद के दो ध्रुवों के इर्द गिर्द रहेगी।

इस किताब का मुख्य कथानक लालू-नीतीश राज का परत दर परत विश्लेषण है। आखिर 1990 से अब तक चल रहे बिहार के शासन के केंद्र में दो व्यक्तित्व ही क्यों है? जयप्रकाश नारायण के इन दो शिष्यों में ऐसी क्या बात है? कांग्रेस के पतन की क्या पाँच कहानियाँ है? क्या जेपी आंदोलन लोहिया की समाजवादी नीति से मेल खाता था, या फिर ये जेपी का व्यावहारिक समाजवाद था जिसने जन संघ को अंगीकार किया और मान्यता भी दी। कर्पूरी ठाकुर किस तरह जननायक बने और बिहार से समाजवाद के अब तक के सबसे प्रखर नेता कहलाये। थोड़ी कहानी कांग्रेस के आखिरी नायक जगन्नाथ मिश्र की भी है। कांग्रेस नेता प्रेम चंद्र मिश्र, राग दरबारी के चरित्र में दिखेंगे। राम विलास पासवान की यात्रा की झलक भी मिलेगी -उनके गाँव शहरबन्नी से संसद तक। हम जीतन राम मांझी के महकार गाँव भी चलेंगे और जानेंगे उन महत्वाकांक्षाओं के बारे में जो उनके उपनाम से पैदा होती है।

कितना राज, कितना काज मूलतः लालू-नीतीश राज की कहानी है। जिसमें लालू प्रसाद का गोपालगंज के फुलवरिया गाँव से निकलकर दस बटे दस फ़ीट के पटना के चपरासी क्वाटर्स में पहुँचना है, लोहा सिंह के रेडियो नाटक का उनकी

जिंदगी में एक बड़ा बदलाव लाना है, लालू के उस भदेस अंदाज़ का राज़ भी है जिसको उन्होंनें भुनाया और राजनीति को नई शैली दी, एक प्रहसन का रूप दिया। मंडल मसीहा बनने से लेकर उनके कारावास तक की कहानी कई पेचीदा गलियों से गुज़रती है, जिसमें कहीं दर्द की दीवारों से टकराहट है तो कहीं उभरती उम्मीद के अन्त की आहट।

वो गरीबों की ऐसी आवाज़ बने जिसमें हुंकार तो थी लेकिन अच्छी शिक्षा और सड़क देने का विचार नहीं था। उनके राजनीतिक गलियारों में जातीय समीकरण के दम्भ का वह भूलभुलैया था जहां विकास कहीं खो गया। वहीं उनके ही सहयोगी नीतीश कुमार ने राजनीति में नई शब्द शैली गढ़ी जिसने लालू के परिहास से बिहार को राहत दी। नीतीश ने एक तरफ भाजपा के साथ सामाजिक ध्रुवीकरण किया और दूसरी तरफ विकास को मुख्य मुद्दा बनाया।

नालंदा के कल्याण बिगहा गाँव का ये मुन्ना अपने मित्र मुन्ना सरकार की मोटर साइकिल के पीछे बैठते-बैठते बिहार की राजधानी पहुँचा और सत्ता के रथ पर सवार हुआ।

यहाँ एक बात स्पष्ट करना ज़रूरी है—ये किताब एक घुमंतू पत्रकार की रपट है, विश्लेषण है। ये कोई शोध नहीं है जिसमें आप राजनीतिक सिद्धान्त, प्रकिया और प्रमेय ढूँढने की कोशिश करें। हाँ लेकिन एक बात का भरोसा ज़रूर है कि इस किताब में आपको आंकड़ों और तथ्य की रोचकता का समागम मिलेगा जो बिहार की राजनीति को संस्मरण के साथ लेकर चलती है। करीब 105 लोगों की अंतरवीक्षा है तो थोड़ी अन्तर्दृष्टि भी है। बहुतेरे शैक्षणिक संदर्भ भी।

तो फिर सबसे मिलते हैं उनसे जिन्हें लालू का "पहला गुरू" कहना गलत नहीं होगा और फिर बात होगी बीर चंद पटेल पथ की जहाँ जदयू, भाजपा और राजद के कार्यालय हैं। यह वही बीर चंद पटेल हैं जो कभी सदाकत आश्रम में मौजूद कार्यालय के अहम किरदार थे और पिछड़े तबके से आये एक शीर्ष नेता थे। लेकिन जिस सदाकत आश्रम में 1937 से 1990 तक राजनीतिक मेले लगा करते थे, उन्होंने ही कभी बीर चंद पटेल का पथ प्रशस्त नहीं होने दिया। अब सदाकत आश्रम से एक नया और चमकीला अटल पथ निकला है, जिसने बीर चंद पटेल पथ की दूरी को कम कर दिया है। लेकिन इस पथ से कांग्रेस का गुजरना अब एक अनन्त यात्रा की तरह लगती होगी।

1

लालू का 'लोहा'

खदेरन की मदर, जब मैं काबुल के मोर्चे पर था तो काठ के बनूख से लोहे का सनूख तोड़ता था... '[1]

ये दमदार संवाद, ऑल इंडिया रेडियो के लोकप्रिय नाटक 'लोहा सिंह' का है, जिसे रामेश्वर सिंह कश्यप ने लिखा था। इस नाटक में एक रिटायर्ड सेना अधिकारी लोहा सिंह अपनी बहादुरी के क़िस्सों से अपनी पत्नी को दिन-रात हैरान किये रहता था। 60 और 70 के दशक में यह नाटक बिना किसी सोशल मीडिया की मदद के ही 'वायरल' हो गया था।

लोहा सिंह का लोहा रेडियो के श्रोता मान चुके थे। हिन्दी, भोजपुरी और अंग्रेज़ी भाषा के मिश्रण में बना यह नाटक शाम को प्रसारित होता था, जब बच्चे और नौजवान पढ़ाई में मन लगाने की 'कोशिश' कर रहे होते थे। ऐसा ही एक लड़का गोपालगंज के फुलवरिया गाँव में भी था, जिसके सिर पर इस नाटक का भूत सवार था। किशोरावस्था से गुज़र रहे इस लड़के को यह नाटक रट गया था और रिश्तेदारों के सामने इसके यादगार संवाद ऐसा सुनाया करता था, मानो अपनी ही बात कर रहा है। वह जाने-अनजाने 'लोहा सिंह' से भाषण देने की ट्रेनिंग हासिल कर रहा था। धीरे-धीरे इस लड़के का जलवा मोहल्ले में बिखर गया। वह रेडियो का लोहा सिंह ही था, जिसे आप लालू प्रसाद का पहला 'गुरु' कह सकते हैं।

1954 में जब लालू महज़ छह-सात साल के थे, तब उन्हें छोटे से गाँव फुलवरिया से पढ़ाई के लिए पटना लाया गया। वो तो भला हो गाँव के बुज़ुर्ग यदु नन्दन राय का जो पटना में गोशाला चलाते थे और उन्हीं के कहने पर लालू को उनके बड़े भाई मुकुन्द राय के पास पटना भेजा गया, जो पशुपालन विभाग में चतुर्थ

श्रेणी के कर्मचारी थे। लालू अपने भाई को मिले एक रूम के चपरासी क्वार्टर में रहा करते थे। मुकुन्द भी अपने छोटे भाई की प्रतिभा को बेकार नहीं जाने देना चाहते थे इसलिए फुलवरिया से लालू को पटना ले आये, उस गाँव से जहाँ लालू की माँ मरछिया देवी और पिता कुन्दन राय किसानी और दूध बेचने का काम करते थे।

गाँव के बुज़ुर्ग बिरन चौधरी याद करते हुए बताते हैं कि किस तरह लालू, गाँव के प्राथमिक विद्यालय के शिक्षक सूर्या बाली मिश्र के चहेते हुआ करते थे। गाँव के तालाब 'सिरोही' के पास एक छोटा-सा स्कूल था, जहाँ गुरुजी मिश्र एक कच्चे चबूतरे पर बैठते थे और बच्चे घर से लाये बोरे पर बैठकर गणित पढ़ा करते थे। गुरुजी उन्हें देसी अन्दाज़ में पहाड़े (बिटकिड़हा) सिखाते थे, नाप लेने की पुरानी तरक़ीबें सिखाते थे जैसे कनमा (16 कनमा का एक किलो) और आना (16 आना का एक रुपया)। स्कूल के बाद लालू भैंस चराने चले जाते थे जहाँ वो दूसरे लड़कों को इस काम पर लगा, ख़ुद अपने दोस्तों से गप्प लड़ाने लग जाते। इस तरह लालू में नेता बनने के गुण तो बचपन से ही दिखने लगे थे। लालू की चाची मुनरी देवी याद करती हैं कि किस तरह पूरा परिवार चार कमरे के कच्चे मकान में रहा करता था, जिसमें एक बड़ा बरामदा था जिसे ओसरा कहते हैं।[2]

बारिश में जब पूरा गाँव कीचड़ से भर जाता तब छुटका लालू कहा करता–*'जब मैं राजा बनूँगा तब पूरे गाँव में सड़क बनवा दूँगा।'* यह सुनकर बिरन चौधरी जैसे गाँव के उम्रदराज़ लोग हँस पड़ते। लालू अपने सात भाई–बहनों में छठे नम्बर पर हैं। सुखदेव यादव सबसे छोटे भाई, लालू के बड़े भाई मँगरू प्रसाद यादव, गुलाब प्रसाद यादव, मुकुन्द राय, महावीर राय और एक बहन गबोदरा। मंगरू और गुलाब तो गाँव में किसानी और दूध बेचने का काम करते थे, वहीं मुकुन्द और महावीर की पटना में पशुपालन विभाग में चपरासी की नौकरी लग गयी। सुखदेव भी बाद में पशुपालन में लग गये।

लालू को बिहार की राजधानी पटना के स्कूल में दाख़िला मिल गया। वहाँ उनके नये दोस्त बने जिन्हें लालू का देसी अन्दाज़ में बात करना और मुहावरा कहना बहुत भाता था। पहले-पहल लालू का दाख़िला पटना की जीवन-रेखा कहे जाने वाले बैली रोड के एक सरकारी स्कूल में हुआ। वह स्कूल में बैठने के लिए साफ़-सुथरा बोरा लेकर जाते ताकि अपने शिक्षकों को प्रभावित कर सकें। बाद में लालू का दाख़िला बिहार मिलिट्री पुलिस कैम्प के जेल स्कूल में हुआ जहाँ पास ही के महुआबाग़ इलाक़े से आने वाले यादव छात्रों से लालू की दोस्ती हुई। वहाँ हमेशा आगे बैठने

के लिए लड़ाई होती थी, लेकिन लालू वहाँ भी बीच-बचाव करके अपने अन्दर के 'नेता' से सबकी मुलाक़ात करवा देते।

वैसे तो लालू को औसत छात्र ही कहा जाता रहा, लेकिन अपने देसी और ठेठ अन्दाज़ से वह शिक्षकों का ध्यान बटोरने में हमेशा कामयाब रहे। स्कूल से बाहर लालू को हमेशा लड़कों के झुण्ड को निर्देश देते हुए और फ़ुटबॉल मैच की रणनीति बनाते देखा जा सकता था।

आगे चलकर पटना हाईकोर्ट के पास मिलर हाई स्कूल में लालू को दाख़िला मिला जहाँ उनकी दोस्ती समाज के विभिन्न वर्ग से आने वाले बच्चों से हुई। इन्हीं में जमुई के रहने वाले राजपूत जाति के नरेन्द्र सिंह भी थे। नरेन्द्र सिंह के पिता श्रीकृष्ण सिंह उस वक़्त मन्त्री पद पर थे और लालू का मार्गदर्शन करते रहते थे। 60 का दशक आधा बीत चुका था और समाजवादी आन्दोलन रफ़्तार पकड़ रहा था। कर्पूरी ठाकुर और रामानन्द तिवारी ने अपराजित-सी लगने वाली कांग्रेस से टक्कर लेने की हिम्मत दिखा दी थी। बड़े भाई मुकुन्द राय चाहते थे कि कैसे भी करके लालू की एक सरकारी नौकरी लग जाये बस। लेकिन लालू को सड़क पर होने वाले विरोध प्रदर्शन, माइक पर भाषण देते लोग अपनी ओर खींचते थे। ऊपर से लोहा सिंह के संवाद ने लालू के आत्मविश्वास में चार चाँद लगा दिये। दुर्गा पूजा हो या कोई और कार्यक्रम लालू अपनी प्रतिभा दिखाने का कोई मौक़ा नहीं गँवाते।

उधर चपरासी क्वार्टर में अब लालू के दोस्तों का आना जाना बढ़ने लगा। शाम को चने या मख़ाने के साथ चर्चा का लम्बा दौर चलता। पड़ोसियों से भी लालू की ख़ूब छनती और शाम की चाय, बहस और विमर्श के साथ गुज़रती।

वेटरनरी कॉलेज टीम और दूसरी टीम के बीच अक्सर मैच हुआ करते। लालू सुनिश्चित करते थे कि उनकी टीम मैच न हारे, अगर हारने का अन्देशा हो जाता तो लालू दूसरी टीम से लड़ने का बहाना ढूँढ़कर मैच में रुकावट पैदा कर देते। लालू को शुरू से ही हारना पसन्द नहीं था। लोहा सिंह ने कई बार लालू को ऐसे हालात से बाहर निकाला, मसलन पटना के मिलर स्कूल में लालू का एडमिशन टेस्ट अच्छा नहीं हुआ। बड़े भाई को डर था कि दाख़िला नहीं होगा, लेकिन लालू ने लोहा सिंह के डायलॉग बोलकर प्रधानाध्यापक का मन मोह लिया। लालू रोज़ पाँच किलोमीटर चपरासी क्वार्टर से स्कूल पैदल जाते। हाँ, बाद में साइकिल का प्रबन्ध भी हो गया।

अपने पिता कुन्दन राय से अलग लालू अपने नाम के साथ यादव या राय नहीं लगाते थे, वह सिर्फ़ लालू प्रसाद लिखते रहे। लेकिन आगे आने वाले सालों में

चुनावी अभियानों में लोगों ने उन्हें लालू प्रसाद यादव कहना शुरू किया। इस उपनाम ने उन्हें पूरे बिहार में पहचान दिलवाई क्योंकि यादव, बिहार की सबसे बड़ी जाति मानी जाती है जो राज्य की आबादी का लगभग 14 फ़ीसद हिस्सा है।

पारसनाथ, फ़ोटोग्राफ़र हैं और उनके पिता परमेश्वरी नारायण, वेटरनेरी कॉलेज में शिक्षक थे। वह याद करते हैं कि किस तरह लालू ख़ुराफात करने में माहिर थे–

कई बार लालू खजूर के पेड़ से लिया गया ताज़ा नीरा पी जाते। लेकिन वह दुकानदार को इसकी रकम नहीं देते। कोई नीरा बेचने वाला अगर मना कर दे तो कहीं से एयर राइफल लाकर लालू मटकों को फोड़ देते थे। बड़े भाई मुकुन्द राय के पास शिकायत जाती थी, फिर वो लालू की ख़बर लेते थे और उन्हें पढ़ाई पर ध्यान देने के लिए कहते थे।[3]

पटना के बीएन कॉलेज में स्नातक करते हुए लालू को राजनीति में आने का चस्का चढ़ा। राजनीति विज्ञान में स्नातक करने के बाद उन्होंने पटना यूनिवर्सिटी के एक-दूसरे कॉलेज में क़ानून की पढ़ाई के लिए दाख़िला लिया।

यह दौर छात्र आन्दोलन का था। पटना यूनिवर्सिटी में भी जोश की लहर थी। सुपारी चबाते लालू प्रसाद अपने मुहावरों से लदे भाषणों के साथ कॉलेज और यूनिवर्सिटी में होने वाले विरोध प्रदर्शन के लिए तैयार थे। अपनी बातों से भीड़ जुटाने में उन्हें महारत हासिल हो गयी थी।

1969 में लालू को कांग्रेस की अहम विपक्षी पार्टी संयुक्त समाजवादी पार्टी के युवा संगठन समाजवादी युवजन सभा के दो संयुक्त सचिवों में से एक के रूप में चुना गया। समिति के एक और सदस्य थे–सुरेन्द्र अकेला (अब सुरेन्द्र किशोर)। शिवानन्द तिवारी, युवजन सभा के सचिव चुने गये थे।

उन दिनों शायद लालू को पहली बार इतने बड़े मंच पर सुना गया जब बेहद मज़ाक़िया अन्दाज़ में वह लोहा सिंह के डायलॉग लोगों के बीच बोल रहे थे। तब तक लालू की सदस्यता वाली समिति भंग हो चुकी थी क्योंकि शिवानन्द तिवारी ने इस्तीफ़ा दे दिया था, लेकिन लालू को समन्वय समिति में रखा गया। आगे के सालों में लालू ने अपने नाम से अतिरिक्त 'ल' हटा दिया। उस वक़्त जनसत्ता बिहार के संवाददाता रहे गंगा प्रसाद ने लालू प्रसाद को सलाह दी कि वह उन पत्रकारों को फटकार लगाये जो उनके नाम को Laloo लिखते हैं जो पढ़ने में 'लल्लू' जैसा लगता है। राजद प्रमुख को प्रसाद की बात में दम लगा और उन्होंने हमेशा अपने नाम की सही स्पेलिंग लिखने पर ज़ोर दिया जो है–Lalu, हिन्दी में लालू।

रंजन प्रसाद यादव, लालू प्रसाद से दो साल सीनियर थे और पटना साइंस कॉलेज से पोस्ट ग्रेजुएशन कर रहे थे। लालू प्रसाद से उनकी मुलाक़ात 1969 में हुई। इसके कुछ महीनों बाद ही 1970 में लालू को पटना यूनिवर्सिटी छात्र संघ (पुसु) का महासचिव चुना गया। लालू को पटना यूनिवर्सिटी के छात्र नेता राम प्रसाद यादव के सामने खड़ा किया गया था जो कि कांग्रेस से आने वाले सबसे बड़े यादव नेता राम लखन सिंह यादव के प्रतिनिधि थे।[4]

पटना के ही रहने वाले रंजन का घर नाला रोड पर था और वह लालू से काफ़ी प्रभावित थे, लालू जो उस वक़्त मुफ़लिसी के दौर से गुज़र रहे थे लेकिन अपनी एक अलग पहचान बनाने की कोशिश में थे। बस यहीं से रंजन और लालू की तीस साल पुरानी दोस्ती की शुरुआत हुई। ये दोनों दोस्त रंजन के घर पर रोज़ मिलते। लालू, एक तरह से रंजन के परिवार का हिस्सा ही रहे।

लालू की हिन्दी उतनी अच्छी नहीं रही जितनी कि बिहार इंजीनियरिंग कॉलेज के उनके जूनियर रहे नीतीश कुमार की थी। लेकिन लालू का एक अलग अन्दाज़ था जो उन्हें लाखों लोगों की भीड़ में अलग करता था। वह बिहार के पहले देसी नेता बनकर उभर रहे थे जो फर्राटेदार भोजपुरी में अपनी बात कहते थे। ख़ास बात यह थी कि लालू ने अपने गाँव में बहुत ज़्यादा वक़्त भी नहीं बिताया था। लालू ज़्यादातर लोगों से आँख में आँख मिलाकर भोजपुरी में ही बात करते और इसी बात ने उन्हें जन-नेता और आगे चलकर एक 'राजनीतिक हँसोड़' के रूप में पहचान दी। दिलचस्प यह है कि लालू प्रसाद कभी भैंस पर नहीं बैठे जैसा कि वह दावा करते आये हैं, लेकिन उन्होंने बेहद ही सफलतापूर्वक अपनी इस छवि को लोगों के बीच बेचा और इस वजह से कइयों ने उनसे जुड़ाव भी महसूस किया।

लालू प्रसाद, पटना विश्वविद्यालय छात्र संघ (पुसु) के पहले चयनित महासचिव थे। इससे पहले वार्ड पार्षद ही पुसु के पदाधिकारियों का चुनाव करते थे। समाज की ही तरह विश्वविद्यालय की राजनीति भी जातिवाद का शिकार थी। बशिष्ठ नारायण सिंह (अब जदयू नेता), राजपूत छात्रों के नेता थे। लालू को संगठित पिछड़ा वर्ग के उम्मीदवार के तौर पर चुना गया जो ऊँची जाति के बिखरे हुए नेतृत्व के सामने खड़े थे। लेकिन यहाँ भी वह छात्रों से जुड़े गम्भीर मुद्दे उठाने के लिए कम और लोहा सिंह के संवाद बोलने के लिए ज़्यादा जाने गये।

लेकिन 1971 पुसु चुनाव में लालू को हार का सामना करना पड़ा, जब राजपूत और भूमिहार छात्रों ने मिलकर भूमिहार छात्र नेता राम जतन सिन्हा को पुसु का

अध्यक्ष चुन लिया। उस चुनाव के बाद 'राइफल-बुलेट ज़िन्दाबाद' नारा लोकप्रिय हुआ जो भूमिहार और राजपूत–दो ऊँची जातियों–के दबदबे को दर्शाता था।

अगले दो साल लालू का जलवा ज़रा कम रहा। इस दौरान पटना साइंस कॉलेज के रंजन यादव के साथ लालू की दोस्ती परवान चढ़ी।

रंजन याद करते हैं–

स्कूल से लेकर कॉलेज के दिनों तक नरेन्द्र सिंह, लालू के सबसे अच्छे दोस्त रहे। लेकिन 1971 के पुसु चुनाव में जब सिंह ने राम जतन सिन्हा (अब कांग्रेस नेता) के साथ मिलकर लालू को सफलतापूर्वक चुनौती दी, उसके बाद से ही लालू का मानो दिल टूट गया और उन्हें पहली बार ऊँची जाति बनाम ओबीसी/दलित राजनीति का पाठ समझ आया। इसके बाद लालू वेटरनेरी कॉलेज में अस्थायी क्लर्क की नौकरी करने लगे, वो नौकरी जो उन्हें पूर्व सीएम और यादवों के सबसे बड़े नेताओं में से एक दरोगा राय की सिफ़ारिश से मिली थी। अब लालू सरकारी नौकरी करके एक गृहस्थ जीवन बिताने की कल्पना करने लगे थे। दो साल तक लालू गुमनामी की ज़िन्दगी जीते रहे। लेकिन लालू को नज़रअन्दाज़ करना मुश्किल है। 1973 के पुसु चुनाव में लालू लौट आये। उस वक़्त वह पटना के लॉ कॉलेज से क़ानून की पढ़ाई कर रहे थे।[6]

1973 के पुसु चुनाव में लालू की वापसी हुई। उनके उपनाम, मनमौजी व्यवहार और किसी और ओबीसी छात्र नेता की कमी के बीच वह अध्यक्ष पद के लिए खड़े हुए। उस वक़्त बिहार में लेफ्ट पार्टी की मज़बूत उपस्थिति के बीच अखिल भारतीय विद्यार्थी परिषद (एबीवीपी) उभरता हुआ संगठन था और चूँकि लालू उस वक़्त किसी छात्र संगठन से जुड़े नहीं थे, इसलिए एबीवीपी उनसे हाथ मिलाना चाहती थी। लालू को संयुक्त समाजवादी पार्टी (एसएसपी) के छात्र संगठन समाजवादी युवजन सभा (एसवायएस) के उम्मीदवार के तौर पर उतारा गया। एबीवीपी-एसवायएस के गठबन्धन ने चुनाव में तहलका मचा दिया और लालू प्रसाद बन गये पुसु अध्यक्ष, सुशील कुमार मोदी महासचिव और रविशंकर प्रसाद, संयुक्त सचिव।

1973–लालू के लिए अच्छा साल रहा। उनका ब्याह हुआ 18 साल की राबड़ी देवी से जो लालू के गाँव फुलवरिया से छह किलोमीटर दूर सेलार कला से थीं। इसी साल लालू बन गये पुसु के अध्यक्ष जो उनके राजनीतिक सफ़र में पहला अहम पड़ाव साबित हुआ।

लालू ने पुसु चुनाव से पहले राबड़ी देवी से शादी की। इस शादी के लिए रंजन, पटना से पाँच कार लेकर गये थे ताकि पुसु चुनाव से पहले ज़रा लालू की धौंस जम सके। लालू इन्हीं में से एक कार सेलार कला लेकर गये। शादी की रात तेज़ आँधी तूफ़ान आया। अव्यवस्था के चलते कई लोग तो बिना ख़ाना खाये लौट आये।

लालू भी दुल्हन को लेकर पटना के अपने दस बाय दस फ़ीट के चपरासी क्वार्टर में लौट आये।

सुशील कुमार मोदी की मानें तो लालू प्रसाद हमेशा से ही ख़ुशमिज़ाज रहे। वह जानते थे कि लोगों का ध्यान कैसे बटोरना है। एक कार्यक्रम में नामी पत्रकार कुलदीप नायर को बुलाया गया। परम्परा के अनुरूप लालू प्रसाद को बतौर अध्यक्ष उस कार्यक्रम में आख़िरी में भाषण देना था। लेकिन लालू जानते थे नायर के बोलने के बाद उन्हें कोई नहीं सुनेगा। इसलिए उन्होंने परम्परा को किनारे रखकर पहले भाषण दिया और अगले दिन अख़बारों में अपनी जगह पक्की कर ली।

नामी वक्ताओं को बुलाने की कड़ी में 1974 में पुसु ने गाँधी शान्ति प्रतिष्ठान के बिहार सचिव भावेश चन्द्र प्रसाद की सलाह पर जयप्रकाश नारायण को न्यौता दिया। तब पहली बार लालू ने जेपी को देखा जिन्होंने अपने चिर-परिचित अन्दाज़ में प्रजातान्त्रिक अधिकारों को क़ायम रखने पर ज़ोर दिया। जेपी ने उस दिन लालू या किसी और छात्र नेता से बातचीत नहीं की। 1973 में दिल्ली और यूपी समेत कई राज्यों में छात्र संघ की जीत से उत्साहित दिल्ली विश्वविद्यालय छात्र संघ (डूसू) ने 8-9 जनवरी 1974 को दिल्ली में देशभर के छात्र संघ की बैठक बुलायी। पुसु अध्यक्ष लालू भी महासचिव मोदी के साथ सम्मेलन में पहुँचे। लालू ने अपने मज़ाक़िया अन्दाज़ में फिर लोगों का ध्यान बटोरा जब कांग्रेस सरकार की नाकामी पर लोगों के *शेम शेम* बोलने का जवाब लालू ने *आलू भंटा शेम* कहकर दिया। लालू सुधरने वाले नहीं थे, सुधरे भी क्यों, आख़िर यही उनका अन्दाज़ था।

इस अखिल भारतीय सम्मेलन ने राष्ट्रव्यापी आन्दोलन को हवा दी। बिहार छात्र नेताओं ने बिहार प्रदेश छात्र संघर्ष समिति (बीपीसीएसएस) का गठन किया जिसमें एबीवीपी बिहार और यूपी के प्रभारी राम बहादुर राय और आरएसएस नेता के एन गोविन्दाचार्य ने अहम रोल निभाया। छात्रों के प्रतिनिधि और छात्र संघ नेता फ़रवरी 1974 की बैठक में आये। लेकिन लेफ्ट के छात्र संघ ने इस बैठक का बहिष्कार किया क्योंकि बीपीसीएसएस ने रूस के चेकोस्लोवाकिया पर कम्यूनिस्ट हमले की निन्दा करते हुए एक प्रस्ताव पास किया जो लेफ्ट को नागवार गुज़रा।

इधर बीपीसीएसएस ने भी मुफ़्त और रियायती दरों पर बस और सिनेमा टिकट और बेहतर कैंटीन फूड जैसी माँगों तक ख़ुद को सीमित ने करके अपने एजेंडा को विस्तार दिया। छात्रों ने बिहार प्रदेश छात्र संघर्ष संचालन समिति (बीपीसीएसएसएस) का गठन किया, जिसके तहत 18 मार्च, 1974 को विधानसभा का घेराव किया गया ताकि भ्रष्टाचार, महँगाई, बेरोज़गारी और शिक्षा-व्यवस्था की मरम्मत जैसे मुद्दों पर विरोध प्रदर्शन किया जा सके। भवेश चन्द्र प्रसाद को बीपीसीएसएसएस का कर्ता-धर्ता बनाया गया जो आगे चलकर छात्रों और जेपी के बीच अहम कड़ी बनकर सामने आये।

स्थानीय अख़बारों में एक हफ़्ते पहले से ही बीपीसीएसएसएस के 18 मार्च के कार्यक्रम की चर्चा थी। 18 मार्च को यूनिवर्सिटी बन्द और विधानसभा घेराव को लेकर माहौल बन रहा था। छात्रों ने चेताया था कि वह उस दिन विधानसभा में राज्यपाल का भाषण नहीं होने देंगे।

सुशील कुमार मोदी याद करते हुए कहते हैं–

वह पूरी तरह छात्र आन्दोलन था और इसमें किसी तरह का राजनीतिक दख़ल नहीं था। हमने अशोक राजपथ के सिरे पर मौजूद इंजीनियरिंग कॉलेज से शुरू किया और हमारे साथ सिर्फ़ 30 छात्र थे। हम माइक पर छात्रों से विधानसभा पहुँचने की अपील कर रहे थे। हमें कहाँ पता था कि हम इतिहास रच रहे हैं। पटना यूनिवर्सिटी पर ताला लगाकर और छात्र नेता बशिष्ठ नारायण सिंह को अपना कुलपति घोषित करके हम विधानसभा पहुँचे जहाँ हमने हज़ारों की तादाद में छात्रों को देखा। भारी मोर्चाबन्दी थी। मैं राज्यपाल को विधानसभा जाने से रोकने के लिए राजभवन पहुँचा। लालू प्रसाद विधानसभा के मुख्य द्वार के पास थे। राजभवन के बैरीकेड तोड़ने पर पुलिस ने लाठी चलाना शुरू कर दिया। भीड़ भी उग्र होती चली गयी और आगजनी की नौबत आ गयी। कई दुकानें, पेट्रोल पम्प, अख़बार का दफ़्तर, एक होटल और दर्जनों दुकानें स्वाहा हो गयी। पुलिस को पटना में कई जगहों पर गोली चलानी पड़ी, जिसमें पाँच लोगों की जान चली गयी। मुझे बाद में पता चला कि लालू प्रसाद अपने वेटरनेरी कॉलेज से घर पहुँच गये थे। बतौर पुसु अध्यक्ष, लालू के पास फोन की सुविधा थी। उन्होंने कई लोगों को गुमनाम बनकर कॉल किया और कहा कि लालू प्रसाद पर गोली चली, लालू गोलीबारी में मारे गये, फिर क्या था लालू को जितनी पब्लिसिटी मिली, उतनी किसी और छात्र नेता को नहीं मिली थी। शाम होते तक पटना में कर्फ़्यू लग गया। अगले दो-तीन दिन में बाक़ी के ज़िलों में भी हिंसा की

वारदात हुई। अब यह आन्दोलन छात्रों के क़ाबू के बाहर हो गया था। पहली बात तो हमने सोचा ही नहीं था कि बात इतनी बढ़ जायेगी। दरअसल इस आन्दोलन ने जनता को कांग्रेस सरकार के ख़िलाफ़ अपना ग़ुस्सा उतारने का एक मौक़ा दे दिया था। लालू प्रसाद समेत कुछ छात्र नेताओं ने तो कांग्रेस से सम्पर्क भी किया जिससे आन्दोलन दब सकता था। लेकिन लालू कुछ तय नहीं कर पा रहे थे, यहाँ तक कि उन्होंने 17 मार्च को हुए लेफ्ट के एक कार्यक्रम में भी हिस्सा लिया।[6]

और फिर सीन में जयप्रकाश नारायण आते हैं–

जयप्रकाश का बिगुल बजा तो जग उठी तरुणाई है,
तिलक लगाने तुम्हें बचाने,
क्रान्ति द्वार पर आयी है,
कौन चलेगा आज देश से भ्रष्टाचार मिटाने को,
बर्बरता से लोहा लेने सत्ता से टकराने को,
आज देखते कौन रचाता मौत के संग सगाई है।[7]

ये पंक्तियाँ आगे चलकर जेपी आन्दोलन की पहचान बन गयीं। जब हालात बेक़ाबू होते गये तब छात्रों ने जेपी से बात करना मुनासिब समझा। 18 मार्च को जेपी के क़दमकुँआ निवास पर छात्र पहुँचे और पूरा हाल बयाँ किया। बाद में 19 मार्च को फिर राम बहादुर राय और बशिष्ठ नारायण सिंह ने जेपी से मुलाक़ात की। जेपी, आन्दोलन की अगुवाई नहीं करना चाहते थे, लेकिन बाहर से समर्थन के लिए राज़ी थे। बाद में लालू और कुछ और छात्र भी जेपी से मिले। आख़िरकार जेपी, आन्दोलन की अगुवाई के लिए तैयार हो गये।

आन्दोलन की कमान जेपी के सँभालने के बाद छात्र नेताओं को हर ज़िले में जाकर आन्दोलन को रफ़्तार देने का काम करना था। जहाँ कई नेता बस और ट्रेन लेकर अभियान पर निकले, वहीं लालू प्रसाद और नरेन्द्र सिंह को टैक्सी लेकर आन्दोलन में हिस्सा लेने का सौभाग्य हासिल हुआ।

आन्दोलन को पूरे भारत में स्वीकारोक्ति दिलाने के लिए, जेपी ने नारायण देसाई, बाबू राव और ठाकुर दास बांग को अपने साथ शामिल किया। हालाँकि लालू प्रसाद को जेपी का ख़ास ध्यान नहीं मिल पाया लेकिन चूँकि लालू पुसु अध्यक्ष थे इसलिए जेपी के हर कार्यक्रम की शुरुआत लालू की अध्यक्षता से ही होती थी।

जेपी और छात्रों के बीच भवेश चन्द्र प्रसाद एक अहम कड़ी थे और वह बताते हैं कि किस तरह जेपी ने लालू की नव-विवाहिता राबड़ी देवी के लिए 500 रुपये का शगुन दिया था। उस वक़्त लालू जेल में थे। 1977 लोकसभा चुनाव में छपरा के लिए अपना नामाँकन भरने के लिए वह जेल से हथकड़ी में आये थे।

कांग्रेस की ओर से अक्सर जेपी पर 'ऊँची जाति और शहरी लोगों का पक्ष' लेने का आरोप लगता रहा। ऐसे में लालू प्रसाद–ओबीसी की सबसे बड़ी आबादी यादव से आने वाले एकमात्र ओबीसी छात्र नेता–काम के साबित होते दिखाई दे रहे थे। ओबीसी की ओर इस तरह राजनीतिक ताक़त के झुकाव की वजह से आन्दोलन में सवर्ण जाति के नेता जैसे नरेन्द्र सिंह, जगदीश शर्मा और राम जतन सिन्हा की जेपी से दूरियाँ बढ़ गयीं। इधर जेपी की आरएसएस को लेकर नापसन्दगी भी थी। इस बीच कांग्रेस के ऊँची जाति केन्द्रित शासन के ख़िलाफ़ समाजवादी आन्दोलन तेज़ होता जा रहा था। लालू प्रसाद की तो पाँचों उँगलियाँ घी में थीं।

लालू गर्व से बताते हैं कि किस तरह जेपी आन्दोलन ने उनकी राजनीति और सामाजिक न्याय के उनके नज़रिये को आकार देने में मदद की। जाति जनगणना की विस्तृत जानकारी को सामने लाकर सामाजिक उत्थान और बराबरी लाने की उनकी माँग को वह जेपी की ही प्रेरणा बताते हैं। लालू कहते हैं कि पुसु ने जेपी को छात्र आन्दोलन की शुरुआत में दो बार बुलाया, लेकिन जेपी को एक नामी हस्ती के तौर पर बुलाया गया था और न लालू और न ही किसी और छात्र को अन्दाज़ा था कि आगे चलकर जेपी ही छात्र आन्दोलन की बाग़डोर सँभालेंगे। आगे चलकर यह आन्दोलन सिर्फ़ बिहार की राजनीति ही नहीं, पूरे देश की राजनीति की राह बदल देगा, जिसके बाद इन्दिरा गाँधी को कुर्सी छोड़नी पड़ेगी और जनता पार्टी, एकछत्र राज करने वाली कांग्रेस का एक बड़ा विकल्प बनकर उभरेगी।[9]

लालू प्रसाद याद करते हैं–*जेपी ने हमें समझाया कि प्रजातन्त्र का असलभाव बराबरी के उसूलों में झलकता है। इन्दिरा गाँधी ने जेपी पर आरोप लगाया था कि अपने निजी हित के लिए उन्हें कुछ लोग आर्थिक मदद कर रहे हैं। जेपी कहते थे कि किसी भी आन्दोलन को आर्थिक सहायता चाहिए, यहाँ तक कि महात्मा गाँधी को स्वतन्त्रता आन्दोलन के लिए मदद की ज़रूरत पड़ी। जेपी, प्रदर्शनकारियों पर चली गोली और हिंसा से दुखी थे। वह बेहद दुखी होकर पूछते थे कि क्या इसी दिन के लिए भारत ने आज़ादी हासिल की थी। इसके बाद ही उन्होंने आन्दोलन की अगुवाई*

करने का फ़ैसला किया और पहली शर्त अहिंसा की रखी। छात्रों से कहा गया कि वह अहिंसा के प्रतीक के रूप में मुँह पर मास्क लगाकर रखेंगे।

लालू याद करते हुए बताते हैं कि किस तरह उन्होंने विरोध प्रदर्शन के पहले दिन विधानसभा के घेराव के लिए अबके कर्पूरी ठाकुर स्मारक के पास के गेट से शुरू हुए जुलूस की अगुवाई की। कुछ प्रदर्शनों के बाद गाँधी मैदान पर एक बड़ी जनसभा हुई। लालू ने कहा–*'बतौर पुसु अध्यक्ष मुझे जेपी को लोकनायक की उपाधि देने का सौभाग्य मिला। जनता ने सहमति में हाथ उठाये। हमारी सभा का असर पूरे देश में देखने को मिला।'* फिर 21 और 22 मार्च को सुशील कुमार मोदी और रविशंकर प्रसाद को तो मुख्य आरोपी के रूप में गिरफ़्तार कर लिया गया, वहीं लालू एक साल तक पुलिस की गिरफ़्तारी से बचे रहे और उस दौरान वह अपनी पत्नी राबड़ी देवी के गोपालगंज के गाँव सेलार कला में छुपे रहे।

छात्र समिति की कार्यवाही में हावी होने के लिए लालू प्रसाद ने नरेन्द्र सिंह के साथ हाथ मिला लिया था। वहीं लालू-नरेन्द्र जोड़ी की दादागिरी को तोड़ने के लिए कुछ अन्य छात्रों ने समाजवादी नेता रामानन्द तिवारी के बेटे शिवानन्द तिवारी का सहारा लिया। लेकिन क्योंकि लालू पुसु अध्यक्ष थे इसलिए जेपी, पूर्व सीएम दरोगा राय और राम लखन सिंह यादव तक उनकी सीधी पहुँच थी।

आख़िरकार 1975 में एमरजेंसी लगने के बाद लालू गिरफ़्तार हुए। अन्य क़ैदियों की तरह उन्होंने भी बीमारी का बहाना बनाया और उन्हें भी पटना मेडिकल कॉलेज और अस्पताल (पीएमसीएच) के क़ैदी वार्ड में रखा गया। पीएमसीएच गेट पर ही अशोक राजपथ पर लगे तार के उस पार खड़े मुलाक़ात करने वालों से क़ैदी बात किया करते थे। पीएमसीएच में क़रीब 25 क़ैदी बीमारी का बहाना बनाकर भर्ती थे। किसी को आन्त की बीमारी थी तो कोई पेट की समस्या का बहाना बनाता था जिसके इलाज के लिए पहले एक्स-रे टेस्ट की ज़रूरत होती थी और इस काम से पहले बेरियम पाउडर दिया जाता था।

इन्हीं में से एक क़ैदी सुशील कुमार मोदी थे जो बताते हैं कि किस तरह लालू प्रसाद ने कुछ पीएमसीएच स्टाफ को बेरियम पाउडर स्टॉक से बाहर कर देने के लिए मना लिया ताकि एक्स-रे में देरी हो जाये। पाउडर बाज़ार में मिलता नहीं था। लालू अपने साथ क़ैदियों को अपनी शादी के क़िस्से सुनाया करते थे। एक बार उन्होंने एक कॉन्स्टेबल को गटर का गड्ढा खोलने के लिए मना लिया ताकि बाइक सवार उसमें फँसकर गिर पड़े। लेकिन लालू का पीएमसीएच में ठहरना ज़्यादा दिन

नहीं चल पाया क्योंकि पुलिस को कहीं से ग़लत सूचना मिली कि छात्र गाँधी मैदान में होने वाले इन्दिरा गाँधी के कार्यक्रम में रुकावट पैदा करने की योजना बना रहे हैं। इसलिए एक रात लगभग तीन बजे छात्र क़ैदियों से भरी दो बसें बक्सर और भागलपुर जेल के लिए निकल पड़ी। लालू को बक्सर जेल भेजा गया। [10]

जेपी आन्दोलन के कई नेताओं की तरह लालू को भी आन्तरिक सुरक्षा व्यवस्था क़ानून (मीसा) के तहत जेल भेजा गया। उसी दौरान लालू के घर बेटी का जन्म हुआ जिसका नाम मीसा रखा गया, जो अब हैं मीसा भारती। दिलचस्प है कि लालू के बेटे तेज़ प्रताप और तेजस्वी ने यादव उपनाम लिया लेकिन उनकी सातों बेटियों में से किसी ने भी अपने पिता के इस लोकप्रिय उपनाम का इस्तेमाल नहीं किया। उनकी चार बेटियों के नाम पढ़िए—मीसा भारती, रोहिनी आचार्य, चन्दा रानी और राज लक्ष्मी।

1975 में आन्दोलन जब अपने चरम पर था तब राज्य की बाग़डोर अपनी हाथ में लेने वाले डॉ. जगन्नाथ मिश्र ने भी कहा कि जेपी आन्दोलन सिर्फ़ छात्र आन्दोलन नहीं था। एक सही मौके़ का इन्तज़ार कर रहे छात्र नेता लालू प्रसाद को भी जेपी आन्दोलन से ही पहचान मिली। उनके साथी उन्हें कितना भी मसखरा बतायें लेकिन लालू ने परवाह नहीं की और विरोध के दौरान बिना किसी संकोच के विधानसभा के गेट पर चढ़ने में सबसे आगे रहे। कर्पूरी ठाकुर जैसे दिग्गज भी कुछ सालों तक फुलवरिया से आये इस 'मनचले' को भाव नहीं देने की ग़लती कर बैठे थे।

लालू के शुरुआती सालों में वेटरनेरी कॉलेज कैम्पस आवास एक तरह की राजनीतिक प्रयोगशाला बन गया था। एक बार आन्दोलन जब अपने चरम पर था, तब लालू की बहस कॉलेज के अध्यापक और कॉलेज होस्टल के इंचार्ज परमेश्वरी नारायण से हो गयी थी। मसला था कि वेटरनेरी कॉलेज के छात्र आन्दोलन में हिस्सा न लें क्योंकि नारायण के मुताबिक़ छात्रों को अपनी स्नातक के फाइनल पेपर देने थे। लालू अपने साथी जगदीश शर्मा और आर के राणा—दोनों बाद में सांसद बने—के साथ नारायण के निवास पहुँचे लेकिन बाहर निकलने का रास्ता नहीं मिलने पर और अपनी तरफ़ भारी भीड़ को आता देख अपनी बाँस की छड़ियाँ लोगों की तरफ़ फेंककर भाग खड़े हुए।

लालू और उनके दोस्त आर के राणा और जगदीश शर्मा ने कई दिन छुपते छुपाते गुज़ारे । राबड़ी देवी का गाँव सेलार कला उनका ऐसा ही एक ठिकाना हुआ करता था। लालू प्रसाद के साले अनिरुद्ध प्रसाद उर्फ़ साधू यादव याद करते हैं—

1974 के आन्दोलन में लालू प्रसाद, आर के राणा और जगदीश शर्मा की तिकड़ी रही। हमारे पिता का घर पुलिस की गिरफ़्तारी से बचने का सबसे अच्छा ठिकाना था। ये तीनों महीनों सेलार केला में रहते और फ़ुटबॉल खेलते, राजनीति पर चर्चा करते। मेरे पिता शिव प्रसाद चौधरी को तीनों से बहुत प्यार था और वह जानते थे कि एक दिन लालू प्रसाद बहुत बड़ा आदमी बनेगा। [11]

उन दिनों लालू तीन तरह से ख़ुद को आर्थिक रूप से मज़बूत कर रहे थे–जेपी फंड से उन्हें बड़ी रकम मिलती थी, वह पशुपालन विभाग में तृतीय श्रेणी के कर्मचारी हो गये थे और उन्हें राम लखन सिंह यादव और पूर्व सीएम दरोगा राय से मदद मिल रही थी, बावजूद इसके कि ये दोनों सरकार के लिए काम कर रहे थे। आप कह सकते हैं कि राजनीतिक सौहार्द के चलते 'यादव भाई चारा' काम आ रहा था।

1977 लोकसभा चुनाव में सिर्फ़ लालू प्रसाद को बीपीसीएसएस की ओर से टिकट दिया गया। उनके दोस्त रंजन प्रसाद यादव ने उनके लिए चुनाव की बाग़डोर सँभाली। लेकिन उस साल के विधानसभा चुनाव के लिए नीतीश कुमार समेत सभी बड़े छात्र नेताओं को टिकट दिया गया। लेकिन जीत सिर्फ़ मिथिलेश कुमार सिंह जैसे कुछ नेताओं की ही हुई।

छपरा से लालू चुनाव के लिए खड़े हुए जो कि मूल रूप से ओबीसी यादव और राजपूत बहुल इलाक़ा माना जाता है। लालू के सामने तीन बार कांग्रेस सांसद बने दिग्गज नेता रामशेखर प्रसाद सिंह थे। लालू को एमरजेंसी के बाद इन्दिरा गाँधी से नाराज़ जनता के मूड और जेपी लहर का फ़ायदा मिला और वह चुनाव जीत गये। फुलवरिया का राजकुमार अब राजनीति में आ चुका था और 29 की उम्र में उसने संसद में क़दम रखा।

अब लालू की पहुँच दिल्ली तक थी। उनकी दोस्ती चन्द्रशेखर से बढ़ी जो आगे चलकर पीएम बने। हरियाणा सीएम और लोकदल नेता देवी लाल के साथ भी लालू का उठना-बैठना हुआ, जिन्होंने उनकी मुलाक़ात अपने शिष्य शरद यादव से करवाई जो उस वक़्त जबलपुर के साँसं थे। एक ही जाति से होने की वजह से शरद और लालू की दोस्ती होने में वक़्त नहीं लगा। इस बीच कांग्रेस के विरोधी होने के बावजूद कांग्रेस नेता और बिहार सीएम रह चुके बिन्देश्वरी प्रसाद मण्डल से लालू के रिश्ते मज़बूत रहे। यही नहीं, सीएम कार्यालय से आते जाते रहे जगन्नाथ मिश्र और 1980 में विधानसभा स्पीकर बने राधा नन्दन झा से भी लालू के अच्छे रिश्ते

थे। लालू अपने समर्थन की ज़मीन तैयार कर रहे थे और इसके लिए उन्हें सत्ता में मज़बूत रिश्ते बनाने थे ताकि उनके समर्थकों का भला हो सके।

स्वर्गीय राधा नन्दन झा के बेटे और पूर्व विधायक हरखू झा कहते हैं—*लालू के शुरुआती राजनीतिक दिनों में कांग्रेस से उनके कई दोस्त थे। मेरे पिता हमेशा उनके सलाहकार रहे। लालू ने भी इस बात को कई बार स्वीकारा है।*[12]

1980 में लालू सोनपुर से विधायक हुए जो कि छपरा का विधानसभा क्षेत्र है और अब सारण में आता है। लालू के नेता कर्पूरी ठाकुर ने साफ़ किया था कि कोई भी विधायक सार्वजनिक उपक्रम समिति (पीयूसी) का एक से ज़्यादा बार सदस्य नहीं बनेगा। लालू ने अपना रुतबा दिखाना शुरू कर दिया था और वह एक साल के लिए पीयूसी के सदस्य बन चुके थे। वह फिर से नामाँकन भरना चाहते थे क्योंकि इस सदस्यता से उनके छोटे-मोटे ख़र्चे निकल रहे थे। लालू ने कर्पूरी से बहस की और ठाकुर को पुनर्नामाँकन से जुड़े नियम बदलने के लिए मना लिया। ऐसा माना जाता रहा कि लालू, कर्पूरी ठाकुर को बहुत मानते थे लेकिन सच तो यह है कि लालू और कर्पूरी की कभी बनी नहीं क्योंकि एक था उसूलों का पक्का और दूसरे को उसूल पसन्द नहीं थे।

पत्रकार सुरेन्द्र किशोर एक दिलचस्प क़िस्सा बताते हैं—

कर्पूरी ठाकुर, नेता प्रतिपक्ष थे। उपसभापति शिवनन्दन पासवान ने विधायक लालू प्रसाद से एक बार ठाकुर को घर छोड़ने के लिए कहा। लालू ने कहा कि उनकी जीप में पेट्रोल नहीं है। लालू ने एक बार यह सवाल भी दाग दिया था कि दो बार सीएम रह चुके कर्पूरी ठाकुर अपने लिए कार क्यों नहीं ले लेते। [13]

कर्पूरी ठाकुर की मज़बूत उपस्थिति और दूसरे पायदान पर मौज़ूद अनूप लाल मण्डल, विनायक मण्डल और गजेन्द्र हिमाँशु (तीनों ही यादव) के नेतृत्व के बीच लालू अपनी अलग पहचान बनाना चाहते थे। लालू ने लोगों से जुड़ने के लिए अपना एक तरीक़ा निकाला और वह नयी पीढ़ी के नेता के रूप में उभरने लगे। नीतीश कुमार, छेदी पासवान और जगदानन्द सिंह, इस नये और अलग यादव नेता का साथ दे ही रहे थे। इन्हें लालू की तरक़्क़ी में अपना भी भला नज़र आ रहा था।

टेलिग्राफ में सहायक सम्पादक रहे नलिन वर्मा याद करते हैं कि किस तरह लालू एक अलग नेता बनकर सामने आ रहे थे—

1983 की बात है, मैं तो उस वक़्त छात्र ही था जब लालू ने मुझे गंगा किनारे देखा और मुझसे उनके बाढ़ग्रस्त विधानसभा क्षेत्र सोनपुर चलने के लिए कहा।

वह वहाँ लोगों को खाने-पीने की मदद करने जा रहे थे। मैंने कहा आपके पास सामान तो है नहीं तो मदद कैसे करेंगे। लालू ने कहा बस देखते जाओ। वह बोट से उतरकर सीधे गाँव की सवर्ण जाति के अमीर परिवारों के बीच पहुँचे और उनसे कहा कि बाढ़ पीड़ितों के लिए अनाज दान करें। लोग भी अपने विधायक की इस विनम्रता से भाव-विभोर हो उठे और सबने बढ़-चढ़कर मदद की। लालू कई दिन तक वहीं रहे और स्थानीय बीडीओ की मदद से ट्यूबवेल भी लगवा दिया। जब तक बाढ़ का पानी निकल नहीं गया, वह लोगों के साथ बैठे, खाये, बतियाये। लालू की तरह लोगों ने पहले किसी विधायक को इस तरह पेश आते नहीं देखा था।[14]

इधर कर्पूरी ठाकुर भी 1985 के आते-आते मनमौजी लालू प्रसाद की अहमियत को समझने लगे थे। लालू एक बार फिर विधायक चुने गये। ठाकुर ने भी अपने सामने खड़े होने वालों को लड़ाने के लिए राजनीति शुरू कर दी। 1986 तक वह लालू के वेटेनेरी कॉलेज के निवास पर आने-जाने लगे।

लालू के छोटे साले सुभाष यादव भी 1986 से लालू के साथ ही रहने लगे थे। वह बताते हैं–

कर्पूरी ठाकुर रात को अपनी एम्बैसेडर की पिछली सीट पर सोने के बाद अक्सर लालू के घर अलसुबह पहुँच जाते थे। अपनी धोती का एक सिरा हाथ में पकड़कर वह लालू के कमरे में लगभग दौड़ते हुए आते थे। उन्हें हमारे घर की छाछ बहुत भाती थी। लेकिन लालू जी अक्सर चरण सिंह के प्रति अपनी वफ़ादारी जताते थे जिन्हें वह बाबूजी कहा करते थे। [15]

लेकिन ठाकुर ने कभी भी लालू को अपना उत्तराधिकारी मानकर बात नहीं की। राम सुन्दर दास, अनूप लाल मण्डल और गजेन्द्र हिमाँशु जैसे नेता इस लिस्ट में आगे थे। लेकिन यही वक़्त था जब लालू-नीतीश की दोस्ती परवान चढ़ी। बेहद ही सधे हुए और शहरी अन्दाज़ वाले नीतीश, लालू का समर्थन करते आये, शायद उन्हें दूसरी पीढ़ी का नेता मानते हुए या महज़ बदलाव के लिए।

1988 में नेता प्रतिपक्ष कर्पूरी ठाकुर का निधन हो गया। लालू प्रसाद ऐसे दुखी थे मानो उनके पिता नहीं रहे। विधानसभा में जब ठाकुर का शव लाया गया तब लालू वहाँ खड़े दिखे जहाँ अक्सर जाने वाले के परिवार के सदस्य खड़े मिलते हैं। पटना के बाँस घाट पर लालू व्यथित दिख रहे थे। देखेने वाले कहते हैं कि यह लालू का अब तक का सबसे अच्छा 'नाटक' था। लेकिन लालू वही कर रहे थे जिसके लिए

वह जाने जाते हैं। अगले दिन लालू अख़बारों में थे। यहीं से संकेत मिलने शुरू हो गये कि लालू ही कर्पूरी के उत्तराधिकारी बन सकते हैं।

मीडिया का ध्यान बटोरना लालू बख़ूबी जानते थे। नेता प्रतिपक्ष बनने के बाद पटना में कुछ यादवों की हत्या कर दी गयी। लालू उनके परिवार को सांत्वना देने पहुँचे। जब लालू लौट रहे थे तब कुछ पत्रकार पहुँचे। फिर क्या था, लालू पत्रकारों को देखकर लौटकर आये और अपनी भावुकता का 'रिपीट टेलिकास्ट' किया। लौटते हुए लालू ने एक वरिष्ठ पत्रकार से कहा कि 'मेरे पीछे जनता और लाठी है लेकिन पढ़ा-लिखा लोग नहीं है।'

नेता विपक्ष के पद पर सबकी नज़र थी। देवी लाल ने अपने शिष्य शरद यादव को लालू का साथ देने के लिए बिहार भेजा। जब अनूप लाल मण्डल के नाम की चर्चा हो रही थी, तब लोक़दल नेता हेमवती नन्दन बहुगुणा, अनूप के पटना आवास पर पहुँचे। शरद यादव ने इस मौके का फ़ायदा उठाया और अनूप लाल को बहुगुणा कैम्प का सदस्य बता दिया।

लोक़दल के युवा नेता नीतीश कुमार तो पहले से ही लालू प्रसाद के साथ थे। वह कहते हैं–*मैं और लोक़दल के अन्य युवा नेता नेतृत्व में नयी पीढ़ी को मौक़ा दिलाना चाहते थे। हालाँकि और भी कई क़ाबिल नेता थे लेकिन हम लोक़दल के विधानसभा नेता के रूप में लालू प्रसाद को ही देख रहे थे। जगदानन्द सिंह और मेरे जैसे कई युवा नेता लालू प्रसाद के लिए जोड़ तोड़ में लगे थे। रघुवंश प्रसाद सिंह को पहले आपत्ति थी, फिर वह भी मान गये। लालू यादव को इसलिए पसन्द किया गया क्योंकि वह छात्र आन्दोलन से जुड़े रहे और ओबीसी की सबसे बड़ी जाति से आने वाले नेता थे। कई और वरिष्ठ यादव नेता भी थे लेकिन नयी पीढ़ी को मौक़ा मिलना था। जब लोक़दल का जनता दल में विलय हुआ तब लालू अपने आप ही नेता प्रतिपक्ष बन गये।*[16]

लालू ने एक और प्रतिद्वन्द्वी हिमाँशु को भी पीछे धकेला और बन गये नेता प्रतिपक्ष और इस तरह यादव नेताओं की नयी पीढ़ी का आगमन हुआ। लालू प्रसाद, शरद यादव के आभारी रहे। अक्सर वह अपने नेता देवी लाल को एयरपोर्ट लेने जाते थे और वहाँ खड़े पत्रकारों से कहते थे कि एक दिन वे लोग उनका भी इसी तरह इन्तज़ार करेंगे। आगे वीपी सिंह की लहर पर सवार लालू ने एक बार फिर छपरा से 1989 का चुनाव जीता। नेता प्रतिपक्ष का पद अनूप लाल मण्डल को देकर, वह दिल्ली में शरद यादव के साथ 1990 के विधानसभा चुनाव की रणनीति बनाने

में जुट गये और कई यादव उम्मीदवारों को टिकट दी गयी। बोफोर्स का कलंक झेल रही कांग्रेस को बिहार से बाहर कर दिया गया लेकिन लालू को अभी एक और जंग लड़नी थी।

उनके सामने खड़े थे पूर्व सीएम और वीपी सिंह द्वारा नामांकित राम सुन्दर दास। शरद यादव ने लालू को सलाह दी कि वह सीएम का फ़ैसला दिल्ली समिति के हाथ में न छोड़कर सीएम उम्मीदवारों के सीधे चुनाव की माँग करें। लेकिन फिर लालू के सासासा सांसद होने पर भी सवाल उठा जिसके लिए लालू का जवाब तैयार था–अजीत सिंह भी तो सीएम पद के लिए मुलायम सिंह यादव के सामने खड़े हुए थे।

देवी लाल तो लालू के पक्ष में ही थे। उधर नाराज़ चन्द्रशेखर–जो पार्टी में अपने प्रतिद्वन्द्वी वीपी सिंह को हराने के लिए कुछ भी कर सकते थे–को मिले डमी उम्मीदवार रघुनाथ झा। लालू को जीत थाली में नहीं मिली। रघुनाथ झा को मिले 12 वोट, दास को 56, लालू को 59 वोट मिले, इसका मतलब बाल-बाल जीते लालू। और इस तरह चपरासी क्वार्टर के दस बाय दस के कमरे से शुरू हुआ सफ़र पहुँचा 1, अणे मार्ग–मुख्यमन्त्री का आधिकारिक आवास जो लालू के पुराने पते से महज़ साढ़े तीन किलोमीटर दूर था। लालू ने इस फ़ासले को औरों के मुक़ाबले जल्दी पूरा किया।

लेकिन लालू के मुक़ाबले में आने से पहले ही बिहार की राजनीति में समाजवादी उबाल आना शुरू हो गया था। और उसे जानने के लिए गंगा की लहरों के किनारे पर बने सदाकत आश्रम में जाना होगा, जहाँ अब भी बिहार की राजनीति के वट वृक्ष की कुछ लताएँ झूल रही हैं।

सन्दर्भ

1. ऑल इंडिया रेडियो पर प्रसारित लोकप्रिय नाटक *लोहा सिंह* का संवाद, लेखक–रामेश्वर सिंह कश्यप।
2. फुलवरिया गाँव के लोगों का साक्षात्कार जिसमें लालू के रिश्तेदार बिरेन चौधरी भी हैं, मई 29, 2015
3. वरिष्ठ फोटो जर्नलिस्ट और वेटरनेरी कॉलेज क्वार्टर में लालू प्रसाद के पड़ोसी पारसनाथ का साक्षात्कार, अप्रैल 5, 2015
4. राजद के पूर्व कार्यकारी अध्यक्ष और लालू प्रसाद के कॉलेज के दोस्त रंजन प्रसाद यादव, मई 15, 2015

5. पूर्वलिखित, मई 15, 2015
6. पूर्व डिप्टी सीएम सुशील कुमार मोदी का साक्षात्कार, मई 8, 2015
7. जेपी आन्दोलन के दौर की लोकप्रिय कविता।
8. बिहार छात्र संघर्ष संचालन समिति के संयोजक भवेश चन्द्र प्रसाद का साक्षात्कार, मई 9, 2015
9. राजद अध्यक्ष और बिहार के पूर्व सीएम लालू प्रसाद का साक्षात्कार, जुलाई 8, 2015
10. पूर्व डिप्टी सीएम सुशील कुमार मोदी का साक्षात्कार, मई 8, 2015
11. पूर्व सांसद और साले अनिरुद्ध प्रसाद उर्फ़ साधू यादव का साक्षात्कार, अप्रैल 19, 2015
12. कांग्रेस के पूर्व विधायक हरखू झा का साक्षात्कार, मई 9, 2015
13. वरिष्ठ पत्रकार सुरेन्द्र किशोर का साक्षात्कार, मार्च 15, 2015
14. द टेलिग्राफ (पटना) सहायक सम्पादक, नलिन वर्मा, अप्रैल 2, 2015
15. पूर्व सांसद और लालू प्रसाद के साले सुभाष यादव का साक्षात्कार, अप्रैल 14, 2015
16. बिहार के मुख्यमन्त्री नीतीश कुमार का साक्षात्कार, 6 जुलाई, 2015

2

सदाकत आश्रम से बीरचन्द पटेल पथ तक...

बिहार में जब राजनीतिक ठिकानों की बात होती है तो दो जगह ऐसी हैं जिनके बिना ये चर्चा अधूरी मानी जाती है। एक तो है सदाकत आश्रम, कांग्रेस का पुराना और जाना-माना पता और दूसरा है राजधानी में ही शेखपुरा मोड़ के पास एक घर जो राज्य के तीन बार के मुख्यमन्त्री और कांग्रेस के नेता डॉ. जगन्नाथ मिश्र का ठिकाना रहा। इसे आप बिहार की सबसे पुरानी और बड़ी पार्टी के अवशेष के तौर पर देख सकते हैं।

बिहार में कांग्रेस का मुख्यालय सदाकत आश्रम जो पटना में गंगा किनारे बसा है और जिसने 1990 के बाद से कांग्रेस पार्टी के जनाधार को गंगा के पानी की तरह ही घटते देखा है। 1990–वो साल जब लालू प्रसाद नाम का शख़्स सत्ता के रथ पर सवार हो चुका था।

बिहार प्रदेश कांग्रेस समिति के पूर्व अध्यक्ष अशोक कुमार चौधरी (अब जदयू नेता और मन्त्री) ने पार्टी कार्यालय के एसी और पर्दे बदलकर जगह का हुलिया बदलने का प्रयास किया। लेकिन पर्दे बदलने और पार्टी की रूप-रेखा बदलने में बहुत फ़र्क़ होता है।

राज्य की राजनीतिक पृष्ठभूमि में कांग्रेस अपनी नयी पहचान गढ़ने के लिए रणनीतियाँ बनाती रही है, लेकिन अक्सर यह कम वक़्त के लिए और चुनाव केन्द्रित हुआ करती हैं, जिसमें लालू के चुनावी साथ की दरकार रही है। विडम्बना यह है कि कांग्रेस मुस्लिम, दलित और अत्यन्त पिछड़ा वर्ग के उसी हिस्से को हासिल करना चाहती है जो लम्बे वक़्त से लालू के पास है और 2005 के बाद से एनडीए द्वारा लालू को बर्बाद करने के प्रयास के बीच भी वह इस वर्ग के सबसे बड़े दावेदार बने हुए हैं।

पटना की जीवन रेखा बेली रोड से शेखपुरा मोड़ के क़रीब एक सँकरी-सी सड़क ऐसे घर की तरफ़ जाती है जिसके बाहर छोटी सी संगमरमर की पट्टी पर लिखा है–डॉ. जगन्नाथ मिश्र (अब दिवंगत)–हालाँकि नाम के साथ पूर्व मुख्यमन्त्री नहीं लिखा गया है। उनका अतिथि वाला कमरा, इस शख़्स के सफ़र को काफ़ी अच्छे से बयाँ करता है जो कभी इन्दिरा गाँधी के बिहार से आने वाले सबसे क़रीबी नेता माने जाते थे। हॉल के कोने में इन्दिरा गाँधी की सफ़ेद प्रतिमा जो डॉ. जगन्नाथ मिश्र की कांग्रेस से नज़दीकी की एकमात्र निशानी है। इसके अलावा दीवार पर लगी अन्य तस्वीरों में वह अटल बिहारी वाजपेयी और नीतीश कुमार के साथ नज़र आ रहे हैं। उनके बड़े भाई और पूर्व केन्द्रीय मन्त्री एल एन मिश्र की तस्वीर कमरे में सबसे ज़्यादा ध्यान खींचती है, उसी तरह जिस तरह वह असल जीवन में ध्यान खींचते आये हैं।

1997 में लालू के साथ गठबन्धन का विरोध करके कांग्रेस से बाहर होने के बाद डॉ. मिश्र एनसीपी से जुड़े और फिर जदयू से।

उनके बेटे नीतीश मिश्र, नीतीश कुमार और जीतन राम माँझी की सरकार में मन्त्री रहे और फिर वह माँझी के खेमे में चले गये और अब भाजपा से विधायक हैं। डॉ. जगन्नाथ मिश्र जो कांग्रेस की ब्राह्मण राजनीति का प्रतीक रहे, बाहर हुए दलित सीएम माँझी के सलाहकार भी रहे।

हालाँकि डॉ. मिश्र और बिहार कांग्रेस, दोनों ही अलग-अलग तरीक़े से ही सही, लेकिन अपने सफ़र के शुरुआती बिन्दु पर लौट आये।

ख़त्म होता विपक्ष अक्सर सहयोगी बन जाता है। 1997 से कांग्रेस के साथ लालू ऐसा ही करते रहे हैं, कई बार इस पार्टी ने अकेले भी चुनाव लड़ा है। लेकिन बिहार में खोयी ज़मीन को दोबारा हासिल करने को लेकर कोई कड़ा फ़ैसला लेती नहीं दिखी। वह अलग-अलग गुणा-भाग लगाकर एक पार्टी अध्यक्ष से दूसरा पार्टी अध्यक्ष बनाती। आलाकमान को उस राज्य के नेतृत्व में समय निवेश करने का वक़्त ही नहीं है जो कभी उनका राजनीतिक गढ़ हुआ करती थी। इन दिनों सदाकत आश्रम कांग्रेस के पुराने सदस्यों और नव नियुक्त बिहार प्रदेश कांग्रेस समिति अध्यक्ष के बीच अखाड़े का काम कर रहा है।

पिछले 31 सालों में राजनीतिक उठापटक का अड्डा कांग्रेस के इस पते से निकलकर बीरचन्द पटेल पथ पर पहुँच गया है जहाँ भाजपा, राजद और जदयू के कार्यालय हैं।

कांग्रेस ने हमेशा से ख़ुद को अतिवादी ब्राह्मण राजनीति में बाँधे रखा। जातियों के मामले में उसके पारम्परिक निर्वाचन क्षेत्र बिहार का मिथिलांचल, कोसी क्षेत्र का दरभंगा, मधुबनी और सहरसा रहे। 1990 के बाद से पार्टी, राज्य अध्यक्ष के लिए मुस्लिम और ओबीसी के बीच झूलती रही और फिर यह पद अनुसूचित जाति के अशोक कुमार चौधरी को दे दिया गया जो कि पूर्व मन्त्री स्वर्गीय महावीर चौधरी के बेटे हैं।

1991 से 2015 तक बिहार कांग्रेस ने चार मुस्लिम राज्य अध्यक्ष बनाये– हिदायतुल्लाह ख़ान, सरफराज़ ख़ान, शकील अहमद और चौधरी महबूब अली क़ैसर, ओबीसी–सदानन्द सिंह (दो बार), और ऊँची जाति से–राम जतन सिन्हा (भूमिहार) और अनिल शर्मा (भूमिहार)। मदनमोहन झा (ब्राह्मण) वर्तमान अध्यक्ष हैं।

कांग्रेस के विधायक दल नेताओं में जगन्नाथ मिश्र के बाद रामाश्रय प्रसाद सिंह, फ़ुरकान अंसारी, शकील अहमद, अशोक राम और विजय शंकर दुबे रहे। इस बीच राम और दुबे के साथ वह दलित और ब्राह्मणों का ध्यान भी रखती आयी, लेकिन कहना ग़लत नहीं होगा कि यह जगह पहले ही ओबीसी नेता लालू ले चुके थे और कांग्रेस इस मामले में उनके पीछे ही दिखी। लालू जिन्होंने मुस्लिम-यादव वोट का ऐसा जोड़ बनाया जिसे 2005 से लेकर 2010 के बीच नीतीश की अगुवाई वाली एनडीए से ही चुनौती मिल पायी।

बिहार प्रदेश कांग्रेस समिति के पूर्व अध्यक्ष अशोक कुमार चौधरी, सामाजिक असन्तुलन पर कांग्रेस की दुविधा पर बात करते हुए कहते हैं–*मेरे पिता महावीर चौधरी 1952 से 2000 तक विधायक रहे लेकिन उन्हें कभी भी अखिल भारतीय कांग्रेस समिति का सदस्य नहीं बनाया गया और वह कभी भी प्रदेश कांग्रेस समिति के लिए नहीं चुने गये। बिहार के प्रभार में बदलाव हुआ जब राहुल गाँधी आये। मुझसे पहले 1988 में डूमर लाल बैठा, प्रदेश कांग्रेस के आख़िरी दलित अध्यक्ष रहे।* [1]

यह देखना भी दिलचस्प है कि किस तरह 1995 विधानसभा चुनाव के बाद कांग्रेस ने अहम विपक्षी पार्टी की जगह भी बीजेपी के हाथों खो दी। 1990 में कांग्रेस के पास 70 सीटें थीं और जगन्नाथ मिश्र नेता प्रतिपक्ष थे। लेकिन मिश्र ने इस भूमिका को गम्भीरता से नहीं लिया। कांग्रेस ने न ही कोई रैली आयोजित की और न ही लालू सरकार के ख़िलाफ़ कोई प्रदर्शन किया। यही नहीं, पार्टी, लालू और राबड़ी राज में एक भी अविश्वास प्रस्ताव नहीं लायी जो कि विपक्ष का सबसे बड़ा हथियार होता है।

वरिष्ठ कांग्रेस नेता प्रेमचन्द्र मिश्र ने इसे–"सीताराम प्रभाव" बताया। वह कहते हैं–

1989 तक सीताराम केसरी की बिहार सीएम बनने की बड़ी महत्त्वाकांक्षा थी। जब कांग्रेस ने ओबीसी नेता को नहीं चुना तो उन्होंने लालू प्रसाद के साथ मिलकर साज़िश रची, जिसमें कांग्रेस को उसके सबसे बड़े जनाधार...ऊँची जाति, ख़ासकर ब्राह्मणों के ख़िलाफ़ कर दिया। मुझे याद है ऐसी कई घटनाएँ जब केसरी ने मुझे बतौर भारतीय राष्ट्रीय छात्र संगठन अध्यक्ष, लालू के ख़िलाफ़ कोई प्रदर्शन करने से मना कर दिया था। हम धीरे-धीरे विपक्ष की जगह ख़ाली कर रहे थे और 1995 चुनाव में तो हमने उसे खो ही दिया, जब हमने तीसरा स्थान हासिल किया और बीजेपी का आगमन हो गया।[2]

कांग्रेस का पतन जारी रहा, 2000 के विधानसभा चुनाव में उसने चौथा स्थान हासिल किया और महज़ 23 सीट हासिल की। 2000 में बिहार के दो हिस्से होने के बाद राज्य विधानसभा में कांग्रेस के सिर्फ़ 9 विधायक बचे। फ़रवरी 2005 विधानसभा चुनाव में कांग्रेस, 10 सीट के साथ दहाई का आँकड़ा बनाकर रख पायी। अक्टूबर 2005 चुनाव में कांग्रेस को 9 सीट मिली लेकिन 2010 में तो पार्टी के पास बस 4 सीट ही बचीं। भागलपुर के कहलगाँव से कांग्रेस विधायक सदानन्द सिंह ही अकेले विधायक थे जो हर तरह के राजनीतिक तूफ़ानों का सामना करने के बाद भी 1969 से 11 विधानसभा चुनावों में से 8 में विजेता के रूप में उभरकर निकले।

कांग्रेस ने एक ऐतिहासिक ग़लती तब की, जब उसने पार्टी नेता प्रेमचन्द्र मिश्र की जनहित याचिका से दूरी बना ली। मिश्र जो चारा घोटाले में पाँच जनहित याचिकाकर्ताओं में से एक थे। पार्टी ने उस सबसे बड़े अवसर को गँवा दिया जिसके ज़रिये वह अपने सबसे बड़े प्रतिद्वन्द्वी लालू प्रसाद से निपट सकते थे और आने वाले चुनाव में अपनी जगह मज़बूत कर सकते थे।

निजी स्तर पर प्रेमचन्द्र मिश्र ख़ुद को असफल बताते हैं, ख़ासकर तब जब वह ख़ुद को बाक़ी के चार याचिकाकर्ताओं से तोलते हैं–शिवानन्द तिवारी, राज्यसभा सदस्य बन गये, सुशील कुमार मोदी, डिप्टी सीएम (अब राज्यसभा सदस्य), सरयू राय–विधायक और मन्त्री और राजीव रंजन सिंह उर्फ़ लल्लन सिंह, राज्यसभा सांसद और मन्त्री। वहीं मिश्र को 1996 में पार्टी से निलम्बित किया गया और 1998 में केसरी के पार्टी अध्यक्ष बनने के बाद तो उन्हें पार्टी से बाहर का रास्ता दिखा दिया गया। सोनिया गाँधी के कमान सँभालने के बाद वह पार्टी में दोबारा आये लेकिन यहाँ बात किसी व्यक्ति विशेष की नहीं, बल्कि पार्टी की हो रही है कि वह किसी राजनीतिक स्थिति को कैसे भुनाती है।

कांग्रेस लालू के जाल में फँसती चली गयी और सीताराम केसरी के प्रभाव से कभी छुटकारा नहीं पा पायी। राजद के साथ कांग्रेस की अनकही दोस्ती की शुरुआत 1991 में हुई जब नरसिम्हा राव के कार्यकाल में ताक़तवर हो चुके लालू ने अपने सांसदों के समर्थन का प्रस्ताव दिया। कांग्रेस-राजद के बीच औपचारिक दोस्ती की शुरुआत 1997 में हुई जब उसने राबड़ी देवी सरकार को समर्थन दिया। कांग्रेस ने 1998 लोकसभा चुनाव राजद के साथ लड़ा जहाँ उसे लड़ने के लिए सिर्फ़ आठ सीट दी गयीं। राजद ने बिहार की राजनीति में कांग्रेस को उसकी सही जगह दिखा दी। लेकिन फिर 1999 लोकसभा चुनाव में भी दोनों ने एक-दूसरे का साथ नहीं छोड़ा।

लेकिन 2000 विधानसभा चुनाव में दोनों के बीच मतभेद खड़े हुए और कांग्रेस ने अकेले चुनाव लड़कर 23 सीटें जीतीं। पार्टी ने राबड़ी देवी सरकार से हाथ मिलाया और पार्टी के 22 विधायक मन्त्री बने और सदानन्द सिंह विधानसभा स्पीकर। 2004 लोकसभा चुनाव फिर से दोनों ने साथ लड़ा और कांग्रेस ने तीन सीटें जीतीं।

2005 विधानसभा चुनाव ने एक बार फिर कांग्रेस को उसकी पुरानी गठबन्धन दुविधा में डाल दिया। उसने 68 सीट के लिए लोजपा से हाथ मिलाया लेकिन राजद के साथ भी उन 12 सीट के लिए गठजोड़ रखा जहाँ से राजद ने कोई उम्मीदवार खड़ा नहीं किया था। वैशाली और हाजीपुर में कांग्रेस का अभियान हास्यास्पद था–वैशाली में वो लालू का सामाजिक न्याय का प्रतीक बताते तो सड़क पार करके हाजीपुर में उन्हें भ्रष्ट बताते। कांग्रेस की डाँवाडोल स्थिति बनी रही। फ़रवरी 2005 चुनाव में वह फिर राजद के पास आयी और पासवान को पीछे छोड़ दिया। अक्टूबर 2010 विधानसभा चुनाव में वह अकेले रही लेकिन 2014 चुनावों में फिर लालू का दामन थाम लिया।

1990 की हार से लेकर आगे तक कांग्रेस को कभी नहीं समझ आया कि इन हालात से कैसे बाहर आया जाये। जब 2013 में बिहार कांग्रेस के एक वरिष्ठ नेता, कांग्रेस अध्यक्ष सोनिया गाँधी से मिलने पहुँचे तो उन्होंने गाँधी से निवेदन किया कि वह बिहार का प्रभारी राज्य के किसी बड़े नेता को बनाकर भेजें। जवाब उन्हें यह मिला–

मीरा कुमार बिहार लौटना नहीं चाहतीं, निखिल कुमार नौकरशाह हैं। आपके बिहार के नेता मुझसे कहते हैं कि अगर हम लालू के साथ नहीं जायेंगे तो हमें 500-1000 वोट भी नहीं मिलेंगे।

और लालू कांग्रेस के साथ कैसे पेश आते थे, उसकी एक बानगी कांग्रेस के एक नेता बताते हैं–

अखिल भारतीय कांग्रेस समिति बिहार के प्रभारी दिग्विजय सिंह को अक्टूबर 2005 चुनाव से पहले लालू प्रसाद से मिलना था। लालू प्रसाद जानते थे कि उनसे मिलने कौन आने वाला है। लेकिन जब 1, अणे मार्ग पर सिंह पहुँचते हैं तो राजद प्रमुख चिल्लाकर चौकीदार से पूछते हैं–कौन है? जब सामने दिग्विजय सिंह आते हैं तो लालू सामने रखी टेबल पर पैर पसारकर बैठे हैं और अपने चेलों से बोलते हैं–दिग्विजय भाई के लिए कुर्सी लाओ। आख़िर दस साल तक मध्य प्रदेश के सीएम रहे हैं।

2005 से चुनावी अभियान के लिए कांग्रेस, लालू प्रसाद को अपना हेलिकॉप्टर देती आ रही है। 2014 लोकसभा चुनाव में तो लालू प्रसाद के बड़े बेटे तेज़ प्रताप यादव ने भी एक बार कांग्रेस का हेलिकॉप्टर इस्तेमाल किया था। यानी लालू, क फ़ी वक़्त से कांग्रेस की सवारी कर रहे हैं।

दूसरी बार हुई कांग्रेस की हार पर भी आगे रोक नहीं लग सकी। कांग्रेस आलाकमान भी बिहार की अव्यवस्था से नहीं बच पायी। कांग्रेस अध्यक्ष सोनिया गाँधी और उपाध्यक्ष राहुल गाँधी, कुछ मौक़ों को छोड़कर सिर्फ़ चुनाव के दौरान ही बिहार आते। जब एक उत्साही कांग्रेस कार्यकर्ता ने राहुल गाँधी से 2014 की औरंगाबाद चुनावी रैली में पूछा कि वह बिहार के लिए क्या करेंगे। तब राहुल ने घिसा-पिटा जवाब दिया। लेकिन यह इस बात की ओर एक इशारा था कि बिहार को एक प्रतिबद्ध नेतृत्व और ज़्यादा समय में निवेश करने की ज़रूरत है। चुनावों के दौरान आने से कुछ वक़्त के लिए जनता का ध्यान खींचा जा सकता है जो नेहरू-गाँधी परिवार के सदस्यों की झलक देखना चाहते हैं लेकिन लम्बे वक़्त में ये तरकीबें काम नहीं आती।

बिहार में कांग्रेस दो बार गिरी है–एक लालू से पहले और एक लालू के बाद, लेकिन लालू के ही साथ। पहली हार के कई अहम मोड़ रहे–के बी सहाय सरकार के ख़िलाफ़ भ्रष्टाचार के आरोप, समाजवादी ताक़तों का ऊपर उठना, 1974 को जेपी आन्दोलन, ईबीसी नेता कर्पूरी ठाकुर का विश्वसनीय चेहरा, कांग्रेस *की वही ऊँची जाति वाली राजनीति और 1989 का भागलपुर दंगा।*

कांग्रेस की जड़ें बिहार में बहुत गहराई तक जमी थीं। डॉ. श्रीकृष्ण सिन्हा (लोग उन्हें श्रीकृष्ण सिंह भी कहते थे), एक प्रभावशाली ऊँची जाति के भूमिहार

नेता थे, जिन्होंने राज्य के पहले मुख्यमन्त्री बनकर एक मज़बूत नींव रखी (अप्रैल 1946 – जनवरी 1961)। सिन्हा ने बिहार प्रमुख का पद (20 जुलाई 1937 से लेकर 31 अक्टूबर 1939) तक और फिर (अप्रैल 1952–जनवरी 1961) तक सँभाला। सिन्हा ने 1946 में सदियों पुरानी ज़मींदारी व्यवस्था को ख़त्म कर दिया। उन्हीं की सलाह पर भारतीय संविधान का पहला संशोधन किया गया जिसके तहत भूमि सुधार क़ानूनों को कोर्ट में असंगत नहीं ठहराया जा सकता।[3]

बिहार के एक और बड़े क़द के नेता अनुग्रह नारायण सिन्हा ने अपने बेटे सत्येन्द्र नारायण सिन्हा के कहने पर पार्टी नेता केबी सहाय की नाराज़गी झेलते हुए और न चाहते हुए 1957 चुनाव के बाद सीएम पद के लिए श्रीकृष्ण सिन्हा से टक्कर ली। सदाकत आश्रम में चुनाव हुए और सील किये गये बैलट बक्से गिनती के लिए दिल्ली भेजे गये।

पूर्व केन्द्रीय मन्त्री एलपी शाही (अब दिवंगत) ने, श्रीकृष्ण सिन्हा से लेकर जगन्नाथ मिश्र तक बिहार के नौ कांग्रेस सीएम के साथ काम किया है, वह तफ़सील से बताते हैं कि 1957 चुनाव के बाद किस तरह सिन्हा को सीएम पद के लिए चुना गया–

सीएम पद के चुनाव के एक दिन बाद श्री बाबू ने अनुग्रह बाबू को फोन किया और पूछा कि क्या वह उनके हिसाब में यक़ीन रखते हैं। श्री ने कहा–अब बताइये, अगर आप जीत रहे हैं तो मैं गिनती शुरू होने से पहले आपको लिखित में अपना नेता मानने के लिए तैयार हूँ। ऐसे में मैं राजनीति छोड़ दूँगा और हरिद्वार चला जाऊँगा। जवाब में अनुग्रह ने कहा–"मैं नहीं आप जीत रहे हैं।" गिनती से भी यही सामने आया। श्रीकृष्ण सिन्हा ने 145 वोट हासिल किये, वहीं अनुग्रह ने 109 वोट।[1]

पहली और दूसरी पंचवर्षीय योजना में सिन्हा ने कई उपलब्धियां हासिल कीं जैसे अविभाजित बिहार में बरौनी रिफाइनरी, बोकारो स्टील प्लांट, हेवी इंजीनियरिंग कॉर्पोरेशन, सिंदरी इंजीनियरिंग कॉलेज, कोसी बाँध और दामोदर वैली कॉर्पोरेशन की स्थापना।

एक पत्र (गुप्त और निजी, क्रमाँक 1330-PMH/59, प्रधानमन्त्री आवास, नयी दिल्ली, दिनांक 10 जून, 1959, आज़ादी और उसके आगे, एलपी शाही, श्रीकृष्ण शिक्षा प्रतिष्ठान, मुजफ़्फ़रपुर, पृष्ठ 46-47) जिसे श्रीकृष्ण सिन्हा को तत्कालीन प्रधानमन्त्री ने लिखा था, जो काफ़ी महत्त्व रखता है। जिसमें नियुक्तियां और तबादलों में जाति और सम्प्रदाय को महत्त्व दिये जाने की शिकायत की गयी थी–

बिहार की विभिन्न जातियों के बीच बड़े स्तर पर वैमनस्य देखा जा रहा है। और माना जा रहा है कि नियुक्तियाँ, आदि भी इसी आधार पर की जा रही हैं। तैनातियाँ और तबादलों में भी यही रवैया अपनाया जाता दिख रहा है।[5]

हालाँकि सिन्हा ने पीएम को संतुष्टि भरा जवाब दिया लेकिन नेहरू का यह ख़त अहमियत रखता है क्योंकि आने वाले सालों में बिहार की राजनीति में इस तरह के अनुग्रह करते हुए देखे गये हैं।

एल पी शाही कहते हैं कि कांग्रेस काल में ऊँची जाति का प्रभाव बहुत ज़्यादा था क्योंकि ज़्यादातर स्वतन्त्रता सेनानी इसी समूह से आते थे। वह कहते हैं कि कांग्रेस ने ओबीसी नेतृत्व को ऊपर उठते हुए देखा, लेकिन उन्हें मन्त्री पद देने के अलावा ज़्यादा महत्त्व नहीं दिया।[6]

शाही याद करते हुए बताते हैं–

श्रीकृष्ण सिन्हा, यादव नेताओं की बैठक में शामिल होते थे। ओबीसी नेता देव शरण सिंह और बीर चन्द पटेल सक्रिय थे और उन्होंने पिछड़ी जाति संघ भी बना लिया था। कुछ रूढ़िवादी पार्टी नेताओं को ये बात पसन्द नहीं आयी थी। 1960 में एक और ओबीसी नेता राम लखन सिंह यादव ने कमान सँभाली। लेकिन ये सच है कि कांग्रेस तब भी ऊँची जाति केन्द्रित ही रही। 80 के दशक में सीताराम केसरी ने सीएम बनने का सपना देखा, लेकिन राजीव गाँधी ने उन्हें स्वीकार नहीं किया और चन्द्र शेखर सिंह को चुन लिया गया। केसरी की पृष्ठभूमि प्रभावशाली नहीं मानी जाती थी और चावल के निर्यात से जुड़ा एक पुराना मामला उनका पीछा छोड़ता नहीं दिख रहा था।

1952 से तीन विधानसभा चुनाव एक के बाद एक जीतने के बाद पार्टी में पहली दरार तब आई जब मुख्यमन्त्री केबी सहाय के कार्यकाल (अक्टूबर 1963–मार्च 1967) के दौरान सहाय और महामाया प्रसाद सिन्हा के बीच मुख्य पद के लिए खींचतान हुई। सहाय के कार्यकाल का बाद का हिस्सा सार्वजनिक वितरण प्रणाली में भ्रष्टाचार के आरोप, ज़मीन हथियाने के लगातार बढ़ते मामलों से भरा रहा जो ज़मींदारी प्रणाली के ख़राब क्रियान्वयन की वजह से हुआ जिसमें ज़मीन मालिकों को उच्चतम सीमा से ऊपर की अपनी ज़मीन को छोड़ना था। हालाँकि सहाय ने ही भूमि सुधार लाने में बड़ी भूमिका निभाई लेकिन पार्टी की अन्दरूनी राजनीति ने सहाय की अच्छी मंशा पर पानी फेर दिया।

1967 तक सहाय पर लगे भ्रष्टाचार के आरोप की वजह से कांग्रेस सरकार बदनाम होने लगी थी। अय्यर आयोग ने सहाय से पूछताछ की जब उनका बैंक बैलेंस 1946 में 600 रुपये से 6 लाख तक पहुँच गया, साथ ही सीएम कार्यकाल खत्म होने तक अविभाजित बिहार में उनके 12 घर और प्लॉट थे।

संयुक्त समाजवादी पार्टी जिसे राम मनोहर लोहिया जैसे क़द वाले राजनेता ने खड़ा किया–कांग्रेस सरकार पर लगे इन आरोपों को ख़ूब भुनाया। सीएम सहाय ने एक बार पटना के अपने छज्जूबाग़ आवास पर अपने ही पोते को उनके ख़िलाफ़ बोले जा रहे चुनावी नारे को दोहराते हुए सुना और उसी दिन वो जान गये थे कि वह चुनाव हारने वाले हैं। इस तरह पहली बार 1967 में कांग्रेस चुनाव हारी, जब उसे विधानसभा में 319 में से 128 सीट मिलीं।

केबी सहाय के कार्यकाल में एक और महत्त्वपूर्ण सामाजिक घटना हुई, जब 1966 में सीएम सहाय ने दुसाध (अनुसूचित जाति पासवान) महासभा की अगुवाई करने की इच्छा दिखायी। पासवानों ने ना कह दिया और कहा कि सिर्फ़ एक पासवान ही बैठक का नेतृत्व करेगा। यह शायद पहली बार था, जब किसी अनुसूचित जाति के व्यक्ति ने ऊँची जाति की सत्ता के ख़िलाफ़ विरोध जताया। लेकिन कांग्रेस तब भी समाज की बदलती रग को पकड़ नहीं पायी।

5 जनवरी 1967 को सहाय के कार्यकाल के बाद के हिस्से में पटना के बीएन कॉलेज में छात्र नेता दीनानाथ पाण्डे की हत्या ने इस सरकार को और अधिक बदनाम कर दिया।

प्रोफ़ेसर एल एन शर्मा अपनी किताब "Politics and Good Governance" (A study of the chief ministers of Bihar from SK Sinha to Nitish Kumar), पृष्ठ 199, रीगल प्रकाशन, राजौरी गार्डन, नयी दिल्ली, regalbookspub@yahoo.com) में लिखते हैं–

तत्कालीन सीएम केबी सहाय क़ानून-व्यवस्था बनाये रखने के लिए प्रतिबद्धता दिखाते हुए घोषणा करते हैं कि पुलिस द्वारा की गयी गोलीबारी की किसी भी तरह की आधिकारिक या न्यायिक जाँच नहीं की जायेगी। सहाय ने कहा कि विरोध प्रदर्शन के पीछे राजनीतिक ताक़तें हैं और इसमें असामाजिक तत्त्व और गुंडों का हाथ है। विरोध प्रदर्शन के दौरान सीएम के आवास पर भी हमला हुआ, हालाँकि उस वक़्त सहाय नवादा दौरे पर गये हुए थे। इस वारदात के बाद सहाय, लोगों और छात्रों के ग़ुस्से का शिकार हुए।

बिहार शिक्षक सम्मेलन ने उनका मन्त्रालय बरख़ास्त करने की माँग की, वहीं छात्रों ने अपने ख़ून से शपथ पत्र पर हस्ताक्षर किये कि आने वाले चुनावों में केबी सहाय और उनके उम्मीदवारों को हराएँगे। चौथे आम चुनाव में जनाक्रोश का शिकार बने सहाय ने पटना पश्चिम और हज़ारीबाग़ दोनों जगहों से हार का सामना किया। डॉ. राम मनोहर लोहिया पहले से ही केन्द्र और अलग-अलग राज्यों में कांग्रेस सरकार में महँगाई और भ्रष्टाचार के ख़िलाफ़ आन्दोलन कर रहे थे। 9 अगस्त 1965 को लोहिया और उनके समर्थकों पर पटना में लाठी चलायी गयी और उन्हें गिरफ़्तार किया गया। दो दिन बाद एसएसपी के दो बड़े नेता कर्पूरी ठाकुर और रामानन्द तिवारी ने लोहिया की गिरफ़्तारी के ख़िलाफ़ विरोध प्रदर्शन किया।

जदयू के पूर्व राज्यसभा सांसद शिवानन्द तिवारी (रामानन्द तिवारी के बेटे) कहते हैं कि एक के बाद एक दो विरोध प्रदर्शनों ने समाजवादी आन्दोलन को ज़मीनी स्तर पर मज़बूती हासिल करने में मदद की ताकि अपराजित कांग्रेस को 1967 चुनाव में सफलतापूर्वक चुनौती दी जा सके। वह बताते हैं कि किस तरह केबी सहाय सरकार, प्रदर्शनकारियों के ख़िलाफ़ दमनकारी साबित हो रही थी। लेकिन अगस्त में हुए दो विरोध प्रदर्शनों ने तो पूरे देश में कांग्रेस के ख़िलाफ़ लहर पैदा कर दी।

1967, कांग्रेस को और मायनों में भी समाप्ति की ओर ले जा रहा था। एसएसपी को 68 सीट मिली। राष्ट्रीय स्तर पर जनसंघ और सीपीआई ने हाथ मिलाकर संयुक्त विधायक दल मोर्चा का गठन किया जिसने अलग-अलग राज्यों में कांग्रेस को हराया चरण सिंह, उत्तर प्रदेश के और अजॉय मुखर्जी, पश्चिम बंगाल के मुख्यमन्त्री बने।

इसका कारण, डॉ. राम मनोहर लोहिया की अगुवाई में हो रहा राष्ट्रव्यापी आन्दोलन था, जो काफ़ी वक़्त से ओबीसी के प्रतिनिधित्व की माँग उठा रहे थे। बिहार में एसएसपी को नारा दिया गया–*संसोपा (एसएसपी का छोटा नाम) ने बाँधी गाँठ, पिछड़ा पावे सौ में साथ।*

लेकिन 1967 में बिहार के साथ तब एक क्रूर राजनीतिक मज़ाक़ हुआ, जब मार्च में महामाया प्रसाद सिन्हा के नेतृत्व में पहली गैर कांग्रेस सरकार का गठन हुआ। तब दूसरी सबसे बड़ी पार्टी बन कर उभरी एसएसपी (संयुक्त समाजवादी दल या संयुक्त सोशलिस्ट पार्टी) को 26 सीट जीते महामाया प्रसाद सिन्हा से हाथ मिलाने के लिए मजबूर किया गया। सिन्हा, कांग्रेस से अलग हो चुके थे। जब कर्पूरी

का सीएम बनना तय था, तभी कामाख्या नारायण सिंह ने कर्पूरी का विरोध किया और पार्टी में रामानन्द तिवारी, बीपी मण्डल और जगदेव प्रसाद ने महामाया का ही समर्थन किया। आख़िरकार, सिन्हा सीएम बने और कर्पूरी उनके डिप्टी। लेकिन कर्पूरी ठाकुर ने हार नहीं मानी और उन्हें शिक्षा मन्त्रालय दिया गया।

डॉ. नरेन्द्र पाठक, बिहार विधानसभा अध्यक्ष के निजी सचिव रह चुके हैं। उन्होंने ठाकुर की जीवनी *कर्पूरी ठाकुर और समाजवाद* लिखी है। वह कहते हैं–

तत्कालीन सांसद मधु लिमये ने एक बार डॉ. राम मनोहर लोहिया से चर्चा के बाद कर्पूरी के एजेंडा का ख़ाका तैयार किया। शिक्षा सुधार में कर्पूरी की सामाजिक सीढ़ियों में ईबीसी, ओबीसी और दलित का नम्बर सबसे आगे था। ठाकुर अक्सर कहते–वो पढ़ जायेगा तो बढ़ जायेगा।

अगले दिन ठाकुर ने बिहार विधानसभा में प्रस्ताव पारित किया, जिसमें छात्रों की स्कूल फ़ीस माफ़ की गयी और अंग्रेज़ी के बिना मैट्रिक परीक्षा में पास करने का फ़ैसला किया गया। इस क़दम को सम्भ्रान्त और ऊँची जाति ने कर्पूरी डिवीजन का नाम दिया, लेकिन इसने सुनिश्चित किया कि बड़े कॉलेज में पिछड़े और दलित छात्रों के लिए दरवाज़े खुल जायें।[8]

यह एक ऐतिहासिक फ़ैसला था, जिसने ठाकुर को लोकप्रिय किया और आगे ग़ैर-ऊँची जाति के छात्रों के लिए पटना यूनिवर्सिटी और अन्य प्रतिष्ठित विश्वविद्यालयों के लिए रास्ते खोले। ये भी एक अलग तरह का न्याय था कि आगे चलकर 1970 में लालू प्रसाद पटना विश्वविद्यालय छात्र संघ के महासचिव बने। 1973 में पिछड़ी जाति के दो नेताओं ने दो अहम पदों को हासिल किया–लालू बने पटना विश्वविद्यालय छात्र संघ के अध्यक्ष और सुशील कुमार मोदी महासचिव बने।

महामाया प्रसाद सिन्हा सरकार महज़ 10 महीने चली लेकिन अमेरिका से अनाज मँगवाकर सूखे से निपटने के लिए उसने जनता की शाबाशी बटोरी।

अपने कार्यकाल के बाद के हिस्से में पण्डित जवाहरलाल नेहरू ने कहीं-न-कहीं कांग्रेस के मुख्यमन्त्रियों को ये संकेत दिया कि पिछड़ी जाति को आरक्षण की ज़रूरत नहीं है। बिहार में कांग्रेस काफ़ी वक़्त से ब्राह्मण, दलित और मुस्लिम वोट के समीकरण से जीत हासिल कर ओबीसी और ईबीसी को नज़रअन्दाज़ कर रही थी।

संयुक्त समाजवादी दल के एक और महत्वाकांक्षी नेता बिंदेश्वरी प्रसाद मंडल जो कि सांसद थे, लेकिन बिहार सरकार में मन्त्री बनना चाहते थे। उन्होंने कांग्रेस

छोड़कर शोषित दल का गठन किया, जिसमें अन्य पार्टियों को छोड़ने वाले सदस्य भी शामिल हुए। आगे चलकर मण्डल आयोग के लिए जाने गये मण्डल के रास्ते में सीएम बनने (फ़रवरी 1968–मार्च 1968) की राह में बस एक रुकावट थी। वह न तो सदन के सदस्य थे और उन दिनों विधान परिषद में ख़ुद को नामाँकित करने का कोई उदाहरण देखा नहीं गया। ऐसे में मण्डल के क़रीबी सतीश प्रसाद सिंह को चार दिन के लिए कार्यकारी सीएम बनाया गया, ताकि राज्य के ऊपरी सदन में मण्डल का नामाँकन सुनिश्चित किया जा सके। लेकिन मण्डल इस कुर्सी पर सिर्फ़ एक महीने ही बैठ पाये, क्योंकि अन्य पार्टियों के कई महत्त्वाकांक्षी नेता थे जो सीएम पद के लिए लालायित थे और बिहार के उस राजनीतिक दौर में *सीएम-सीएम का खेल* खेल रहे थे।

मार्च 1968 में भोला पासवान शास्त्री जो लोकतान्त्रिक कांग्रेस पार्टी के नेता थे, पहले अनुसूचित जाति से आने वाले सीएम बने लेकिन वह अपनी कुर्सी सिर्फ़ तीन महीने ही बचा पाये। पहली बार बिहार में जून 1968 में राष्ट्रपति शासन लगा जो आठ महीने चला। 1969 में बिहार में पहली बार मध्यावधि चुनाव हुए। बिखरा हुआ विपक्ष, कांग्रेस का विकल्प नहीं बन पा रहा था।

फ़रवरी 1969 में कांग्रेस एक बार फिर 118 सीट पर अटकी लेकिन सरदार हरिहर सिंह की अगुवाई में उसने सरकार बना ली। लेकिन चार महीने बाद, शास्त्री एक बार फिर सीएम की कुर्सी पर थे, इस बार सिर्फ़ 12 दिन के लिए। फ़रवरी 1970 में ओबीसी यादव दरोगा प्रसाद राय, सीएम बने और साल के अन्त तक रहे लेकिन उससे पहले एक बार फिर राष्ट्रपति शासन रहा। 1967 में जिस एसएसपी ने 68 सीट जीतकर अहम विपक्षी पार्टी के रूप में अपने आगमन की बात कही, उसने 1969 चुनाव में 52 सीट जीती।

22 मार्च 1970 को कर्पूरी ठाकुर–समस्तीपुर के अति पिछड़ी नाई जाति से आने वाले एक गाँधीवादी नेता बिहार के सीएम बने। पहली बार एसएसपी की सरकार बनी लेकिन ठाकुर सिर्फ़ 2 जून 1971 तक ही कुर्सी पर रह पाये। इस छोटे से कार्यकाल में ठाकुर दो ही महत्त्वपूर्ण काम कर पाये, सभी जाति के छात्रों की 12वीं तक की स्कूल फ़ीस माफ़ कर दी गयी और भूमि रिकॉर्ड के लिए अध्यादेश तैयार किया।

एक बार फिर भोला पासवान शास्त्री ने 1972 तक के चुनावों तक कुर्सी सँभाली। कांग्रेस को 1972 में 167 सीट के साथ बहुमत मिला और सीएम बने

ब्राह्मण नेता केदार पाण्डे। लेकिन राष्ट्रीय स्तर पर आयी समाजवादी लहर को लेकर पार्टी चेत रही थी। डॉ. राम मनोहर लोहिया, अब लालू प्रसाद और नीतीश कुमार जैसे युवा बिहारी नेताओं का ध्यान बटोर रहे थे।

वरिष्ठ पत्रकार सुरेन्द्र किशोर (तब सुरेन्द्र अकेला), 1972 और 1973 के बीच नेता प्रतिपक्ष कर्पूरी ठाकुर के निजी सहायक थे और वह कहते हैं कि उस वक़्त बिहार ने 9 मुख्यमन्त्री, तीन राष्ट्रपति शासन और एक मध्यावधि चुनाव देखा जिससे पता चला कि विपक्ष सत्ता के लिए तैयार नहीं है। कांग्रेस जो ऊँची जाति की राजनीति से समझौता नहीं करती, वो तभी ओबीसी और दलित मुख्यमन्त्री बनाती जब उसके पास आँकड़े नहीं होते। कांग्रेस में ऊँची जाति का वर्चस्व ऐसा था कि अगर कोई ओबीसी या दलित नेता मुख्यमन्त्री बनना चाहे तो यह तब तक सम्भव नहीं जब तक कि पार्टी के ऊँची जाति के सदस्यों से उन्हें भारी समर्थन नहीं मिल जाता। लेकिन जब भी कांग्रेस को सम्पूर्ण बहुमत मिला, उसने ऊँची जाति के मुख्यमन्त्री को ही चुना। कांग्रेस के भीतर आये तूफ़ान ने ही समाजवादी राजनीति को हवा दी जिससे कर्पूरी जैसे नेता उभरे जो ग़ैर कांग्रेस कैम्प के बाहर के पहले भरोसेमन्द नेता के रूप में देखे गये।[9]

कर्पूरी ठाकुर, अकेला को 100 रुपये प्रति महीना देते थे क्योंकि उस वक़्त सरकार, नेता प्रतिपक्ष को सिर्फ़ स्टेनोग्राफर मुहैया करवाती थी और इस पद को कैबिनेट का पद, मोरारजी देसाई के पीएम बनने के बाद दिया गया।

मोटा-सा चश्मा लगाने वाले कर्पूरी ठाकुर बेहद ईमानदार थे। उनकी सादगी और विनम्रता ने ही उन्हें हर जाति का चहेता बनाया और उनकी राजनीति में कभी भी अगड़ी और पिछड़ी जाति का विभाजन नहीं दिखा। किशोर याद करते हैं–

1972 की बात, उन्होंने मुझे 600 रुपये का एक बिल बिहार विधानसभा के अकाउंट विभाग में ले जाने के लिए कहा। वहाँ मौजूद क्लर्क ने मुझे देखा और कहा कि 1300 रुपये का बिल बनाकर लाऊँ क्योंकि '600 रुपये से कर्पूरी जी जैसे नेता का काम कैसे चलेगा।' जब ये बात मैंने ठाकुर को बताई तो उन्होंने बिल वापिस ले लिया और उसे अपनी दराज में रख दिया। उसे उचक्का बुलाया और कांग्रेस के सिस्टम को भ्रष्ट। कर्पूरी ठाकुर ने बिल वापिस ले लिया और उसे अपनी दराज में रख दिया।[10]

क्लर्क के रवैये से पता चलता है कि किस तरह विधायकों के फर्जी बिल, कांग्रेस के राज में आम सी बात रहे। यही नहीं, उस क्लर्क को आगे चलकर बाद के सालों में कांग्रेस सीएम जगन्नाथ मिश्र का निजी सचिव बनाया गया।

1952 से कर्पूरी ठाकुर लगातार विधानसभा चुनाव जीतते रहे और एक भी चुनाव नहीं हारे। उनके कार्यकाल ने दिखाया कि किस तरह चुनाव बिना काले धन के भी हो सकते हैं। विधायक बनने से पहले समस्तीपुर के पितौंझिया गाँव में उनका कच्चा मकान था और ढाई बीघा ज़मीन। उनके अन्तिम समय तक इसमें किसी तरह की बढ़ोतरी नहीं हुई थी।

1970 में सीएम बनने के बाद एक ठेकेदार ईंटों से भरा ट्रक उनके घर ले आया, ये सोचकर कि सीएम ख़ुश हो जायेंगे। जब सीएम को पता चला तो उन्होंने हर एक ईंट को घर से बाहर फिंकवा दिया। फ़रवरी 1988 में उनके निधन के बाद जब वरिष्ठ नेता एच एन बहुगुणा, ठाकुर के गाँव पहुँचे तो उनका कच्चा मकान देखकर इस नेता के प्रति सम्मान में अपने आँसू नहीं रोक पाये जिसने अपनी ईमानदारी के बल पर कांग्रेस को पीछे धकेल दिया।

उस दौर के लोग बताते हैं कि कर्पूरी ठाकुर, अपने बेटे और घरेलू कर्मचारी के अलावा किसी से तुम करके बात नहीं करते थे। ठाकुर के ड्राइवर रह चुके अजय सिंह, सहरसा के रहने वाले हैं और याद करते हैं कि किस तरह ठाकुर के बेटे राम नाथ ठाकुर को निजी काम के लिए सरकारी वाहन का इस्तेमाल करने में दिक़्क़त होती थी और किस तरह उनका परिवार, सिंह को उन्हें बाज़ार तक ले जाने के लिए मनाता था। [11]

चुनावी ख़र्चों के लिए वो कभी भी भारी दान की अपेक्षा नहीं करते थे। 1972 की बात है, एसएसपी से किसी शख़्स ने, एक व्यापारी से ठाकुर को दान देने के लिए कहा। व्यापारी ने 50 हज़ार रुपये का प्रबन्ध किया जो उस वक़्त बहुत बड़ी बात हुआ करती थी लेकिन वो ये सोचकर ये रकम देने में हिचकिचा रहा था कि इतने बड़े नेता के लिए ये रकम छोटी है। जब व्यापारी ने ठाकुर से पूछा कि वो कितनी सेवा की अपेक्षा कर रहे हैं तो ठाकुर ने कहा–अगर आप पाँच हज़ार दे देते हैं तो हमारा काम चल जायेगा। पाँच हज़ार पर कर्पूरी ने जिस तरह ज़ोर दिया, उससे पता चलता है कि एसएसपी का कोष कितना छोटा था। बाद में जब उनके सहायक को पचास हज़ार वाली बात पता चली तो उन्होंने रिक्शा में ये बात ठाकुर को बताई जिस पर वह बोले–पाँच हज़ार दान समझा जाता है, अगर पचास हज़ार लेते तो उसे रिश्वत समझा जाता।

कर्पूरी की ईमानदारी के ऐसे हज़ारों किस्सों के बीच एक कहानी ये भी है कि सीएम रहते हुए वह अपनी बेटी रेणु और डॉ. आर सी शर्मा–जो अभी भी पटना में

डॉक्टरी कर रहे हैं–की शादी की बातचीत के लिए निजी टैक्सी करके राँची गये। कर्पूरी ने इस शादी में किसी मन्त्री को नहीं बुलाया और राज्य के मुख्य सचिव को साफ़ निर्देश दिये कि उनके पैतृक गाँव जल्दी पहुँचने के लिए कोई भी मन्त्री दरभंगा या सहरसा हवाई अड्डे से राज्य का हवाई जहाज़ का इस्तेमाल न करे।

ओबीसी से आने वाले बेहद ऊँचे क़द के नेता कर्पूरी ठाकुर ने ऊँची जाति के नेताओं को कभी चुनौती नहीं दी बल्कि उनके साथ हँसी मज़ाक़ ही करते पाये गये। एक बार उनके गाँव में एक शादी थी जहाँ ऊँची जाति के परिवार को कई नाई चाहिए थे जो पानी और आम के पत्ते से भरे मटके को लेकर सीध में खड़े हो जायें। बाद में जब उन्हें पता चला कि इस रिवाज को निभाने के लिए एक नाई की कमी है तो कर्पूरी ने अपने बेटे राम नाथ ठाकुर–बाद में राज्यसभा सांसद हुए–को रस्म में हिस्सा लेने के लिए कहा। रामनाथ ने जब मना कर दिया तो कर्पूरी जो तब तक सीएम और नेता प्रतिपक्ष रह चुके थे–उन्होंने अपनी सेवा देने के लिए कहा। वो तो गाँववालों के मना करने पर वह रुके और शर्मिन्दा होकर रामनाथ को ये काम करना पड़ा। एलपी शाही कहते हैं कि कांग्रेस के मन में ठाकुर के लिए बहुत सम्मान था और उनके कट्टर विरोधी रह चुके एल एन मिश्र एक बार इसलिए नाराज़ हो गये कि उन्हें पता चला कि अपने बीमार बेटे के इलाज के लिए कर्पूरी ने 14 लोगों से मदद माँगी। फिर मिश्र ने ही ठाकुर को मदद का प्रस्ताव दिया।

ऊँची जाति की राजनीति के प्रति कांग्रेस का लगाव इस क़दर था कि उसने बदलते सामाजिक मिज़ाज को पढ़ने की कोशिश ही नहीं की। हालाँकि राम लखन सिंह यादव और दरोगा राय और आगे चलकर सीतराम केसरी जैसे ताक़तवर ओबीसी नेता, इस पार्टी में रहे लेकिन इन्हें एक बिन्दू के आगे प्रोत्साहन नहीं दिया गया और इन्होंने बमुश्किल ही ऊँची जाति के वर्चस्व को चुनौती दी। सत्ता तो ज़्यादातर ब्राह्मण, भूमिहार, राजपूत और कायस्थ ही साझा करते आये।

लेकिन विपक्ष के पुनरुत्थान का जवाब कांग्रेस के भीतर चल रही उथल-पुथल से तब मिल पाया जब जुलाई 1973 में पार्टी ने केदार पाण्डे की जगह अब्दुल गफ़ूर को सीएम की कुर्सी पर बैठाया। 1974 के जेपी आन्दोलन का आवेग गफ़ूर को झेलना पड़ा। एकजुट विपक्ष ने उस वक़्त केन्द्र में इन्दिरा गाँधी सरकार को निशाना बनाया।

1975 में कांग्रेस के बड़े नेता और मन्त्री ललित नारायण मिश्र की समस्तीपुर में एक बम ब्लास्ट में मृत्यु हो गयी। केन्द्रीय आलाकमान ने जनता के मूड को भांपते हुए उनके छोटे भाई जगन्नाथ मिश्र को 11 अप्रैल, 1975 को सीएम बनाया।

नौजवान मिश्र तब तक मन्त्री का पद सँभाल चुके थे लेकिन वह सीएम के लिए कभी भी कतार में नहीं थे। जेपी आन्दोलन चरम पर था और प्रधानमन्त्री इन्दिरा गाँधी और कांग्रेस के ख़िलाफ़ लहर चल रही थी। मिश्र ने दरोगा प्रसाद राय और राम लखन सिंह यादव जैसे पुराने नेताओं को पीछे करके अपनी टीम में युवाओं को तवज्जो दी।

डॉ. जगन्नाथ मिश्र कहते हैं–

मेरे बड़े भाई ललित बाबू ने चन्द्रशेखर को फोन करके इन्दिरा गाँधी के साथ जेपी की एक बैठक तय करने के लिए कहा। मिश्र चाहते थे कि यह बैठक समस्तीपुर के उनके दौरे के बाद हो जाये। मेरे भाई की ब्लास्ट में मौत हो गयी और ये बैठक कभी नहीं हो पायी। 12 जून, 1975 को मैं पीएम इन्दिरा गाँधी के साथ कांग्रेस के मुख्यमन्त्रियों की बैठक में हिस्सा लेने दिल्ली गया। इलाहाबाद हाइकोर्ट द्वारा गाँधी के लोकसभा चुनाव को रद्द किये जाने के बाद उन्होंने इस्तीफे का प्रस्ताव दिया। कोर्ट से राहत मिलने तक उन्होंने अपने उत्तराधिकारी के तौर पर जगजीवन राम या पण्डित कमलापति त्रिपाठी का नाम सुझाया। लेकिन वह पश्चिम बंगाल के सीएम सिद्धार्थ शंकर रे थे जिन्होंने संवैधानिक प्रावधानों का हवाला देते हुए आन्तरिक आपातकाल का विचार रखा। इन्दिराजी संकोच कर रही थीं। बाद में इस मुद्दे पर रे ने संजय गाँधी से मुलाक़ात की। 25 जून को रामलीला मैदान से जेपी के सम्पूर्ण क्रान्ति के आह्वान ने जैसे ताबूत में आख़िरी कील का काम किया और इन्दिराजी को आपातकाल लगाने के लिए मना लिया।[12]

बिहार में मिश्र की भूमिका केन्द्र द्वारा भेजी गयी सूची के हिसाब से लोगों की गिरफ़्तारी को सुनिश्चित करना थी। वह कहते हैं कि कांग्रेस ने इसे छात्र आन्दोलन समझने की ग़लती की थी क्योंकि जेपी का आगमन बाद के वक़्त अक्टूबर 1974 से हुआ, हालाँकि वह 19 मार्च से ही इस आन्दोलन को छात्रों के हाथ से ले चुके थे। फिर इन्दिरा गाँधी के ख़िलाफ़ इलाहाबाद हाइकोर्ट के फ़ैसले ने जेपी आन्दोलन को एक बार फिर हवा दी और जेपी को गाँधी को नाराज़ करने की एक और वजह दे दी।

मन्त्रालय में मिश्र के साथी एलपी शाही ने जगन्नाथ मिश्र के बारे में ये बात कही–

जगन्नाथ मिश्र, उन दिनों मुजफ़्फ़रपुर कॉलेज में पढ़ाते थे और एक बार उन्होंने जनसंघ से विधान परिषद के सदस्य के लिए फॉर्म भरा था। उनके बड़े भाई ललित

बाबू को जब ये बात पता चली तो उन्होंने अपने भाई को ये करने से रोका और शर्मिन्दगी से बचाया।

1977 लोकसभा चुनाव में अविभाजित बिहार की 54 में से 53 सीट पर जनता पार्टी ने जीत दर्ज की। विधानसभा चुनाव में जनता पार्टी (समाजवादी पार्टी ने अन्य छोटी पार्टियों के साथ मिलकर राष्ट्रीय स्तर पर मोरारजी देसाई की अगुवाई में जनता पार्टी का गठन किया) को 214 सीट मिली और कांग्रेस को 57 सीट। 1978 में कांग्रेस का विभाजन हुआ और राम लखन सिंह यादव, कांग्रेस के बिहार प्रमुख बनाए गए। इस धड़े ने 1980 में हुए मध्यावधि चुनाव तक सदाकत आश्रम के पार्टी कार्यालय पर कब्ज़ा जमाए रखा। मूल कांग्रेस को कांग्रेस (आई) के नाम से जाना गया।

कर्पूरी ठाकुर ने दूसरी बार बिहार की कमान सँभाली। 24 जून, 1977 को वह सीएम बने। लेकिन ठाकुर को तब ऊँची जाति की आलोचना का सामना करना पड़ा, जब उन्होंने ओबीसी आरक्षण पर मुंगेरी लाल आयोग की धूल खाती सिफ़ारिशों को लागू करने का फ़ैसला किया। उन्होंने सरकारी नौकरियों में 26 फ़ीसदी आरक्षण लागू करने का फ़ैसला किया–ईबीसी के लिए 12 फ़ीसदी, ओबीसी के लिए 8 फ़ीसदी, दिव्यांगजन, महिला और आर्थिक रूप से पिछड़ी ऊँची जाति के लिए 6 प्रतिशत। पूरे राज्य में ऊँची जाति की भारी नाराज़गी देखी गयी। बड़े ही नहीं बच्चों को भी स्कूल से बाहर कर्पूरी ठाकुर के ख़िलाफ़ नारे लगाते देखा गया।

कर्पूरी की कैबिनेट में नम्बर दो माने जाने वाले भूमिहार नेता कपिल देव सिंह ने ठाकुर के जीवनी लेखक डॉ. नरेन्द्र पाठक को बताया–*आरक्षण नीति का चारों और विरोध हो रहा था। पटना के पास एक छोटे से क़स्बे नौबतपुर में मैं सीएम ठाकुर के साथ गया। वहाँ हमने देखा क़रीब 10 हज़ार लोग लाठी, डंडों और हसिये के साथ विरोध कर रहे थे। डीएम और एसपी की गाड़ियाँ रोकी गयी। अब बस पुलिस गोली चलाने के लिए हमारे आदेश का इन्तज़ार कर रही थी। कर्पूरीजी अपने वाहन से बाहर निकले और मुझसे कहा कि ये लोग नहीं जानते कि ये किस बात का विरोध कर रहे हैं। इन्हें बताया गया है कि ये भूमिहार हैं या राजपूत हैं। ये माँ की कोख से हमें गाली देना सीखकर आये हैं और मैं ये गालियाँ अपनी माँ की कोख से सुनता आ रहा हूँ। ये हमें जितना कोसते हैं, हमें उतना ही साथ मिलता है। पिछड़ा और ज़्यादा साहसी होता जा रहा है।*[13]

तब मैं सात साल का था लेकिन मुझे हल्का-हल्का याद है कि किस तरह मुझे भी भागलपुर ज़िले (अब बाँका) के रामचुआ गाँव के मेरे स्कूल से बाहर खींचकर

लाया गया ताकि कुर्माडीह गाँव से शंभुगंज (पाँच किलोमीटर) तक चलने वाले छात्रों के प्रदर्शन में नारे लगा सकूं कि–कर्पूरी, कर्पूरा, छोड़ गद्दी, पकड़ उस्तरा। ये नारा बेहद जातिवादी और असंगत था और बताता है कि उस वक़्त समाज किस दौर से गुज़र रहा था और किस तरह कांग्रेस इस सामाजिक उथल-पुथल को ग़लत समझ बैठी, तब जब कि आने वाले सालों में ग़ैर कांग्रेसी गुटों की आन्तरिक गुटबाज़ी के चलते इस पार्टी ने एसएसपी और लोक़दल से सत्ता छीन ली थी।

"Politics and Good Governance" (a study of the chief ministers of Bihar)–इस किताब के लेखक और राजनीति के प्रोफ़ेसर एल एन शर्मा कहते हैं–*सीएम की कुर्सी पर कर्पूरी बेहद आक्रामक रहते थे, लेकिन लोगों के बीच बेहद विनम्र। एक नेता परिस्थिति और व्यक्तित्व का मेल होता है। शायद वो सही हालात नहीं थे, जब वह ऊँची जाति के आदेश को नकार पाते। यही काम लालू प्रसाद ने किया जब हालात उनके पक्ष में थे। बिहार और बाक़ी की जगह कांग्रेस अपनी पकड़ खोने लगी क्योंकि इन्दिरा गाँधी ने पण्डित जवाहर लाल नेहरू की सर्वसम्मति वाली नीति को तोड़ा। इन्दिरा ने लोक-लुभावन पक्ष लिया और 1971 आते-आते पार्टी के भीतर ही लोकतन्त्र न बनाये रखने की वजह से विरोध का सामना करने लगीं। बाक़ी राज्यों की तरह बिहार में भी केन्द्र ही सीएम की नियुक्ति करने लगा। इस तरह कांग्रेस का पतन शुरू हुआ। कांग्रेस काल को चार हिस्सों में बांटा जा सकता है–1946-61 तक एकीकरण का चरण, 1968-71 तक उठापटक, 1972-89 तक केन्द्र के वर्चस्व का और 1990 से 2015 तक क्षेत्रीय और पिछड़ी जाति के वर्चस्व का चरण।*[14]

विडम्बना देखिए कि प्रधानमन्त्री मोरारजी देसाई भी कर्पूरी की आरक्षण नीति से सहमत नहीं दिखे। ठाकुर की जगह राम सुन्दर दास (अप्रैल 1979–फ़रवरी 1980) को लाया गया और देसाई बीपी मण्डल को लाये जिनके पास हज़ारों एकड़ की ज़मीन थी और उन्हें पिछड़ी जाति के लिए आरक्षण को समझने का काम दिया गया। लेकिन जनता पार्टी ने एक और मौक़ा गँवा दिया। कर्पूरी के पर काट दिये गये, शायद उनकी बढ़ती लोकप्रियता की वजह से यह काम किया गया लेकिन ऊँची जाति और ओबीसी के बीच की रेखा अब साफ़ थी। और ये रेखा आने वाले सालों में लालू प्रसाद के लिए एक बड़ी भूमिका निभाने वाली थी।

सत्ता खोने के बाद 1979 में कर्पुरी ठाकुर को एक बार वक्ता के तौर पर गोरखपुर विश्वविद्यालय बुलाया गया। एक छात्र ने पूछा कि क्यों सीएम रहते हुए

वह भूमि सुधार नहीं ला पाए। वह सात मिनट तक चुप रहे और फिर कहा कि जिस कैबिनेट की वह अध्यक्षता कर रहे थे, वो भूमि सुधार के लिए सहमत नहीं था।

उन्होंने एक परिचित से ताकतवर मंत्रिमंडल के आगे अपनी लाचारगी जताते हुए कहा था कि – मैं जिस मंत्रिमंडल की बैठक में भूमि सुधार प्रस्ताव लाता, उस बैठक के बाद मैं जीवित बाहर नहीं आता, मेरी लाश बाहर आती।

1980 में कांग्रेस (आई) ने 173 सीट जीतीं। विभाजित विपक्ष को उसकी जगह दिखा दी गयी–जनता(एस) चरण गुट को 42 सीट, जनता (जेपी) को 12 और जनता (एस), राजनारायण को सिर्फ़ एक सीट मिली।

जगन्नाथ मिश्र दूसरी बार सत्ता में आये (जून 1980–अगस्त 1983)। इस बार वह अधिक दृढ़निश्चय के साथ आये और पार्टी के भीतर और बाहर विरोधियों को झिड़कने में देर लगाते नहीं दिखे। उन्होंने डकैती के ख़िलाफ़ मुहिम चलायी। जब 1972 बैच के गुजरात काडर के आईपीएस अधिकारी किशोर कुणाल–जो आगे चलकर बिहार धार्मिक न्यास परिषद के अध्यक्ष बने–को 1980 में रोहतास एसपी बनाया गया तब महीने में डकैती के औसत 300 मामले आते थे। पुलिस का मनोबल गिरा हुआ था। नये एसपी ने अपराधियों की सूची बनायी, उनके नाम पर इनाम रखे और पुलिसवालों को सादे कपड़ों में हाइवे पर डकैती को रोकने के लिए भेजा। लेकिन पुलिस की इस तरह की सक्रियता कम ही देखने को मिली। कुणाल जैसे पुलिस अधिकारी के पटना एसपी रहते हुए 80 के दशक में ऐसे क़िस्से आम हो गये थे जिसमें वह गुंडों को सरेआम पीटते, बदमाशों की धरपकड़ करते। डर और दशहत फैलाने के लिए इस औसत-सी लम्बाई के अधिकारी के पास महज़ एक छड़ी होती थी। 1983 में भूमि सेना, कुर्मी और भूमिहार की निजी सेना और एमसीसी के बीच हुए टकराव में मसौढ़ी में हुई 40 हत्याओं के बाद जब सीएम मिश्र ने कुणाल को रोहतास से बुलाया और क़ानून-व्यवस्था को पटरी पर लाने के लिए उन्हें तीन महीने दिये, तब इस अधिकारी ने भी सीएम के सामने एक शर्त रखी–कि उनके पास सीएम आवास या सचिवालय से पक्षपात करने के लिए किसी तरह का फोन नहीं आना चाहिए। सीएम मिश्र ने कहा–ओके, आपके पास छह महीने तक कोई फोन नहीं आयेगा।

हालाँकि इसका मतलब ये कतई नहीं है कि कांग्रेस राज में क़ानून-व्यवस्था एक़दम सही थी। भागलपुर अंखफोड़वा काण्ड (1979-81) की शुरुआत जनता पार्टी सीएम राम सुन्दर दास के कार्यकाल से हुई और कांग्रेस के जगन्नाथ मिश्र

के कार्यकाल तक चली। यह काण्ड सिर्फ़ क़ानून-व्यवस्था की असफलता ही नहीं दिखाता बल्कि भागलपुर पुलिस की बर्बरता के बीच दो मुख्यमन्त्रियों की असफलता भी दिखाता है। 33 संदिग्ध अपराधियों की आँखों को साइकिल की छड़ और एसिड से सनी सुइयों से फोड़ दिया गया था। ये दौर था जब गंगा किनारे–छह इंच छोटा कर दो–कहने वाले गैंग का वर्चस्व बढ़ गया था। लिटिल मैगेज़ीन के लिए एक कहानी करने के दौरान इस घटना के शिकार हुए 22 लोगों में से एक पटेल शाह ने अपनी आपबीती सुनाई–

लिटिल मैगेज़ीन (खण्ड 8, संस्करण तीसरा) की रिपोर्ट के अनुसार–

शाह को मई 1980 में अँधा कर दिया गया जब वह भागलपुर में सुनारी का काम सीख रहे थे। वह काम के लिए शाहकुण्ड जा रहे थे। वह बताते हैं–मुझे जबरन बस से उतारा गया। मेरे पास एक रूमाल, चाबी और 245 रुपये नक़द थे। मैंने एसपी बीडी राम और डीएसपी शर्मा से कहा कि मेरी आँखों में–गंगाजल–डालने से पहले मेरे बारे में पता तो कर लीजिए। लेकिन पुलिस के पीछे भारी भीड़ खड़ी थी और मुझे थाने ले जाकर साइकिल की छड़ से मेरी आँखें फोड़ दी गयीं और बाद में उनमें एसिड डाल दिया गया।[15]

इससे बड़ा मज़ाक़ क्या होगा कि ये मामला 1981 में अतिरिक्त न्यायिक मजिस्ट्रेट एस के सिन्हा के कोर्ट में सबसे पहले सामने आया। बाद में सुप्रीम कोर्ट की वकील कपिला हिंगोरानी ने पुलिस की दरिन्दगी के इस भयावह केस पर बात की। एक उच्च स्तरीय जाँच से पता चला कि सन्दिग्ध अपराधियों को भागलपुर केन्द्रीय जेल के पास आठ पुलिस थानों में अन्धा किया गया था। इस केस के ज़रिये सिर्फ़ एक सकारात्मक बात जो हुई, वो ये कि खतरी बनाम बिहार राज्य मामले में सुप्रीम कोर्ट ने राज्य द्वारा किये गये अत्याचार पर मुआवजे को स्थापित किया। जगन्नाथ मिश्र के कार्यकाल पर भ्रष्टाचार के आरोप भी लगे, ख़ासकर तबादले और नियुक्तियों के मामले में। दरभंगा महाराज के इंडियन नेशन और आर्यवर्त–अंग्रेज़ी और हिन्दी के अहम दैनिक अख़बार–ने इस मुद्दे पर लिखना शुरू किया। जनसत्ता बिहार के पूर्व संवाददाता गंगा प्रसाद याद करते हैं–

इस रिपोर्ट ने सीएम को बहुत नाराज किया जिसमें लिखा गया था कि मिश्र जब तक टेबल पर नक़द न देख लें, वह मंजन नहीं करते। अन्य रिपोर्ट्स में मिश्र सरकार द्वारा पटना जंक्शन और गाँधी मैदान को गिरवी रख देने की ख़बर ने सरकार को

काफ़ी बदनाम किया। बदले में मिश्र, बिहार प्रेस बिल लेकर आये जिसे सनसनीखेज़ पत्रकारिता पर लगाम कसने के लिए लाया गया। 1982 में विधानसभा में ये बिल पास हुआ जिसने पूरे देश का ध्यान खींचा। [16]

अगस्त 1982 में प्रेस पर पाबन्दी से जुड़े इस बिल के ख़िलाफ़ आन्दोलन तेज़ हुआ जब पत्रकार शान्तिपूर्ण तरीक़े से राजभवन तक रैली निकाल रहे थे। लेकिन पुलिस ने उन्हें रोका और कुछ पत्रकारों को पीटा। इंडियन नेशन के तत्कालीन सम्पादक दीनानाथ झा को चोट आयी। पटना, 23 अगस्त को बन्द रहा। सम्पादकों की शीर्ष संस्था एडिटर्स गिल्ड ने जाँच के लिए टीम पटना भेजी। हालाँकि मिश्र ने प्रेस को बाँटना चाहा लेकिन ये आन्दोलन उन्हीं के गले का फन्दा बन गया।

इस विवादित प्रेस बिल पर डॉ. जगन्नाथ मिश्र ने एक चौंकाने वाला खुलासा किया–

यह सच है कि इन दो अख़बारों ने ऐसी मनगढ़न्त कहानी लिखकर मेरा जीना दूभर कर दिया कि मैं ख़ून से नहाता हूँ या नक़द देखे बिना मैं दाँत नहीं माँजता। लेकिन प्रेस बिल का असल सच कुछ और है। सीएम बनने के बाद एक बार मैं पीएम इन्दिरा गाँधी से मिला, मैंने उन्हें परेशान देखा। मेनका गाँधी से उनके मतभेद बढ़ते जा रहे थे और मेनका अब अलग रहने लगी थीं। बिगड़े पारिवारिक रिश्तों को लेकर देश भर में इन्दिराजी को प्रेस में बदनाम किया जा रहा था। इन्दिराजी ने कहा कि क्या तमिलनाडु और ओडिशा की तरह मैं भी प्रेस बिल ला सकता हूँ। उन्होंने मुझे सूचना एवं प्रसारण मन्त्रालय बसन्त साठे से मिलने के लिए कहा, जिन्होंने मुझे मामला समझाया। बिहार लौटकर मैंने इस बिल को विधानसभा में पेश किया। दरभंगा महाराज के अख़बारों में मेरे ख़िलाफ़ लिखना शुरू कर दिया था क्योंकि सरकार ने आपातकाल के दौरान मिथिला यूनिवर्सिटी के लिए उनके ढाई सौ एकड़ की ज़मीन महज़ 35 लाख में ली थी जिसमें मेरी अहम भूमिका रही थी। उन्हें ये बात पसन्द नहीं आयी लेकिन बाद में मुझसे कहा गया कि अगर दरभंगा महाराज परिवार के सिद्धेश्वर सिंह को हम राज्यसभा भेज दें तो समझौता हो सकता है। लेकिन चन्द्रशेखर सिंह (जो बाद में सीएम बने) ने ऐसा होने नहीं दिया। 1980 में जब मैं सीएम बना, उसके बाद से ही उन अख़बारों ने मेरे ख़िलाफ़ लिखना शुरू कर दिया। हालाँकि अब मुझे इस फ़ैसले पर अफ़सोस होता है और मैं सोचता हूँ कि ये काम मैंने सिर्फ़ इन्दिरा गाँधी को ख़ुश करने के लिए किया था।[17]

कठिन हालात से घिरे मिश्र अन्धविश्वासी भी थे। बढ़ती आलोचना के बीच उन्होंने अपनी लोकप्रियता दोबारा हासिल करने के लिए एक अनोखा तरीक़ा

निकाला। मई 1983 में एक सार्वजनिक कार्यक्रम में उन्होंने अपने–मिश्र–उपनाम का त्याग कर दिया।

एनएसयूआई के तत्कालीन अध्यक्ष प्रेमचन्द्र मिश्र कहते हैं कि वो लोग उनके जाति-मुक्त अभियान से बहुत प्रभावित थे। पटना विश्वविद्यालय में मिश्र ने एक कार्यक्रम आयोजित किया जिसमें 300 छात्रों ने सीएम जगन्नाथ के सामने अपने उपनामों का त्याग किया। लेकिन 14 अगस्त 1983 को उनकी जगह किसी और ने ले ली। हटाए गये सीएम को सान्त्वना देने मिश्र और कुछ छात्र नेता जगन्नाथ के पास पहुँचे। प्रेमचन्द्र मिश्र बताते हैं–मैं उनके नये लेटर पैड को देखकर चकित था जिस पर लिखा था–जगन्नाथ 'मिश्र'। मैंने उनसे मैथिली में पूछा–इ की कर लेलियो। उन्होंने तुरन्त मुझे भी ऐसा करने की सलाह दे डाली। बाद में खुलासा हुआ मिश्र को किसी पण्डित ने सलाह दी थी कि कुर्सी बचानी है तो उपनाम हटा दो। कांग्रेस के इतने ऊँचे क़द के नेता से हम छात्र नेताओं को बहुत ठगा हुआ महसूस हुआ।[18]

1985 से 1990 के बीच मामला बहुत कुछ म्यूज़िकल चेयर वाले खेल जैसा था।

प्रोफ़ेसर एल एन शर्मा ने इसे–जड़हीन कांग्रेस के लक्षण–नाम दिया। शर्मा कहते हैं कि 1971 से इन्दिरा गाँधी ने केन्द्र द्वारा सीएम नियुक्त करने का ऐसा खतरनाक चलन शुरू किया जो राजीव गाँधी के कार्यकाल तक चला। बिहार अलग नहीं था क्योंकि यहाँ भी कांग्रेस के आख़िरी पाँच साल के कार्यकाल में चार सीएम बदले गये। लोकप्रिय नेता भागवत झा आज़ाद ने कांग्रेस के इस पैरवी करने के चलन की कड़ी निन्दा की जिसकी वजह से उनकी कुर्सी छिन गयी।[19]

वह पार्टी के इस पैरवी चलन से इतना नाराज़ रहते थे कि एक बार उन्होंने अपने विधायकों से साफ़ तौर पर पूछा–क्या तुम लोग भी पार्टी के उसी पैरवी संस्कृति का हिस्सा हो?

जहाँ जेपी आन्दोलन, आपातकाल और बोफोर्स ने राष्ट्रीय स्तर पर कांग्रेस को कमज़ोर किया, वहीं 1989 भागलपुर दंगे, बिहार में कांग्रेस के लिए ताबूत में आख़िरी कील साबित हुए।

मैंने भागलपुर के टीएनबी कॉलेज में स्नातक (1988-91) के लिए दाखिला लिया था और मुझे अच्छे से याद है कि किस तरह भगवाधारी भीड़ शिला-पूजन रैली के साथ *सौगन्ध राम की खाते हैं, मन्दिर वहीं बनायेंगे* का नारा लगा रहे थे। पास से गुज़रते हर शख़्स को लाल तिलक लगाया जा रहा था। मैं भागलपुर के क़रीब नूरपुर, नाथनगर के अपने लॉज में पहुँचा। 24 अक्टूबर, 1989 को शाम तक वही भीड़, परबती और ततारपुर जैसे मुस्लिम बहुल इलाक़ों से गुज़रते हुए मुसलमानों

से भिड़ गयी। दंगे शुरू हो चुके थे जिसमें सरकारी आंकड़ों के हिसाब से क़रीब 1000 लोग मारे गये।

औरंगाबाद के एक मज़बूत राजपूत नेता सत्येंद्र नारायण सिन्हा को कांग्रेस ने ब्राह्मण नेता भागवत झा आज़ाद की जगह सीएम की कुर्सी पर बैठाया था (मार्च 1989–दिसम्बर 1989)। सीएम बनने के कुछ दिन पहले सिन्हा ने जनसत्ता के संवाददाता सुरेन्द्र किशोर को बताया–*मुझे नहीं लगता कि मुझे (राजपूत को) सीएम बनाने से कांग्रेस राष्ट्रीय स्तर पर वी पी सिंह के उदय को रोक पायेगी। बाद में सिन्हा ने उसी पत्रकार को कहा कि कांग्रेस के आलाकमान ने एक ब्राह्मण मुख्य सचिव और डीजीपी नियुक्त किया जिन्होंने दंगों पर क़ाबू करने में बिल्कुल मदद नहीं की।*

मुख्य तौर पर तीन वजह हो सकती है जिसके चलते कांग्रेस सरकार, भागलपुर दंगों पर काबू नहीं कर पाई। एक–सल्लन और अंसारी गिरोह ने दंगों से पहले हाथ मिला लिया जो जिला पुलिस के लिए चुनौती साबित हुई। दूसरा–भागलपुर के तत्कालीन एसपी के एस द्विवेदी का तबादला करने का आदेश मुख्यमन्त्री ने दिया लेकिन तब तक 100 लोग मारे जा चुके थे।

लेकिन सबसे बड़ा मुद्दा सीएम के भागलपुर जाने से जुड़ा है। जब प्रधानमन्त्री राजीव गांधी पटना आये तब भागलपुर जाने के लिए राज्य के विमान को तैयार ही नहीं रखा गया था। प्रेम चंद्र मिश्र, उस वक्त पटना हवाई अड्डे पर थे और उन्होंने गुस्साए राजीव को देखा था जो खुद जहाज़ उड़ाकर भागलपुर गए। वह बताते हैं– यहाँ तक कि कोई पायलट भी नहीं था। सिन्हा ने यह कहकर पीएम के साथ चलने से मना कर दिया कि उनकी तबियत ठीक नहीं है। गांधी, उस सिन्हा से बहुत नाराज़ हुए जिनकी वह बहुत इज्जत करते थे।

हालांकि सुरेंद्र किशोर बताते हैं कि सिन्हा ने उन्हें बताया था कि वह भागलपुर हवाई अड्डे पर अपनी कार में बैठे थे और एसपी के तबादले तथा मृतकों की बढ़ती संख्या के चलते तनाव के माहौल को देखते हुए ख़ुद राजीव गांधी ने उन्हें साथ चलने से मना कर दिया। किशोर की इस बात की पुष्टि सिन्हा के बेटे और पूर्व सांसद निखिल कुमार और तब सिन्हा के सचिव रहे राम उपदेश सिंह ने भी की है।

दंगे बढ़ते जा रहे थे और हर धर्म के छात्रों को, ख़ासकर मुस्लिम छात्रों को निशाना बनाया जा रहा था। मैं भी हिन्दू और मुस्लिम की मिली-जुली आबादी में रहता था और सुनता रहता था कि दंगाई हमारी ओर बढ़ रहे हैं। 24 अक्टूबर की रात हमने बारी-बारी से पहरेदारी की। अगली सुबह बाहर से आये छात्रों ने जान बचाने के लिए ट्रेन पकड़ी। मैं भी भागलपुर से 25 किलोमीटर दूर सुल्तानगंज पर

उतरा और वहाँ से मैंने अपने घर तारापुर (मुंगेर) के लिए बस पकड़ी, और महीनों तक भागलपुर नहीं लौटा।

टाइम्स ऑफ़ इंडिया के भागलपुर संवाददाता अभय सिंह ने दंगों पर कई रिपोर्ट लिखीं। वह बताते हैं–

इसकी शुरुआत भागलपुर के कुछ मुसलमान गुंडों की दादागिरी से हुई जिनके सिर पर नेताओं का हाथ था। लेकिन अयोध्या आन्दोलन के बाद यह मसला हिन्दू-मुसलमान के बीच का बन गया। अगर इसमें ज़िला प्रशासन की असफलता है तो अफ़वाहों ने भी कम काम नहीं किया। 24 अक्टूबर को दंगे होने के कुछ घण्टे बाद एक आदमी मेरे पास आया और उसने कहा कि मुसलमानों के लॉज में ठहरे कई हिन्दू छात्रों को मार डाला गया है। मैंने ये ख़बर रिपोर्ट नहीं की लेकिन कई अख़बारों ने बिना पुष्टि किये इसे छाप दिया। अगले दिन मैं कोतवाली पुलिस थाने गया जहाँ 12 छात्र रो रहे थे क्योंकि कुछ अख़बारों ने उन्हें मृत घोषित कर दिया। बस यहीं से हालात बिगड़ते चले गये और लोगों ने इसे अपने हिसाब से चलाना शुरू कर दिया।[20]

कहलगाँव से आठ बार कांग्रेस विधायक रह चुके वरिष्ठ नेता सदानन्द सिंह (अब नहीं रहे) कहते हैं कि ये भागवत झा आज़ाद और भागलपुर में कांग्रेस के तत्कालीन ज़िला अध्यक्ष शिवचन्द्र झा के बीच की राजनीतिक दुश्मनी का नतीजा था जो भागलपुर पर अपनी सत्ता देखना चाहते थे। आज़ाद चाहते थे कि वह 1991 लोकसभा चुनाव भागलपुर से लड़ें और झा का भी यही इरादा था।

सदानन्द कहते हैं–

दंगों के कुछ महीने बाद राज़ीव गाँधी ने भागलपुर में सद्भावना यात्रा निकाली ताकि कांग्रेस अपनी खोयी ज़मीन फिर से हासिल कर सके। जगन्नाथ मिश्र और मैं भी उनके साथ थे। लेकिन कांग्रेस के ख़िलाफ़ लोगों का ग़ुस्सा शान्त नहीं हुआ था। हम पाँच घण्टे की इस यात्रा के लिए खुली जीप में सवार थे। मुझे पता चला कि दंगे जहाँ से शुरू हुए थे, ततारपुर–वहाँ कुछ लोग काले झण्डे लेकर खड़े हैं। हमने रास्ता बदल दिया। राजीवजी की पूरी कोशिश के बाद भी हम 1991 में भागलपुर की सीट नहीं जीत पाये। उसके बाद तो सब बिगड़ता चला गया।[21]

सिन्हा की जगह डॉ. जगन्नाथ मिश्र ने ली और वह तीसरी बार सीएम बने। तब तक तो सिर से पानी गुज़र चुका था। कांग्रेस ने 1989 में कमलापति त्रिपाठी को राज्यसभा टिकट न देकर ब्राह्मण वोट बैंक से और दुश्मनी मोल ले ली।

ओबीसी नेता सीताराम केसरी भी 1989 में सीएम बनने के लिए आतुर थे। लेकिन राजीव गाँधी ने चन्द्रशेखर सिंह को चुना। डॉ. मिश्र कहते हैं कि राजीव गाँधी को केसरी पसन्द नहीं थे। यह सच है कि पूरी कांग्रेस का ढाँचा ही ऊँची जाति केन्द्रित था। लेकिन भागलपुर दंगों ने आग में घी का काम किया।

2013 में भागलपुर में मेरी मुलाक़ात परबती में रहने वाले अकेले मुस्लिम परिवार की सदस्य शहनाज़ बानो से हुई। लोहे के गेट से ही वह बात करते हुए कहती हैं कि उनके पति मोहम्मद सलाउद्दीन हुसैन, जो कि बिजली विभाग में काम करते हैं, घर पर नहीं हैं। दंगों के बाद ततारपुर पुलिस थाने के तहत आने वाले हिन्दू-बहुल इलाक़े परबती में रहने वाले तीन दर्जन मुस्लिम परिवारों में से अब सिर्फ़ बानो का परिवार ही बचा है। परबती मुस्लिम परिवारों में से कोई-न-कोई इन दंगों में मरा ही है। मोहम्मद जावेद के परिवार से 12 लोग मारे गये। सैयद मोहम्मद इक़बाल का परिवार जिन्होंने कई मुस्लिम परिवारों को शरण दी, वह परिवार भी अपने बेटे नेहल हुसैन की हत्या के बाद इस जगह को छोड़कर चले गये। अब उनका घर हिन्दू छात्रों को किराये पर दिया गया है।[22]

शहनाज़ कहती हैं–

मेरे घर के पास ही भागलपुर के लोकप्रिय चश्मा की फैक्ट्री है, ज़िया-उर-रहमान की। अब उसे बेच दिया गया है। हम तो डर और असुरक्षा के बीच भी यहीं टिके हुए हैं। परबती में मुसलमानों के तीन और प्लॉट बिकाऊ हैं लेकिन कोई मुसलमान ख़रीदने को राजी नहीं है।[23]

भागलपुर अब भी उस भय का असर झेल रहा है। दंगा प्रभावित क्षेत्र में ज़मीन की आनन-फानन बिक्री जारी है। 1989 भागलपुर दंगों से कांग्रेस का असल पतन हुआ।

बरगद का पेड़ अपने ही बोझ से कमज़ोर हो रहा था।इस पेड़ के नीचे बहुत तेज़ी से नये पौधे अपनी जगह बना रहे थे। और कुछ पौधे तो यूकेलिप्टस की तरह होते हैं जो मिट्टी को बहुत अच्छी तरह से जान जाते हैं, और अपने इर्द-गिर्द की सारी खाद पानी सोख जाते हैं और इसलिए तेज़ी से पनपते हैं।

सन्दर्भ

1. बिहार प्रदेश कांग्रेस समिति अध्यक्ष अशोक कुमार चौधरी का साक्षात्कार, अप्रैल 16, 2015
2. एआईसीसी राष्ट्रीय मीडिया के सदस्य प्रेमचन्द्र मिश्र का साक्षात्कार, अप्रैल 8, 2015

3. बिहार विधानमण्डल–उद्भव और विकास, राधानन्दन झा, शारदा प्रकाशन, पटना।
4. बनते बिहार का साक्षी, एलपी शाही, श्री एलपी शाही, श्रीकृष्णा शिक्षा प्रतिष्ठान, पटना, पृ. 123,124
5. एक पत्र (गुप्त और निजी, क्रमाँक 1330-PMH/59, प्रधानमन्त्री आवास, नयी दिल्ली, दिनांक 10 जून, 1959, आज़ादी और उसके आगे, एलपी शाही, श्रीकृष्ण। शिक्षा प्रतिष्ठान, मुज़फ्फ़रपुर, पृ. 46-47) जिसे श्रीकृष्ण सिन्हा को तत्कालीन प्रधानमन्त्री ने लिखा था।
6. पूर्व केन्द्रीय मन्त्री एलपी शाही का साक्षात्कार, जून 3, 2015
7. प्रोफ़ेसर एल एन शर्मा की किताब "Politics and Good Governance" (एसके सिन्हा से नीतीश कुमार तक बिहार के मुख्यमन्त्रियों पर एक, पृ. 199, रीगल प्रकाशन, राजौरी गार्डन, नयी दिल्ली regalbookspub@yahoo.com)
8. जदयू के पूर्व राज्यसभा सांसद शिवानन्द तिवारी, अप्रैल 1, 2015
9. बिहार विधानसभा अध्यक्ष के निजी सचिव और पूर्व सीएम कर्पूरी ठाकुर की जीवनी *कर्पूरी ठाकुर और समाजवाद* लिखने वाले डॉ. नरेन्द्र पाठ का साक्षात्कार, अप्रैल 9, 2015
10. वरिष्ठ पत्रकार सुरेन्द्र किशोर का साक्षात्कार, 15, 2015
11. वरिष्ठ पत्रकार सुरेन्द्र किशोर का साक्षात्कार, 15, 2015
12. कर्पूरी ठाकुर के ड्राइवर अजय सिंह का साक्षात्कार, मई 12, 2015
13. पूर्व सीएम डॉ. जगन्नाथ मिश्र का साक्षात्कार,अप्रैल 17, 2015
14. बिहार विधानसभा अध्यक्ष के निजी सचिव और पूर्व सीएम कर्पूरी ठाकुर की जीवनी *कर्पूरी ठाकुर और समाजवाद* लिखने वाले डॉ. नरेन्द्र पाठ का साक्षात्कार, अप्रैल 9, 2015
15. प्रोफ़ेसर एल एन शर्मा का साक्षात्कार, मई 11, 2015
16. लिटिल मैगेज़ीन (खण्ड 8, तीसरा संस्करण)
17. जनसत्ता के पूर्व बिहार संवाददाता गंगा प्रसाद का साक्षात्कार, मई 16, 2015
18. डॉ. जगन्नाथ मिश्र का साक्षात्कार, अप्रैल 17, 2015
19. प्रेमचन्द्र मिश्र का साक्षात्कार, अप्रैल 8, 2015
20. प्रोफ़ेसर एल एन शर्मा का साक्षात्कार, मई 11, 2015
21. 1989 भागलपुर दंगों पर रिपोर्टिंग करने वाले टाइम्स ऑफ़ इंडिया के पत्रकार अभय सिंह, अप्रैल 24, 2015
22. पूर्व विधानसभा अध्यक्ष और कांग्रेस सदानन्द सिंह, अप्रैल 21, 2015
23. भागलपुर दंगा पीड़ित शहनाज बानो का साक्षात्कार, अक्टूबर 2013

3
करिश्माई लालू

माई, हम मुख्यमन्त्री बन गयीनी
इ का होला
इ जे हथुआ महाराज बाड़न, उनको से बड़
अच्छा ठीक बा जाय दे, लेकिन तहरा सरकारी नौकरी ना नु मिलल

मुख्यमन्त्री बनने के बाद लालू प्रसाद की अपनी माँ गरछिया देवी के साथ यह पहली बातचीत थी। आज भी लालू प्रसाद जब-जब इस क़िस्से को सुनाते हैं तो उनकी हँसी छूट जाती है।

1991 में अपनी माँ के निधन के बाद लालू ने उनकी एक बड़ी-सी तस्वीर अपनी बैठक में लगाई और वह मेहमानों को यह बताने से कभी नहीं चूके कि किस तरह बचपन में मुफ़लिसी के दिनों में उनकी माँ दूध के नाम पर उन्हें आटा और पानी का घोल दिया करती थीं। कहीं-न-कहीं इस कहानी के ज़रिये वह यह बताते दिखते थे कि उन्होंने कितना लम्बा सफ़र तय किया है।

पूर्व मुख्यमन्त्री और लालू प्रसाद यादव की पत्नी राबड़ी देवी ने मरछिया देवी की एक मूर्ति का विमोचन किया जिसके नीचे लिखा था—*पिछड़ों को सामाजिक न्याय दिलाने एवं दलितों के उत्थान हेतु सतत प्रेरणा देने वाले बिहार के माननीय पूर्व मुख्यमन्त्री लालू प्रसाद की माता श्री।*

सीधे आते हैं 2015 में और चलते हैं 10, सर्कुलर रोड पर—यहाँ राजद प्रमुख अपने चिर-परिचित अन्दाज़ में, बनियान पहने खुले आँगन में आराम फरमा रहे हैं। अपने समर्थकों से घिरे लालू प्रसाद को बिहार विधान परिषद चुनाव के नतीजों का अपडेट दिया जा रहा है। लालू प्रसाद फोन पर किसी नेता से बात करते हुए कह रहे हैं कि—पावर अभी मेरे पास है।

पूरा माजरा समझ नहीं आ रहा, कोई समझने की हिम्मत भी नहीं कर पा रहा। लालू चाय पी रहे हैं, इधर एक पार्टी कार्यकर्ता दुख जताता दिख रहा है। लालू शाम को इंटरव्यू के लिए राज़ी हो जाते हैं। इस बार वह बैठक के पास लगे सोफ़ा पर विराजमान सब पर नज़र बनाये हुए हैं। अब वह अपने पसन्दीदा विषय पर बात करना शुरू करते हैं जो है सामाजिक न्याय।[1]

अपने पसन्दीदा विषय सामाजिक न्याय पर लालू ऐसा सोचते थे–

हर बात को ऊँची और पिछड़ी जाति के चश्मे से नहीं देखना चाहिए। इस सामाजिक खाई की तह में भी तो जाना होगा जहाँ कोई नहीं जाना चाहता। सामाजिक न्याय एक व्यापक विषय है। आप नरेन्द्र मोदी सरकार का दोहरापन देखिए। क्यों नहीं वह जाति जनगणना की रिपोर्ट सार्वजनिक करते? आँकड़े जाने बग़ैर बजट कैसे तय होगा। मुझे तो लगता है कि ओबीसी, ईबीसी और दलितों की संख्या बहुत ज़्यादा बढ़ी है और इसलिए आरक्षण का फ़ीसद भी बढ़ना चाहिए। ये मज़दूर, भिखारी लोग कौन हैं ये सब? हम कह रहे हैं ये सिर्फ़ ऊँची जाति, पिछड़ी जाति वाली बात नहीं है। यह बात सामाजिक न्याय की है।

सीएम बनने के बाद लालू प्रसाद ने फुलवरिया से किया वादा निभाया। इस गाँव को मीरगंज (16 किलोमीटर) तक की एक पक्की सड़क मिली, अस्पताल, ग्रिड सब-स्टेशन, रेलवे स्टेशन, पुलिस स्टेशन और ब्लॉक का दर्जा, साथ में रजिस्ट्री कार्यालय। फुलवरिया अब एक गुमनाम गाँव से गोपालगंज ज़िले की पहचान बन गया। सबसे नज़दीकी क़स्बा मीरगंज, जहाँ है मरछिया देवी चौक जो आपको फुलवरिया जाने का रास्ता बताता है।

लालू के सबसे छोटे बेटे तेजस्वी प्रसाद यादव 2020 के विधानसभा चुनाव के 'नायक' साबित हुए। तेजस्वी को अपने पिता और दादी की वो बातचीत बख़ूबी याद है जो उन्हें सामाजिक खाई और 1990 में एक पिछड़ा वर्ग के नेता के सबसे ऊँची कुर्सी पर बैठने के सफ़र की अहमियत को समझने में मदद करती है। तेजस्वी गर्व से कहते हैं–*लालू प्रसाद एक ही हुआ है और लालू जी जैसा कोई और नहीं हो सकता*। मार्च 1990 में जब लालू सीएम बने तब तेजस्वी बच्चे ही थे। उन्हें शायद लालू के रौबदार बनने की तस्वीरें याद भी नहीं होंगी लेकिन अपने पिता के उतार चढ़ाव वाले इस सफ़र से वह निश्चित ही हैरान तो रहते ही हैं।

तीन अहम बातें जिसने लालू को एक ब्रांड बना दिया–देसीपन, मण्डिलीकरण और धर्मनिरपेक्षता। शायद ही किसी और राजनेता ने राजनीति को इतना खाँटी बनाया जितना कि लालू कर पाये। हाँ, कर्पूरी ठाकुर काफ़ी हद तक इसमें सफल रहे।

बिहार के बाहर मुलायम सिंह यादव ने यूपी में यही किया। लेकिन लालू ने तो मानो अपने सीएम की कुर्सी किसी सुदूर गाँव के बीच चबूतरे पर लगा दी थी, जहाँ पिछड़ी जाति के हर व्यक्ति की पहुँच थी।

एक वरिष्ठ पत्रकार ने सीएम लालू प्रसाद की पहली समीक्षा बैठक को याद किया। जगह थी–संजय गाँधी बायोलॉजिकल गार्डन, जिसे पटना ज़ू भी कहते हैं। लालू ने अपने मुँह पर रुमाल लगा रखी थी। वजह–वहाँ मौज़ूद पुलिसवाले, वही पुलिस जिससे वह जेपी आन्दोलन के दौरान भागे-भागे फिरते थे और आज उन पुलिसवालों को अपने आसपास मुस्तैद देखकर लालू की हँसी नहीं रुक रही थी। बैठक में पहुँचने पर लालू को माजरा बहुत ज़्यादा समझ में नहीं आया लेकिन हाँ, वो सीखने के लिए तत्पर लग रहे थे। पूरी मीटिंग में वह बस *ठीक है, ठीक है* कहते रहे। यह लालू की शासन-विधि को समझने की पहली कोशिश थी।

कई अफ़सर लालू के दिनों को याद करते हुए बताते हैं कि बतौर सीएम वह मामला समझने में तो तेज़ थे, लेकिन लम्बी-लम्बी फ़ाइलों से गुज़रना उनके लिए बोझ था और वह अक्सर बात का सार पूछ लिया करते थे। अगर फिर भी कोई अधिकारी मामले को तफसील से समझाने बैठ जाये तो लालू कहते थे–*तुम हमारी क्लास ले रहे हो?*

वरिष्ठ नेता और पूर्व राज्यसभा सांसद शिवानन्द तिवारी बताते हैं–

जब पहले कार्यकाल में मैं लालू से मिला तब वह फ़ाइल साइन कर रहे थे। कुछ फ़ाइलों पर दस्तख़त के बाद वह कहने लगे–बाबा, फ़ाइल साइन करते-करते ***करेजा दुखता*** *है। मैं हँस पड़ा कि उंगली या हाथ दुखने के बारे में तो सुना था लेकिन* ***करेजा दुखने*** *के बारे में पहली बार सुना।*[2]

लालू प्रसाद को ज़रूरत थी एक ऐसे अफ़सर की जो उनकी बात समझ सके और फ़ाइलों का बोझ उठा सके, साथ ही जो उनका हमराज़ भी रहे। उन्होंने 1966 बैच के बिहार काडर के आईएएस मुकुन्द प्रसाद को मई 1990 में अपने प्रधान सचिव के तौर पर चुना। प्रसाद ने राम उपदेश सिंह की जगह ली थी। लालू की मुकुन्द प्रसाद से पहली मुलाक़ात बतौर नेता प्रतिपक्ष हुई थी, जब प्रसाद वित्त सचिव हुआ करते थे। एक बार लालू धमकते हुए सचिवालय पहुँच गये क्योंकि उनका पेट्रोल भत्ता क्लियर नहीं हुआ था। सधे अन्दाज़ में रहने वाले मुकुन्द प्रसाद ने लालू प्रसाद को शान्त किया और समझाया कि उनके भत्ते की मासिक सीमा समाप्त हो गयी है। लेकिन इसके साथ ही मुकुन्द ने यह किया कि पेट्रोल भत्ते से जुड़े नियम को बदल दिया, भत्ते की मासिक सीमा को बढ़ाये बग़ैर उसके वितरण को तिमाही कर दिया गया।

इसके साथ ही मुकुन्द प्रसाद ने धीरे से लालू प्रसाद को सलाह दी कि इन छोटे मोटे काम के लिए वह किसी निजी सहायक को भेज दें क्योंकि नेता प्रतिपक्ष का इस तरह आना शोभा नहीं देता, एक ऐसा पद जो उन्हें आगे कभी सीएम की कुर्सी तक भी पहुँचा सकता है। लालू को यह बात याद रही और उन्होंने सीएम के सचिव पद के लिए मुकुन्द प्रसाद को याद किया। वैसे भी मुकुन्द प्रसाद ओबीसी से थे, छपरा से थे, ऐसे में अफ़सरशाही में ऊँची जाति के प्रभाव से निकलकर ओबीसी अधिकारियों के हाथ में ताक़त देने की मुहिम में प्रसाद का चयन काफ़ी फिट भी बैठता था। प्रसाद, लालू प्रसाद के प्रधान सचिव बने रहे, आगे 2002 में रिटायरमेंट तक वह राबड़ी देवी के सचिव रहे और राजद के मार्च 2005 तक चले कार्यकाल तक वह कॉन्ट्रैक्ट के तहत इसी पद पर बने रहे। प्रसाद एक वफ़ादार अफ़सर बनकर पर्दे के पीछे रहना ही पसन्द करते रहे।

लालू ने कांग्रेस के उस संभ्रांत वर्ग वाली परम्परा को तोड़ा जिसमें जनता मुख्यमन्त्री जैसे ताक़तवर व्यक्ति के पास फटक तक नहीं सकती थी। लेकिन फिर लालू आये जो आम जनता के बीच से ही उठे थे और उनसे उन्हीं की भाषा में बात करते थे। हाँ, लालू भी सफ़ेद कुर्ता पायजामा ही पहनते थे लेकिन वह उसकी सिलवटें नहीं छुपाते थे। वह लोगों के सीएम बनना चाहते थे, उनसे बात करना चाहते थे, उनसे गपियाना चाहते थे और उनसे ऐसा तालमेल बैठाना चाहते थे, जिसके बारे में बिहार की राजनीति में न पहले किसी ने सुना, न देखा।

लालू को औपचारिकता या प्रोटोकॉल से कोई मतलब नहीं था। उन्होंने लोगों के बीच जाना शुरू किया, बैरिकेड तोड़कर अपने सुरक्षा गार्ड को धकेलते हुए वह जनता से मिलते थे। सीएम बनने के शुरुआती दिनों की बात है, वह रोहतास के डेहरी से लौट रहे थे। उनके साथ एक पुलिस अफ़सर था, जो उस दिन को याद करते हुए बताता है कि किस तरह सीएम ने अचानक गाड़ी रुकवा दी। सब चौंक गये कि सीएम बिना पूर्व जानकारी या जाँच के ऐसे कैसे किसी के घर जा रहे हैं। लेकिन लालू को परवाह नहीं थी और वह पहुँच गये एक डोम की झोपड़ी में जहाँ अन्दर से आवाज़ आयी–*के हैं?* सीएम ने कहा–*ललुआ, लालू यादव* हैं। अन्दर बैठा बुज़ुर्ग आदमी खाट से कूदकर लालू के गले लग गया। इससे पहले किसी ने सीएम को एक आम आदमी से इस तरह गले लगते हुए नहीं देखा था। लालू ने राजनीति में भदेस-पन को इस तरह शामिल किया। हिन्दी पट्टी में मुलायम सिंह यादव भी पहलवानी के परिवार से उठकर सीएम बने थे लेकिन लालू ने तो खाँटीपन का अपना ही एक नया तरीक़ा ईजाद किया था।

सीएम लालू प्रसाद को औपचारिकताओं में यक़ीन नहीं था। लेकिन उन्हें लोगों का ख़ुशामद करना भाता था। वैसे तो इससे पहले कांग्रेस सीएम चन्द्रशेखर सिंह (अगस्त 1983 - मार्च 1985) ने जनता दरबार की परम्परा शुरू की थी, लेकिन वह पूरी तरह नौकरशाही से प्रभावित कार्यक्रम हुआ करता था। जिसमें आम आदमी अपने आवेदन सीएम तक पहुँचा देता था, लेकिन सीएम से कभी बात नहीं कर पाता था। सीएम से हाथ मिलाना, आँख मिलाना तो दूर की बात थी। लेकिन असली जनता दरबार की शुरुआत तो लालू प्रसाद ने की थी। जनता के लिए सीएम के आधिकारिक निवास 1, अणे मार्ग के दरवाज़े खुल गये थे। वह कागज़ वग़ैरह में यक़ीन नहीं रखते थे। वह मुखिया या सरपंच की तरह मसले सुलझाने में यक़ीन रखते रहे।

ऐसा ही कुछ 1993 में हुआ जब पटना के पास नौबतपुर से एक महिला अपने पियक्कड़ पति की शिकायत लेकर आयी जो उसे छोड़ चुका था। लालू ने जनता दरबार से ही पुलिस स्टेशन के इन्चार्ज को फोन किया और उस बिगड़ैल पति को हाज़िर करने के लिए कहा। दो घण्टे बाद पति को लाया गया और समझाया गया कि पत्नी से तमीज़ से पेश आये। त्वरित न्याय देने की इस प्रक्रिया ने एक तगड़ा सन्देश सब तक पहुँचाया। सीएम लालू हिट हो गये। यह अलग बात है कि जनता दरबार में पहुँचे बाक़ी के लोग उस औरत जितने सौभाग्यशाली नहीं थे लेकिन लालू का काम तो बन गया, वह एक बार फिर चर्चा का केन्द्र बन गये।

वरिष्ठ पत्रकार राधिका रमन बालन (अब दिवंगत) बताते हैं–

लालू प्रसाद के पहले सीएम कार्यकाल की बात है, एक अपाहिज व्यक्ति उनसे मिलने पहुँचा। बुरे हाल में था, किसी की मदद से चल पा रहा था, कपड़े बदबू मार रहे थे। जयप्रकाश नारायण यादव (पूर्व राजद सांसद) भी वहाँ मौजूद थे। लालू अपने कमरे में गये, साबुन लाये, हैंडपंप से पानी निकाला, उस आदमी को नहाने के लिए कहा, उसे ख़ाना दिया और फिर उससे पूछा कि वो यहाँ क्यों आया। उस आदमी को सरकारी नौकरी चाहिए थी। लालू पहले तो यह सोचकर हँसे कि लोगों को क्यों लगता है कि सीएम सबको नौकरी दे सकता है, फिर उन्होंने बिहार विधान परिषद के अध्यक्ष जाबिर हुसैन से कहा कि वह इस आदमी के लिए कुछ करें।[3]

सत्ता में आने के बाद लालू ने पहला काम किया–पीडब्लूडी की ओर से पिछड़ी जाति के लोगों को निर्माण कार्य से जुड़ा सामान दिया जाता था, जिसकी जगह उन्हें नक़द दिया जाये ताकि वह मौजूदा आवास योजना के तहत अपना घर बना सकें। उन्होंने अधिकारियों से तीन बातें कही–लाभार्थी को नक़द दें ताकि वह अपनी मर्जी का सामान ख़रीद सके, घर जल्दी बन पाये और व्यक्ति को सन्तुष्टि भी मिलेगी।

इस बदलाव ने पिछड़ी जाति के लाभार्थियों को बहुत फ़ायदा पहुँचाया। कहा जा सकता है कि नक़द हस्तान्तरण का काम लालू ने ही शुरू किया, जिसे बाद में नीतीश सरकार ने कई योजनाओं के लिए लागू किया।

अफ़सरों का भी ऐसे सीएम से पहली बार पाला पड़ा था। सीएम लालू प्रसाद, पानी के टैंकर लेकर ग़रीबों के इलाक़ों में पहुँच जाते थे, जहाँ पटना ज़िला मजिस्ट्रेट भी मौजूद होते थे। वहाँ छोटे बच्चों को नहाने के लिए पानी के टैंकर से बारिश की जाती थी। सरकारी कर्मचारी इन बच्चों के बाल सँवारते थे, नये कपड़े देते थे। लालू अक्सर जनता को *मेरे मालिको* कहा करते थे और कहते थे कि सरकार के लोगों का काम जनता की सेवा करना है, सिर्फ़ एसी के कमरे में बैठकर आदेश देना नहीं है। तालियाँ बज पड़ती थीं क्योंकि किसी ने इस तरह सरकारी अफ़सरों को अपने दरवाज़े पर आते नहीं देखा था। यह सार्वजनिक स्नान एक तरह से *'ओबीसी और दलित स्वाभिमान का अभिषेक'* था।

लालू की वजह से प्रशासन भी हैरान परेशान रहता था। वह पटना रेलवे स्टेशन के पास झुग्गियों में सड़क सफ़ाई अभियान के लिए भगत सिंह की टोपी और छड़ी लेकर पहुँच जाते थे। बीच सड़क पर बैठकर वह काम करवाते थे। संयोग से इलेक्ट्रॉनिक मीडिया का आगमन भी उसी वक़्त हुआ था। लालू और मीडिया की अच्छी पटने लगी।

लालू ने देसी शराब को बनाने और बेचने से लोगों को रोकने के लिए एक अनोखा तरीक़ा अपनाया। वह एक वॉकी-टॉकी लेकर घूमते थे, जो उन्होंने पटना पुलिस से लिया था। वह लोगों से कहते कि यह मशीन देसी दारू की बू पकड़ लेती है। कुछ महीनों तक लालू का यह आयडिया काम भी किया।

लालू ने बच्चों को स्कूल जाने के लिए प्रोत्साहित किया। वह अलग-अलग जाति और पारम्परिक पेशे वालों को दिलचस्प नाम से पुकारते थे। वह घोंघा पकड़ने वालों और चूहा ख़ाने वालों से अपने बच्चों को स्कूल भेजने के लिए कहते थे। उन्होंने *आधी रोटी खायेंगे, फिर भी स्कूल जायेंगे* का नारा दिया। लालू ने मानो एक नयी राजनीतिक भाषा की शुरुआत की। वह गाँधी मैदान जाकर बच्चों को स्कूल बैग और किताबें देते लेकिन यह सब भी मीडिया का ध्यान बटोरने का एक तरीक़ा ही था। लालू के इन तरीक़ों की दिक़्क़त थी कि वो ज़्यादा दिन नहीं टिक पाते थे।

वरिष्ठ पुलिस अधिकारियों से लेकर डीएम तक लालू के इर्द-गिर्द दौड़ते दिखते थे। ओबीसी और दलित वोटरों के लिए यह एक कमाल का नज़ारा था। उनके सशक्तिकरण की तरफ़ यह पहला क़दम था। बाबुओं का डर अब ख़त्म होता

जा रहा था। कांग्रेस राज के दौरान ऊँची जाति की दादागिरी के चलते जिस तरह पुलिसवाले ग़रीब और दलितों की फ़रियाद अनुसनी कर देते थे, वह दौर अब ख़त्म हो रहा था। अब पुलिस स्टेशन में यादव को पहले कुर्सी दी जाती थी।

हालाँकि पिछड़ी जाति का उत्पीड़न इतनी आसानी से कहाँ ख़त्म होने वाला था। ओबीसी और दलितों को अभी भी ऊँची जाति के ज़मीन मालिकों की प्रताड़ना का शिकार होना पड़ता था, जो ज़रा-सी बात पर अपने कर्मचारियों को बख्शते नहीं थे। यह सिस्टम बहुत पहले से ब्राह्मण केन्द्रित रहा है। पुलिस स्टेशन में किसी ऊँची जाति के ख़िलाफ़ केस दर्ज करना आसान नहीं था। कुछ मामलों को छोड़ दिया जाये तो बिहार में सामाजिक बराबरी और सामाजिक सशक्तिकरण को दूर की कौड़ी माना जाता था। लालू को यह बात चुभती थी कि राज्य में एक ओबीसी सीएम दरोगा राय, ईबीसी सीएम कर्पूरी ठाकुर और पिछड़ी जाति के भोला पासवान शास्त्री और राम सुन्दर दास के रहते हुए भी क्यों ग़रीबों को ऊँची जाति वालों के सामने कुर्सी पर बैठने तक का हक़ नहीं मिल पाया है।

लालू इस बेड़ी को तोड़ देना चाहते थे। वह जल्दी बदलाव चाहते थे। उनके सीएम बनने के बाद बेगुसराय के बछवारा में एक ऊँची जाति वाले ने पिछड़ी जाति के शख़्स की हत्या कर दी। सीएम लालू प्रसाद, बड़े अधिकारियों के साथ मौक़े पर पहुँचे। उन्होंने केस का अपडेट लिया और स्थानीय पुलिस को झाड़ लगाई कि क्यों सब कुछ जानते हुए भी दोषियों को पकड़ा नहीं गया है।

लालू सरकार में अहम पद पर कार्यरत एक अधिकारी बताते हैं–

सीएम अपने साथ एक कुर्सी लाये और जब तक गिरफ़्तारी नहीं हुई तब तक थाने में बैठे रहे। पाँच घण्टे बाद उन दबंगदार आरोपियों को गिरफ़्तार किया गया। केस की रिपोर्ट लेने लालू कम-से-कम छह बार ख़ुद गये। पुलिस और समाज को बात समझ आ गयी थी। दलित और ओबीसी की एफआईआर दर्ज होने लगी थी। अब सीएम के कहे बग़ैर प्रताड़ना के मामलों में डीजीपी ख़ुद संज्ञान लेने लगे थे।

लालू ने सामाजिक सशक्तिकरण की इस मुहिम को और तरीक़ों से भी बढ़ावा दिया। सरकार को ताड़ के पेड़ की नीलामी से सालाना ढाई करोड़ रुपये मिला करते थे। इस पेड़ से पासी अनुसूचित जाति के लोग ताड़ी निकालते हैं। लालू ने ताड़ी की नीलामी मुफ़्त कर दी और हर पेड़ को एक नम्बर दिया गया जिसके बाद पासियों को यह पेड़ आवंटित कर दिया गया। इस पहल ने लालू को रातों-रात लोकप्रिय बना दिया। ऐसा करके लालू ने शायद अपने कॉलेज के दिनों का हिसाब बराबर किया होगा जब वह ताड़ी बेचने वालों की नाक में दम कर दिया करते थे।

लालू की लिस्ट में अगला नम्बर अति पिछड़ा वर्ग (ईबीसी) मछुआरे समुदाय का था जो ईबीसी के सबसे बड़े वर्ग में से एक है। लालू ने सरकारी तालाबों को नीलामी मुक्त कर दिया और उन्हें मछुआरों द्वारा गठित निजी संगठनों के हवाले कर दिया। पहले नीलामी के ज़रिये अमीर और ऊँची जाति के लोगों को तालाब मिलते थे जिसमें वह न्यूनतम मज़दूरी पर मछुआरों से काम करवाते थे लेकिन लालू के मास्टर स्ट्रोक ने एक बार में इस प्रभावशाली वर्ग की कमाई पर पानी फेर दिया। इससे समाज में एक तरह की दरार पैदा हुई लेकिन लालू तो लालू ही थे। यह अलग बात है कि आगे चलकर मछुआरा समुदाय ने अपने ही लोगों से मुँह मोड़ना शुरू कर दिया लेकिन लालू ने अपनी ओर से कोई कसर नहीं छोड़ी थी।

90 के दशक के बीच के सालों में लालू प्रसाद ने सामाजिक संगठनों के अलग-अलग मंच पर कहना शुरू किया कि पिछड़ी जाति को किसी से डरने की ज़रूरत नहीं है। उन्होंने ओबीसी, ईबीसी और दलितों से अपील की कि वह जातिगत स्तर पर अपने संगठनों को मज़बूत करने के लिए अलग-अलग कार्यक्रम आयोजित करें और चाहें तो सीएम को भी न्यौता दें। इस तरह राजनीतिक सशक्तिकरण की ओर ओबीसी और ईबीसी वर्ग ने अपना पहला क़दम बढ़ाया। इस तरह लालू ने सामाजिक एकीकरण के लिए काम किया।

लालू के दिमाग़ में चरवाहा विद्यालय का विचार तब आया, जब वह प्रौढ़ शिक्षा निदेशक के साथ एक मीटिंग में थे और चर्चा कर रहे थे कि किस तरह अशिक्षित वयस्कों को सांयकालीन कक्षा के ज़रिये पढ़ाया जा सके। सीएम लालू ने निदेशक से पूछा–*उनका क्या जो दिन में नहीं पढ़ रहे? क्या हम चरवाहों को उनके दूध बेचने वाले काम से हटाये बग़ैर नहीं पढ़ा सकते?* निदेशक ने सीएम को विस्तृत योजना बनाकर दी। मैदान वाली ख़ाली पड़ी सरकारी इमारतों को चुना गया जहाँ पास के स्कूलों से शिक्षकों को बुलाया जाने लगा। विद्यार्थियों से कहा गया कि वह अपने मवेशी साथ लायें। पटना के आसपास कुल 89 चरवाहा विद्यालय शुरू हुए। लेकिन प्रौढ़ शिक्षा मुहिम में भी कारगर साबित हो सकने वाली इस योजना पर आगे चलकर उचित ध्यान नहीं दिया गया। ये स्कूल तीन साल चले, लेकिन फिर सीएम ने रुचि लेनी बन्द कर दी क्योंकि अफ़सरों के पास उचित ख़ाका नहीं था। एक वरिष्ठ अधिकारी की मानें तो इन स्कूलों को यादव योजना का हिस्सा माना जाने लगा जिस वजह से बाक़ी की जातियों तक इसे लेकर ग़लत सन्देश पहुँचा।

मुफ़्त साड़ी और धोती योजना भी लालू प्रसाद के पहले कार्यकाल के बाद के हिस्से में लायी गयी। इसे उद्योग विभाग के मरणासन्न हालत में पड़े हैंडलूम

कॉर्पोरेशन को बढ़ावा देने के लिए लाया गया। लेकिन कॉर्पोरेशन पहली बार के वितरण तक के लिए ही साड़ी और धोती का निर्माण कर पाया, वो भी पटना ज़िले के लिए। हालाँकि लालू ने इसके ज़रिये भी एक सामाजिक सन्देश पहुँचाकर अपने जादू को बनाये रखा।

लालू को मंच लूटना बख़ूबी आता था। वह सार्वजनिक भाषणों में जाति की बात उठाकर ओबीसी और दलितों की बराबरी की बात करते थे। वह कहते थे कि गाँव में ऊँची जाति के मकान से ज़्यादा ऊँचा और बड़ा मकान बनाओ। लालू के ये छोटे सन्देश बिहार में बड़ा असर दिखाने लगे थे। एक बार सीपीआई के कुछ बड़े नेता जिनमें एक ब्राह्मण नेता भी शामिल थे, मोतीहारी में एक जनसभा को सम्बोधित करने पहुँचे। उस वक़्त 1991 के लोकसभा चुनाव में लालू ने सीपीआई से हाथ मिलाया था। अचानक लालू ने मंच पर एक ताड़ी बेचने वाले को बोलने के लिए बुला लिया। दरअसल कुछ वक़्त पहले ही सीएम ने ताड़ी की बिक्री को कर मुक्त कर दिया था। सीपीआई नेताओं को लालू का यह क़दम पसन्द नहीं आया और वह मंच छोड़कर जाने लगे। लालू ने माइक पर कहा–*'मैं आप लोगों को मज़बूत करना चाहता हूँ लेकिन इन लोगों को ये बात पसन्द नहीं आयी। पासी आया तो ब्राह्मण भागा'*–ऐसा कहकर लालू ने सीपीआई ब्राह्मण नेता की चुटकी ले ली।

विधानसभा सत्र में भी लालू प्रसाद अपनी हाज़िरजवाबी के लिए जाने जाते थे। एक बार कांग्रेस के नेता प्रतिपक्ष रामाश्रय प्रसाद सिंह ने दलितों को नहलाने और उनकी हजामत करने जैसे सीएम के तरीक़ों की आलोचना करते हुए दलित सशक्तिकरण के लिए गम्भीर नीतियों की माँग उठाई। इस पर सीएम ने कहा–*आप ग़लत समझ रहे हैं। हम तो आप लोगों का हजामत बनाते हैं*। कांग्रेस सरकार से इतर लालू प्रसाद ने दलितों के लिए सामुदायिक भवन–भोला पासवान शास्त्री भवन–को उन सम्भ्रान्त इलाक़ों के बीचोंबीच बनाया जहाँ ज़्यादातर ऊँची जाति की मौजूदगी रहती थी। वह जानते थे कि इससे जातिगत तनाव धीमी आँच पर पकता रहेगा। लालू का पहला कार्यकाल इस तरह के किस्सों से भरा हुआ है जब उन्होंने अपनी चुनावी दावेदारी को पक्का करने के लिए राजनीति के दंगल में ऊँची जाति बनाम ओबीसी/दलित की लड़ाई बनाये रखी।

राजनेताओं और पत्रकारों से होने वाली अनौपचारिक बातचीत में लालू के ज़मीन से जुड़े रहने की बात सामने आती है।

टेलिग्राफ के सहायक सम्पादक नलिन वर्मा याद करते हैं–

हम पटना के एक कार्यक्रम में थे जब सीएम लालू हमारी टेबल पर आये और गाँव में बारिश के दौरान मिलने वाले पीले मेंढकों के गायब होने पर चर्चा करने लगे। वहाँ शिवानन्द तिवारी भी मौजूद थे जो यह देखकर हैरान थे कि किस तरह इस आदमी को आज भी पीले मेंढक याद हैं। इससे पता चलता है कि वह कितने ज़मीन से जुड़े थे और यही उनकी लोकप्रियता की वजह भी थी।[4]

एक ग़रीब परिवार से आने वाले लालू के इरादे बुरे नहीं थे। वह विकास और बदलाव चाहते थे। इसके लिए लालू की नज़र में 1974 बैच के बिहार काडर के आईपीएस अधिकारी डीएन गौतम थे। गौतम एसपी, सीआईडी (डकैती निरोधक) थे, जिनकी पोस्टिंग पटना थी। जब लालू सोनपुर विधायक थे, तब उन्होंने छपरा एसपी के तौर पर गौतम का काम देखा था। गौतम ने बतौर रोहतास एसपी ख़ूब नाम कमाया था।

लालू चाहते थे कि गौतम रोहतास जाकर डकैती के मामलों पर लगाम कसे। लालू ने कहा कि रोहतास का एसपी, गौतम के मातहत काम करे, लेकिन गौतम ने कहा कि ऐसा करने का मतलब है कि प्रशासन स्वीकार कर रहा है कि वह अपना काम ठीक से नहीं कर रहा। सीएम ने बात मानी लेकिन क़ानून-व्यवस्था को लेकर उन्होंने विस्तार से चर्चा की। वह आगे के महीनों में फिर गौतम और कुछ अन्य अधिकारियों से मिले जिससे पता चलता है कि वह मामले को लेकर गम्भीर थे।

1990 के अन्त तक लालू ने शासन प्रणाली से ध्यान हटाकर जातीय एकीकरण पर काम करना शुरू किया। छह महीने में वह समझ गये कि शासन प्रणाली पर उनका ज़ोर काम करता नहीं दिख रहा। सम्भ्रान्त और सवर्ण जाति उन्हें सीएम स्वीकार नहीं कर पा रही थी। निजी बातचीत में उन्हें 'ललुआ' कहा जाता। वह बीजेपी समर्थन के साथ एक अल्पमत वाली सरकार चला रहे थे। अब वह अपने तरीक़े से सरकार चलाने के लिए उतावले थे।

वह यह भी जान गये थे कि किस तरह नौकरशाही काम करती है। जैसे एक बार किसी काम के लिए उन्होंने मुख्य सचिव को बुलाया, सचिव ने तुरन्त कहा काम हो जायेगा। लालू ने उन्हें याद दिलाया कि '*पहले जब इसी मामले पर मैंने आपसे और कांग्रेस सीएम से बात की थी, तब आपने तो कुछ नियम याद दिलाकर ना कह दिया था। अब उन नियमों का क्या हुआ?*' सचिव के पास कोई जवाब नहीं था। लालू जानते थे सत्ता से ही ताक़त मिलती है और लोग सत्ता को ही सलाम करते हैं।

बिहार के पूर्व डीजीपी डी एन गौतम कहते हैं–

सितम्बर-अक्टूबर में राह बदलने लगी थी। शुरुआती छह महीनों में व्यवस्था प्रणाली के ज़रिये एकीकरण का तरीक़ा काफ़ी बिखरा हुआ-सा था। लेकिन अब लालू ओबीसी, ईबीसी और दलितों की ख़ुशामद से आनन्दित होने लगे थे। ऊँची जाति ने उन्हें स्वीकार नहीं किया था, वह बस उनके सत्ता में रहने की वजह से उनका सम्मान करते थे। लेकिन लालू को अपने तरीक़े पर भरोसा था और उनकी योजनाएँ अब आकार लेती दिख रही थीं। उन्हें अपने पीछे खड़ी बहुसंख्यक आबादी पर भरोसा था।[5]

जातीय ध्रुवीकरण की शुरुआत हो चुकी थी, जिसके लिए ऊँची जाति और –ओबीसी, दलित और ईबीसी का समर्थन पा रहे–लालू दोनों ही ज़िम्मेदार रहे। लालू के एक विश्वसनीय सहायक ने बताया कि किस तरह अपने पहले कार्यकाल में लालू ने एक तोता पाला था, जिसे ऊँची जाति के ख़िलाफ़ नारा रटवाया गया था।

कर्पूरी ठाकुर की आरक्षण नीति ने पहले ही ऊँची और पिछड़ी जाति के बीच दरार पैदा कर दी थी। लालू ने इस दरार को और गहरा और साफ़ कर दिया। यह दरार उनके भाषण में साफ़ तौर पर दिखने लगी लेकिन सामाजिक एकजुटता के लिए यह ख़तरनाक था। लालू अब वो काम करने लगे थे जो कर्पूरी ठाकुर के वक़्त धीमे अन्दाज़ में किया जाता रहा। यह कहना ग़लत नहीं होगा कि लालू ने जातीय फूट डालने का काम 1990 के विधानसभा चुनाव में ही कर दिया था जब वह नेता प्रतिपक्ष थे। धनबाद में एक चुनावी रैली में वह जनता के बीच कुर्ते के ऊपर खादी की बनियान पहनकर पहुँच गये। लोगों की हँसी छूट गयी पर लालू ने क्या जवाब दिया जानते हैं–'*अब वक़्त है शर्ट के ऊपर बनियान पहनने का। ऊँची जाति की बनियान कब तक बने रहोगे। अब अदला-बदला का वक़्त है। अब शर्ट या कुर्ता बनो।*' यह क़िस्सा वरिष्ठ पत्रकार गंगा प्रसाद ने बताया जो धनबाद के उस कार्यक्रम में मौज़ूद थे।

इस खाई पर राजनीति करने के लिए लालू ओबीसी, ईबीसी और दलितों को एक छाते के नीचे लेकर आये। 1990 में रोहतास में एक बैठक के दौरान लालू ने एक नये तरह की सत्यनारायण कथा का पाठ किया। लालू ने कहा कि कहानी के अन्त में ब्राह्मण, अच्छे फल ख़ुद ले जाता था और बेर और शकरकंद जैसे फल बाकियों के लिए छोड़ देता था। लालू ने कहा कि यही काम सवर्ण जाति सदियों से ग़रीबों के साथ करती आ रही है। हमें उनकी इस चाल को समझना होगा। हालाँकि यह बात खुलेआम तो नहीं कही गयी लेकिन बताया जाता है कि लालू ने सवर्ण जाति के ख़िलाफ़ एक आपत्तिजनक नारा तैयार किया था–*भूराबाल*

(भूमिहार, राजपूत, ब्राह्मण और लाला को मिलाकर बनाया गया नाम) साफ़ करो। लालू के प्रमुख सलाहकार और पूर्व सांसद रंजन प्रसाद यादव इसकी पुष्टि करते हैं कि वीपी सिंह सरकार के मण्डल कमिशन लागू करने के बाद लालू यादव ऊँची जाति की आलोचना करने के लिए इस शब्द का इस्तेमाल करते थे।

शपथ ग्रहण से लेकर 1991 लोकसभा चुनावों तक लालू प्रसाद रोज़ाना सचिवालय जाते थे। शुरुआती चार-पाँच महीने तक वह काम और विवादित फ़ाइलों को समझने के लिए शाम छह बजे तक रुकते। लेकिन चूँकि बजट तो पिछली कांग्रेस सरकार ने ही तैयार कर दिया था तो लालू के पास पहले साल में नयी योजनाएँ जोड़ने का कोई तरीक़ा नहीं था। अफ़सरों ने कहा कि नये वित्तीय वर्ष तक इन्तज़ार करें लेकिन 1991 चुनावों की शानदार जीत ने लालू के इरादे बदल दिये।

राज्य में अपने बढ़ते रौब के चलते लालू ख़ुद को बिहार का राजा कहने लगे। लालू अब ताक़तवर होते जा रहे थे और अपने सहायक और अधिकारियों का चयन अपने हिसाब से करना चाहते थे। वह जहाँ भी जाते, पान के शौक़ीन लालू के लिए पीक़दान हाज़िर होता। 1991 की बात है लालू पटना क्लब एक शादी कार्यक्रम में पहुँचे। पूर्व सीएम दरोगा राय के बेटे और लालू कैबिनेट में मन्त्री चन्द्रिका राय, लालू से नज़रें बचाकर निकल गये। बाद में एक पत्रकार ने राय से उनके जाने की वजह पूछी तो उन्होंने कहा कि अगर वह लालू के पास बैठ जाते तो वो *घमण्डी* सीएम शायद उसे पीक़दान मुँह तक लाने के लिए बोल देता।

ऐसी ही एक घटना पटना से नयी दिल्ली आ रही फ़्लाइट में एक वरिष्ठ अधिकारी के साथ हुई। वरिष्ठ पत्रकार कन्हैया भेलारी याद करते हुए बताते हैं–*90 के दशक की बात है एक छोटे-से सरकारी प्लेन में दिल्ली रवाना होने से ठीक पहले लालू ने अपने साथ जा रहे वरिष्ठ अधिकारी से कहा–पान तो खिला दिये, थूकें कहाँ? बेचारे अधिकारी ने अपना छोटा-सा पाउच बैग ख़ाली किया और सीएम को थूकने के लिए दे दिया। काफ़ी अजीब था लेकिन यह भी अपनी ताक़त दिखाने का लालू का एक तरीक़ा ही था।*[6]

इसी तरह वह कई बार तम्बाकू ख़ाने की अपनी आदत के ज़रिये सत्ता की ताक़त दिखाने से नहीं चूकते थे। अगर उन्हें किसी सरकारी अफ़सर को परेशान करना है तो वह बस अपना बायाँ अँगूठा, सीधे हाथ की हथेली के बीच रख देते थे–उसी तरह जैसे तम्बाकू या खैनी मलते हैं। यह देखकर अधिकारी बेहाल होकर तम्बाकू का इन्तज़ाम करने लगता। लालू की यह आदत सत्ता से बाहर होने के बाद भी बनी रही। हमेशा उनके साथ एक शख़्स रहता है, जो उनके लिए खैनी मलने का

काम करता। यह शख़्स लालू के पीछे खड़ा रहेगा और ज़रूरत पड़ने पर मली हुई खैनी के साथ अपने हाथ को आगे कर देगा। आप कह सकते हैं कि जो मज़ा अपने हाथ से खैनी मलकर ख़ाने में है, वो किसी और के हाथ में कहाँ लेकिन लालू के लिए यह स्वाद की नहीं, अपना वर्चस्व क़ायम करने की बात थी।

तत्कालीन प्रधानमन्त्री वीपी सिंह ने कांग्रेस और बीजेपी को बीपी मण्डल आयोग की धूल खाती सिफ़ारिशों को लागू करके चकित कर दिया था। मण्डल आयोग ने ओबीसी वर्ग को तमाम केन्द्र सरकार की नौकरियों और शैक्षणिक संस्थानों में दाख़िले में 27 फ़ीसद आरक्षण की बात कही थी। सिंह सरकार ने समिति की रिपोर्ट को 7 अगस्त, 1990 से लागू करने का आदेश दे दिया था। इसके साथ ही जनता दल 'सामाजिक न्याय' के अपने नारे के ज़रिये जनाधार मज़बूत करना चाहती थी, और कांग्रेस की हिन्दू और मुसलमान दोनों को ख़ुश करने की नीति का जवाब देना चाहती थी।

सिंह के इस ऐतिहासिक क़दम ने कांग्रेस को पीछे धकेल दिया था, क्योंकि न ही इन्दिरा गाँधी और न ही उनके बेटे राजीव गाँधी ने 31 दिसम्बर, 1980 को जमा की गयी इस समिति की रिपोर्ट को लागू करने के बारे में सोचा था। मोरारजी देसाई की सरकार ने 20 दिसम्बर, 1978 को बीपी मण्डल की अध्यक्षता में एक पाँच सदस्यीय समिति का गठन किया था।

मण्डल आयोग के विरोध की आग दिल्ली यूनिवर्सिटी के छात्र राजीव गोस्वामी से शुरू हुई जिसने इस फैसले के ख़िलाफ़ ख़ुद को आग के हवाले कर दिया। इस आग की लपटें उत्तर भारत में फैली और बिहार को पूरी तरह अपनी चपेट में ले लिया। वी पी सिंह का फ़ैसला लालू प्रसाद के लिए वरदान बनकर आया, जिन्हें अब सवर्ण और ओबीसी खाई को और गहरा करने का एक मज़बूत आधार मिल गया। अभी तक ओबीसी और ईबीसी या अनुसूची 1 और अनुसूची 2 जैसी कोई अवधारणा नहीं थी, लालू इस मौक़े को लपक लेना चाहते थे। वीपी सिंह को आगे चलकर *मण्डल मसीहा* कहा जाने लगा, लेकिन इस फ़ैसले की असली फसल तो लालू ने काटी थी क्योंकि इसके ज़रिये ही 'लालू युग' की नींव रखी गयी। पटना की सड़कों पर छात्रों ने प्रदर्शन शुरू कर दिया था। कई बार ऊँची जाति के छात्र लालू प्रसाद और रामविलास पासवान के ख़िलाफ़ गन्दे नारे लगाते थे। वहीं कई छात्र आरक्षण का समर्थन भी करते दिखे। एक बार विरोध प्रदर्शन शान्त हुआ तो लालू ने ओबीसी सशक्तिकरण की शुरुआत कर दी। पुलिस थाना हो या सर्कल अधिकारी, हर किसी को साफ़ निर्देश थे कि ओबीसी और दलित का सम्मान किया जाये।

वैसे तो मण्डल आयोग की रिपोर्ट एक लम्बी क़ानूनी लड़ाई के बाद ही लागू होती, लेकिन सिंह के फ़ैसले से बिहार में ओबीसी राजनीति के लिए रास्ते खुल गये। इससे यह भी साफ़ होने लगा कि बिहार को अब जगन्नाथ मिश्र के बाद शायद ही कोई ऊँची जाति का सीएम नसीब होगा। मण्डल ने बीजेपी को भी नीतियाँ बदलने के लिए मजबूर कर दिया और वह पार्टी जो अब तक *बनिया और ब्राह्मण* की पार्टी मानी जाती थी, अब उसी बीजेपी ने किसान और ओबीसी संघ की शुरुआत कर दी।

लालू के लिए यह महज़ संयोग ही था कि वीपी सिंह के मण्डल आयोग लागू करने के फ़ैसले और कमण्डल (अयोध्या आन्दोलन) का आना एक ही वक़्त हुआ। हिन्दू बहुसंख्यकों के बीच अपनी जगह मज़बूत करने के लिए बीजेपी अयोध्या में राम मन्दिर निर्माण का मुद्दा उठा रही थी और 1989 लोकसभा चुनाव में पार्टी ने 84 सीट झटकीं जिसके बाद एल के आडवाणी रथ यात्रा के लिए निकल पड़े। वीपी सिंह के मण्डल फ़ैसले के सामने आडवाणी ने 20 सितम्बर 1990 से सोमनाथ से अयोध्या तक की यात्रा करने का फ़ैसला किया। वीपी सिंह सरकार को चेतावनी दे दी गयी थी कि रथ यात्रा रोकने का प्रयास किया गया तो समर्थन वापिस ले लिया जायेगा। लालू के लिए इससे अच्छा मौक़ा नहीं था जिनकी नज़र अब बिहार के 17 फ़ीसदी मुस्लिम वोट बैंक पर थी। मुसलमान जिनकी बीजेपी से पटती नहीं थी और जो 1989 के भागलपुर दंगों के बाद कांग्रेस से भी किनारा करने लगे थे, उन्हें अब लालू में एक विकल्प नज़र आने लगा था। 23 अक्टूबर, 1990 को बिहार सरकार ने समस्तीपुर में आडवाणी को गिरफ़्तार किया, जिसके बाद तो लालू मुसलमानों के हीरो बन गये। मण्डल और कमण्डल ने लालू की क़िस्मत चमका दी। वक़्त लालू के साथ था और लालू को क्या चाहिए था। बस इसके साथ ही बिहार की राजनीति में मुस्लिम-यादव गठजोड़ का प्रवेश हुआ।

जब लालू सत्ता में आये तो पटना साइंस कॉलेज में जियोलॉजी पढ़ाने वाले रंजन प्रसाद यादव उनके प्रमुख सलाहकार बने, हालाँकि रंजन ने आधिकारिक तौर पर कोई पद नहीं लिया था। उन्हें 1990 में राज्यसभा भेजा गया और वह अनाधिकारिक रूप से लालू के बाद नम्बर दो पर रहे और समझ लीजिए कि कुलपति से लेकर बाक़ी की तमाम ज़रूरी नियुक्तियाँ रंजन के ज़रिये ही होती थी। रंजन की बात को कोई ना नहीं कह सकता था। अब क्योंकि रंजन ने कोई सरकारी पद तो लिया नहीं था, इसलिए अगर किसी नाक़ाबिल व्यक्ति की नियुक्ति हो जाये तो तकनीकी रूप से वह विवादों में पड़ने से बच जाते थे। इन नियुक्तियों में ज़ाहिर तौर पर जाति एक अहम रोल निभाती थी। लालू के जीवन में रंजन कितने अहम थे इसकी बानगी

आपको ऐसे देखने को मिलेगी कि जब 1990 में लालू ने बिहार सीएम की शपथ ली तो वह जेपी के घर क़दमकुंआ उन्हें श्रद्धांजलि देने गये और फिर नाला रोड पर अपने दोस्त रंजन के घर गये। बाद में रंजन ने चार पीएम की मेहमाननवाज़ी भी की–वीपी सिंह, चन्द्रशेखर, देवगौड़ा और आई के गुजराल।

रंजन कहते हैं–

कम वक़्त में लालू को जल्दी ही सफलता का स्वाद चखने को मिल गया। मण्डल से उन्हें ओबीसी, ईबीसी और दलितों का समर्थन मिला तो कमण्डल ने उनकी थाली में मुस्लिम वोट डाल दिये। कर्पूरी ठाकुर के निधन के बाद वह नेता विपक्ष बन गये, जबकि उन्हें ख़ुद इसकी उम्मीद नहीं थी। वह सीएम बने क्योंकि शरद यादव ने सीधी वोटिंग का सुझाव दिया। लालू तो पीएम भी बन सकते थे, लेकिन उनका परिवार उनकी कमज़ोरी बन गया। लालू के साले और बेटी मीसा सरकारी कामकाज में दख़ल देते थे। वह मेरी सलाह मानते थे, लेकिन परिवार की बात के आगे उनकी एक न चलती।[7]

लालू को अब सत्ता के खेल में मज़ा आने लगा था और व्यवस्था प्रणाली की तो उनको फ़िक्र ही नहीं थी। वह तो मालिश करवाने में व्यस्त रहते थे। एक बार उनकी मालिश करने वाले ने पार्षद बनने की इच्छा जताई तो हड़का दिये गये। लेकिन मालिश वाला भी कम नहीं था, उसने कहा कि जब कोई लालू चालीसा लिखकर पद पा सकता है तो वो क्यों नहीं। बात में दम था। लेकिन लालू को इससे कोई फ़र्क़ नहीं पड़ा, बेचारे मालिश वाले के हाथ कुछ नहीं लगा।

लालू को लोकगीत और लोक नृत्य भी बहुत पसन्द हैं। हालाँकि इन सबमें लालू की ज़रूरत से ज़्यादा रुचि को कुशासन की वजह माना जाने लगा और सीएम की आरामतलब ज़िन्दगी पर सवाल उठने लगे। लालू के दरबार में गायक अक्सर लोकप्रिय भोजपुरी कवि भिखारी ठाकुर की लाइनें गाया करते थे–*जनम देके जग में करम ने देले मालिक*। लालू के सीएम आवास पर संगीत दरबार लगा करता था, जिसमें छपरा जैसी जगहों से लोक कलाकार आया करते थे। लालू, भिखारी ठाकुर के इस गीत से बहुत जुड़ाव महसूस करते थे। ऐसा ही एक और गीत *'सब दिन होत न एक समान'* और*'अब ही तो सैंया मोरा गइलन विदेसवा, हम बसी घरबा मे अकेले हो बलमुआ'* भी लालू के पसन्दीदा गीत थे। आल्हा ऊदल और चैता भी लालू दरबार की शान थे, लेकिन जल्द ही यह गीत संगीत के कार्यक्रम रात भर चलने लगे और लालू की छवि एक ऐसे नेता की हो गयी, जिसे सरकार चलाने में कम और गीत संगीत में ज़्यादा मज़ा आने लगा था।

लालू प्रसाद को खाने-खिलाने का भी बहुत शौक़ था और कई बार वह ख़ुद ख़ाना पकाते भी थे। बचवा मछली और इश्तु (मटन का एक प्रकार) वो अक्सर पकाते थे। मुस्लिम नेता इलियास अहमद अक्सर लालू के लिए ख़ास कबाब लेकर जाया करते थे। लालू उन्हें *कबाब मन्त्री* पुकारा करते थे।

1991 लोकसभा चुनाव में जनता दल ने बिहार में 54 में से 48 सीट जीतकर मैदान साफ़ कर दिया। लालू का असल आगमन तो अब हुआ था। अपने वरिष्ठों को तो लालू पहले ही किनारे कर चुके थे, अब अपने साथ वालों की लगाम खींचनी थी। सबसे पहले बारी आई नीतीश कुमार की, फिर उनकी जिनकी बदौलत वह सीएम बने–चौधरी देवीलाल और शरद यादव। 1991 लोकसभा चुनाव में जनता दल की ऐतिहासिक जीत के बाद लालू का क़द और बढ़ गया और चन्द्रशेखर, रामकृष्ण हेगड़े और एसआर बोम्मई भी उनके सामने छोटे नज़र आने लगे। उन्होंने मण्डल मसीहा वीपी सिंह का अनुसरण शुरू किया, जिनकी बदौलत लालू को ओबीसी समर्थन हासिल हो पाया। हालाँकि मन-ही-मन वह भी वीपी सिंह की इस लोकप्रिय लाइन से सहमत थे कि *मण्डल का मतलब सशक्तिकरण है, रोज़गार नहीं* लेकिन इसके बावजूद वह मण्डल का इस्तेमाल अपने जनाधार को रिझाने के लिए करते आये।

वैसे तो मण्डल नाम का हथियार मिलने के बाद से लालू, वीपी सिंह के बहुत बड़े प्रशंसक बन गये, लेकिन सिंह के राम सुन्दर दास से बेहतर रिश्ते होने की वजह से लालू उनसे ज़रा खार भी खाए रहते थे। लालू ने इस बात का बदला 1991 लोकसभा चुनाव के बाद लिया जब वह और वीपी सिंह एक ही सरकारी प्लेन से बिहार के एक कार्यक्रम में जा रहे थे। प्लेन में पहले वीपी सिंह का जाना हुआ जो लालू प्रसाद की सीट पर बैठ गये। लालू ने देखा तो धीरे से वीपी सिंह के कन्धे पर हाथ रखा और कहा–*राजा साहब, आप मेरे सामने वाली पर सीट पर चले जाइए।* वीपी सिंह ने ऐसा करने में देर नहीं लगाई।

राजनीतिक विश्लेषक प्रो. एल एन शर्मा कहते हैं–

लालू अपने पहले कार्यकाल में ही एक आँधी साबित हो गये थे। लालू को तत्कालीन पीएम वीपी सिंह के शुरू किये गये नव-धर्मनिरपेक्षवाद के चलन से बहुत फ़ायदा हुआ जैसे मुस्लिम सन्त की मज़ार पर जाना, वहाँ चादर चढ़ाना, टोपी पहनना। लालू और उनके बाद के धर्मनिरपेक्ष नेताओं ने भी इस प्रतीकात्मकता का बड़ा फ़ायदा उठाया। सच्चर समिति और जस्टिस रंगनाथ मिश्र समिति की रिपोर्ट

साफ़ तौर पर बताती है कि किस तरह मुसलमानों को अलग-अलग पार्टियों ने वोट बैंक की तरह इस्तेमाल किया।[8]

लालू का असर कितना था, इसका अन्दाज़ा आप 90 के दशक के इस चम्पारन डाकू की कहानी से लगा लीजिए जो ख़ुद को लालू यादव उर्फ़ बिहार सरकार कहा करता था।

वरिष्ठ टीवी पत्रकार श्रीकान्त प्रत्यूष बताते हैं–

लालू के ही नाम का एक डकैत था जो ख़ुद को 'बिहार सरकार' बुलाया करता था। मेरी टीम ने उसे पूरे पश्चिम चम्पारन में ढूँढ़ा और हुआ यह कि उसने हमें ही बन्धक बना लिया। अब हम क्या करते। मैंने उससे कहा कि हमें तो सीएम लालू प्रसाद ने भेजा है, तुम्हारी कहानी जानने के लिए कि तुमने बन्दूक क्यों उठाई। डकैत ने कहा उसे लालू प्रसाद से ही बात करनी है। अब वहाँ एक ही वायरलेस था, क़िस्मत से उसके ज़रिये मेरी लालू प्रसाद से बात हो गयी, उन्होंने मेरी हालत पर तरस खाया और डकैत से कहा कि मैं सच कह रहा हूँ। बाद में लालू जब पटना में मुझसे मिले तो बोले–देखा न, मैंने तुमको बचा लिया?[9]

लेकिन क्या लालू बिहार को बचा पाये...

सन्दर्भ

1. लालू प्रसाद का साक्षात्कार, जुलाई 8, 2015
2. पूर्व राज्यसभा सांसद शिवानन्द तिवारी का साक्षात्कार, अप्रैल 1, 2015
3. वरिष्ठ पत्रकार राधिका रमन बालनका साक्षात्कार, मई 6, 2015
4. टेलिग्राफ के सहायक सम्पादक नलिन वर्माका साक्षात्कार,मई 7, 2015
5. बिहार के पूर्व डीजीपी डी एन गौतम का साक्षात्कार, मई 11, 2015
6. वरिष्ठ पत्रकार कन्हैया भेलारी का साक्षात्कार, मई 10, 2015
7. लालू प्रसाद के कॉलेज के दोस्त और राजद के पूर्व कार्यकारी अध्यक्ष डॉ. रंजन प्रसाद यादव का साक्षात्कार, मई 15,2015
8. राजनीतिक विश्लेषक एल एन शर्मा का साक्षात्कार, मई 11, 2015
9. वरिष्ठ टीवी पत्रकार श्रीकान्त प्रत्यूष का साक्षात्कार, अप्रैल 11, 2015

4
धर्मनिरपेक्षता का 'रथ'

तारीख़- 23 अक्टूबर, 1990। मुख्यमन्त्री लालू प्रसाद ने आडवाणी का रथ तो रोक लिया, लेकिन ख़ुद धर्मनिरपेक्षता के रथ पर सवार थे, जिसमें मण्डल आयोग के पहिए लगे थे, जो मुस्लिम-यादव गठबन्धन को आगे बढ़ा रही थी, जिसका काट 2005 के चुनाव में दिखा, जब नीतीश कुमार की अगुवाई वाली एनडीए ने लालू के जादू से लोगों का मोहभंग किया।

1989 से लेकर 1991 के बीच लालू प्रसाद के राजनीतिक जीवन में पाँच ऐतिहासिक घटनाओं ने जगह ली–कर्पूरी ठाकुर के निधन के बाद 1989 में वह नेता प्रतिपक्ष बने, जबकि वह रेस में भी नहीं थे। जबकि इस दौड़ में उस समय के शीर्ष अनूप लाल मण्डल, विनायक मण्डल और वरिष्ठ यादव नेता गजेन्द्र हिमांशु थे। एक काँटे की टक्कर में दिग्गज नेता राम सुन्दर दास को पछाड़कर वह सीएम बने, अगस्त 1990 में वीपी सिंह सरकार ने मण्डल आयोग की रिपोर्ट को लागू करने का आदेश दिया, अक्टूबर 1990 में लालू ने आडवाणी की रथ यात्रा रोकी और 1991 के लोकसभा चुनाव में जनता दल गठबन्धन ने ऐतिहासिक जीत दर्ज की, जिसमें लालू की पार्टी ने अविभाजित बिहार में 54 में से 48 सीटें जीतीं। समकालीन राजनीतिक इतिहास में शायद ही ऐसा कोई उदाहरण देखने को मिला हो, जिसमें हालात किसी नेता के पक्ष में इस क़दर रहे हों जितने लालू प्रसाद के लिए रहे, वही लालू जो अपने संघर्षमय सफ़र और लोगों से जुड़ाव को अपनी सफलता का असल कारण बताते नहीं थकते।

बिहार की राजनीति में अगर किसी बात को लेकर शर्त लगाई जा सकती थी तो वो यह कि लालू कभी बीजेपी से हाथ नहीं मिलाएँगे। वैसे धर्मनिरपक्षेता को लेकर लालू का पक्ष काफ़ी साफ़ रहा। यह कहना ग़लत नहीं होगा कि बीजेपी विरोधी होना

लालू की पहचान है जो बिहार में नीतीश की साझेदारी के साथ फिर से सत्ता पर काबिज़ होने का प्रयास करने के दौरान भी दिखा। उनका मुस्लिम-यादव वाला कार्ड काम करता दिख रहा था। यहाँ तक कि 2010 विधानसभा चुनाव में उनकी पार्टी के सबसे ख़राब प्रदर्शन के दौरान भी उन्होंने 18.84 फ़ीसदी वोट तो हासिल कर ही लिए थे। ऐसा शायद इसलिए क्योंकि अयोध्या आन्दोलन के दौरान समस्तीपुर में लालकृष्ण आडवाणी के राम रथ रोकने के बाद से लेकर अब तक वह बिहार राजनीति के इकलौते ऐसे नेता हैं, जो धर्मनिरपेक्षता के रथ पर सवार रहे।

वैसे समस्तीपुर में आडवाणी के रथ को रोकने का विचार लालू के दिमाग़ में यूँ ही नहीं आ गया था। केन्द्र में वीपी सिंह सरकार को बीजेपी का समर्थन था और रथ यात्रा में रुकावट पैदा करने पर बीजेपी से सिंह को समर्थन वापिस लेने की धमकी दी जा चुकी थी। वीपी सिंह कुछ तय नहीं कर पा रहे थे, सरकार बचाने की कवायद तेज़ थी। उधर यूपी के मुख्यमन्त्री मुलायम सिंह यादव के सिंह के साथ रिश्ते बहुत अच्छे नहीं थे और उन्होंने आडवाणी को अयोध्या से दूर रहने की चेतावनी दे दी थी। यादव ऐसा करके अपने मुस्लिम मतदाताओं की नज़रों में नम्बर कमाना चाहते थे। वहीं लालू तो मण्डल फ़ैसले से मज़बूत हुए जातिगत वोट बैंक का मज़ा लूट रहे थे। राज्य की 17 फ़ीसदी मुस्लिम आबादी, भागलपुर दंगों में मारे गये 1000 लोगों के बाद कांग्रेस से पूरी तरह मुँह मोड़ चुकी थी। ऐसे में 1989 दंगों के बाद मुसलमान मतदाताओं को अपनी ओर खींचने का यह सुनहरा मौक़ा लालू हाथ से कैसे जाने देते।

आडवाणी का रथ सोमनाथ से निकल चुका था और बिहार में प्रवेश कर रहा था। लालू प्रसाद चाहते थे कि अविभाजित बिहार के धनबाद में आडवाणी को गिरफ़्तार किया जाये। लेकिन ऐसा न करने के पीछे राजनीतिक और धार्मिक वजहें थीं। धनबाद में आडवाणी को गिरफ़्तार न करने के पीछे की वजह रहे उस शहर के डिप्टी कमिश्नर अफज़ल अमानुल्लाह जो कि तेज़-तर्रार मुस्लिम नेता सैयद शहाबुद्दीन के दामाद थे। एक मुस्लिम आईएएस अधिकारी के कहने पर आडवाणी की गिरफ़्तारी साम्प्रदायिक तनाव पैदा कर सकती थी। वैसे भी धनबाद में बीजेपी की अच्छी-ख़ासी उपस्थिति थी। अफज़ल ने धीरे-से सीएम को गिरफ़्तारी न करने की सलाह थी। लालू ने यह सलाह मान ली।

रथ आगे बढ़ा और गया पहुँचा, जिसके बाद पटना के गाँधी मैदान पर आडवाणी का अभिवादन किया गया, लेकिन सीएम लालू अभी तक फ़ैसला नहीं कर

पाये थे। वह गया में बीजेपी नेता को गिरफ़्तार कर सकते थे, लेकिन वहाँ भी बीजेपी का प्रभाव था जो अयोध्या आन्दोलन के दौरान बढ़ता दिख रहा था। पटना के शहरी हिस्से में व्यापारियों और सम्भ्रान्त वर्ग का जमावड़ा था, जो बीजेपी का समर्थन करते थे। इसलिए यह जगह भी गिरफ़्तारी के लिए मुनासिब नहीं थी। बीजेपी नेता कह सकते थे कि यह कैसी विडम्बना है कि हिन्दू ही राम मन्दिर के निर्माण का विरोध कर रहे हैं।

इस बीच लालू ने पार्टी के वरिष्ठ नेता देवी लाल और शरद यादव के साथ-साथ बिहार मुस्लिम नेता गुलाम सरवर (बिहार विधानसभा स्पीकर) और डॉ. जाबिर हुसैन (बिहार विधान परिषद अध्यक्ष) से बातचीत जारी रखी जो गिरफ़्तारी को लेकर अपनी राय दे रहे थे। आख़िरी फ़ैसला लालू प्रसाद ने पीएम वीपी सिंह से मुलाक़ात के बाद लिया जिसके बाद आडवाणी की गिरफ़्तारी को लेकर सभी एकमत हुए। हालाँकि यूपी सीएम मुलायम सिंह को इसकी जानकारी नहीं दी गयी। वीपी सिंह को पहले ही *मण्डल मसीहा* कहा जाने लगा था, जो मण्डल के बाद आये कमण्डल को विफल करने के लिए अपनी सरकार को खतरे में डाल रहे थे और साथ ही धर्मनिरपेक्षता के झंडाबरदार कहलाने का मौक़ा नहीं गँवाना चाहते थे। लेकिन इस पूरे घटनाक्रम का सबसे ज़्यादा फ़ायदा तो लालू प्रसाद को होने वाला था।

लालू ने आडवाणी का पटना से गंगा नदी पार करने का इन्तज़ार किया। पहली बार लालू ने कार्यकर्ताओं को रथ यात्रा का विरोध करने का आदेश दिया। स्क्रिप्ट तैयार थी। सीएम लालू प्रसाद ने दुमका के ज़िला कलेक्टर से कह दिया था कि एक ख़ास मेहमान के लिए मसानज़ोर का गेस्ट हाउस तैयार रखें। दुमका डीसी को कहाँ पता था कि यहाँ गिरफ़्तारी के बाद आडवाणी को ठहराया जायेगा।

आडवाणी की रथ यात्रा अविभाजित बिहार के दक्षिणी हिस्से से बिना किसी ज़्यादा शोरगुल के निकल गयी।

पूर्व डीजीपी डीएन गौतम याद करते हैं–

मेरी पोस्टिंग पटना में एसपी, सीआईडी के तौर पर थी। सीएम लालू प्रसाद ने मुझे पहला काम 22 अक्टूबर, 1990 को हाजीपुर जाने का दिया था ताकि आडवाणी की रथ यात्रा के दौरान किसी तरह की अप्रिय घटना को रोका जा सके। लेकिन दूसरी तरफ़ सरकार रथ यात्रा का विरोध करने के लिए एक अलग ही तरह की तैयारी कर रही थी। मुझे लगने लगा था कि कुछ अराजक तत्त्व अपने काम पर लग चुके थे। तैयारियों का जायज़ा लेने के लिए मैं हाजीपुर सर्किट हाउस से निकलने

ही वाला था कि मैंने पाया कि बीजेपी के लिए तैयार हुए स्वागत द्वार को जला दिया गया है। मैंने टाउन इंस्पेक्टर को बुलाया और कहा कि या तो वो आरोपी को गिरफ़्तार करे या इस लापरवाही के लिए जुर्माना भरने के लिए तैयार हो जाये। मुझे बताया गया कि यह काम करने वाला लालू प्रसाद का नज़दीकी है और पटना के लिए निकल चुका है। मैंने डीएम और एसपी को धमकी दी कि मैं प्रेस कॉन्फ्रेंस करके सबकी पोल खोल दूँगा कि किस तरह जनता दल नेताओं के साथ मिलकर प्रशासन रथ यात्रा में रुकावट पैदा कर रहा है। धमकी काम आयी और शाम को हुई आडवाणी की जनसभा में कोई दिक़्क़त पेश नहीं आयी, लेकिन मेरा शक तब यक़ीन में बदल गया जब जनता दल के विधायक तुलसी दास मेहता बाद में प्लास्टर लगे हाथ के साथ मुझसे मिलने आये। मेहता ने बताया कि इस काम के लिए उन्हें ऊपर से आदेश मिले थे। [1]

वैशाली डीएम और एसपी जिन्हें क़ानून-व्यवस्था का ख़्याल रखना था, वही जनता दल कार्यकर्ता के साथ खड़े थे। जब रथ, पटना के महात्मा गाँधी सेतु पर पहुँचा तो मेहता और उनके साथी आडवाणी की रथ के सामने लेट गये। मेहता को बाद में इस 'बहादुरी' के लिए इनाम दिया गया और मन्त्री बना दिया गया। राजद समर्थकों के साथ खड़े डीएम को सीआरपीएफ जवान का पहला डंडा पड़ा। डीएम ने चिल्लाकर एसपी से मदद माँगी।

एक वरिष्ठ बीजेपी नेता मानते हैं कि वो बिहार में बीजेपी की लोकप्रियता के शुरुआती दिन थे और छोटे स्तर के कई बीजेपी कार्यकर्ताओं को तो रथ यात्रा के बारे में पता ही नहीं था। केन्द्र के बीजेपी नेता निश्चित ही उस यात्रा की सफलता का जश्न मना रहे थे जो अयोध्या पहुँचने से बस एक हफ़्ते ही दूरी पर थी।

हाजीपुर से समस्तीपुर के लिए निकल चुके आडवाणी को अपनी गिरफ़्तारी का आभास था। प्रमोद महाजन उनके साथ थे। देर रात समस्तीपुर के सर्किट हाउस में पहुँचे आडवाणी ने महाजन से कहा कि उन्हें तभी उठाया जाये अगर कोई सरकारी अधिकारी उनके बारे में पूछने आये। आडवाणी को वीपी सिंह से बीजेपी की बातचीत की विफलता की जानकारी मिल चुकी थी।

मुख्यमन्त्री ने गिरफ़्तारी को लेकर बहुत सावधानीपूर्वक काम किया लेकिन कोई बयान जारी नहीं किया। उन्होंने सहकारी रजिस्ट्रार आर के सिंह और वरिष्ठ आईपीएस अधिकारी रामेश्वर ओराउ को आगे बढ़कर 22 और 23 अक्टूबर की दरमियानी रात में गिरफ़्तारी करने का आदेश दिया। दरभंगा रेंज के आईजी आरआर

प्रसाद को भी उसी रात समस्तीपुर पहुँचने का आदेश दिया गया। समस्तीपुर प्रशासन तमाम तरह के सुरक्षा इन्तज़ाम करने में जुटा था। समस्तीपुर सर्किट हाउस को पैरा मिलिट्री और अन्य बलों ने घेर लिया था और वो जगह किसी क़िले से कम नहीं लग रही थी। समस्तीपुर से जुड़ी तमाम संचार लाइनें कट कर दी गयी थीं। शाम 6 बजे आरके सिंह और रामेश्वर ओराउ सर्किट हाउस पहुँचकर आडवाणी को जगाते हैं।

फ्रंटलाइन ने 23 नवम्बर, 1990 को–The Drama of the Arrest–हेडलाइन से एक रिपोर्ट छापी थी–

डीएम के खटखटाने पर ख़ुद आडवाणी ने दरवाज़ा खोला। अधिकारियों ने आडवाणी को गिरफ़्तारी का वॉरेंट दिखाया। आडवाणी ने कहा–मुझे लग ही रहा था। आर के सिंह ने आडवाणी से साथ चलने के लिए कहा। आडवाणी ने पूछा–कहाँ ले जा रहे हैं ? सिंह ने कहा–सर प्लीज़ चलिए। आडवाणी ने अधिकारियों से कुछ वक़्त माँगा। जाने से पहले आडवाणी ने राष्ट्रपति को चिट्ठी लिखकर सूचित किया कि बीजेपी, वीपी सिंह के नेतृत्व वाले राष्ट्रीय मोर्चे से समर्थन वापिस ले रही है। आडवाणी ने यह चिट्ठी पार्टी सचिव कैलाशपति मिश्र को सौंपी। आडवाणी के निवेदन पर सांसद प्रमोद महाजन को उनके साथ चलने की अनुमति दे दी गयी। हेलिकॉप्टर तक पहुँचने तक के सफ़र में आडवाणी ने भीड़ का अभिवादन किया और फिर उन्हें और महाजन को दुमका ले जाया गया। वहाँ से उन्हें मसानज़ोर के रेस्ट हाउस ले जाया गया जो बिहार-पश्चिम बंगाल सीमा पर था।[2]

आडवाणी की गिरफ़्तारी के बाद समस्तीपुर, पटना और वैशाली समेत अन्य ज़िलों में हुए विरोध प्रदर्शन के ख़िलाफ़ राज्य सरकार ने सख़्ती से कार्रवाई की। लालू ने राहत की साँस ली क्योंकि उन्होंने पार्टी में अपने प्रतिरोधियों से, यूपी में अपने समकक्ष से और कहीं-न-कहीं वीपी सिंह से भी यह दावा करके बाज़ी मार ली कि आडवाणी की गिरफ़्तारी उनके दिमाग़ की उपज थी। हालाँकि पार्टी नेता शरद यादव ने उनके इस दावे को यह कहकर झुठला दिया कि यह एक सामूहिक फ़ैसला था जो पीएम वीपी सिंह को विश्वास में लेकर किया गया था।

लालू प्रसाद कहते हैं–*सब जानते थे कि आडवाणी को मैंने गिरफ़्तार करवाया।* लेकिन क्या वीपी सिंह का इसमें कोई रोल नहीं था?इस पर लालू कहते हैं–*इस तरह की जानकारी का खुलासा नहीं किया जाता। सब बस यही जानते हैं कि आडवाणी को बिहार में गिरफ़्तार किया गया था।*[3]

लालकृष्ण आडवाणी ने राम रथ यात्रा पर अपनी आत्मकथा–My Country, My Life में लिखा था[4]–*कोर्ट इस मामले में फ़ैसला ले इस पर न मुझे, न मेरी पार्टी*

को कोई एतराज़ है। लेकिन एक वाजिब सवाल जिस पर हमारे कई विपक्षी मौन हैं वो यह है कि–क्यों न्यायपालिका इस मसले पर पचास साल बाद भी फ़ैसला नहीं ले पा रही है? और क्या यह न्यायपालिका की तरफ़ से उचित क़दम है कि इतने संवेदनशील मुद्दे को इतने सालों तक लटकाकर रखा जाये? लेकिन मुझे क़िस्मत पर बहुत भरोसा है और मुझे यक़ीन है कि अयोध्या में रामजन्म भूमि पर यथोचित मन्दिर बनना तय है। यह कब और कैसा होगा यह दूसरा सवाल है जिसका निर्धारण इतिहास की ताक़तों द्वारा किया जायेगा। लेकिन इसका होना तय है, उसी तरह जैसे ढहाये गये और फिर बनाये गये सोमनाथ मन्दिर का अस्तित्व में आना तय था।[5]

मैं विनयपूर्वक आभारी हूँ कि भाग्य ने मुझे एक मौक़ा दिया, इस समग्र राष्ट्रीय प्रयास में एक भूमिका निभाने का जो सदियों पुराने इस हिन्दू संकल्प को पूरा करने के लिए किया जा रहा है। मैं बस इतना चाहता हूँ कि हमारे मुसलमान भाई भी आगे आयें और हिन्दुओं की तरह उदारशीलता और सद्भावना दिखाएं। आख़िरकर राम सिर्फ़ हिन्दुओं के पूज्य ही नहीं, बल्कि भारतीय साँस्कृतिक धरोहर के प्रतीक भी हैं जो हिन्दू-मुसलमान दोनों की है। इसलिए मैं उम्मीद करता हूँ कि अयोध्या मिशन हिन्दू और मुसलमान दोनों का मिलाजुला प्रयास हो जिसके साथ ही आपसी समन्वय और अखण्डता का नया अध्याय लिखा जा सके।[6]

लालू प्रसाद जानते थे कि उन्हें क्या करना है। वह जानते थे कि उनकी पहचान एक धर्मनिरपेक्ष नेता के तौर पर होने लगी है और वह एक बड़े ओबीसी नेता के रूप में भी उभर रहे हैं। सीएम किसी भी सार्वजनिक सभा में यह बताने से नहीं चूकते थे कि किस तरह उन्होंने आडवाणी को गिरफ़्तार करवाया। यह सुनकर भागलपुर दंगों से चोट खाये मुस्लिम वोटरों को लालू में अपना मसीहा दिखने लगा था। आडवाणी की गिरफ़्तारी के फ़ैसले के बाद मुसलमान बोरिया बिस्तर समेटकर कांग्रेस से मुँह मोड़कर लालू के पाले में जाने लगे। 1991 लोकसभा चुनाव के नतीजे इसका सबूत हैं। लालू, जो काफ़ी वक़्त से ओबीसी और दलितों को एकीकृत करने की बात करते आये थे, 1991 चुनाव के बाद वह और तत्परता से मुस्लिम, यादव और तेली को एकजुट करने के अपने प्रयास को तेज़ करने लगे। मुस्लिम-यादव समीकरण की नींव तो 1991 में ही पड़ गयी थी लेकिन उसका असल रूप 1995 के विधासनभा चुनाव में देखने को मिला।

अक्टूबर 1992 में सीतामढ़ी में दंगे हुए जिसमें 50 से ज़्यादा लोग घायल हो गये। सीएम लालू मौक़े पर तुरन्त पहुँचे और डीएम और एसपी का ट्रांसफर कर दिया। सभी डीएम और एसपी को सख़्त निर्देश थे कि किसी तरह का साम्प्रदायिक तनाव नहीं होना चाहिए।

कजुआ नाकामइज़ो ने एक लेख 'Political change in the Bihar' (पृष्ठ 96, Resurrection of the state A Saga of Bihar, सुनीता लाल और शैबाल गुप्ता द्वारा सम्पादित, मानक प्रकाशन, नयी दिल्ली) में लिखा–

दंगे की ख़बर सुनते ही लालू सीतामढ़ी दौड़े और वहाँ पुलिस अधिकारी को एक तमाचा जड़ा जो अपने काम के प्रति गम्भीर नहीं दिख रहा था और ख़ुद लालू ने दंगों को रोकने के लिए क़दम उठाये। लालू का यह क़दम, राजीव गाँधी से ठीक उलट था जिन्होंने भागलपुर दंगों के दौरान समस्या पैदा करने वाले एसपी पर कोई ज़िम्मेदारी डालना उचित नहीं समझा।[7]

सीतामढ़ी दंगों के बाद लालू काफ़ी सतर्क हो गये थे। 1995 में पटना के पास पाली से मुसलमानों का एक समूह लालू प्रसाद से मिलने आया और शिकायत की कि एक स्थानीय राजद नेता की अगुवाई में कुछ हिन्दू, क़ब्रिस्तान के पास होलिका दहन करने की योजना बना रहे हैं। ग़ुस्साए लालू ने तुरन्त पटना एसपी और डीएम को तलब किया और पूछा–*क्या कर रहे हो जी?मुझे सत्ता से हटाना चाहते हो क्या, जाओ और उन लोगों को गिरफ़्तार करो, भले ही वो मेरी पार्टी से ही क्यों न हो।* समाज को एक सन्देश देने के लिए कुछ त्वरित कार्रवाई लालू द्वारा की गयी।

लालू प्रसाद ने अपनी सरकार में मुस्लिम नेताओं को उचित प्रतिनिधित्व देना शुरू किया, कई नेता तो उनके साथ समाजवादी आन्दोलन के वक़्त से जुड़े हुए थे। गुलाम सरवर, जनता दल के एक अहम मुस्लिम नेता थे जिन्हें लालू ने अपने पहले कार्यकाल (1990-95) में बिहार विधानसभा का स्पीकर चुना।

1996 में लालू प्रसाद ने ग्यारह मुसलमान साहित्यकारों को 11 विश्वविद्यालयों के लिए नामाँकित किया। 1995 चुनाव में लालू ने 28 मुसलमानों को टिकट दिये जिसमें आठ ओबीसी मुसलमान थे।

अराजनीतिक संगठन अखिल भारतीय पसमाँदा मुस्लिम महाज़ का संचालन करने वाले पूर्व राज्यसभा सांसद अली अनवर अंसारी कहते हैं–*90 के चुनाव के बाद और 1989 दंगों के बाद कांग्रेस से मुसलमानों के टूटे भरोसे के बाद लालू, मुसलमानों के एकमात्र नेता बनकर उभरे। यही नहीं अक्टूबर 1990 में आडवाणी के रथ को रोकने की हिम्मत करना और बाद में मुस्लिम यादव गठजोड़ तैयार करना।*[8]

अपनी किताब–मसावात की जंग (पृष्ठ 201, वाणी प्रकाशन) में अली अनवर लिखते हैं–*बिहार में आज़ादी के बाद से अधिकतम 35 मुसलमान विधायक चुने गये। कांग्रेस नेता चन्द्रशेखर सिंह सीएम थे। बिन्देश्वरी दुबे ने चुनाव के बाद उनकी जगह ली। लेकिन चन्द्रशेखर सिंह ने तीन कैबिनेट और चार राज्यमन्त्री का चयन*

किया। लालू प्रसाद ने चार कैबिनेट और उतने ही राज्यमन्त्री चुनकर नया रिकॉर्ड बनाया। लेकिन चन्द्रशेखर सिंह ने यह सब काम बिना शोर मचाये किया, उन्होंने बुनाई उद्योग को बेहतर किया और उन्हीं की सरकार में मुस्लिम बुनकर या कहें अन्सारी को अनुसूची 1 में जगह मिली। अगर चन्द्रशेखर सिंह फिर से सीएम नहीं बन पाये तो उसमें ऊँची जाति का अहम रोल रहा।[9]

लेकिन लालू यादव ने मुस्लिम वोट को और एकजुट करने में आगे चलकर कोई ख़ास प्रयास नहीं किये। वह पहले से मौजूद योजनाओं के साथ ही आगे चल रहे थे। 1991 लोकसभा चुनाव की जीत ने उन्हें मुतमईन कर दिया था और वह यह मानकर चल रहे थे कि जनता दल को तो निश्चित तौर पर मुसलमानों का समर्थन मिला हुआ है, वह मानकर चल रहे थे कि मुसलमानों के पास और कोई चारा ही क्या है। अखिल भारतीय मुस्लिम पर्सनल लॉ बोर्ड के कार्यकारी महासचिव मौलाना वाली रहमानी कहते हैं कि लालू ने नारेबाज़ी में बहुत वक़्त गुजार दिया। रहमानी आगे कहते हैं–*लालू दरअसल 1989 दंगों के बाद मुसलमानों में आयी असुरक्षा की भावना को भाँप गये थे। उन्होंने लम्बे समय तक आडवाणी की गिरफ़्तारी को भुनाया।*

लालू से नाराज़ उनके दोस्त और पूर्व सांसद रंजन प्रसाद यादव बहुत हद तक रहमानी से सहमत दिखते हैं–

लालू ने सोचा कि मुसलमानों को अपनी तरफ़ रखने के लिए उन्हें ज़्यादा मेहनत नहीं करनी है क्योंकि उनके पास कोई और चारा भी नहीं है। लालू-राबड़ी सरकार ने मदरसे की मौजूदा संख्या में कोई बढ़ोतरी नहीं की।[10]

लेकिन मुस्लिम वोटों के प्रमुख दावेदार के रूप में लालू ने कई अल्पसंख्यक नेताओं को आगे के सालों में अपने साथ जोड़ा। सिवान के विवादित बाहुबली नेता मोहम्मद शहाबुद्दीन का रुतबा बढ़ रहा था और उन्होंने भी लालू का दामन थामा और आगे चलकर वह सांसद हुए। आख़िरी बार शहाबुद्दीन ने सिवान से राजद उम्मीदवार के तौर पर 2004 का लोकसभा चुनाव जीता था। 2021 में कोविड संक्रमण की वजह से इनका निधन हो गया। दरभंगा से मोहम्मद फातमी और अररिया से मोहम्मद तस्लिमुद्दीन भी 2004 में केन्द्रीय मन्त्री बने। लालू ने राज्य स्तर पर मुस्लिम नेताओं को बढ़ावा दिया। 2010 के विधानसभा चुनाव के बाद पूर्व मन्त्री अब्दुल बारी सिद्दीक़ी को नेता प्रतिपक्ष बनाया गया।

लालू के शब्दकोश में धर्मनिरपेक्ष शब्द ने सबसे ऊपर जगह ले ली थी। यहाँ तक कि वह सर्वोच्च नेतृत्व को भी इस मामले में नहीं छोड़ते थे।

एनडीटीवी के कार्यकारी सम्पादक मनीष कुमार याद करते हैं–

किसी ख़बर को लेकर मैं लालू प्रसाद से मिलने गया। वह नाराज़ लग रहे थे। दरअसल पीएम देवगौड़ा ने 1996 में शिवसेना प्रमुख बाला साहब ठाकरे से मुलाक़ात की थी। लालू प्रसाद जनता दल के अध्यक्ष थे। उन्होंने कहा कि पीएम का साम्प्रदायिकता को आग देने वाले से मिलना वह स्वीकार नहीं कर सकते।[11]

लालू मुसलमान वोटरों के लिए सबसे ज़्यादा अहमियत रखते थे। जब 2014 के लोकसभा चुनाव में एनडीए में दरार पड़ी और लालू और नीतीश के बीच किसी एक को चुनने की बारी आयी तो मुसलमानों के मन में कोई दुविधा नहीं थी।

जून 2013 में एनडीए में टूट से पहले मैं लोकसभा के पाँच निर्वाचन क्षेत्र गया ताकि जनता के मूड को समझ सकूँ और ख़ासतौर पर यह जानने कि मुसलमान लालू और नीतीश के बीच किसे पसन्द करते हैं। नालन्दा के अन्धना गाँव के एक बुज़ुर्ग शख़्स मोहम्मद नसीम ने कहा–नीतीश और लालू तो हमारे बेटे जैसे हैं। सच है कि नीतीश जो हैं, वो लालू से ज़्यादा क़ाबिल हैं। लेकिन अगर लालू के उम्मीदवार नरेन्द्र मोदी के उम्मीदवार को हरा सकते हैं तो हम इसी तर्क को नीतीश पर भी लागू करेंगे और लालू को वोट देंगे। असल मक़सद तो बीजेपी को हराना है न। [12]

लालू ने मुसलमान वोटरों को हर चुनाव में आडवाणी की गिरफ़्तारी याद दिलायी। लालू के लिए तो आडवाणी ही उनके बीजेपी-विरोधी होने की पहचान बन गये थे। जब आडवाणी, 2009 के लोकसभा चुनाव के बाद पर्दे से ग़ायब होने लगे तब भी लालू उनकी रथ यात्रा को ही याद करते रहे और करवाते रहे। 2014 चुनाव में उनके निशाने पर नरेन्द्र मोदी आ चुके थे। वह वोटरों से कहने लगे कि जिस तरह उन्होंने आडवाणी को रोका, उसी तरह वह मोदी को भी रोक देंगे।

2014 के चुनाव में लालू ने सिर्फ़ नरेन्द्र मोदी को ही निशाना बनाया। मुस्लिम बहुल इलाक़ों में उनके मुँह से मोदी का ज़िक्र सुनने के लिए भारी भीड़ जमा होती।

28 अप्रैल, 2014 को इंडियन एक्सप्रेस ने एक रिपोर्ट प्रकाशित की–'Will drive Modi out or change my name: Lalu)

बेनीपुर विधानसभा क्षेत्र के मुस्लिम बहुल गाँव बहेड़ा में हुई एक जनसभा में लालू प्रसाद ने स्थानीय इमाम द्वारा दी गयी टोपी पहनी और मोदी पर निशाना साधते हुए कहा कि राजद ने मोदी की हवा निकाल दी। लालू ने बीजेपी के विधायक और पूर्व क्रिकेटर कीर्ति आज़ाद के सामने पूर्व सांसद मोहम्मद फातमी को खड़ा किया और कहा–मैं आपकी गोलबन्दी को सलाम करता हूँ। मुसलमानों को नीतीश कुमार से दूर रहने की चेतावनी देते हुए लालू ने कहा–मैं आपको नीतीश से दूर रख रहा हूँ

जो अब साम्प्रदायिक ताक़तों का साथ देने लगे हैं। अब बीजेपी से दूरियाँ बढ़ने के बाद वह आपको लालच देना चाहता है। ऐसे लालची नेता से बचकर रहिए। नीतीश जैसा लालची नेता मैंने नहीं देखा। [13]

2014 के नतीजों से लालू का पुनरुत्थान तो नहीं हुआ। राजद, कांग्रेस और एनसीपी को एनडीए के 1.31 करोड़ वोट के सामने एक करोड़ से ज़्यादा वोट मिले। लालू अपने वोटों के मिलान को नतीजों में बदलना चाहते थे। आडवाणी का रथ रोकना अभी तक धर्मनिरपेक्षता का सबसे बड़ा राजनीतिक प्रतीक माना जाता है जिसे राजद अभी तक भुना रही है।

दलित और ओबीसी सशक्तिकरण के अलावा लालू की अगर कोई उपलब्धि थी तो वो यह कि लालू-राबड़ी कार्यकाल में 1990 से लेकर 2015 के बीच राज्य किसी बड़े दंगे का गवाह नहीं बना। एक वरिष्ठ पुलिस अधिकारी के मुताबिक़ लालू ने प्रशासन में भले ही यथास्थिति बनाकर रखी लेकिन साम्प्रदायिक तनाव को लेकर वह बहुत गम्भीर रहे। डीएम और एसपी को साफ़ निर्देश थे कि किसी भी तरह के साम्प्रदायिक मुठभेड़ को हलके में न लिया जाये। दोनों समुदायों के बीच शान्ति बनाये रखने की प्रक्रिया के लिए सीएम ने बड़े मुसलमान नेताओं को शामिल किया हुआ था।

लालू प्रसाद जानते थे कि 1989 दंगों ने कांग्रेस का क्या हश्र किया। लेकिन जब लालू ने भागलपुर दंगों के आरोपी हिन्दू कार्यकर्ता कामेश्वर यादव को 23 नवम्बर, 2007 को अभिनन्दन किया तो यह बात मुसलमान पचा नहीं पाये। वो नीतीश कुमार थे जिन्होंने सीएम बनने के बाद भागलपुर दंगों के 27 केस फिर से खुलवाए। राजद सरकार ने तो पर्याप्त सबूत न होने की बात कहकर सभी केस बन्द करवा दिये थे। जबकि कामेश्वर यादव को सबूत मिटाने और अपहरण के मामले में दोषी पाया गया। धर्मनिरपेक्षता पर लालू के लम्बे लम्बे दावे तब फेल हो गये जब लालू और राबड़ी सरकार भागलपुर दंगों के पीड़ितों के लिए कुछ नहीं कर पायी।

लालू प्रसाद की प्रतीकात्मक धर्मनिरपेक्षता से कई मुसलमानों का मोहभंग हो चुका था लेकिन विकल्प की कमी के कारण यह वर्ग अच्छे और बुरे दोनों समय में लालू के साथ ही बना रहा।

पूर्व अधिकारी डॉ. एम ए इब्राहमी ने अपनी किताब (My Experience in Governance, पृष्ठ 158, हर आनन्द प्रकाशन) में लिखा है–*बिहार अल्पसंख्यक समिति ने बिहार में मुसलमानों की सामाजिक, शैक्षणिक और आर्थिक स्थिति को लेकर एक विश्वसनीय ग़ैर-सरकारी संगठन एशियन डवलेपमेंट रिसर्च इंस्टीट्यूट*

(ADRI) से सर्वे कराया। ADRI ने अध्यक्ष सोहेल ख़ान को रिपोर्ट पेश की जिन्होंने लालू प्रसाद के कहने पर उसे दबा दिया और बिहार के अल्पसंख्यक कल्याण विभाग को भी नहीं सौंपी। 1989 के भागलपुर दंगों में मारे गये नेहर हुसैन की बहन शहनाज़ मलका ने 2013 की मेरी भागलपुर यात्रा के दौरान बताया कि जब उग्र ताक़तें आगे बढ़ने लगी और क़स्बे के परबत्ती इलाक़े में पहुँचीं तो उनके परिवार के ज़्यादातर सदस्य भाग गये लेकिन भाई नहीं जा पाये। परिवार लाइन बाग़ में अपने एक रिश्तेदार के घर ठहरा जहाँ नवम्बर, दिसम्बर की सर्द रातों में ज़मीन पर सोना पड़ता था। उनके पिता सदमे में थे और बार-बार कहते थे कि पुराने घर से उनके लिए बिस्तर और शॉल ले आओ। मारे गये नेहल की पत्नी सुलताना को भागलपुर छोड़कर भोजपुर के ज़िला आरा में अपने माता-पिता के पास जाना पड़ा। [14]

मलका कहती हैं–ऊपर वाले की दया थी, सरकार की नहीं। निहाल का बेटा माजिद हुसैन अब अमेरिका में इंजीनियर है और बहन सारा फै़शन डिज़ाइनर है। लेकिन मलका अब भी लाइन बाग़ में ही रहती है और परबत्ती लौटने की हिम्मत नहीं जुटा पाती। वह सुनती रहती हैं कि किस तरह लोग परबत्ती में उनके परिवार के कब्र के ऊपर से छलाँग लगाकर उस जगह को दूषित कर देते हैं।

मलका के घर से कुछ ही दूरी पर एक और मुस्लिम परिवार रहता है। 80 साल से ज़्यादा की हो चुकी बीबी फिरोज़ी के पति मोहम्मद नसरुद्दीन ने 2007 में केस खुलने के बाद कामेश्वर यादव जैसे लोगों के ख़िलाफ़ गवाही दी और उन्हें आजीवन कारावास की सज़ा दिलवाई। फिरोज़ी ने अपने 16 साल के बेटे क़युमुद्दीन को दंगों में खो दिया था। [15]

फिरोज़ी के घर की दीवारों पर सालों से पुताई नहीं हुई है, जिसका एक हिस्सा चूल्हे से निकलने वाले धुएं की वजह से काला हो चुका है। फिरोज़ी कहती हैं– *दंगों से हमें क्या मिला। मैंने सुना दंगों की पेंशन सिर्फ़ दंगा पीड़ित पर निर्भर व्यक्ति को ही मिलती है। मुझे वृद्ध पेंशन में महीने के 200 रुपये मिलते हैं। निज़ाम चाय बेचकर हमारा पेट पालता है।*

फारुख़ अली, सामाजिक कार्यकर्ता हैं जो भागलपुर में रहते हैं अब बिहार मे ही एक विश्वविद्यालय के कुलपति हैं। कहते हैं–*मारे गये लोगों में 50 फ़ीसदी जवान लड़के थे। अफ़सोस कितना करेंगे। हिन्दू समुदाय के बढ़ते वर्चस्व से उठ रही परेशानी की वजह से लगातार हो रही ज़मीन की बिक्री की तरफ़ अली सरकार का ध्यान खींचते हैं। जो परिवार लौटना चाहते हैं, उन्हें या तो सरकार भरोसा दे या फिर इस तरह केस के दोबारा खोले जाने का कोई मतलब नहीं है। अली कहते हैं*

कि भागलपुर दंगों के ख़िलाफ़ प्रतीकात्मक तौर पर काम करके तो लालू प्रसाद को फ़ायदा हुआ लेकिन उन्होंने पीड़ितों के लिए असल में कुछ नहीं किया। बस इतना अच्छा हुआ कि 1000 पीड़ितों पर निर्भर सदस्यों को पहले मिले 1.10 लाख रुपये के बाद 2 लाख का मुआवज़ा और मिल गया।[16]

डॉ. एम ए इब्राहिमी, 2000 में भागलपुर के प्रभागीय कमिश्नर थे और उन्होंने 1989 दंगों के मामलों की जाँच को आगे बढ़ाया। वह अपनी किताब में लिखते हैं–

ज़्यादातर दोषी लालू प्रसाद की जाति से ही थे। उन्हें बचाने की कथित तौर पर कोशिश की गयी थी। पुलिस और कोर्ट ने केस को दबाने की कोशिश की। उस वक़्त के भागलपुर डीआईजी अजीत दत्त की रिपोर्ट को दबा दिया गया। प्रशासन ने जाँच समिति को संवेदनशील जानकारी नहीं दी जो शायद कांग्रेस के बड़े नेताओं की पोल खोल सकती थी और उन पुलिसकर्मियों को सामने ला सकती थी जिन्होंने पक्षपातपूर्ण रवैया दिखाया। जैसा कि सोचा था, जाँच रिपोर्ट किसी काम की साबित नहीं हुई। सरकार ने रिपोर्ट में लिखी किसी बात को गम्भीरता से नहीं लिया। वैसे भी रिपोर्ट में ऐसा कुछ नहीं लिखा गया था जो किसी का कुछ बिगाड़ पाता। (My experience in Governance, पृष्ठ 83, हर आनन्द प्रकाशन, नयी दिल्ली)।

फारुख़ कहते हैं कि सिल्क के लिए मशहूर भागलपुर सिर्फ़ लालू ही नहीं, तमाम तथाकथित धर्मनिरपेक्ष नेताओं से जवाब चाहता है कि क्यों भागलपुर के नूरपुर और परबत्ती जैसे मुस्लिम बहुल इलाक़ों में अब कोई मुसलमान नहीं रहता।

शहनाज़ बानो जो 2014 तक परबत्ती को ही अपना घर मानती थी, वह भी अब उस जगह को छोड़ कर जा चुकी हैं।

अपनी शिक्षा और साम्राज्य के लिए पहचान रखने वाले बिहार का हाल उस भग्नाव शेष की तरह हो गया था जो अभी भी भव्य तो लग रहा था लेकिन उसे तोड़कर फिर से बनाने की ज़रूरत थी।

सन्दर्भ

1. पूर्व डीजीपी डी एन गौतम का साक्षात्कार, मई 11 और 14, 2015
2. 23 नवम्बर, 1990 को फ्रंटलाइन में छपी रिपोर्ट– "The drama of the arrest, Ramesh Upadhyaya" http://www.frontline.in/the-nation/the-drama-of-the-arrest/article6808098.ece.
3. लालू प्रसाद का साक्षात्कार, जुलाई 8, 2015

4. लाल कृष्ण आडवाणी ने रथयात्रा पर अपनी आत्मकथा 'My Country, MyLife (Rupa&Co.)'(PhaseFour(1977–97)http://lkadvani.in/excerpts-4.php) में लिखा।
5. पृ. 83, कज़ुआ नाकामइज़ो का एक लेख "Political change in Bihar" (पृ. 96, Resurrection of the state A Saga of Bihar, सुनीता लाल और शैबल गुप्ता द्वारा सम्पादित, मानक प्रकाशन, नयी दिल्ली)
6. जदयू राज्यसभा सांसद अली अनवर का साक्षात्कार, जून 6, 2015
7. अली अनवर ने अपनी किताब मसावात की जंग में लिखा (पृ. 201, वाणी प्रकाशन, नयी दिल्ली), जून 6, 2015
8. पूर्व सांसद रंजन प्रसाद यादव का साक्षात्कार, मई 15, 2015
9. एनडीटीवी के कार्यकारी सम्पादक मनीष कुमार का साक्षात्कार, अप्रैल 20,2015।
10. नालन्दा के अन्धना गाँव के निवासियों का साक्षात्कार, फ़रवरी 2013
11. दइंडियनएक्सप्रेसकीरिपोर्ट28अप्रैल,2014कोप्रकाशित–WilldriveModioutorchange my name:Lalu
12. पूर्व अधिकारी डॉ. एम ए इब्राहमी ने अपनी किताब (My Experience in Governance– पृ. 158, हर आनन्द प्रकाशन)
13. भागलपर दंगों की पीड़ित शहनाज़ मलका का साक्षात्कार, सितम्बर 2013
14. भागलपर दंगों की पीड़ित बीबी फिरोज़ी, सितम्बर 2013
15. भागलपुर सामाजिक कार्यकर्ता फारुख़ अली, जुलाई 7, 2015
16. पूर्व अधिकारी डॉ. एम ए इब्राहमी ने अपनी किताब (My Experience in Governance– पृ. 83, हर आनन्द प्रकाशन, प्रायवेट लिमिटेड। नयी दिल्ली, 2014)

5
बदहाल बिहार

1993 की बात है, लालू प्रसाद सड़क के रास्ते यूपी के देवरिया से लौट रहे थे। यूपी सीमा तक तो उनकी एम्बैसेडर फर्राटे से दौड़ी। इस दौरान वह अपने पार्टी नेता जय प्रकाश नारायण यादव से सत्ता के कामकाज के अलावा तमाम तरह की गप्पबाज़ी कर रहे थे। लेकिन जैसे ही उन्होंने बिहार में प्रवेश किया, उनकी गाड़ी हिचकोले मारने लगी और बिहार की ख़राब सड़कों के लिए लालू ने अपने पीडब्लूडी मन्त्री इलियास हुसैन की 'क्लास' लगानी शुरू कर दी।

लालू की अपने पीडब्लूडी मन्त्री पर ठीकरा फोड़ने की पुरानी आदत रही। 1997 की बात है जब वह हैबसपुर (पटना) नरसंहार की जगह का मुआयना करके लौट रहे थे, तब उन्होंने अपने साथ आये पत्रकारों से कहा कि उन्हें कभी-कभी लगता है कि वह इलियास हुसैन को ख़ाली ट्रैक्टर से बाँधकर 60 किलोमीटर प्रति घण्टे की रफ़्तार से गाड़ी को दौड़ाएँ ताकि मन्त्री को पता चल सके कि लोगों को इन सड़कों पर कितनी परेशानी झेलनी पड़ती है।

लेकिन ख़ुद लालू भी इन सड़कों के लिए सुस्त रवैया ही अपनाते दिखे। शायद लालू ने गुलज़ार के गीत–*इस मोड़ से जाते हैं, कुछ सुस्ते क़दम रस्ते*–को कुछ ज़्यादा ही गम्भीरता से ले लिया। वह बिहार की सड़कों को उस अभिनेत्री के गालों की तरह मुलायम नहीं बना पाये, जिसका उन्होंने कभी ज़िक्र किया था और बाद में माफ़ी माँगनी पड़ी थी। राबड़ी देवी सरकार ने पीएम ग्रामीण सड़क योजना के तहत 2000-2001 और 2001-2002 के बीच एक पैसा ख़र्च नहीं किया। सड़क निर्माण विभाग में नयी योजनाओं के तहत भी कुछ काम नहीं किया गया।

सड़क कभी लालू की प्राथमिकता नहीं थी। वह अपने वोटरों से कहते कि जब दोपहिया ही नहीं है तो सड़क का क्या करोगे। अपने पहले कार्यकाल में सीएम इसी

बात पर ज़ोर देते कि विकास करना है तो दलितों का सशक्तिकरण किया जाये। और राजद के पूर्व मन्त्री और पूर्व सांसद की मानें तो सशक्तिकरण के चार तरीक़े हैं–*सरकारी, ग़ैर-सरकारी, रंगदारी और ठेकेदारी।* राजद में अन्दर-बाहर करने वाले इस मन्त्री को लालू ने कहा था कि सवर्ण जाति, भूमिहार और राजपूतों ने ताक़त का ग़लत इस्तेमाल करके दौलत, सम्पत्ति अपने क़ब्ज़े में कर ली है। अगर सरकार किसी तरह के विकास कार्य में शामिल होती है तो उसका सबसे ज़्यादा फ़ायदा ऊँची जाति को होगा, न कि यादव या पिछड़े वर्ग को। लालू की भूमिहारों से चिढ़ मण्डल आन्दोलन के दौरान ही दिखायी दे गयी थी।

लालू प्रसाद ने शासन व्यवस्था को ठीक करने के दो बार गम्भीर प्रयास किये–एक तो मार्च-अक्टूबर 1990 के बीच और एक बार 1995 विधानसभा चुनाव की जीत के बाद। पहले प्रयास में तो मण्डल, कमण्डल और 1991 की लोकसभा जीत ने काम नहीं करने दिया और दूसरी बार जनवरी-फ़रवरी 1996 में चारा घोटाले ने ध्यान भटकाया। पहले कार्यकाल में एक महत्त्वाकांक्षी लालू थे जो यादवकरण और मुस्लिम-यादव समीकरण में व्यस्त रहे और दूसरे कार्यकाल में चारा घोटाला, पार्टी के अन्दरूनी कलह, ख़ासकर शरद यादव से अलग होने के बाद नयी पार्टी के गठन और लालू के भरोसेमन्द दोस्त रंजन प्रसाद यादव समेत तमाम उम्मीदवारों की मौन चुनौती के बीच राबड़ी देवी के राज्याभिषेक में समय चला गया।

लालू ने शुरुआत तो ग़रीबों का मसीहा बनने से की थी, लेकिन वह यादवों के नेता बनकर रह गये। लालू सरकार से बीजेपी के हाथ खींचने के बाद उनका टिके रहना मुश्किल होता जा रहा था। वह बीजेपी और सीपीआई (एमएल) में दल-बदल की वजह बन रहे थे। उनके कैबिनेट में 90 मन्त्री थे। विपक्षी कांग्रेस और बीजेपी अक्सर कहते थे कि लालू शतक लगाने वाले हैं। इन सबसे बेपरवाह लालू मन्त्रियों से मज़ाक़ में कहा करते कि *चलो, मरने के बाद तिरंगे और बन्दूक की सलामी का इन्तज़ाम तो कर दिया*। मन्त्री, उनके इस मज़ाक़ पर हँस पड़ते लेकिन दरअसल मज़ाक़ का केन्द्र ख़ुद सीएम ही बन रहे थे।

लालू अपनी झोली में सबसे ज़्यादा ओबीसी (14.5%) के होने की ताक़त पर खेल रहे थे जिसमें राय, मण्डल, गोप और चौधरी के अलावा यादव उपनाम वाले लोग शामिल थे। 1995 तक आर्थिक रूप से पिछड़े यानी ईबीसी ठगा महसूस करने लगे और लालू से दूरी बनाने लगे। नीतीश कुमार ने भी 1994 में लालू को छोड़कर समता पार्टी का गठन कर लिया था। लालू भी नीतीश कुमार, शरद यादव

और रामविलास पासवान जैसे उन राजनीतिक दावेदारों की अनदेखी करने लगे थे जो अब उनकी पार्टी के साथ नहीं थे।

यह वो दौर था जब यादवों का सशक्तिकरण तो हुआ लेकिन उन्हें उसके असल मायने न समझ आये, न समझाये गये। अत्यन्त पिछड़ा वर्ग और अनुसूचित जाति ने 1995 के विधानसभा चुनावों के बाद लालू से दूरी बना ली क्योंकि लालू का सशक्तिकरण यादव केन्द्रित होता जा रहा था। यादवों की पुलिस थाने के इन्चार्ज से दोस्ती बढ़ रही थी और उन्हें सरकारी ठेके मिल रहे थे। इसी बीच राजद झण्डे से मेल खाते हरे झण्डे भी सड़कों पर यादवों की ताक़त के रूप में लहराये जाने लगे। और ये सिर्फ़ पटना तक सीमित नहीं था, तमाम यादव बहुल ज़िलों का यही हाल था।

मुंगेर के पत्रकार अवधेश सिंह ने बताया–

1994 से 2000 के बीच का दौर हरे तौलियों का था। राजद के छोटे कार्यकर्ता सड़क चौराहे पर कन्धे पर हरा तौलिया लेकर बैठ जाते थे। लोग देखकर समझ जाते कि वो कौन है। शहर में जब भी कोई मन्त्री आता तो यादव नेता घोड़े पर सवार होकर अपना रौब झाड़ते।[1]

पुलिस स्टेशन के इन्चार्ज पद पर किसी यादव या किसी ओबीसी को बैठाने के लिए तो मानो लालू बहाना ढूँढ़ रहे होते थे। तबादले से लेकर पोस्टिंग तक–फिर वो ब्लॉक अधिकारी हो, सर्किल अधिकारी या उपविकास आयुक्त से लेकर डीएम और एसपी, तमाम तैनातियाँ जाति आधारित होने लगी। प्रशासन चलाने वाले अब बदल चुके थे, डॉ. जगन्नाथ मिश्र की ब्राह्मण वर्चस्व वाली व्यवस्था अब लालू-राबड़ी राज में यादवों के हाथ लग गयी थी।

हालाँकि ओबीसी और दलितों के बीच आईएएस और आईपीएस अधिकारियों की कमी थी लेकिन लालू सरकार कोशिश करती थी कि प्रशासन व्यवस्था को अपने पक्ष में करने के लिए ग़ैर-सवर्ण जाति के अधिकारियों की नियुक्तियाँ की जायें। लालू प्रसाद समाज और प्रशासन की सामन्तवादी व्यवस्था को चुनौती देकर फल-फूल रहे थे।

पीडब्लूडी और शराब के सरकारी ठेके अब ज़्यादातर ओबीसी और उनमें भी यादवों को मिलने लगे। तमाम बाज़ार समितियां, छोटे कारोबारियों से बाज़ार की ज़मीन इस्तेमाल करने के लिए ग़ैरक़ानूनी ढंग से टैक्स बटोरने लगे। ऊँची जाति के भूमिहार जिन्हें पहले ज़्यादातर सरकारी ठेके, ख़ासकर शराब के ठेके मिला करते थे, अब उन्हें कम-से-कम ठेके मिलते। ऊँची जाति के ब्राह्मण तो बिहार का राजनीतिक

मूड समझ चुके थे और जान चुके थे कि आने वाले वक़्त में कुछ नहीं बदलने वाला, ऐसे में इन लोगों ने बिहार से बाहर दिल्ली, सूरत और अन्य शहरों में बस जाना बेहतर समझा। उधर टेंडर आते ही सरकारी अधिकारियों के पास फोन आने लगते कि टेंडर किसे दिया जाये। अधिकारियों ने रुचि लेनी बन्द कर दी और नयी योजनाएँ भी कम ही आने लगीं। लालू के समर्थक बाज़ार समिति से टैक्स बटोरते और ग़ैरक़ानूनी टैक्स लेने की वारदात बढ़ने लगी। कालान्तर में जब नीतीश-लालू ने मिलकर सरकार बनायी तब भी, राजद कभी भी मन से शराबबन्दी के समर्थन में नहीं उतरी, क्योंकि बहुतेरे शराब के ठेके यादवों के हिस्से में जो थे।

2000 चुनाव के आते-आते विधानसभा में यादव प्रतिनिधित्व बहुत बढ़ गया। कुल 27 फ़ीसदी यादव विधायक थे और राजद के 40 फ़ीसद यादव विधायक थे।

लालू प्रसाद के दोस्त रंजन प्रसाद यादव ने एक बार सीएम से पूछा कि क्यों वह 1.35 लाख शिक्षकों की भर्ती समेत तीन लाख ख़ाली पदों को नहीं भर रहे हैं। इस पर लालू का तर्क था कि अगर पद भरे गये तो पचास फ़ीसद ऊँची जाति के पास जायेंगे, ज़्यादातर पदों पर भूमिहार बैठेंगे जो सरकारी दफ़्तरों में मक्खी मारते हुए सीएम की बुराई कर रहे होंगे।

लालू के बाद नम्बर 2 समझे जाने वाले रंजन प्रसाद यादव कहते हैं–

लालू को मण्डल मसीहा तो कहा जाता था लेकिन वो बिहार पब्लिक सर्विस कमीशन की परीक्षा तो ठीक से करवा नहीं पाये, जिससे यादव युवाओं समेत ओबीसी उम्मीदवारों का आरक्षण पक्का हो सकता था। लगभग सभी फ़ाइलें सीएम के प्रधान सचिव मुकुन्द प्रसाद के पास आती थीं, जो पता नहीं किस वजह से यह सुनिश्चित करते थे कि विकास कार्य तो कम-से-कम ही हो पाये। ट्रांसफर हो या पोस्टिंग प्रसाद की ही चलती थी और उन्होंने ओबीसी बनियों की मानो छोटी-छोटी संस्थाएँ बना दी थीं।[2]

किसी बड़े अपराध के बाद वरिष्ठ पुलिस अधिकारियों की हालत ख़राब हो जाती थी। वह जानते थे कि सीएम सीधे डीएसपी या पुलिस थाने के इन्चार्ज को फोन कर लेंगे।

एनडीटीवी के कार्यकारी सम्पादक मनीष कुमार कहते हैं–

पटना-जहानाबाद सीमा के पास एक तालाब में कुछ बच्चे डूब गये थे। पटना डीएम अमित खरे और एसएसपी सुनील कुमार, थाने के इन्चार्ज से सम्पर्क करने की कोशिश कर रहे थे लेकिन बात हो नहीं पा रही थी। जब आख़िरकार बात हुई

तो एसएसपी ने इन्चार्ज से पूछा कि क्यों न उन्हें फोन पर बात न करने की वजह से सस्पेंड कर दिया जाये। इस पर दरोगा ने कहा–जब साहेब (लालू) लाइन पर थे तो आपसे कैसे बात करता? [3]

लालू-राबड़ी सरकार के दौरान एक अहम पद पर कार्यरत पूर्व डीजीपी बताते हैं कि लालू ने सीधे दरोगा से बात करके वरिष्ठ अधिकारियों का मनोबल गिराना शुरू कर दिया। हो सकता है यह सीएम के लिए सही रहा हो क्योंकि उन्हें बिना किसी लाग-लपेट के जानकारी मिल जाती थी, लेकिन वरिष्ठ अफ़सरों के पास करने के लिए कुछ नहीं बच जाता था। जब दरोगा ही सीधे सीएम से बात कर रहा है तो पदक्रम टूटता है और अधिकारियों में भी कुछ विशेष सुझाव देने की इच्छा नहीं बचती।

वो तो 2003 में राबड़ी देवी की सरकार के दौरान डीपी ओझा के कार्यकाल में पुलिस मुख़्यालय ने अपना खोया हुआ सम्मान फिर से पाने की कोशिश की। यह तब हुआ जब डीजीपी ओझा ने सिवान के बाहुबली नेता मोहम्मद शहाबुद्दीन की गिरफ़्तारी के आदेश को अमली जामा पहनाया। उन पर अपहरण और हत्या का एक मामला काफ़ी वक़्त से सीआईडी में लटका हुआ था। मुख्यमन्त्री राबड़ी देवी नाराज़ थीं कि उनसे सलाह क्यों नहीं ली गयी। लालू प्रसाद पटना में नहीं थे लेकिन उन्होंने ओझा से फोन करके पूछा कि राबड़ी देवी से राय क्यों नहीं ली गयी। जब ओझा, सीएम से मिले तो वह नाराज़ थीं और उन्होंने तीन बार पूछा कि उनसे राय क्यों नहीं ली गयी। डीजीपी ने अपना आपा खो दिया और कहा कि किसे गिरफ़्तार करना है यह डीजीपी या वरिष्ठ पुलिस अधिकारी तय करते हैं। ओझा ने राबड़ी देवी को साफ़-साफ़ कह दिया कि वह आगे से इस तरह के मामलों में सीएम से इजाज़त नहीं लेंगे।

शहाबुद्दीन की गिरफ़्तारी के बाद लालू के घर में मानो हंगामा मच गया। सबसे बड़ी बेटी मीसा भारती, शहाबुद्दीन के गिरफ़्तारी के आदेश को वापिस लिए जाने के लिए पूरी तरह से जुटी हुई थीं। ओझा को डेढ़ महीने बाद उनके पद से हटा दिया गया। बतौर डीजीपी उन्होंने बमुश्किल छह महीने काम किया होगा।

पूर्व डीजीपी नीलमनी बताते हैं कि यह वही डीपी ओझा थे जिन्होंने बतौर पुलिस महानिरीक्षक (सतर्कता), 1999 में राज्य सरकार के 1982 के सर्कुलर को सफलतापूर्वक चुनौती दी थी। जिसके मुताबिक़ भ्रष्टाचार के मामले में किसी राजपत्रित अधिकारी के ख़िलाफ़ केस दायर करने से पहले सतर्कता आयुक्त की अनुमति और विधायक तथा मन्त्रियों के ख़िलाफ़ केस दर्ज करने से पहले सीएम की

अनुमति लेना ज़रूरी थी। ओझा ने पटना हाईकोर्ट में सफलतापूर्वक याचिका दर्ज की कि भ्रष्टाचार के किसी भी मामले में केस दर्ज करने के लिए किसी सत्ताधारी की अनुमति की ज़रूरत नहीं है और सतर्कता विभाग अकेले ही इस मामले में फ़ैसला लेने के लिए स्वतन्त्र है। यह ऐसा अनोखा केस था जिसमें महानिरीक्षक ने अपनी ही सरकार के सर्कुलर के ख़िलाफ़ केस दर्ज किया और जीता भी। नीतीश कुमार सरकार ने पहली बार 2004 में इस बदले हुए प्रावधान का इस्तेमाल किया जब सतर्कता विभाग ने बीपीएससी परीक्षाओं में हुई कथित अनियमितताओं के मामले में बिहार पब्लिक सर्विस कमीशन के अध्यक्ष को गिरफ़्तार किया।

सत्ता में कोई भी पार्टी हो लेकिन जंगल राज तो हर सरकार का हिस्सा रहा है। सिस्टम बस अपनी मनमानी करने का नाम रहा और लोगों की सेवा–बस एक जुमला। राजनीतिक तन्त्र अभी भी जनता की सेवा और जनता पर राज करने के बीच फ़र्क़ नहीं कर पाया है। किसी भी पार्टी का अहम मक़सद राज करना रहा, सेवा और सुशासन तो बस कहने वाली बात है, ऐसी बात जिसे सुनकर लोग भावनाओं में बह जायें। लालू प्रसाद की सरकार भी इससे जुदा नहीं थी।

लालू अपने पार्टी कार्यकर्ताओं के ख़िलाफ़ मामलों को अक्सर सीआईडी को सौंप देते थे जहाँ अक्सर केस ठण्डे बस्ते में चले जाते थे। एक बार आईपीएस अधिकारी तेज़ प्रताप सिंह–जो उस वक़्त सीआईडी प्रमुख थे–ने सीएम के भेजे कुछ केस लेने से मना कर दिया। लालू प्रसाद ने उस अफ़सर का तबादला कर दिया।

1974 बैच के बिहार काडर के आईपीएस अधिकारी गौतम ने इस तरह के जंगल राज का एक और उदाहरण दिया।

1993-94 में जब गौतम शाहाबाद रेंज के डिप्टी आईजी थे, तब अमझोर पुलिस थाने के तहत आने वाले एक गाँव से बच्चे का अपहरण हो गया। बाद में बच्चा मिल गया और अपहरणकर्ता को गिरफ़्तार कर लिया गया। थाना प्रभारी ने एफआईआर दर्ज कर ली। लेकिन इस पुलिस अधिकारी के पास मुख़्यालय से फोन आया कि केस को ज़रा आराम से देखें। यही नहीं अधिकारी का पटना, सीआईडी तबादला कर दिया गया। ज़िला एसपी को अपहरणकर्ता की जमानत सुनिश्चित करने के लिए कहा गया। इस बीच डीआईजी गौतम तक जब बात पहुँची तो उन्होंने थाना प्रभारी को फोन करके भरोसा दिलाया कि उसका तबादला नहीं होगा। अधिकारी रोने लगा और कहने लगा कि उसका तबादला कर ही दिया जाये क्योंकि अगर उसने

तबादले को नहीं स्वीकारा तो उसे मार दिया जायेगा। बाद में मुझे पता चला कि अपहरणकर्ता, इंजीनियरिंग कॉलेज में भर्ती घोटाले का हिस्सा था और सत्ताधारियों के क़रीब। अपराधी इसी तरह किसी के साये में काम करते हैं और अँधेरे में सब एक जैसे नज़र आते–गौतम कहते हैं कि वो दौर था जब लालू राज में अपराधी मानसिकता वालों को शह मिलने लगी थी। गौतम 2008 में बिहार डीजीपी के पद से रिटायर्ड हुए।[4]

लालू राज में ऐसा ही एक कड़वा अनुभव 1972 बैच के आईपीएस अधिकारी किशोर कुणाल का रहा। 1995 में वह डीआईजी, सीआईएसएफ, पटना पर पदस्थ थे। विधासनभा चुनाव का वक़्त था। संवेदनशील बूथ पर सीआईएसएफ समेत अर्धसैनिक बल की तैनाती को लेकर कुणाल राज्य पुलिस के साथ तालमेल बैठा रहे थे।[5]

कुणाल कहते हैं–

मुझे पता चला कि कुछ संवेदनशील बूथ पर लालू प्रसाद की विरोधी पार्टी बीजेपी का वर्चस्व था। तत्कालीन मुख्य चुनाव आयुक्त टीएन सेशन ने त्रिपाठी को चुनाव की तैयारी का जायज़ा लेने के लिए भेजा और वह हमेशा एक ही लाइन कहते–उम्मीद है चुनाव शान्तिपूर्ण और पक्षपातहीन तरीक़े से हो पायेंगे। मैं उठा और बोला–चुनाव शान्तिपूर्ण तो होंगे लेकिन पक्षपातहीन नहीं। मैंने उन्हें वजह बताई। मेरा शक चुनाव के आख़िरी दौर में यक़ीन में बदल गया। हमारे पास धाँधली की जानकारी थी लेकिन अर्ध सैनिक बल को बैरक पर ही रोक लिया गया और वोटिंग पूरी होने के बाद उन्हें बूथ पर जाने दिया गया। मैंने हैरान होकर बिहार पुलिस के सम्पर्क अधिकारी को फोन किया जो कुछ ख़ास नहीं कर पाये। मैंने इससे सम्बन्धित चिट्ठी लिखकर सम्पर्क अधिकारी को भेजी और डीजी को भी उसमें शामिल किया। बिहार गृह सचिव ने मेरी रिपोर्ट पर नाराज़गी दिखायी और केन्द्रीय गृह मन्त्रालय से कहा कि मैंने अपनी सीमाएँ लाँघी। इस पर आईबी ने जाँच की और मेरी रिपोर्ट को दोषमुक्त बताया।

लेकिन बिहार सरकार की बूथ पर कब्ज़ा करने की पोल खोलने की यह कोशिश इस आईपीएस अधिकारी को भारी पड़ने वाली थी। जब 1996 में देवगौड़ा की सरकार आयी तब मोहम्मद तस्लिमुद्दीन को गृह राज्यमन्त्री और सीआईएसएफ का इंचार्ज बनाया गया, शायद पटना से कुणाल के तबादले को सुनिश्चित करने के लिए। पुलिस अधिकारी ने राज्य सरकार से एक लम्बी क़ानूनी लड़ाई लड़ी,

जिसके बाद सुप्रीम कोर्ट ने 1999 पटना हाईकोर्ट के फ़ैसले को सही ठहरा दिया। बूथ क़ब्ज़ा करने पर रोक लगाने के लिए कुणाल ने 20 बिन्दुओं की बिहार चुनाव प्रक्रिया की मरम्मत की सलाह दी। 2005 में बिहार चुनाव प्रभारी केजी राव और निर्वाचन अधिकारी एनके सिन्हा ने इसका इस्तेमाल किया।

कुणाल ने कहा कि बूथ पर क़ब्ज़ा इसलिए होता है क्योंकि राजनीतिक तौर पर संवेदनशील बूथ पर नज़र रखी जाती है और सैन्य बलों को उन बूथ के क़रीब नहीं भेजा जाता, जो सत्ताधारी पार्टी के पक्ष में होती हैं। बिहार राज्य धार्मिक न्यास बोर्ड के अध्यक्ष रह चुके कुणाल कहते हैं–कुछ पुलिस अधिकारी भी इस प्रक्रिया में मिले होते हैं।

कुणाल याद करते हुए बताते हैं –बूथ पर क़ब्ज़ा करने का यह काम कांग्रेस के दिनों से चलता आ रहा है, जब मैंने एक डीआईजी को लोकप्रिय कांग्रेस सीएम के सामने सलाम करते हुए यह कहते सुना था कि–साहब, साठ बूथ छाप कर आये हैं।

राजनीतिक सफ़र के साथ अपराध का स्तर भी कांग्रेस से लालू राज तक आते-आते बहुत बदल गया। अब डकैती को फ़ायदे का सौदा नहीं माना जाता था और अपराधियों ने फिरौती के लिए अपहरण करना शुरू कर दिया। राबड़ी देवी सरकार के दौरान यह बदलाव देखा गया। कुणाल ने बताया कि ऐसा करने के पीछे अपराधियों के अपने तर्क हैं जैसे–*डकैती मे निवेश बहुत करना पड़ता है, वहीं अपहरण में पैसा कम लगाना पड़ता है और मुनाफ़ा ज़्यादा होता है।*

लालू-राबड़ी काल में क़ानून व्यवस्था की समस्या को दो चरण में देखा गया। 1995 से 2000 तक नरसंहार के कई मामले आये, वहीं 2000-2005 के बीच फिरौती के लिए कई अपहरण हुए। 2002 में पटना के जाने माने डॉक्टर, डॉ. भरत सिंह (हड्डी विशेषज्ञ), डॉ. पुर्वेन्दू ओझा (शिशु विशेषज्ञ) और डॉ. रमेश चन्द्र (तन्त्रिका विज्ञानी) का एक के बाद एक अपहरण कर लिया गया। डॉ. भरत सिंह के अपहरण के बाद लोगों में ग़ुस्सा था, अपहरण के अगले दिन सड़कों पर आगजनी हो गयी। राबड़ी देवी सरकार को मीडिया में काफ़ी शर्मिन्दगी झेलनी पड़ी। एक हफ़्ते बाद डॉ. सिंह को रिहा कर दिया गया।

इतना काफ़ी नहीं था। 2003 में जेल मन्त्री राघवेन्द्र प्रताप सिंह के रिश्तेदार संजय सिंह का स्कूल से आते हुए अपहरण कर लिया गया। लड़के को बड़ी फिरौती दिये जाने पर छोड़ा गया। डीपी ओझा जो उस वक़्त डीजीपी थे–उन्होंने 2005 में बेगुसराय में अपने चुनावी अभियान के दौरान खुलासा किया कि किस तरह मन्त्री

को भी फिरौती में 30 लाख रुपये देने पड़ते हैं। लेकिन अब ओझा लालू के दिनों के बारे में कुछ नहीं कहना चाहते। उनका कहना है–*तब मैंने वही किया जो मुझे सही लगा। अब एक किताब के लिए मैं कुछ नहीं कहना चाहूँगा।*

अपहरणकर्ताओं को मीडिया का भी डर नहीं था। हिन्दुस्तान टाइम्स के फ़ोटोग्राफ़र अशोक कर्ण को 26 दिसम्बर, 2002 को नालन्दा में उनके इस्लामपुर घर से उठा लिया गया। गुस्साई मीडिया टीम, लालू प्रसाद से मिली। तमाम अख़बार, मैगज़ीन और न्यूज़ चैनल ने एकजुटता दिखाते हुए राज्य में चरमराई क़ानून और व्यवस्था का विरोध किया। जब हंगामा ज़रा शान्त हुआ तब लालू ने कहा–*उसे दो घण्टे में छोड़ दिया जायेगा*। कर्ण को उसी शाम रिहा किया गया और रात 11 बजे वह कीचड़ से सने अपने कपड़ों में सीएम के सामने थे, जहाँ उन्होंने बताया कि किस तरह उन्हें खेतों के बीचों-बीच पंपिंग सेट रूम में रखा गया।

राँची में रहने वाले वरिष्ठ छायाकार अशोक कर्ण, उन तीन रातों की कभी न भूल पाने वाली आप बीती सुनाते हैं–

मैं क़रीब दस साल बाद अपने गाँव बेले (नालन्दा) लौटा। आधी रात को मेरी आँख खुली तो मेरे सामने छह-सात हथियारबन्द आदमी खड़े थे। बन्दूक की नोक पर उन्होंने मुझे अपने साथ चलने के लिए कहा। मेरी पत्नी ने उनसे विनती की लेकिन उसे कहा गया कि मुझे फिरौती के लिए उठाया जा रहा है। मेरी आँखों पर पट्टी बाँधकर मुझे चार किलोमीटर तक चलाया गया। मुझे अँधेरे कमरे में रखा गया। वो आपस में बात करते कि फिरौती में 10 लाख माँगने हैं या 15 लाख या फिर मुझे मार डालना है। यह सुनकर मैं काँप जाता था। मुझे ख़ाने के लिए ठण्डी ब्रेड दी जाती थी। दो दिन बाद मुझे गन्ने के खेत में ले जाया गया। कुछ घण्टों बाद मेरे आसपास कोई नहीं था। गाँववालों को मेरे अपहरण की ख़बर लग गयी थी। उन्हें आता देख मैंने उनसे बचाने की विनती की। मुझे बिन बताए रिहा कर दिया था। मैं पैदल इस्लामपुर पहुँचा जहाँ से मुझे पटना लालू प्रसाद के आवास पर ले जाया गया। लालू ने अपने शागिर्दों से कहा–अरे मरांडी (झारखण्ड के तत्कालीन सीएम बाबूलाल मरांडी) को फोन लगाओ, उसका पत्रकार रिकवर हो गया है। बाद में मुझे पता चला कि मेरी पत्नी और मीडिया ने एकजुट होकर मुझे छुड़ाया। मेरे भाई राजकुमार कर्ण जो पुलिस अधिकारी हैं, उन्होंने भी मेरी रिहाई में बड़ा रोल निभाया।

2005 का किसलय अपहरण मामला तो राष्ट्रीय मुद्दा बन गया जब तत्कालीन प्रधानमन्त्री अटल बिहारी वाजपेयी ने छपरा और भागलपुर की जनसभा में

कहा–*मुझे मेरा किसलय लौटा दो*। किसलय घर लौट आया लेकिन कई मामलों में तो परिवारों को बड़ी फिरौती देनी पड़ी और उन्होंने शिकायत भी नहीं की। वजह साफ़ थी–सिस्टम के प्रति उदासीनता।

इसका अन्दाज़ा फिरौती के लिए अपहरण के मामलों की तुलना करने से लग जायेगा–2001 से 2004 के बीच 1527 केस दर्ज किये गये, जिसमें अधिकतम 411 केस, 2004 में रिपोर्ट किये गये। 2006 में ये मामले कम होकर 194 हो गये और 2010 में 72 पर आ गये। 2011 से 2015 अप्रैल के बीच राज्य में अपहरण के 284 मामले देखे गये।

बीजेपी बार-बार कहती आयी कि बिहार में तो अपहरण का धन्धा ही *फल-फूल* रहा है। आगे चलकर आडवाणी ने 2009 में बिहार की जनसभा में भी यही बात दोहराई। लोकप्रिय निर्देशक प्रकाश झा ने इसी विषय से प्रेरित होकर एक फ़िल्म भी बनायी।

एक और दिलचस्प बात–अपराधियों के लिए इस काम को करने के लिए टाटा सूमो से बेहतर कोई गाड़ी नहीं थी। यह गाड़ी बिहार के ऊबड़-खाबड़ रास्तों पर ख़ूब दौड़ती थी और उसका पिछला हिस्सा बन्दूक रखने के लिए एक़दम फिट थी।

पटना सिटी, बिहार की राजधानी का व्यापार केन्द्र जहाँ रहने वाले मारवाड़ी समुदाय के लिए व्यापार करना मुश्किल होता जा रहा था। स्थानीय गुंडे, उनसे पैसा वसूलते थे। साल 2000 के आते-आते इस समुदाय ने औने पौने दाम पर अपनी सम्पत्ति बेचकर पटना सिटी छोड़ने का फ़ैसला किया। 2005 तक 30 फ़ीसदी मारवाड़ी परिवार बिहार छोड़कर जा चुके थे।

शाम 7 बजे के बाद लोग घर से बाहर निकलने से कतराते थे। आरा-मोहनिया (एनएच 30) पर एक बोर्ड लगा था जिस पर लिखा था कि जब तक पाँच-सात गाड़ियों का क़ाफ़िला नहीं होगा, तब तक सड़क पर आगे गाड़ी नहीं जायेगी। हाईवे पर चलने वाली बसें, पुलिस के साथ गुज़रती थीं। पटना-गया सड़क तो बेहद ख़तरनाक जगह मानी जाती थी।

उधर विधानमण्डल में लालू के युवा नेता सुरेन्द्र यादव, साधू यादव और रामविचार राय, सरकार में रहते हुए विपक्ष की सीट पर बैठे बीजेपी नेताओं को चुप करवाने के लिए गुंडागर्दी पर उतर आते। एक बार तो राजद के विधायकों ने सुशील मोदी का हाथ मोड़ दिया और उनकी उँगली पर प्लास्टर चढ़ गया।

एक तरफ़ अपहरण का कारोबार फल-फूल रहा था, वहीं दूसरी तरफ़ शिक्षा के क्षेत्र में सरकार फेल होती दिख रही थी। लालू ने एक बार कहा था कि–*मैंने बाँटी*

स्लेट, नीतीश ने बाँटी प्लेट–लेकिन इसकी असल तस्वीर देखने के लिए लालू-राबड़ी सरकार में शिक्षा व्यवस्था का आलम समझना होगा।

नवम्बर 1994 से अप्रैल 2001 तक उच्च शिक्षा निदेशक रहे डॉ. विद्यासागर यादव कहते हैं कि राबड़ी देवी सरकार के दौरान प्राथमिक और माध्यमिक स्कूल शिक्षकों के 2 लाख 13 हज़ार पद ख़ाली थे। 50,294 स्कूलों में 2,80,819 शिक्षकों की ज़रूरत थी, लेकिन सिर्फ़ 67,819 ही थे। उच्च स्कूलों में भी यही हाल था। उच्च और उच्चतर स्कूलों में 31,460 शिक्षकों की संख्या को अनुमति मिल चुकी थी, लेकिन 2005 तक यह संख्या सिर्फ़ 9460 ही थी। प्राथमिक और माध्यमिक स्कूल के शिक्षकों की ज़िला स्तरीय नियुक्तियों की जगह अब यह काम बिहार पब्लिक सर्विस कमीशन को सौंप दिया गया और भर्ती से जुड़े नियम क़ायदे भी बदल दिये गये। बाद में यह काम कर्मचारी चयन आयोग को दे दिया गया। लेकिन 1998-99 में बीपीएससी ने 3000 शिक्षकों की भर्ती की। हालाँकि राबड़ी देवी सरकार ने 2003 में 34 हज़ार से ज़्यादा भर्तियों का विज्ञापन दिया लेकिन जब इन भर्तियों को सरकार ने ही मान्यता नहीं दी तो भावी शिक्षकों को क़ानूनी रास्ता अपनाना पड़ा। 2010 में सुप्रीम कोर्ट के हस्तक्षेप के बाद नीतीश कुमार की सरकार ने इन ख़ाली पदों को भरा।[7]

लालू प्रसाद सरकार ने अविभाजित बिहार में 84 प्राथमिक शिक्षक प्रशिक्षण कॉलेजों में भर्ती बन्द कर दी (एक कॉलेज में हर साल 50 छात्र नामाँकन करवा सकते थे), जिसका मतलब है कि 63,000 लोग प्रशिक्षित शिक्षक बन सकते थे लेकिन बन नहीं पाये। दिलचस्प यह है कि इन कॉलेजों के शिक्षक और स्टाफ को बिना काम किये ही तनख़्वाह मिल रही थी। लालू प्रसाद ने फिर सलाह दी कि अप्रशिक्षित शिक्षकों को नियुक्त किया जाये लेकिन यह काम भी न उन्होंने किया, न ही राबड़ी देवी ने किया। यही नहीं, लालू यादव ने उसी साल 12 बी एड ट्रेनिंग कॉलेज में से 10 बन्द करवा दिये। इसका मतलब यह हुआ कि अगर यह कॉलेज जारी रहते तो क़रीब 20 हज़ार लोग प्रशिक्षित शिक्षक बन सकते थे लेकिन नहीं बन पाये।

डॉ. विद्यासागर यादव याद करते हुए बताते हैं–

लालू प्रसाद और बाद में राबड़ी देवी शिक्षा में सुधार की बात तो बहुत करते लेकिन जब शिक्षकों की नियुक्तियों की बात होती तब उनके प्रधान सचिव मुकुन्द प्रसाद के यह कहने पर वो चुप हो जाते कि फंड कहाँ हैं ? इस सरकार की एक प्राथमिकता थी कि स्थापना व्यय निकल जायें और इसके बावजूद शिक्षकों को वक़्त

पर तनख्वाह नहीं मिलती थी। ख़ुद को मण्डल मसीहा बताने वाले लालू प्रसाद के पास इन नियुक्तियों के ज़रिये आरक्षण के फ़ायदे को ज़्यादा लोगों तक पहुँचाने का एक बड़ा मौक़ा था।

राबड़ी देवी सरकार ने शिक्षकों के बिगड़े हालात को ठीक करने के लिए *शिक्षा मित्र* नाम के पद बनाये, जिसमें उन्हें महज़ 1500 रुपये का मासिक मानदेय दिया जाता था। एक बार शिक्षा मित्रों का एक समूह लालू प्रसाद से मिला और उन्हें पूर्ण रूप से शिक्षक पद पर नियुक्त करने की अपील की, जिस पर लालू गुस्सा गये और कहने लगे कि ऐसा विचार वह दोबारा मन में ना लायें। लालू ने कहा–*शिक्षकों को बहुत सम्मान की दृष्टि से देखा जाता है।* लेकिन नीतीश कुमार के दिमाग़ में लालू के शिक्षा मित्र से ही संविदा शिक्षक का विचार पनपा और उनकी सरकार ने इसे अमली जामा भी पहनाया। लालू बार-बार नीतीश के लिए कहते आये हैं कि उन्होंने बच्चों के हाथ में स्लेट की जगह प्लेट (मध्याह्न भोजन) थमाई, लेकिन सच तो यह है कि शिक्षा को लेकर लालू सरकार की नीयत स्लेट की तरह साफ़ नहीं थी।

उच्च शिक्षा की हालत भी काफ़ी बुरी थी। लालू-राबड़ी राज में कॉलेज प्रधानाध्यापक और शिक्षकों के 40 फ़ीसदी पद ख़ाली थे। राज्य के दस विश्वविद्यालय में 250 घटक कॉलेज थे। 15 साल में 1800 प्रधानाध्यापक और शिक्षकों की नियुक्ति हुई, जिसमें आख़िरी नियुक्ति 2003 में हुई।अनुमोदित संख्या 8500 थी जिसमें से सिर्फ़ 3500 शिक्षकों के पद ही भरे गये।

कुछ और आँकड़ों पर नज़र डालते हैं–

किसी एक कार्यकाल को समझने के लिए कुछ संकेतक होते हैं–प्रति व्यक्ति आय, विकास दर, साक्षरता दर, ग़रीबी दर, शिशु मृत्यु दर, मातृ मृत्यु दर, प्रति व्यक्ति उपभोग, राज्य के बजट का विस्तार, सड़क की लम्बाई, नक़द-जमा (सीडी) अनुपात।

लालू-राबड़ी देवी कार्यकाल से जुड़े कुछ अहम आँकड़े इस प्रकार हैं (मार्च 1990–फ़रवरी 2005)–

केन्द्रीय सांख्यिकी संगठन (सीएसओ) के मुताबिक़ 1993-94 में प्रति व्यक्ति आय 3333 रु. थी। 2005-06 में जब नीतीश कुमार ने सत्ता सँभाली तब यह दर 8421 रु. पहुँच गयी। 1999-2005 के बीच विकास दर 3.4 फ़ीसदी हुई। इस काम के लिए सीएसओ ने अर्थशास्त्रियों द्वारा सुझाए सबसे तार्किक और स्वीकार्य तरीक़ों को अपनाया है।[8]

राष्ट्रीय प्रतिदर्श सर्वेक्षण संगठन (एनएसएसओ) के मुताबिक़ 1993 में ग़रीबी दर 54.96 थी–शहरी (34.50) और ग्रामीण (58.21)। 2004-05 में लालू-राबड़ी कार्यकाल के अन्त तक यह दर 54.4 हो गयी–शहरी (55.70) और ग्रामीण (43.7)।[9]

1990 में शिशु मृत्यु दर प्रति 1000 पर 75 थी, 1994 में 67 और 2005 में 61। 1997 में मातृ मृत्यु दर प्रति एक लाख पर 451 थी और 2002 में 371। (प्रतिदर्श पंजीकरण प्रणाली, महापंजीयक भारत, भारत सरकार)।[10]

नक़द-जमा (सीडी) अनुपात राज्य की सेहत और आर्थिक भरोसे के स्तर को दिखाती है। 2002 के राज्य स्तरीय बैंकर्स समिति के आँकड़े बताते हैं कि सीडी अनुपात 22.79 रहा। इसका मतलब हुआ कि बैंक में 100 रु. जमा हो रहे हैं लेकिन क्रेडिट 22.79 रुपये का ही दिया जा रहा है। 2005-06 में इसमें सुधार देखा गया और यह 32.10 पर पहुँचा। [11]

एशियन डेवलपमेंट रिसर्च इंस्टीट्यूट (ADRI) की एक रिपोर्ट के तहत–अगर राज्य सीडी अनुपात का 60 फ़ीसदी हासिल कर लेता है तो वो सम्पूर्ण सकल घरेलू उत्पाद का 37 फ़ीसद, राज्य बजट का 1.5 गुना, राज्य की सालाना योजना का 4.3 गुना, राज्य सरकार से मिलने वाली रकम का 2.35 गुना और राजस्व का सात गुना होता है।[12]

आर्थिक रूप से लालू सरकार का सबसे तकलीफ़देह हिस्सा रहा जब 1991 में भारत आर्थिक सुधार की बात कर रहा था और तब बिहार की विकास दर 2.8 फ़ीसद थी (1991-2001) और 2000-2005 के बीच 3.1 फ़ीसद। 2000 से 2005 के बीच बिहार के द्वितीयक क्षेत्र की विकास दर 0.6 फ़ीसद रही। हालाँकि रेलवे जैसे तृतीयक क्षेत्र में 7.6 फ़ीसद विकास दर देखी गयी। रेलवे के अलावा, अन्य परिवहन और भंडारन, संचार, व्यापार, होटल और रेस्त्रां ने भी तृतीयक क्षेत्र के विकास में योगदान किया। (स्रोत–सीएसओ)

मुचकुन्द दुबे ने अपने लेख–बिहार का आर्थिक विकास–समस्या और सम्भावनाएँ (रिसरेक्शन ऑफ़ द स्टेट में प्रकाशित, पृष्ठ 143) में कुछ आँकड़े दिये हैं -1990-91 *में बिहार की प्रति व्यक्ति आय 1204 रु. थी जो घटकर 1995-96 में 1060 रु. हो गयी। आज़ादी के वक़्त के राष्ट्रीय औसत से 80 फ़ीसदी घटकर यह 2003-04 में महज़ 30 फ़ीसदी रह गयी। 2005-06 में बिहार की प्रति व्यक्ति आय बढ़कर 7875 हुई जो तमाम राज्यों से सबसे कम थी।*

कुल मिलाकर 1991-92 से लेकर 97-98 के दौरान बिहार की विकास दर 2.69 फ़ीसद रही जो सभी राज्यों की तुलना में सबसे कम रही। सबसे तेज़ी से विकास करते गुजरात में विकास दर बिहार की दर से 3.5 गुना ज़्यादा थी। [13]

लालू-राबड़ी राज के बचाव में एकमात्र डाटा यह है कि 10वें और 11वें वित्त आयोग के दौरान उन्हें 12000 करोड़ रुपये कम मिले, जबकि नीतीश कुमार को अपनी सरकार के पहले ही साल में 12 हज़ार करोड़ रुपये मिले। नतीजतन, लालू कार्यकाल में अहम मन्त्री रहे जगदानन्द सिंह ने लालू प्रसाद और राबड़ी देवी को यह कहकर नयी नियुक्तियाँ करने से रोका कि ऐसा करने से राजकोष पर अतिरिक्त भार पड़ेगा। राज्य सरकार में 1981 तक साढ़े पाँच लाख सरकारी कर्मचारी थे, जिसमें 2005 तक कोई ख़ास बढ़ोतरी नहीं हुई।

हालाँकि लालू के कार्यकाल को चारा घोटाले के लिए बदनाम किया जाता है जो दरअसल कांग्रेस सरकार के वक़्त से होता आ रहा था। लेकिन देखा जाये तो कोल तार घोटाले के अलावा सरकार के पास वित्तीय ठगी के लिए ज़्यादा जगह ही नहीं थी।

एडीआरआई सदस्य सचिव शैबाल गुप्ता कहते हैं–*लालू–राबड़ी सरकार के पास वैसे तो ज़्यादा फंड ही नहीं थे, लेकिन शुरुआती स्तर यानी आगत स्तर पर भ्रष्टाचार होता था, मतलब प्रोजेक्ट शुरू होने से पहले पैसे की माँग करना। कोल तार घोटाला इस तरह के भ्रष्टाचार का उदाहरण है। इसके अलावा दो प्रकार के भ्रष्टाचार और होते थे –एक जब प्रोजेक्ट की गुणवत्ता के साथ समझौता होता था और दूसरा प्रोजेक्ट तैयार होने के बाद जब विकास प्रोजेक्ट की सफलता के बाद मुनाफे को साझा किया जाता है।* [14]

बिहार में अपराध के आँकड़े[15] -

अपराध	2001	2002	2003	2004	कुल जोड़
कुल संज्ञेय अपराध	95,942	1,01,055	98,298	1,15,216	410,511
हत्या	3,619	3,634	3,652	3,861	14,766
डकैती	1,293	1,259	1,203	1,297	5,052
फिरौती के लिए अपहरण	385	396	335	411	1,527
बलात्कार	746	875	804	1,063	3,488

अपराध	2006	2007	2008	2009	2010	कुल जोड़
कुल संज्ञेय अपराध	1,10,716	1,18,176	1,30,693	1,33,525	1,37,572	6,30,682
हत्या	3,225	2,963	3,029	3,152	3,362	15,731
डकैती	967	646	640	654	644	3,551
फिरौती के लिए अपहरण	194	89	66	80	72	501
बलात्कार	1,083	1,122	1,041	929	795	4,970

अपराध	**2011**	**2012**	**2013**	**2014**	**2015 (अप्रैल तक)**	**कुल जोड़**
टीसीओ	1,47,633	1,60,271	1,84,961	1,95,024	59,886	7,47,775
हत्या	3,198	3,566	3,441	3,403	970	14,578
डकैती	5	56	540	579	538 142	2,355
फिरौती के लिए अपहरण	57	70	70	62	25	284

सन्दर्भ

1. मुंगेर पत्रकार अवधेश सिंह का साक्षात्कार, जून 7,2015
2. राजद के पूर्व कार्यकारी अध्यक्ष डॉ. रंजन प्रसाद यादव, मई 15, 2015
3. एनडीटीवी के कार्यकारी सम्पादक मनीष कुमार, अप्रैल 20, 2015
4. पूर्व डीजीपी डी एन गौतम का साक्षात्कार, मई11, 2015
5. किशोर कुणाल का साक्षात्कार, मई 10, 2015
6. अशोक कार्न, जुलाई 8, 2015
7. पूर्व उच्च शिक्षा निदेशक डॉ. विद्यासागर यादव का साक्षात्कार,मई 15, 2015
8. केन्द्रीय सांख्यिकी संगठन।
9. राष्ट्रीय प्रतिदर्श सर्वेक्षण संगठन।
10. भारत के महापंजीयक।
11. राज्य स्तरीय बैंकर्स समिति।

12. डॉ. बक्शी, अमित कुमार सिन्हा, एशियन डेवलपमेंट रिसर्च इंस्टीट्यूट (ADRI) के तहत आने वाले आर्थिक नीति और लोक वित्त केन्द्र में सहायक प्रोफ़ेसर, पटना, मई 13, 2015
13. मुचकुन्द दुबे का लेख–बिहार का आर्थिक विकास–समस्या और सम्भावनाएँ (रिसरेक्शन ऑफ़ द स्टेट में प्रकाशित, पृ. 143, सुनीता लाल और शैबल गुप्ता द्वारा सम्पादित, मानक प्रकाशन, नयी दिल्ली)
14. एडीआरआई सदस्य सचिव शैबल गुप्ता, जून 3, 2015
15. बिहार पुलिस, बिहार सरकार

6

लालू का 'साधुवाद'

राबड़ी रूसल रही, चोखा माँगते थे तो चटनी दे देती थी।
अपने साले अनिरुद्ध प्रसाद उर्फ़ साधु यादव की 1994 में खेल कोटे से हुई विधान परिषद की सदस्यता के लिए नामाँकन की, लालू प्रसाद ने कुछ इस अन्दाज़ में सफ़ाई दी थी। यहीं से लालू के ससुराल वालों का राजनीति में प्रवेश हुआ। साधु आगे चलकर गोपालगंज से सांसद हुए।

साधु यादव की पटना के अनिसाबाद के मित्रमण्डल कॉलोनी में एक शानदार कोठी है। उसे इलाक़े का 'व्हाइट हाउस' कहा जाता है। यादव के बाग़ान में लगे आम के पेड़ की छाँव के नीचे बैठकर राजनीति पर चर्चा करने का आनन्द अलग ही है। वैसे अलग तो साधु का अन्दाज़ भी हो गया है। वह अब ज़रा नहीं बहुत बदल चुके हैं, मिलनसार और नरमदिल हो गये हैं। 2009 में अपने जीजा लालू यादव से अनबन के बाद वह किसी दूसरी पार्टी से विधायक या सांसद बनने की जी-तोड़ कोशिश में लगे थे। 2009 में वह कांग्रेस की तरफ़ से चुनाव लड़े लेकिन सफल नहीं हुए। आगे उन्होंने बीजेपी में शामिल होने के लिए भी 2013 में गुजरात के तत्कालीन सीएम नरेन्द्र मोदी से अहमदाबाद में चाय पर चर्चा की। लेकिन बिहार बीजेपी में साधु यादव को लेकर कोई विशेष उत्साह नहीं था और पार्टी में साधु के आने को लेकर अन्दरूनी विरोध दर्ज किया गया। इस बीच साधु ने फिर जीजा जी के पास लौटने का सोचा लेकिन लालू का दिल पिघला नहीं था।

कुछ वक़्त तक उन्हें पूर्व सीएम जीतन राम माँझी के साथ भी देखा गया जिसके बाद उन्होंने ग़रीब जनता दल (सेक्यूलर) का गठन किया। साधु ज़्यादा न बोलकर बस इतना कहते हैं कि– *आपका सम्मान तब तक ही होता है जब तक आप सदन में हैं। अभी न लालू जी सदन में हैं और न मैं।* ग़लत वजहों से चर्चा में रहने वाले साधु

फिलहाल मीडिया से दूर हैं और एक शान्त ज़िन्दगी जी रहे हैं–उनके बच्चे अक्सर पटना से दूर ही रहते हैं।

छोटे भाई सुभाष–जो विधान परिषद के सदस्य बनने के बाद राज्यसभा सांसद भी रहे और एलपीजी का व्यापार भी करते हैं—राजनीति से अभी भी जुड़े हुए हैं। 2010 के विधानसभा चुनाव में वह निर्दलीय खड़े हुए थे लेकिन सफल नहीं हुए। बाद में वह किसी पार्टी से चुनाव लड़ने की जुगाड़ लगाते दिखे।

सुभाष ने भी पटना की विधायक कॉलोनी में एक बड़ी जगह पर आलीशान घर बनाया है। इस घर में अलग से सीमेंट से एक झोपड़ीनुमा जगह है जिसमें राजनीतिक चर्चा की जाती है जिसका विचार शायद लालू प्रसाद का घर देखकर ही आया लगता है। सुभाष के घर का दरवाज़ा मन्दिर के द्वार की याद दिलाता है और उनके चर्चित पड़ोसियों में लालू प्रसाद भी हैं, जो पटना के अपने पहले पते वेटरनेरी कॉलेज से आधा किलोमीटर दूर विधायक कॉलोनी के अपने घर में कम ही दिखायी पड़ते हैं।

सुभाष दावा करते आये हैं कि लालू प्रसाद से उनके रिश्ते जनता दल के वक़्त से हैं, जब लालू बिहार के एक उभरते हुए नेता थे और उनके सामने राम सुन्दर दास और अनूप लाल मण्डल जैसे दिग्गज खड़े थे। सुभाष को याद है कि किस तरह वह वीपी सिंह, देवी लाल, हेमवती नन्दन बहुगुणा और शरद यादव जैसे नेताओं के पोस्टर, पटना रेलवे स्टेशन से लेकर कार पार्किंग तक अपने सिर पर उठाकर लाते थे, ताकि कुली का ख़र्चा बच पाये।

कभी एक अच्छे साले का कर्तव्य निभाने वाले सुभाष कहते हैं कि लालू प्रसाद की एक ख़राब आदत थी कि वह अपने घरेलू कर्मचारियों को भी 'साला' कहते थे। यही वजह थी कि ज़्यादा दिन तक कोई कर्मचारी उनके घर नहीं टिकता था। पटना की दौड़भाग से थोड़ी राहत पाने के लिए ख़ुद सुभाष भी कई बार गोपालगंज के अपने गाँव सेलार कला चले जाते थे, लेकिन लालू उन्हें मनाकर वापिस बुला लेते थे।

जहाँ सुभाष, लालू प्रसाद के क़रीब थे तो बड़े भाई साधु यादव अपनी बहन राबड़ी देवी के क़रीब रहे। सबसे बड़े भाई प्रभूनाथ सिंह यादव, लालू से ज़्यादा दोस्ती नहीं बना पाये क्योंकि वह पटना में ज़्यादा रुकते नहीं थे और लालू से छोटी-मोटी मदद ही लिया करते थे। राबड़ी के पिता शिव प्रसाद चौधरी अक्सर शिकायत करते कि *लालू ने साधु और सुभाष को सिर पर बैठाया, उधर सबसे बड़े बेटे प्रभूनाथ को भी 1998 में बिहार विधान परिषद का सदस्य बनाया गया।*

साधु का मिज़ाज ज़्यादा गर्म था और 2004 के लोकसभा चुनाव में वह गोपालगंज से राजद के सांसद बने। इससे पहले साधु, 1985 के विधानसभा चुनाव में गोपालगंज के मीरगंज क्षेत्र से निर्दलीय चुनाव लड़े लेकिन जीत नहीं पाये। वह 1990 में भी खड़े होना चाहते थे लेकिन जीजा लालू प्रसाद के कहने पर उन्होंने अपना निर्दलीय नामाँकन वापिस ले लिया। सुभाष की तरह साधु अपने जीजा के घर नहीं रहते थे और उनका पार्टी के मामलों में ज़्यादा दख़ल था, वहीं सुभाष ज़्यादातर पारिवारिक मसलों को देखते थे।

साधु का आवास 10, सर्कुलर रोड था (लालू-राबड़ी का वर्तमान पता) और सुभाष का 3, देशरत्न मार्ग। सीएम का पता–1, अणे मार्ग था, जो बिहार की राजनीति के दो चर्चित सालों के घरों के बीच पड़ता था। लालू प्रसाद को एक तरह से उन दो भाइयों के बीच सन्तुलन बनाकर रखना पड़ता था, जिनकी एक-दूसरे से कभी नहीं पटी। साधु ने माना उनकी सुभाष से बातचीत नहीं होती और दोनों एक तरह से ख़ुश हैं। किसी तरह की दुश्मनी नहीं है लेकिन दोस्ती भी नहीं है। सुभाष की मानें तो कुछ नेता मीडिया की मदद से दोनों भाइयों को लड़वाते रहे।

2004 में सुभाष चाहते थे कि वह पटना या जहानाबाद से लोकसभा चुनाव लड़ें। उन्होंने सीट का दावा करने के लिए कई विधायकों के हस्ताक्षर भी ले लिए थे। लालू ने उन्हें धीरे-से समझाया कि वह लोकसभा में जीत के लिए पार्टी की मदद करें जिसका ईनाम उन्हें ज़रूर दिया जायेगा। लालू ने सुभाष से राज्यसभा सीट का वादा किया और कहा कि *मुझे बस 15 लोकसभा सीट दिलवा दो, तुम्हारा काम हो जायेगा*। लालू ने अपना वादा निभाया और लोकसभा चुनाव में पार्टी के 24 सीट मिलने और लालू प्रसाद के रेलमन्त्री बनने के बाद सुभाष को राज्यसभा सांसद बना दिया गया।

उधर लगातार दो बार विधान परिषद सदस्य बनने के बाद साधु ने गोपालगंज के संसदीय क्षेत्र से बड़ी जीत हासिल की। लालू प्रसाद ने अपने 26 सांसदों (दो झारखण्ड से) के साथ यूपीए का साथ दिया। साधु उम्मीद कर रहे थे कि केन्द्र में मन्त्री पद मिलेगा, लेकिन लालू ने ऐसा होने नहीं दिया और चम्पारण की क्षेत्रीय जगह को भरने के लिए उन्होंने पूर्वी चम्पारण के सांसद अखिलेश सिंह को चुना, जो बात साधु को बिल्कुल रास नहीं आयी। इधर मीसा भारती भी राजनीति में दख़ल देने लग गयी थीं। सुभाष बताते हैं कि मीसा की छोटी बहनें रोहिणी और हेमा भी घर की चार दीवारी के बीच ही सही राजनीतिक मामलों में अपनी राय देने लगी थीं।

फ़रवरी 2005 के चुनावों के बाद साधु और सुभाष की लालू से दूरियाँ बढ़ने लगी, जब लालू और राबड़ी के बच्चों ने अपने दोनों मामाओं के बढ़ते प्रभाव को कम करने की ठान ली। पार्टी के बड़े नेता जगदानन्द सिंह और जाबिर हुसैन भी लालू प्रसाद को यह समझाने में जुट गये कि ये दोनों भाई कई गुंडों को शह देकर पार्टी का नाम बदनाम कर रहे हैं। मीसा, रोहिणी और हेमा अब अपने माता-पिता को अकेला नहीं छोड़ती थीं ताकि इन *चतुर मामाओं* से दूरी बनी रहे।

एक बार लालू के बच्चों में से किसी एक ने सुभाष यादव की कार को सीएम आवास के बाहर की पार्किंग में खड़ा करवा दिया। हैरान सुभाष ने लालू से शिकायत की और सीएम ने पूरी बात भी सुनी लेकिन कर कुछ नहीं पाये। सुभाष को मामला समझ आने लगा था।

अक्टूबर 2005–विधानसभा चुनाव के दौरान साधु आधिकारिक तौर पर बाग़ी नेता बन गये थे, जब उन्होंने गोपालगंज विधानसभा क्षेत्र से अपनी पत्नी इन्दिरा यादव को टिकट दिये जाने पर ज़ोर दिया। लालू ने कहा–*परिवार को छोड़कर किसी और के लिए बोलो।* साधु नहीं माने। भाई-भतीजावाद के ख़िलाफ़ लालू की इस देर से शुरू हुई मुहिम के लिए साधु ने यह कहकर निशाना साधा कि राजद नेता आरके राणा, कान्ति सिंह, तस्लीमुद्दीन और जयप्रकाश नारायण यादव के परिवार के सदस्यों को टिकट क्यों दिये गये। साले साहब की बात में दम था। इन्दिरा यादव ने निर्दलीय चुनाव लड़ा। गोपालगंज प्रशासन ने चुनाव होने तक सांसद साधु यादव को ज़िले से दूर रखा। इन्दिरा यादव हार गयीं लेकिन राजद उम्मीदवार को भी जीतने नहीं दिया। साधु कहते आये कि लालू प्रसाद ने सिर्फ़ अपने पैतृक गाँव फुलवरिया के विकास के लिए काम किया, जबकि उससे छह किलोमीटर दूर राबड़ी के सेलार कला गाँव के लिए कुछ नहीं कर पाये।

इसके बाद 2005 की छठ पूजा पर भी लालू और साधु की मुलाक़ात हुई। लेकिन रिश्ते पहले से नहीं थे। लालू और राबड़ी, 2008 में साधु की बेटी स्मिता की शादी में भी गये, लेकिन महज़ औपचारिकता थी ताकि राजनीतिक शर्मिन्दगी से बचा जा सके।

2009 में परिसीमन के बाद गोपालगंज सुरक्षित क्षेत्र बन गया। लालू ने एक तरफ़ साधु से कहा कि वह पश्चिम चम्पारन में बेतिया को चुन लें। दूसरी तरफ़ टिकट वितरण से पहले साधु को उन्होंने दो बार अपने दिल्ली आवास बुलाया लेकिन मुलाक़ात नहीं की। लालू ने लोजपा के साथ हाथ मिलाया और फ़िल्मकार प्रकाश

झा को बेतिया का टिकट दे दिया। चुनाव से पहले राजद के साथ कांग्रेस के रिश्ते कड़वे हो गये थे। कांग्रेस ने लालू को तब और चिढ़ा दिया जब सोनिया गाँधी ने साधु को बुलाकर उन्हें बेतिया का टिकट दिया। अब जीजा-साले की लड़ाई किसी से छुपी नहीं थी। कांग्रेस में साधु के आने से पार्टी के अन्दर लोग ख़ुश नहीं थे और बिहार कांग्रेस नेता कहने लगे थे–*सदाकत आश्रम को साधु मिल गया और साधु को आश्रम मिल गया।* यह बात अलग है कि राजद-लोजपा उम्मीदवार चुनाव हारा और साधु भी।

अब राबड़ी देवी ने साधु के लिए अपने दरवाज़े बन्द कर दिये। उन्होंने कहा कि वह पार्टी के लिए *नासूर* बन गये थे, जिससे छुटकारा पाना ही ठीक था। साधु के लालू कैम्प से आने का महत्त्व विपक्ष के लिए बना रहा। साधु का कहना है कि 2014 लोकसभा चुनाव से पहले सीएम नीतीश कुमार ने उन्हें बुलाया था, लेकिन महाराजगंज से उन्हें टिकट नहीं दिया। उनसे जदयू में शामिल होने के लिए कहा गया जिससे उन्होंने इन्कार कर दिया।

सुभाष से अलग साधु के मन में लालू और राबड़ी के बच्चों के लिए कोई कड़वाहट नहीं है। उनका कहना है कि किसी ने उनका अपमान नहीं किया लेकिन अगर लालू प्रसाद सिर्फ़ बच्चों की सुनते रहेंगे तो यह तो लालू की ही ग़लती है। वह यह भी मानते हैं कि लालू के बच्चों के बीच एक ज़बरदस्त जंग चल रही है, लेकिन मीसा को इससे दूर रहना चाहिए क्योंकि अगर वह राजनीतिक उत्तराधिकारी बनना चाहेंगी तो बाक़ी की छह बहनें भी यही माँग करेंगी।

आख़िरी बार सुभाष साल 2006 में लालू से मिले थे। उस साल लालू प्रसाद ने उन्हें फोन करके कहा था कि पुरानी बातें भूलकर पार्टी के लिए मेहनत करें। लेकिन राबड़ी देवी ने अपने भाई को एक बार भी फोन नहीं किया। उसके बाद सुभाष बस एक बार राबड़ी से मिले जब वह अपने पिता शिव प्रसाद चौधरी के निधन पर मई 2014 में अपने गाँव सेलार कला आई थीं। सुभाष याद करते हैं कि *मैंने दीदी के पैर छुए, उन्होंने बुदबुदाते हुए आशीर्वाद दिया लेकिन कोई और बात नहीं हुई।* हालाँकि लालू के लिए सुभाष के मन में कोई कड़वाहट नहीं हैं, वह कहते हैं कि लालू बेहद बड़े दिल वाले और इंसान के दिमाग़ को पढ़ लेने वाले शख़्स हैं।

राबड़ी देवी के सीएम कार्यकाल के दौरान जुलाई 1997 से लेकर मार्च 2005 तक बिहार पर साधु-सुभाष भाइयों ने ही राज किया। लालू प्रसाद तो चारा घोटाले की वजह से जेल से अन्दर बाहर करते रहे, ऐसे में लालू को कोई भरोसेमन्द नाम

चाहिए था जो उनकी ग़ैर-मौजूदगी में पार्टी और सरकार के कार्यभार को सँभाल सके और उन्हें पूरी जानकारी दे सके। उस वक़्त के अफ़सर और पुलिस अधिकारी बताते हैं कि किस तरह हर तरह के तबादले, पोस्टिंग और सड़क तथा शराब के ठेके के लिए दोनों भाइयों की ही चलती थी। सचिवालय में उनके एक फोन से पूरा खेल बदल जाता था।

बिहार पुलिस ने साधु और सुभाष दोनों के ख़िलाफ़ न राजद के वक़्त और न ही नीतीश कुमार के कार्यकाल में कोई केस दर्ज किया। लेकिन एक वरिष्ठ पत्रकार बताते हैं कि लालू प्रसाद ने फिरौती के लिए अपहरण के कई केस साधु यादव के बड़े नेटवर्क के ज़रिये सुलझाए।

फिरौती के लिए अपहरण जैसे आम बात हो गयी थी और उसे एक तरह से शह मिलने लगी थी। एक बार पूर्वी यूपी के व्यापारी को पूर्वी चम्पारन के एक गुट ने उठा लिया। उस वक़्त यूपी में काम कर रहे बिहार के एक पत्रकार ने बिहार डीजीपी और गृह सचिव को फोन किया लेकिन कुछ बात नहीं बनी। तंग आकर लालू प्रसाद से सम्पर्क किया गया जिन्होंने पत्रकार से कहा कि वह साधु यादव से बात करें।

नाम न बताने की शर्त पर यह वरिष्ठ पत्रकार कहते हैं–*साधु यादव ने मामला सुलझाने के लिए छह घण्टे माँगे लेकिन तीन घण्टे में ही फोन करके बताया कि व्यापारी को नदी के पास वाले इलाक़े पर बहुत देर तक पैदल चलाया गया जिसके बाद वह मर गया।*

ऐसे ही एक बार जेपी आन्दोलन के वक़्त से लालू के दोस्त रहे राम बहादुर राय–जो वरिष्ठ पत्रकार हैं, अब इन्दिरा गाँधी राष्ट्रीय कला केन्द्र, नयी दिल्ली के अध्यक्ष और पद्मश्री हैं–पटना आये क्योंकि उनके रिश्तेदार को उठा लिया गया। लालू उनसे बहुत गर्मजोशी से मिले और उन्होंने राबड़ी देवी को बताया कि राय ने ही मीसा के नाम के साथ *भारती* जोड़ा था। लालू ने राय के आने की वजह को समझा और कुछ ही दिनों में रिश्तेदार घर लौट आया।

तत्कालीन नेता प्रतिपक्ष सुशील मोदी बताते हैं–

एक बार किसी रिश्तेदार की सुरक्षित रिहाई के बाद एक मीडिया हाउस ने धन्यवाद के रूप में लालू प्रसाद को एक बड़ी गाड़ी तोहफे में दी। कार, 1, अणे मार्ग के गराज में कई दिन खड़ी रही। फिर एक दिन मीसा उस गाड़ी को लेकर पटना की सड़क पर उतरी और हमने राबड़ी देवी सरकार को फटकारने और घेरने का मौक़ा नहीं छोड़ा। [1]

अपहरण एक उद्योग बन गया था। एक गुट किसी का अपहरण करता और उसे दूसरे गुट को दे देता और वो गुट आगे किसी और को दे देता। अपहृत व्यक्ति को जितने ज़्यादा गुट में भेजा जाता, फिरौती की रकम उतनी ज़्यादा बढ़ती। मीडिया और पुलिस से ताल्लुक रखने वाले लोग लालू प्रसाद से शिकायत करते जो साधु और सुभाष की मदद से अपहरणकर्ताओं को ढूँढ़ते। व्यापारियों को अपराधी फोन करते। सब जानते थे कि पुलिस से शिकायत करने का कोई फ़ायदा नहीं और कई बार तो पुलिस अपराधियों के साथ खड़ी मिलती है।

साधु खुलासा करते हैं–

अपहरणकर्ता लालू और नीतीश कैम्प के ताक़तवर लोग थे जिनका अपने इलाक़े में दबदबा था। अब लालू प्रसाद के साले होने के नाते मीडिया मुझे ही घेर लेती थी। हाँ मैंने कुछ केस सुलझाये क्योंकि बतौर राजनेता मेरा नेटवर्क बड़ा था। एक बार मैंने यूपी के व्यापारी को ढूँढ़ निकाला था जिसे नेपाल ले जाया गया था।[2]

सुभाष भी अपने भाई से बहुत हद तक सहमत दिखते हैं–

हो सकता है कि हम भाइयों का नाम ग़लत ढंग से इस्तेमाल किया गया हो। अपहरणकर्ता तो वही ताक़तवर लोग हैं जिनमें से कुछ अब भी राजद और जदयू में हैं। अगर हम कसूरवार हैं तो नीतीश कुमार हमारे ख़िलाफ़ केस क्यों नहीं करते? लालू राज तो गया न और नीतीश कुमार तो सुशासन की बात करते नहीं थकते।[3]

ये दो भाई, ग़ैर-संवैधानिक तौर पर सत्ता के केन्द्र थे, जिनसे जुड़े और भी कई क़िस्से हैं। लेकिन दोनों भाइयों को एक बात साफ़ तौर पर कह दी गयी थी–सीएम के कार्यालय या सचिवालय के आसपास न फटकें। इसके बावजूद दोनों का रुतबा बरकरार था। सुभाष यादव ने तो एक बार पर्यावरण मन्त्री जगदानन्द सिंह के निजी सचिव को फोन करके लालू की बेटी मीसा की शादी में ख़ाना पकाने के लिए सूखी लकड़ियों का इन्तज़ाम करने के लिए कहा। सिंह–जिनका लालू बहुत सम्मान करते थे और वह लालू की पार्टी के कुछ सुलझे हुए नेताओं में से एक थे–ने इस माँग को सिरे से नकार दिया और सुभाष भी ज़्यादा कुछ नहीं कर पाये।

वहीं लालू की दूसरी बेटी रोहिणी आचार्य की इंजीनियर समरेश सिंह से शादी तो पटना के कई पत्रकारों के ज़ेहन में आज भी छपी हुई है। पटना हवाई अड्डे से मेहमानों को लाने के लिए शोरूम से नयी की नयी कारें उठा ली गयीं। फोटो पत्रकार प्रशान्त रवि ने इन नयी गाड़ियों की तस्वीरें ली थीं और वह बताते हैं–

सुनने को तो मिल रहा था कि शोरूम से कार उठाई गयी हैं लेकिन पता नहीं चल रहा था कि उन्हें रखा कहाँ गया। अगली सुबह पटना हवाई अड्डे पर कार की लाइन लगी थी जिस पर लिखा था रोहिणी संग समरेश, तब हमें तस्वीरें निकालने का मौक़ा मिला।[4]

आउटलुक ने 10 जून, 2002 के अपने अंक में लिखा–

जब बिहार सीएम राबड़ी देवी और लालू प्रसाद यादव की बेटियों की शादी हुई तो मानो पूरे देश ने चाहे, अनचाहे ढंग से इसमें योगदान दिया। लालू की दूसरी बेटी की शादी के सामान की लिस्ट देखिए–अलग-अलग डीलर शोरूम से उठाई गयीं 45 नयी कारें, क़रीब दर्जन भर दुकानों से लाये गये 100 सोफा सेट और अन्य फ़र्नीचर, ख़ास शोरूम से क़रीब 7 लाख रुपये के डिजाइनर कपड़े, क़रीब 50 किलो ड्राय फ्रूट और बाक़ी के ख़ाने पीने का सामान, और कई हज़ार रुपये की मिठाई।[5]

शादी से पहले तिलक समारोह में अरवल ज़िले में दुल्हे के गाँव इच्छन बिगहा में रुतबे और पैसे का बढ़-चढ़कर दिखावा किया गया, उस दिन गाँव में कारों की लाइन लगी थी। रातोंरात गाँव में बिजली पहुँचा दी गयी। लेकिन चोरों ने काम बिगाड़ दिया। अगली सुबह चोरों ने बिजली के तार काट दिये और साथ में रुतबे के तार भी कट गये। अरवल का प्रशासन शादी की तैयारी में ही जुटा था। पटना-अरवल सड़क से गाँव तक चार किलोमीटर के रास्ते में गाड़ियों की लाइन लगी थी।

पटना के एग्ज़िबिशन रोड पर दो कार शोरूम–मिथिला मोटर्स और लॉली सेन ने साल 2005 में अपना शोरूम बन्द कर दिया। इसके पीछे की एक वजह लालू की दूसरी बेटी रोहिणी की शादी में मेहमानों को लाने के लिए ज़बरन शोरूम से नयी महिंद्रा बोलेरो, मारुति एस्टीम और टाटा सुमो का निकाल लेना बताया जाता है। कुछ दिनों बाद टाटा का पटना शोरूम भी बन्द कर दिया गया। हालाँकि टाटा ने बाद में दावा किया कि शादी के बाद तमाम गाड़ियाँ वापिस शोरूम में भेज दी गयी थीं लेकिन फिर भी कम्पनी ने पटना शोरूम में ताला तो जड़ ही दिया।

सुभाष यादव कहते हैं–

लालूजी ने हमसे कहा कि राव साहब (दुल्हे समरेश के पिता) के मेहमानों को लाने के लिए कार का बन्दोबस्त करो। मैंने कहा विधायकों की कार ले लेते हैं तो लालूजी ने कहा कि नहीं, नयी कार लाओ।[6]

ख़ैर, यह उन दिनों की बात थी जब सुभाष और साधु यादव अपने जीजा का हर राज़ दिल में दबाये चलते थे। लेकिन आपसी कलह के बाद अब लालू प्रसाद के पास राम-श्याम की जोड़ी के रूप में नए हमराज़ आ गये थे। राम कृपाल यादव (अब बीजेपी सांसद) और श्याम रजक (पूर्व मन्त्री और राजद सदस्य)। मुकुन्द की जगह लालू के निजी सचिव की जगह भोला यादव ने ले ली। मुकुल को चारा घोटाले के दौरान पद छोड़ने के लिए कह दिया गया, वहीं भोला यादव को 2014 में नीतीश कुमार की मदद से विधान परिषद का सदस्य बनाया गया और उन्होंने साधु-सुभाष की जगह को भर दिया, बस उनमें इन दोनों भाइयों वाली अकड़ नहीं थी। उधर राम कृपाल यादव (अब बीजेपी सांसद) का राजनीतिक दर्जा तब और बढ़ गया जब लालू के बतौर सीएम पहले कार्यकाल में राजद की ग़रीब रैली की तैयारी के दौरान राम का एक पैर फ्रैक्चर हो गया। राम कृपाल के योगदान को लालू ने चुकाया और उन्हें बिहार राज्य धार्मिक न्यास परिषद का अध्यक्ष बना दिया। 2014 लोकसभा चुनाव तक वह लालू के सबसे क़रीबी बने रहे, लेकिन जब उन्हें पटना से टिकट नहीं दिया गया तब वह बीजेपी में चले गये और अपने पुराने मालिक की बेटी मीसा भारती को पाटलीपुत्र की सीट से हराकर बदला लिया। वैसे भी यह सीट पिछले दो बार से लालू परिवार के लिए शुभ साबित नहीं हो रही थी। 2009 में लालू प्रसाद अपने नाराज़ दोस्त डॉ. रंजन प्रसाद यादव से हारे और 2014 में उनकी बेटी अपने *मिलनसार अंकल* रामकृपाल से हार गयीं। 'राम' और 'श्याम' चले गये लेकिन 'भोला' लालू के साथ था–शायद लालू को अपने साथियों के रूप में 'ईश्वर' का साथ मिलता रहा है।

यह तो हुई उनकी बात जो क़ानूनी रूप से लालू के रिश्तेदार थे, लेकिन ग़ैर-क़ानूनी तत्त्वों से भी उनकी साँठ-गाँठ थी जो उनके राजनीतिक गुणा-भाग में फिट बैठती थी। हर क्षेत्र का एक बाहुबली था। सिवान और गोपालगंज के लिए मोहम्मद शहाबुद्दीन का नाम ही काफ़ी था। आरा और बक्सर में सुनील पाण्डे की रौबदारी थी, हाजीपुर और वैशाली में रामकिशोर सिंह का दबदबा था, बेगुसराय में सूरज भान सिंह, खगड़िया में रणबीर सिंह, गया और जहानाबाद में सुरेन्द्र यादव की चलती थी।

मोहम्मद शहाबुद्दीन का ख़्याल इसलिए आता है क्योंकि दस साल तक सिवान के लोगों के दिमाग़ पर सिर्फ़ उनका भूत सवार था। 2006 से जेल में थे और आधा दर्जन केस में दोषी करार दिये गये थे।

एक वक़्त नक्सलियों का विरोध करने के दौरान वह ऊँची जाति के बीच भी लोकप्रिय हुए। लेकिन अपराध जगत में जब उनका रुतबा बढ़ा तो उन्होंने सवर्ण और

व्यापारी वर्ग को निशाना बनाना शुरू कर दिया। मुस्लिमों के बीच वह लोकप्रिय हुए क्योंकि उन्होंने कई युवाओं को खाड़ी देश भेजा। सिवान के पास आज भी विदेश से सबसे ज़्यादा धन आता है। ऐसा करते-करते शहाबुद्दीन ने अपने लिए एक राजनीतिक चुनावी क्षेत्र तैयार कर लिया।

शहाबुद्दीन चाहते थे कि सिवान की लोकसभा सीट से उनकी पत्नी हिना साहिब जीतें लेकिन वह बेहद कम फ़ासले से ओम प्रकाश यादव से हार गयीं जिन्होंने 2009 में निर्दलीय और 2014 चुनाव में बीजेपी उम्मीदवार के तौर पर जीत हासिल की। यादव ने एक लोकसभा चुनावी अभियान के दौरान मुझे बताया कि लालू-राबड़ी सरकार के दौरान सिवान में राजनीतिक कार्यकर्ताओं समेत कम-से-कम चालीस यादवों को मार डाला गया। वह ऐसी कई घटनाएँ याद करते हैं जब उन्होंने शहाबुद्दीन को चुनौती दी थी।

ओम प्रकाश यादव कहते हैं—*मैं लोगों से कहता हूँ कि सिवान में मुस्लिम-यादव वाला फैक्टर काम नहीं करता। क़ानून-व्यवस्था और विकास तो सिर्फ़ चुनावी मुद्दे भर हैं।*

2006 में पटना के *द टेलिग्राफ* के लिए काम करने के दौरान मुझे फोन पर मोहम्मद शहाबुद्दीन से बात करने का मौक़ा मिला। शहाबुद्दीन ने अपनी बातचीत नमस्ते से शुरू की और अगले 20 मिनट की बातचीत में वह रामायण, महाभारत, कुरान और गीता की बात करते रहे। मुझे सवाल पूछने का मौक़ा ही नहीं मिल पा रहा था। एक संयमित श्रोता की तरह मैं उस व्यक्ति की एकतरफ़ा बातचीत को सुन रहा था जिसे *सिवान का सुल्तान* और *सिवान का देवता* जैसी उपाधि दी गयी हैं। मैंने सिवान के अपने मीडिया के दोस्तों से सुन रखा था कि वहाँ लोग काली स्कोर्पियो चलाने से डरते हैं क्योंकि वो तो सिर्फ़ *साहब की गाड़ी* है। ख़ैर, हमारी बातचीत ख़त्म हुई और उन्होंने कहा—*क्योंकि बातचीत नमस्ते से शुरू हुई थी तो ख़त्म भी नमस्ते से ही होगी।*

लेकिन सिवान पहुँचकर आपको शहाबुद्दीन का एक दूसरा ही रूप देखने को मिलता है जब आप उनके ख़िलाफ़ हत्या और फिरौती के लिए अपहरण के मामलों से जुड़ी 18 एफआईआर पढ़ते हैं।

शहाबुद्दीन के डर को समझने के लिए सिवान के चन्द्रकेश्वर प्रसाद उर्फ़ चन्दा बाबू की आपबीती को सुनिए। इंडियन एक्सप्रेस के लिए एक रिपोर्ट—

('I stood up to Shahabuddin raj, so he set out to destroy me'–

जून 29, 2014 के दौरान मैंने इस परेशान पिता की दर्दनाक कहानी को क़रीब से जाना। क़स्बे के हॉस्पिटल रोड पर इनकी एक होलसेल की दुकान थी और इन्होंने अपने तीन बेटों–गिरीश, सतीश और नीतीश को बड़े शौक़ से राज और अपनी बेटी–मंजरी और पिंकी को रानी उपनाम दिया। हालाँकि अपने सबसे बड़े बेटे को उन्होंने रोशन उपनाम दिया। किसी भी अभिभावक की तरह चन्दा बाबू और उनकी पत्नी कलावती देवी ने यह सोचकर अपने बच्चों को ऐसे राजसी उपनाम दिये कि वह किसी राजा या रानी की तरह एक ठाठ की ज़िन्दगी जी पायेंगे। (अब न चन्दा बाबू रहे न ही शहाबुद्दीन)।[8]

इस साठ साल के व्यापारी के लिए सब कुछ तब ख़त्म हो गया जब उन्होंने अपने तीन बेटे–राजीव रोशन, गिरीश राज और सतीश राज को दस साल के भीतर खो दिया क्योंकि उन्होंने मोहम्मद शहाबुद्दीन के सामने खड़े होने की जुर्रत दिखा दी थी। जून 16, 2014 तो एक कयामत की रात रही, जब चन्दा बाबू ने अपने सबसे बड़े बेटे राजीव रोशन (35) को भी खो दिया। मोबाइल फोन स्पेयर पार्ट की दुकान चलाने वाले राजीव को सिवान के टाउन पुलिस थाने के तहत ही पॉइंट ब्लैंक पर गोली मार दी गयी।

चूँकि राजीव को साइलेंसर वाली पिस्तौल से एक ही शॉट में मार दिया गया इसलिए उनके पिता का मानना है कि उनके बेटे को तब मारा गया जब वह बाइक से गिर गया और उसके सिर और कान के पास से ख़ून निकल रहा था। बुलेट रोशन की दायीं कनपटी पर लगी और उसके मुँह से बाहर निकली। रोशन अपने दोनों भाइयों–गिरीश राज (23) और सतीश राज (20) की दर्दनाक मौत का चश्मदीद गवाह था। रोशन ने 19 जून, 2014 को इस केस के मुख्य आरोपी मोहम्मद शहाबुद्दीन के ख़िलाफ़ अहम गवाह के रूप में बयान दिया था। रोशन का बयान मायने रखता था क्योंकि उन्हें भी अपने दोनों भाइयों के साथ किडनैप किया गया था। लेकिन वह बच निकलने में कामयाब रहे।

चन्दा बाबू ने टाउन पुलिस थाने में दर्ज एफआईआर (220/14) में शहाबुद्दीन के बेटे ओसामा का नाम हमलावर के रूप में लिखवाया। चन्दा बाबू पर सिवान छोड़ने का दबाव था। लेकिन वह डटे रहे। उन्होंने अपने तीन बेटे खोये और अब उनके पास खोने के लिए कुछ नहीं है। वह डर से पार पा चुके हैं।

चन्दा बाबू के बुरे दिन की शुरुआत तब हुई जब उन्होंने 1996 में रामनाथ ग़ौर से अपना वर्तमान घर ख़रीदा जिसमें सात दुकानें भी थी। किराये पर जो छह

दुकानदार थे, उन्होंने तो दुकान ख़ाली कर दी लेकिन एक दुकान के पूर्व किराएदार राजेन्द्र तिवारी ने दुकान किसी मदन शर्मा को किराये पर दे रखी थी जिसने चन्दा बाबू के बार बार कहने पर भी जगह ख़ाली नहीं की। चन्दा बाबू को मजबूरन दुकान पर ताला लगाना पड़ा। तब शहाबुद्दीन के आदमियों ने उन्हें तंग करना शुरू किया, पहले तो उनसे दो लाख रुपये माँगे, फिर उन्हें धमकियां दी जाने लगीं। एक वक़्त था जब दुकानदार अपनी दुकान में *शहाबुद्दीन के सम्मान या कहें डर में उनकी तस्वीर* लगाकर रखते थे।

इस बीच उनके स्नातक बेटे गिरीश राज और कॉलेज के पहले साल में पढ़ाई कर रहे सतीश राज के साथ, एमएससी कर चुके सबसे बड़े बेटे रोशन ने पिता के काम में रुचि लेनी शुरू कर दी। 2004 तक हालात और बिगड़ गये। उनके दो बेटों को कथित रूप से एसिड में डुबोकर मार डाला गया। उनका शव आज तक नहीं मिल पाया। चन्दा बाबू की दुकान लूटने के बाद उसमें आग लगा दी गयी।

एक वक़्त था जब लोग शहाबुद्दीन के पोस्टर की दिशा में दूर खड़े होकर पेशाब करने से भी कतराते थे।

वरिष्ठ पत्रकार सुरेन्द्र किशोर याद करते हैं–

हिन्दुस्तान, पटना के राजनीतिक सम्पादक की हैसियत में मैंने शहाबुद्दीन पर कई रिपोर्ट छापीं। खुफ़िया विभाग के कहने पर मुझे 2003 में सुरक्षा दी गयी। मैं दो कार्बाइन लैस पुलिसकर्मियों के साथ दफ़्तर आता जाता जिससे मैं काफ़ी असहज महसूस करता। मामला सीएम राबड़ी देवी तक पहुँच गया। एक दिन शहाबुद्दीन ने मुझे फोन किया और कहा कि वह मुझे कोई नुकसान नहीं पहुँचाना चाहते क्योंकि सिवान के अलावा उन्हें कोई और मसले में दिलचस्पी नहीं।[9]

बिहार विधानसभा में दो कार्यकाल (1990 और 1995) पूरा करने के बाद शहाबुद्दीन, सिवान से चार बार सांसद बने (1996,1998,1999, 2004)। मई 2004 में उन्हें फ़रवरी 1999 के एक मामले के लिए आजीवन कारावास की सज़ा हुई। यह मामला था सीपीआई-एमएल कार्यकर्ता छोटे लाल गुप्ता का हत्या की मंशा से किया गया अपहरण। कुल मिलाकर शहाबुद्दीन को चार मामलों में दोषी करार दिया गया।

90 के दशक में जनता दल की युवा शाखा में शामिल होने और दो बार विधानसभा चुनाव जीतने के बाद शहाबुद्दीन ने लालू का ध्यान अपनी ओर खींचा। जनता दल की ओर से 1996 में शहाबुद्दीन को लोकसभा टिकट दी गयी। लालू

के मुस्लिम-यादव वाले फॉर्मूला में फिट बैठने वाले बाहुबली शहाबुद्दीन को सीएम का नज़दीकी माना जाने लगा।

आधिकारिक तौर पर शहाबुद्दीन का पतन तब शुरू हुआ, जब अप्रैल 2005 में उनके प्रतापपुर घर में पुलिस ने छापा मारा। इस काम में सिवान एसपी रत्ना संजय को अपनी मनमर्ज़ी से चलने वाले डीएम सीके अनिल का साथ मिला और शहाबुद्दीन के घर से पाकिस्तान की बनी एके 47 राइफल्स, लेज़र लैस गन और रात में पहने जाने वाले चश्मे बरामद हुए। हथियारों पर पाकिस्तान के चिह्न थे। सिवान पुलिस ने सांसद के ख़िलाफ़ आठ ग़ैर जमानती वॉरंट जारी किये और बिहार पुलिस के साथ बहुत दिनों तक लुका छुपी का खेल खेलने के बाद नवम्बर 2005 में शहाबुद्दीन को उनके नयी दिल्ली आवास से गिरफ़्तार कर लिया गया। तब नीतीश कुमार की सरकार क़ानून-व्यवस्था बेहतर करने के अहम वादे के आधार पर चुन ली गयी थी।

मार्च 2001 की एक घटना को याद करते हुए सिवान के पत्रकार कहते हैं–

16 मार्च, 2001 को पुलिस ने स्थानीय राजद कार्यकर्ता मनोज कुमार को गिरफ़्तार किया। यह एक तरह से शहाबुद्दीन का अपमान था, जिन्होंने इस गिरफ़्तारी का विरोध किया और सरेआम पुलिस अधिकारी संजीव कुमार को थप्पड़ जड़ दिया। पुलिस ने इसका बदला लेने की ठानी और यूपी और सम्बन्धित ज़िला पुलिस की मदद से शहाबुद्दीन के ठिकाने पर छापे मारे। इस कार्रवाई में दो पुलिसकर्मी सहित आठ लोग मारे गये लेकिन शहाबुद्दीन हाथ नहीं लग पाया।

इधर शहाबुद्दीन अपनी पत्नी हिना शहाब के ज़रिये संसद में अप्रत्यक्ष तौर पर प्रवेश करना चाहते थे, लेकिन ओम प्रकाश यादव ने ऐसा होने नहीं दिया। इन्होंने 2009 और 2014 के लोकसभा चुनाव में निर्दलीय और फिर बीजेपी उम्मीदवार बनकर हिना को मात दी। यादव और शहाबुद्दीन की पुरानी दुश्मनी बताई जाती है।

दोनों चुनावी अभियान के दौरान हिना शहाब ने कुछ हद तक अपना पर्दा हटाया और घर-घर जाकर वोट माँगे। वह तब शर्मिन्दा हो गयीं जब 2014 चुनावी अभियान के दौरान सिवान में उन्हें *लड्डुओं से तौला* गया। उन्होंने मीडिया से विनती की कि तस्वीरें न खींचें। एक जगह पर उन्होंने कहा कि–*ये मत सोचिए कि मैं किसी बड़े परिवार से हूँ। मैं आपमें से ही एक हूँ, आप ही की बेटी हूँ*। हिना राजनीतिक तौर पर ईमानदार लगती थीं और कम शब्दों में अपनी बात कहना पसन्द करती थीं।

2014 सितम्बर में छपरा के विधानसभा उप-चुनाव अभियान के दौरान लालू

और नीतीश ने मंच साझा किया। बदलते राजनीतिक समीकरण के बीच वहाँ हिना भी मौज़ूद थी और उन्हें मंच पर नीतीश से बात करते हुए देखा गया। लेकिन कुमार का व्यवहार ज़रा रूखा था। साफ़ दिख रहा था कि नीतीश कुमार सहज नहीं हैं।

लालू-राबड़ी सरकार में एक और शख़्स चर्चा में रहते थे–मधेपुरा सांसद राजेश रंजन उर्फ़ पप्पू यादव जो राजद से आते-जाते रहे और पार्टी से उनकी एक अलग तरह की जंग चल रही थी। अब उन्होंने जन अधिकार पार्टी का गठन किया है ताकि सीमाँचल और कोसी के पूर्णिया, अररिया, सुपौल, सहरसा और मधेपुरा ज़िले के वोटों को प्रभावित कर सके, जिसमें वह अभी तक ख़ास सफलता हासिल नहीं कर पाये।

मुज़फ़्फ़रपुर के लिए हमारे एक सफ़र के दौरान पप्पू ने एक बेहद सहजता से दिये साक्षात्कार में मुझसे कहा कि जब मीडिया उन्हें बाहुबली कहती है, तो उनका ज़हर ख़ाने का मन करता है। वह यह बताने से नहीं चूकते कि किस तरह वह बिना किसी सुरक्षा तैनाती के मुज़फ़्फ़रपुर जा रहे हैं। वह अपनी कार में आगे की सीट पर बैठना पसन्द करते हैं जो अक्सर राजनेताओं की पसन्दीदा जगह होती है। उनके और ड्राइवर के बीच एक बड़ा तकिया हैंडरेस्ट का काम करता है। पटना जाते हुए वह दो किशोर लड़कों को सिगरेट पीते देखते हैं और उन्हें इस ख़राब आदत से दूर रहने की सलाह देते हैं। मध्य प्रदेश से ताल्लुक रखने वाले ये किशोर शायद पप्पू को पहचान नहीं पाते लेकिन पप्पू अपनी 'त्वरित सामाजिक सेवा' का बख़ान करते नहीं थकते।[10]

पप्पू अपने आपको एक मनमौजी लेकिन मेहनती आदमी बताते हैं जिसने लालू प्रसाद और नीतीश कुमार जैसे बड़े नेताओं के बीच अपनी पहचान बनायी। लेकिन वह सीपीएम नेता अजीत सरकार की हत्या के मामले पर ज़्यादा नहीं बोलते जिसमें वह दोषी पाये गये थे, उन्हें जेल हुई थी और बाद में अपील कोर्ट से वह बरी हो गये थे। दोषी पाये जाने की वजह से वह 2009 का लोकसभा चुनाव नहीं लड़ पाये। उधर सरकार के बेटे अमित सरकार ने ऑस्ट्रेलिया में अपनी अच्छी-ख़ासी नौकरी को छोड़कर पूर्णिया में अपने पिता की विरासत को बनाये रखने के लिए 2010 का विधानसभा चुनाव लड़ा।[11]

अमित सरकार ने फोन पर बातचीत के दौरान बताया कि किस तरह उनके पिता एक लोकप्रिय नेता थे और उन्हें किसानों का मुद्दा उठाने का खमियाज़ा उठाना पड़ा। अपने पिता की खोयी हुई ज़मीन को दोबारा हासिल करने की कसम खाते

हुए अमित कहते हैं–मेरे पिता अपना गमछा सड़क पर बिछाकर लोगों से एक रुपये माँग लिया करते थे। अमित सरकार और उनकी माँ माधवी सरकार, पप्पू यादव की रिहाई से नाराज़ हैं।[12]

अजीत सरकार, आम लोगों के बीच काफ़ी लोकप्रिय थे क्योंकि उन्होंने मज़दूर वर्ग - पूर्णिया के अनुसूचित जाति, जनजाति–के मुद्दों को उठाया और ज़मीन मालिकों के ख़िलाफ़ उनकी लड़ाई को बल दिया। यह संघर्ष ज़मीन को लेकर था और 90 के दशक में वो किसान जिनके पास ज़मीन थी–मुस्लिम, राजपूत और भूमिहारों को पप्पू यादव में अपना नेता नज़र आ रहा था। आगे चलकर यह राजनीतिक लड़ाई बन गयी।

पप्पू यादव के परदादा विनायक मण्डल, आज़ादी से पहले ही बाँका ज़िला के भरको से मधेपुरा के कुमारखण्ड ब्लॉक के खुरदा आ गये थे। उनके दादा लक्ष्मी मण्डल गाँव के मुखिया और ज़मीन मालिक थे, जिनके पास कई घोड़े और हाथी थे। पप्पू ने पूर्णिया के ज़िला स्कूल में पढ़ाई की और वह शुरू से ही लम्पट क़िस्म के रहे। वह स्कूल के लड़कों से भिड़ लेते थे और उसी दौरान वह पहली बार जेल हो आये। वहाँ उनकी मुलाक़ात स्थानीय नेता अर्जुन यादव से हुई और वह उनके प्रभाव में आ गये। पप्पू जब वापिस स्कूल आये तो उन्होंने मारवाड़ी और अंग्रेज़ी भाषा के ख़िलाफ़ अभियान छेड़ दिया। स्कूल ने पप्पू को निष्कासित कर दिया और बाद में कटिहार कॉलेज हत्या केस में पप्पू का नाम आया और बक्सर जेल से इस नेता ने प्लस टू की परीक्षा दी।

पप्पू कहते हैं–

एक के बाद एक घटनाएँ होती रहीं और मुझे चन्द्रशेखर सिंह के कार्यकाल में किसी-न-किसी केस में फँसाया जाने लगा। हाँ मेरी राजनीतिक महत्त्वाकांक्षाएँ थी और कर्पूरी ठाकुर के निधन के बाद मैंने नेता प्रतिपक्ष बनने में लालू प्रसाद की मदद की जबकि उनके ख़िलाफ़ अनूप लाल मण्डल खड़े थे जो कि मेरे फूफा थे। लेकिन लालू ने मुझे 1990 में टिकट नहीं दिया और मैं सिंघेश्वर विधानसभा सीट से निर्दलीय लड़ा और जीता भी। लालू भी कम चतुर नहीं थे और चुनाव के बाद मुझे मना लिया, मैंने भी उनकी सरकार को समर्थन दिया। लेकिन 1990 में जब मैं नौगछिया नरसंहार की वारदात के बाद मौक़े पर पहुँचा तो लालू को बुरा लग गया और मुझसे कहा कि मैं यादवों का नेता बनने के बारे में सोचूँ भी नहीं।[13]

लालू के साथ मनमुटाव होने के बाद 1991 लोकसभा चुनाव में पप्पू ने निर्दलीय

ही पूर्णिया से लड़ने के बाद जीत दर्ज की लेकिन यह चुनाव बाद में रद्द कर दिया गया। हालाँकि शरद यादव के साथ पप्पू के अच्छे सम्बन्ध रहे। मधेपुरा, जहाँ से शरद यादव लड़ने वाले थे, वह चुनाव भी रद्द हो गये क्योंकि एक उम्मीदवार का निधन हो गया।

कोसी क्षेत्र के रोबिनहुड कहे जाने वाले उभरते हुए राजपूत नेता आनन्द मोहन, मधेपुरा से शरद यादव के सामने खड़े थे। मोहन ने शरद यादव के चुनावी अभियान को सँभालने वाले पप्पू की चुटकी ली थी। मोहन चुनाव तो शरद यादव से हारे लेकिन कड़वाहट पप्पू के ख़िलाफ़ पाले बैठे रहे। यह वक़्त था जब मण्डल दिनों के बाद राजपूत और पिछड़ा वर्ग की लड़ाई चरम पर थी। यह वक़्त था, जब ओबीसी वर्ग अपनी फसल बेचकर मोहन के ख़िलाफ़ लड़ने के लिए बन्दूक ख़रीद रहे थे। हालाँकि मोहन के मुख्य विरोधी तो अर्जुन यादव थे ,लेकिन पप्पू ने भी मोहन का विरोध करना शुरू कर दिया था। कोसी क्षेत्र, आनन्द मोहन और पप्पू यादव की चर्चित जंग का गवाह बना जो शुरू तो मण्डल आयोग के विरोध के बीच अगड़ी-पिछड़ी जाति की लड़ाई के तौर पर हुई थी लेकिन आगे चलकर इसने राजपूत बनाम यादव का रंग ले लिया।

यह बात है 1991 की जब आनन्द मोहन के दो समर्थक अजय सिंह और कुलानन्द झा को 1991 चुनाव से पहले चाँदपुर-भंगाहा पर एक हमले में मार डाला गया। 91 का चुनाव शरद यादव के लिए सम्मान का विषय बन गया था। यह पहली बार ही था जब यादव बहुल मधेपुरा जिसका नारा था *रोम पोप का, मधेपुरा गोप का* (यादव) से एक ग़ैर यादव आनन्द मोहन चुनाव लड़ रहा था। आनन्द मोहन ने बिहार पीपल्स पार्टी (बीपीपी) का गठन किया था। शरद यादव तो चुनाव जीत गये, लेकिन आनन्द मोहन और पप्पू के बीच तनाव 1994 तक जारी रहा, जिसमें दर्जनों लोगों की जान गयी। सहरसा का पटरघट ब्लॉक जंग का मैदान बन चुका था। यादव कभी राजपूतों की फसल की कटाई करके या फसल को घूरकर ही राजपूत को चुनौती देते रहते थे। आनन्द मोहन, ऊँची जाति, ख़ासकर राजपूतों के नेता के रूप में उभर रहे थे। मोहन राजपूत इलाक़े में समर्थन के लिए निकल पड़े। एक तरह से वह लालू विरोधी लोगों की चर्चा का केन्द्र बन रहे थे। लालू यादव का सवर्ण जाति को लताड़ना जारी था। बीपीपी ने 1995 में वैशाली के उप-चुनाव में पहली बार जीत का स्वाद चखा जब मोहन की पत्नी लवली आनन्द ने चुनाव जीता। 1996 चुनाव में आनन्द मोहन, शिवहर से सांसद चुने गये।

1992 में कॉलेज के दिनों में तारापुर (मुंगेर) मैदान में मैंने मोहन का जोशीला भाषण सुना था जिसमें उन्होंने कहा था– *जब कभी मेरी ज़रूरत हो, याद कर लीजिए। आनन्द मोहन का सातवां बेड़ा आपकी मदद के लिए पहुँच जायेगा।* महत्त्वाकांक्षी मोहन ने बाद में पटना साइंस कॉलेज के मैदान में आयोजित एक विशाल जनसभा में लालू को चुनौती देते हुए कहा– *चन्द्रगुप्त तैयार है, बस चाणक्य की तलाश है।*

पूर्णिया के बनमनखी के मनगाहा गाँव में पप्पू और आनन्द मोहन के आदमियों के बीच टक्कर हुई और पप्पू का नाम सामने आया। सीएम लालू प्रसाद की पुलिस को चमका देकर और भेस बदलकर पप्पू बचता रहा। पप्पू के ख़िलाफ़ एनएसए के तहत केस दर्ज किया गया। 1993 में पप्पू ने बिहार विकास पार्टी का गठन किया और बाद में उन्होंने अपनी पार्टी का समाजवादी पार्टी में विलय कर लिया और 1995 विधानसभा चुनाव में दो सीटें भी जीतीं। इसके बादे एक बार फिर वह लालू कैम्प में शामिल हुए, लेकिन 1996 लोकसभा चुनाव से पहले वह एक बार फिर अलग होकर जन क्रान्ति मोर्चा का निर्माण करते हैं। लालू के साथ पप्पू का प्यार और नफरत का रिश्ता जारी है।

पप्पू याद करते हुए साल 2000 का एक क़िस्सा बताते हैं जब वह एनडीए के साथ थे।

मुझे कांग्रेस में दल-बदल की सम्भावनाएँ देखने का काम सौंपा गया था। बहुमत न होने के बावजूद राज्यपाल के बुलावे पर एनडीए ने नीतीश कुमार की अगुवाई में सरकार का गठन किया। मैं पटना होटल गया जहाँ कांग्रेस के अजीत जोगी ने पार्टी के 23 विधायकों को एकजुट कर रखा था। लालू प्रसाद को वहाँ देखकर मैं हैरान था। बाद में मुझे पता चला कि लालू प्रसाद ने कांग्रेस से कहा कि या तो वह सरकार में शामिल हो जाये या कांग्रेस में दरार के लिए तैयार हो जायें। [14]

पप्पू ने बताया कि वह 2014 के चुनाव में मधेपुरा से अपने गुरु शरद यादव के ख़िलाफ़ नहीं लड़ना चाहते थे और उन्होंने पूर्णिया से टिकट की माँग की। राजद प्रमुख ने पप्पू की जगह सहयोगी पार्टी कांग्रेस को सीट देने का मन बनाया। पप्पू बताते हैं कि लालू प्रसाद अपने बेटों को बढ़ावा देने में जुटे थे और झारखण्ड विधानसभा चुनाव में वह उन्हें (बेटों को) *स्टार कैम्पेनेर* की तरह बढ़ावा दे रहे थे। शायद तमाम विवादित नेताओं के बीच पप्पू ही अकेले थे जिन्हें पार्टी की उतनी ही ज़रूरत थी, जितनी पार्टी को उनकी थी। वह निर्दलीय ही तीन लोकसभा

और एक विधानसभा चुनाव जीते। पप्पू अब बहुत बदल गये हैं। लेकिन उन्हें राजनैतिक ज़मीन बनाये रखने के लिए बहुत संघर्ष करना पड़ रहा है। पप्पू बिहार की राजनीति में अपने अतीत के कै़दी हैं।

सन्दर्भ

1. सुशील कुमार मोदी का साक्षात्कार, मई 20, 2015
2. पूर्व सांसद और लालू प्रसाद के साले अनिरुद्ध प्रसाद उर्फ़ साधु यादव का साक्षात्कार, अप्रैल 19, 2015
3. पूर्व सांसद और लालू प्रसाद के साले सुभाष यादव का साक्षात्कार, अप्रैल 15, 2015
4. फोटो पत्रकार प्रशान्त रवि, अप्रैल 2015, 5
5. आउटलुक (10 जून, 2022 गुडबाय, टाटा, सफ़ारी, अमरनाथ तिवारी) http://mcomments. outlookindia.com/story.aspx?sid=4&aid=216020
6. सुभाष यादव का साक्षात्कार, अप्रैल 2015 ,15
7. बीजेपी से सिवान के सांसद ओम प्रकाश यादव का साक्षात्कार
8. द इंडियन एक्सप्रेस (I stood up to Shahabuddin raj, so he setouttodestroyme) जून 29, 2014http://indianexpress.com/article/india/india- others/i-stood-up-to-shahabuddin-raj-so-he-set-out-to-destroy-me/
9. वरिष्ठ पत्रकार सुरेन्द्र किशोर, अप्रैल 2, 2015
10. मधेपुरा सांसद राजेश रंजन उर्फ़ पप्पू यादव का साक्षात्कार, जून 8, 2015
11. पूर्वलिखित।
12. पूर्वलिखित

7
राबड़ी राज

जनवरी 1996 की एक सर्द रात। सीएम लालू प्रसाद के प्रधान सचिव मुकुन्द प्रसाद सो रहे थे। रात साढ़े दस बजे फोन बजता है। सीएम का फोन था। उन्होंने अपने भरोसेमन्द सचिव को तुरन्त सीएम आवास–1, अणे मार्ग आने के लिए कहा।

लालू प्रसाद परेशान लग रहे थे। उन्होंने प्रसाद से पूछा कि क्या वह पशुपालन विभाग में पैसे की हेराफेरी के बारे में कुछ जानते हैं। प्रधान सचिव ने कहा–*नहीं, वित्त सचिव से चैक करना पड़ेगा*। सीएम पहले ही वित्त सचिव से बात कर चुके थे। सीएम ने कहा–*ठीक है* जबकि वह जानते थे कि कुछ ठीक नहीं है।

अगले दिन सीएम को पता चलता है कि महालेखा परिक्षक ने वित्तीय विभाग का ध्यान इस ओर दिलाया था कि एक मद के तहत अनुमोदित बजट से ज़्यादा निकासी की गयी है, वो भी नवम्बर 1995 तक यानी वित्त वर्ष ख़त्म होने के चार महीने पहले ही। राज्य सरकार की अन्दरूनी जाँच से पता चला कि ज़्यादातर निकासी जनवरी और फ़रवरी में की जाती थी, जिसकी रिपोर्ट आमतौर पर महालेखा परिक्षक (एजी) के दफ़्तर नहीं भेजी जाती थी। यह रिपोर्ट नये वित्तीय वर्ष के शुरू होने के बाद एजी के कार्यालय में भेजी जाती थी।

कांग्रेस की सरकार से ही पशुपालन विभाग में वितरण और निकासी का काम संयुक्त निदेशक स्तर के अधिकारियों को सौंपा जा चुका था। सीएम, पटना के अलावा दुमका, चाईबासा, राँची (डोरंडा) जैसी चार निधि से अक्टूबर-नवम्बर और जनवरी-फ़रवरी में पैसा निकाल सकते थे। यही वजह थी क्रि इसके लिए सीएम लालू प्रसाद को ज़िम्मेदार ठहराया गया क्योंकि वही वित्तीय विभाग को देख रहे थे।

लालू के विरोधी इस सुनहरे मौक़े को गँवाना नहीं चाहते थे–यह पहला मौक़ा था, जिसमें अब तक अपराजित लालू प्रसाद को हार का स्वाद चखाया जा सकता था। बीजेपी के नेता सुशील कुमार मोदी और रविशंकर प्रसाद, वरिष्ठ नेता शिवानन्द तिवारी, नीतीश कुमार के क़रीबी एवं वर्तमान जदयू सांसद राजीव रंजन सिंहउर्फ़ लल्लन सिंह और कांग्रेस नेता प्रेमचन्द्र मिश्र ने पटना हाईकोर्ट में अलग-अलग जनहित याचिकाएं दायर की, जिसमें मामले की सीबीआई जाँच की माँग की गयी। कोर्ट ने तमाम याचिकाओं को एक साथ किया और सीबीआई जाँच की सिफ़ारिश कर दी।

हालाँकि सीबीआई जाँच को लेकर अन्तिम फ़ैसला केन्द्र सरकार को करना था। लालू चैन की साँस ले रहे थे, क्योंकि केन्द्र में जनता दल की सरकार थी। पार्टी की अध्यक्षता के एक और दावेदार शरद यादव के साथ एक बड़े संघर्ष के बाद लालू जनता दल अध्यक्ष बन चुके थे।

लेकिन पीएम देवगौड़ा ने सीबीआई जाँच के लिए हामी भर दी और एजेंसी ने इस करोड़ों के घोटाले के लिए बिहार सीएम को घेरना शुरू कर दिया। सीएम ने पीएम गौड़ा से बात करने के लिए अपने मन्त्री रघुवंश प्रसाद सिंह को भेजा, लेकिन पीएम लगातार लालू पर इस्तीफ़ा देने का दबाव बना रहे थे ताकि जनता दल की अगुवाई में बनी सरकार को शर्मिन्दगी से बचाया जा सके।

एक कांग्रेस नेता याद करते हुए बताते हैं कि जब रघुवंश प्रसाद, पीएम का सन्देश लेकर लौटे तब लालू प्रसाद, पूर्व विधानसभा अध्यक्ष राधा नन्दन झा के घर बैठे थे। जब रघुवंश ने पीएम गौड़ा का सन्देश लालू को दिया कि वह सीएम पद से इस्तीफ़ा दे दें तब लालू ने भोजपुरी में गौड़ा को गाली देना शुरू कर दिया। बाद में लालू ने कांग्रेस के तत्कालीन अध्यक्ष सीताराम केसरी से कहा कि वह गौड़ा सरकार से समर्थन वापिस ले लें। जब केसरी ने अलग वजहों के चलते गौड़ा सरकार से हाथ खींचने का फ़ैसला लिया तो लालू ने पटना से अंग्रेज़ी में समर्थन वापसी की चिट्ठी टाइप करवाई और ख़ुद को ही फैक्स कर ली। चिट्ठी में लिखा एक-एक शब्द लालू के गुरु राधा नन्दन झा का कहा हुआ था। उस समय लालू ही जनता दल के राष्ट्रीय अध्यक्ष थे और कांग्रेस को समर्थन वापसी का पत्र लालू को ही भेजना था।

बेबस लालू ने राहत के लिए सुप्रीम कोर्ट का दरवाज़ा खटखटाया और अपने मन्त्री शंकर प्रसाद टेकरीवाल को दिल्ली भेजा।

जनसत्ता बिहार के संवाददाता गंगा प्रसाद ने बताया कि किस तरह आख़िरकार लालू इस्तीफ़ा देने के लिए राज़ी हुए–

लालू प्रसाद, पश्चिम बंगाल के सीएम ज्योति बसु का बहुत सम्मान करते थे। सीबीआई की गिरफ़्तारी के डर के बीच लालू ने ज्योति बसु से सलाह माँगी। बसु ने लालू से कहा कि बेहतर होगा कि वह इस्तीफ़ा दे दें। बसु ने कहा–इस क़दम से तुम और बड़े नेता बनकर उभरोगे और लोगों की सहानुभूति होगी सो अलग। बाद में बसु ने कोलकाता में हुई हमारी एक निजी बातचीत में इस बात की पुष्टि की थी।[1]

अपने उत्तराधिकारी के रूप में लालू के दिमाग़ में हमेशा से राबड़ी देवी रहीं। लेकिन उनका नाम कभी भी खुले तौर पर नहीं लिया गया। लालू ने बहुत सँभलकर राबड़ी के उत्तराधिकारी बनने की कहानी लिखी। जो अपनी बारी का इन्तज़ार कर रहे थे–जगदानन्द सिंह, जाबिर हुसैन, जयप्रकाश नारायण यादव और अनधिकारिक तौर पर लालू के बाद नम्बर दो पर रंजन प्रसाद यादव–वो सब देखते रह गये।

इस बीच साले साहब साधु और सुभाष भी पार्टी नेताओं के मिज़ाज को समझने की कोशिश करने लगे। राबड़ी के पक्ष में बात बने इसके लिए काम धीरे-धीरे किया जा रहा था। कांग्रेस नेता सीताराम केसरी और राधा नन्दन झा ने भी राबड़ी देवी को चुने जाने पर लालू प्रसाद से बात की।

राबड़ी देवी–पाँचवी पढ़ी एक महिला जिनका ज़्यादा वक़्त किचन और बच्चे सँभालने में गुज़रा। उनकी सबसे छोटी बेटी राजलक्ष्मी महज़ छह साल की थी। हाँ, राबड़ी ने अपने साहब को राजनीति की चर्चा करते, समाधान निकालते देखा था। लेकिन राजनीति को होते देखना और राज्य का सीएम बनना दोनों अलग-अलग बातें हैं।

राबड़ी का कम पढ़ा-लिखा होना रुकावट पैदा कर रहा था लेकिन लालू ने इसका भी रास्ता निकाल लिया। सुभाष यादव कहते हैं–

लालू प्रसाद ने तो पारिवारिक बातचीत में भी कभी दीदी का नाम नहीं लिया। लेकिन मैंने और बड़े भाई साधु ने यादव, मुस्लिम, ऊँची जाति के विधायकों से बात करके राबड़ी देवी को लेकर एक राय क़ायम करवानी शुरू कर दी थी। कुछ विधायक तो उनका नाम लेने भी लगे और कहने लगे कि ज़्यादातर नेता किसी और नाम पर सहमत भी नहीं होंगे।[2]

लेकिन राबड़ी देवी के एक और योग्य भाई अनिरुद्ध यादव उर्फ़ साधु यादव के पास कहने के लिए कुछ और ही है। वह कहते हैं कि पहले पहल तो लालू को राबड़ी का नाम आगे करने में हिचक थी क्योंकि वह ज़्यादा पढ़ी-लिखी नहीं थीं।

साधु ने बताया–*लालू जी की आँखों में आँसू थे और उन्होंने कहा कि मैं सीएम बन जाऊँ। मैं हैरान था, मैंने सोचा कि दीदी के नाम से किसी को दिक़्क़त नहीं होगी। जब कान्ति सिंह, मुंशी लाल राय, रघुनाथ झा, जाबिर हुसैन और जगदानन्द सिंह के नाम चर्चा में थे, तभी एक बैठक में बेलहर के विधायक रामदेव यादव भी मेरे साथ आये और उन्होंने कहा कि हमें हमारा नेता मिल गया है। सबने पूछा–कौन और हमने कहा राबड़ी देवी। सब तालियाँ बजाने लगे।*[3]

लेकिन रंजन प्रसाद यादव तो साधु की इस कहानी से इत्तेफ़ाक़ नहीं रखते, ख़ासकर इस बात से कि उन्हें सीएम की कुर्सी दी जा रही थी। रंजन तो कहते हैं कि लालू ने तो राबड़ी का नाम तय कर लिया था, बस वह तो अपनी लिखी स्क्रिप्ट को अमली जामा पहनाने का इन्तज़ार कर रहे थे।[4]

लेकिन राबड़ी इस विचार से सहज नहीं थीं और कहती थीं–*मुझसे यह सब नहीं होगा।* जिस दिन वह विधानसभा में पार्टी नेता चुनी गयीं, उस दिन उन्होंने कुछ नहीं कहा, बस हाथ जोड़कर लोगों का धन्यवाद किया।

लालू प्रसाद ने बेहद रूखे अन्दाज़ में एक छोटे से पन्ने पर राज्यपाल ए आर किदवई के नाम चिट्ठी लिखी–*मैं अपने मुख्यमन्त्री पद से त्यागपत्र दे रहा हूँ।*

जुलाई 25, 1997 को राबड़ी बिहार की 29वीं सीएम चुनी गयीं।

गोपालगंज के सुदूर गाँव सेलार केलान से आने वाली राबड़ी ने इस पद पर पहुँचने के लिए कुछ नहीं किया। हाँ उनके पिता शिवप्रसाद चौधरी ने ज़रूर किया, उनकी दूरदर्शी आँखों ने देख लिया कि ग़रीब परिवार से आने वाले लालू प्रसाद में कुछ तो बात है और राबड़ी का ब्याह करवा दिया।

शिवप्रसाद चौधरी, सरकारी ठेकेदार थे, जो पश्चिमी चम्पारण के बेतिया और भैंसालोटन में पुल बनाने का काम करते थे। जन वितरण प्रणाली के लागू होने के वक़्त से ही उनकी राशन की दुकान थी और वह पटना से 190 किलोमीटर दूर सेलार कला के आसपास 38 गाँवों में राशन का अनाज, शक्कर, घासलेट का वितरण करते थे।

इलाक़े में चौधरी का लोग आदर करते थे। 1934 में उनके परिवार ने दो तल्ले का पक्का मकान बना लिया था, जिसमें पक्की छत और लकड़ी के पट्टे थे। साधु यादव गर्व से कहते हैं कि 20 किलोमीटर के आसपास उनके जैसा घर किसी और का नहीं था। घर के लकड़ी के दरवाज़ों पर नक्काशी की गयी। एक वक़्त ऐसा था जब इन दरवाज़ों पर सोने के पानी की परतें भी थी।[5]

चौधरी के घर के आगे सीमेंट के बने दो हाथी अपनी सूंड से अभिवादन करते और ऐसे ही सीमेंट के चार शेर मानो इस परिवार की ताक़त को बयाँ कर रहे होते हैं।

पाँचवीं के बाद पढ़ाई छोड़ चुकी राबड़ी अपने पिता की तीसरी बेटी थीं और उनके लिए रिश्ता ढूँढ़ा जा रहा था। सेलार कला और फुलवरिया के बीच पड़ने वाले मादीपुर गाँव के मुखिया ने चौधरी को पटना में पढ़ रहे एक योग्य लड़के के बारे में बताया।

आर्थिक तौर पर सम्पन्न चौधरी जिनके पास 500 गाय और भैंस थीं और पश्चिम बंगाल के जगतदल में एक गोशाला भी थी। वह चाहते तो किसी भी सम्पन्न घर में राबड़ी की शादी कर सकते थे लेकिन वह लालू की बुद्धि, क़द-काठी और पटना में पढ़ाई से काफ़ी प्रभावित हुए। 1970 में लालू, पटना यूनिवर्सिटी छात्र संघ के महासचिव चुन लिए गये थे और राजनीतिक खेमे में उनकी चर्चा होने लगी थी। चौधरी ने एक तरह से जुआ खेला और दहेज में पाँच बीघा (136100 वर्ग फ़ुट) ज़मीन और पाँच गाय देकर लालू को अपना दामाद बना लिया।

लालू, पीला कुर्ता-पाजामा और टोपी पहनकर दूल्हा बनकर पहुँचे। राबड़ी, शादी के तुरन्त बाद फुलवरिया नहीं गयीं। उनका गौना ढाई साल बाद हुआ और पहली बेटी मीसा के जन्म के बाद वह ससुराल आयीं और 14 दिन फुलवरिया में रहीं। ज़्यादातर घूँघट में रहने वाली राबड़ी शान्त ही रहती थीं और क़द में लम्बी उनकी सास मरछिया देवी की ही परिवार में चला करती थी।

राबड़ी अपनी प्राथमिक पढ़ाई से ज़्यादा आगे नहीं बढ़ पायी क्योंकि सबसे नज़दीकी स्कूल चार किलोमीटर दूर था। वह अपने सात भाई-बहनों में तीसरे नम्बर पर थी। जलेबा देवी और पाना देवी पहले और दूसरे नम्बर पर थीं। राबड़ी के बाद प्रभूनाथ सिंह यादव थे। अनिरुद्ध प्रसाद उर्फ़ साधु यादव पाँचवे और गिरिजा देवी छठे नम्बर पर थीं। सबसे छोटे सुभाष यादव थे। राबड़ी की पहली दो बहनें अशिक्षित रहीं और गिरिजा देवी ने आठवीं तक ही पढ़ाई की। तीनों भाई स्नातक हैं।

मई 2014 में चौधरी के निधन के बाद घर पर ताला जड़ा है। राबड़ी देवी की माँ महाराजिया देवी पटना में अपने सबसे बड़े बेटे प्रभुनाथ के साथ रहती थीं।

घर का ख़्याल राबड़ी की मौसी मरछिया देवी (लालू की माँ का नाम भी यही है) रखती हैं और बताती हैं कि आख़िरी बार राबड़ी यहाँ कब आयी थीं–

अपने पिता के निधन पर राबड़ी गाँव आयी थीं। सीएम पद पर जब थी तब आती रहती थीं। तीनों भाइयों ने अपनी ज़मीन बट्टे पर दे दी। गाँव के पास लाइन

बाज़ार में सुभाष बी.एड कॉलेज चलाता है और गोपालगंज आता है तो वहीं रुकता है। स्वर्गीय शिवप्रकाश चौधरी की तस्वीर घर के सामने लगायी गयी है।[6]

सेलार केलान के पुराने रहवासी याद करते हैं कि सीएम बनने से पहले लालू प्रसाद कई बार गाँव आते थे और अपने पसन्दीदा देसी चिकन का मज़ा लेते हुए रात भर राजनीतिक चर्चा किया करते थे।

सुभाष याद करते हुए कहते हैं कि अपने जीजा की पैरवी के बाद भी उन्हें पटना साइंस कॉलेज में दाख़िला नहीं मिल पाया। राबड़ी दीदी की शादी तो सुभाष को ठीक से याद नहीं क्योंकि वह सिर्फ़ पाँच साल के थे। लेकिन उन्हें ठीक से याद है कि किस तरह लालू प्रसाद और जगदीश शर्मा (जो बाद में सांसद हुए और लालू के साथ चारा घोटाले में दोषी भी), 1975 में जब जेपी आन्दोलन चरम पर था तब पुलिस से बचने के लिए सेलार आते थे।[7]

लालू फ़ुटबॉल खेलते थे और सुभाष का काम था बॉल को लेकर आना। कई बार तो रात को 12 बजे लालू दस लोगों के साथ धमक जाते और देसी मुर्गे की माँग करते। सेलारवासी पास के मुसलमान गाँव से चिकन लेकर आते और कई बार ख़ाना बनते-बनते सुबह के तीन बज जाते।

10 मार्च, 1990 को लालू प्रसाद ने सीएम की गद्दी सँभाली और उस वक़्त राबड़ी देवी को उनका आख़िरी बच्चा होने वाला था। उन्हें वेटेनेरी कॉलेज के चपरासी क्वार्टर में ठहराया गया। 5 जुलाई, 1990 को पटना अस्पताल में उन्हें बेटी हुई जिसके साथ उन्होंने सीएम आवास–1, अणे मार्ग में प्रवेश किया। बेटी का नाम राज लक्ष्मी रखा गया क्योंकि लालू का बिहार राज शुरू हो गया था। लालू-राबड़ी के कुल 9 बच्चे हैं–मीसा भारती, रोहिनी आचार्य उर्फ़ चुन्नू, चन्दा, हेमा, रागिनी, धनु (अनुष्का), तेज़ प्रताप, तेजस्वी और राज लक्ष्मी। मार्च 2015 में लक्ष्मी की शादी मुलायम सिंह यादव के भाईके पोते और मैनपुरी सांसद तेज़ प्रताप सिंह यादव से हुई।

लालू के बेटे तेज़ प्रताप का जन्म 16 अप्रैल, 1986 को हुआ (आधिकारिक तिथि अलग) और उनका नाम तेज़ इसलिए रखा गया क्योंकि जन्म के दौरान बहुत तेज़ हवा चल रही थी। 9 नवम्बर, 1988 को जन्मे तेजस्वी का नाम भी बड़े भाई के नाम से प्रेरित होकर ही रखा गया।

उधर राबड़ी देवी अब किचन से बाहर मुख्यमन्त्री की कुर्सी सँभाल रही थीं जो उन्हें क़िस्मत और राजनीतिक हालात के चलते मिली। लालू चाहते थे कि वह राजनीति के कुछ ज़रूरी पाठ जल्दी ही सीख लें। लालू प्रसाद के पास वक़्त कम था, सीबीआई जो पीछे पड़ी थी।

अगस्त 11, 1997 के अपने अंक में इंडिया टुडे लिखता है (The education of Rabri Devi)

कुर्सी सँभालने के 48 घण्टे के भीतर लालू, राबड़ी को पटना की उन जगहों पर ले गये जो उनके लिए किसी तीर्थ से कम नहीं थीं–क़दमकुंआ में जयप्रकाश नारायण का आवास, पाटनदेवी मन्दिर, एक-दो मज़ार भी ताकि धर्मनिरपेक्षता का सन्तुलन बना रहे। सीएम का कार्यभार सँभालने के बाद सार्वजनिक रूप से वह पहली बार लोगों से रूबरू हो रही थीं जो उनके काम के लिए ज़रूरी भी था। लालू ने उन्हें वॉकी-टॉकी चलाना सिखाया। फिर एक क्लास ली गयी कि राजनीतिक व्यवहार कैसा रखें। मसलन पल्लू सिर से न गिरे, हिन्दू पुरुष और महिलाओं को नमस्ते कहें और मुसलमान को आदाब। अगर बुर्का पहने कोई मुस्लिम महिला मिलने आये तो बिना हिचक के उसे गले लगाओ और कहो कि मेरी सरकार आपके जीवन और सम्पत्ति को खतरे में डालने वाली साम्प्रदायिक ताक़तों को बढ़ावा नहीं देगी। किसी ग़रीब महिला को देखो तो उसे भरोसा दिलाओ कि तुम सामाजिक न्याय के लिए प्रतिबद्ध हो। [8]

*लालू ख़ुश थे कि राबड़ी जल्दी सीख रही हैं और अधिकारियों से मिलने के दौरान काम की ही बात कर रही हैं। अगले दिन सुबह 11 बजे वह सचिवालय पहुँचीं जहाँ लालू भी उनके पीछे-पीछे थे। अपने पति लालू की राय को मानते हुए पहली फ़ाइल जिस पर उन्होंने हस्ताक्षर किये, वह थी–विद्यालय सेवा बोर्ड का पुनर्गठन और अध्यक्ष के तौर पर उन्हीं की जाति के महेन्द्र नारायण यादव की नियुक्ति। (मनोज चौरसिया की किताब–*Rabri Devi Lalu's master stroke, *पृष्ठ 56-57, वितस्ता प्रकाशन, नयी दिल्ली)।* [9]

सीएम की ज़िम्मेदारी लेने के बाद वह मीडिया के सवालों का जवाब देना भी सीख गयीं। वह अक्सर कहती कि *मुसीबत में पति की मदद करना तो पत्नी का धर्म होता है*। जिस दिन लालू ने कोर्ट में आत्मसमर्पण किया, उस दिन भी राबड़ी ने बहादुरी दिखायी और सीएम आवास पर जिस तरह का नाटकीय माहौल बना हुआ था, उसके बीच वह काफ़ी सँभली हुई लग रही थीं। सीबीआई और लालू प्रसाद के बीच काफ़ी खींचतान चली और लालू की मानो नींद ही उड़ी हुई थी। सीएम आवास के आसपास किसी भी तरह की हलचल से लगता था कि लालू की गिरफ़्तारी के लिए सीबीआई आ गयी है। सीबीआई के संयुक्त निदेशक यूएन बिस्वास पूरी कोशिश में थे कि लालू आत्मसमर्पण न करें और उन्हें गिरफ़्तार कर लिया जाये। लेकिन यह हो न सका।

वरिष्ठ पत्रकारों को अच्छे से याद है कि किस तरह सीएम आवास पर एक अनिश्चितता का माहौल था कि लालू के कोर्ट के सामने आत्मसमर्पण करने के बाद सीबीआई गिरफ़्तारी के लिए आयेगी या नहीं। लालू के समर्थक तो तेज़ आवाज़ में नारेबाज़ी करने लगे, लेकिन सीएम राबड़ी शान्त लग रही थीं। 30 जुलाई, 1997 को सुबह साढ़े दस बजे लालू, जज सुधांशु कुमार लाल की सीबीआई कोर्ट के लिए रवाना हुए और अपने पीछे रोते हुए बच्चों और पत्नी को छोड़ गये। तेज़ प्रताप और तेजस्वी तब बहुत छोटे थे और लालू कार में बैठने के दौरान उन्हें चुप करवा रहे थे।

लालू के वकील शकील अहमद ख़ान ने जोश-जोश में जज के सामने अपील की कि किस तरह उनके मुवक्किल ने न्यायिक प्रक्रिया का आदर करते हुए अपने पद से इस्तीफ़ा दे दिया। लेकिन अपील से बात नहीं बनी और लालू प्रसाद को बिहार मिलिट्री पुलिस के एक अस्थायी जेल में न्यायिक हिरासत में भेज दिया गया।

राबड़ी ने ख़ुद को सँभाला और इन्तज़ार कर रही मीडिया से कहा कि उनके पति ने न्यायिक प्रक्रिया का सम्मान किया है और इस कठिन परीक्षा से गुज़रने के बाद वह और हिम्मती बनकर लौटेंगे।

लालू ने भी जेल जाने से पहले यह सुनिश्चित कर लिया था कि राबड़ी को किसी तरह की तकलीफ़ न हो। इसलिए ऑफ़िसर ऑन स्पेशल ड्यूटी (ओएसडी) का पद बनाया गया और महावीर प्रसाद को इस पद के लिए नियुक्त किया गया ताकि रोज़ के सरकारी मामलों में राबड़ी को मदद मिल पाये, जैसे सीएम के पास आने वाली फ़ाइलों को समझना और उन्हें भी समझाना।

राबड़ी देवी के दौर के एक वरिष्ठ आईएएस अधिकारी बताते हैं–

मुख्यमन्त्री राबड़ी देवी को पढ़ने और लिखने में दिक़्क़त होती थी। फ़ाइल पर वह कुछ लिख ही नहीं पाती थीं। वह जो भी कहती, उसे ओएसडी टाइप करवाकर फ़ाइल में जोड़ देते। लेकिन वो मामला जल्दी समझ जाती थीं और कहीं कुछ उलझन होती तो उसे राय-मशवरे के लिए रख लेती जिसका सीधा मतलब होता–लालू की राय।

लालू के परिवार के भीतर एक अनकहा-सा समझौता था कि साधु-सुभाष, जगदानन्द सिंह और सीएम के प्रधान सचिव मुकुन्द प्रसाद, राबड़ी की सरकार चलाने में मदद करेंगे और तमाम ज़रूरी मुद्दों पर लालू की सलाह लेंगे। साधु को मुकुन्द प्रसाद ने साफ़ कह दिया था कि वह सचिवालय न आयें। राजद को सुशील कुमार मोदी की अगुवाई वाले विपक्ष का डर सता रहा था।

मुकुन्द प्रसाद, जगदानन्द सिंह और शंकर प्रसाद टेकरीवाल–इस तिकड़ी ने लालू प्रसाद की अनुपस्थिति में बिहार पर राज किया और इन तीनों पर लालू को पूरा भरोसा था। लेकिन परिवार लालू की कमज़ोरी था और यही बात उन पर भारी पड़ने लगी। लालू के साले अपनी सीएम बहन के इर्द-गिर्द रहते और बेटी मीसा भी सरकारी मामलों में दख़ल देने लगी। एक बार तो मीसा ने वरिष्ठ मन्त्री शिवानन्द तिवारी कोइसलिए झाड़ दिया क्योंकि एक आबकारी अधिकारी का तबादला बिना सीएम आवास की सलाह लिए कर दिया गया था।

उधर किसी भी विभाग के पास काम के नाम पर दिखाने के लिए कुछ विशेष नहीं था, लेकिन सड़कों का तो कुछ ज़्यादा ही बुरा हाल था। सालों से लालू के भरोसेमन्द रहे जगदानन्द सिंह के लिए अक्सर कहा जाता कि *सही आदमी, ग़लत पार्टी में है*। जगदानन्द भी बिहार का भला नहीं कर पाये। राबड़ी के दूसरे कार्यकाल के दौरान बतौर पर्यावरण मन्त्री जगदानन्द के बिहार में स्टोन क्रशर न इस्तेमाल करने के फ़ैसले का सड़क सुधार पर उलटा ही प्रभाव पड़ा। इस आदेश का मतलब था कि स्टोन चिप्स को यूपी से मँगवाया जायेगा। लेकिन जब तक राबड़ी सरकार ने आदेश पास करके प्रशासनिक रुकावटों को दूर किया तब तक एनडीए, शून्य विकास का मुद्दा उठा चुकी थी।

लालू और राबड़ी सरकार में अपनी सेवाएँ दे चुके एक वरिष्ठ अधिकारी बताते हैं–

हमें यथास्थिति बनाये रखने के साफ़ निर्देश दिये गये थे। लालू प्रसाद का ज़्यादातर वक़्त चारा घोटाले से जुड़े केस को लड़ने और दल-बदल रणनीति के ज़रिये सत्ता में रहने में चला जाता। कोई योजना, कोई दूरदर्शिता ही नहीं थी।

उधर लालू का नया ठिकाना बिहार मिलिट्री पुलिस (बीएमपी) का गेस्ट हाउस जो अस्थायी जेल बना हुआ था। मीडिया अब यहीं चक्कर लगाने लगी थी। टीवी चैनल के कई रिपोर्टर बीएमपी गेट के आसपास टहलते रहते ताकि बता सकें कि आज लालू के लिए कौन क्या लेकर आया। दही बेचने वाला एक यादव अक्सर मलायी वाला दही लेकर आता था। जब मीडिया ने लगातार लालू को मिलने वाली वीआईपी सुविधाओं की बात की तो सुप्रीम कोर्ट ने स्वत: संज्ञान लेते हुए लालू प्रसाद को पटना के बेउर जेल भेज दिया।

मीडिया के साथ लालू का रिश्ता कभी प्यार तो कभी नोकझोंक का रहा। पहले कार्यकाल में तो वह मीडिया के दुलारे रहे। वह जानते थे कि कब उन्हें मीडिया की ज़रूरत है और कब नहीं।

वरिष्ठ टीवी पत्रकार श्रीकान्त प्रत्यूष, 1991 से लालू से जुड़ी रिपोर्टिंग करते आ रहे हैं। वह कहते हैं–

लालू को चारा घोटाले में गिरफ़्तार किया जाना था। अपने उत्तराधिकारी पर चर्चा के लिए वह सीएम आवास पर कैबिनेट की एक बैठक कर रहे थे। मैंने अपने सीनियर कैमरामैन पंकज मुकुल को बैठक के कुछ शॉट्स लेने के लिए भेजा। लालू तो मुकुल को देखकर चिल्लाने लगे और गालियाँ देने लगे। वह अपमानित होकर लौटे। मैं तमतमाते हुए बैठक के बीच में गया और लालू के इस रवैये पर नाराज़गी जताई। लालू हैरान थे। बाद में उन्होंने वरिष्ठ मन्त्री जगदानन्द सिंह को भेजकर मुझे बुलाया और कहा कि–क्या बड़े भाई के नाते मैं तुम्हें डाँट नहीं सकता? मैंने भी कहा–बिल्कुल डांट सकते हैं लेकिन सबके सामने नहीं। लालू को दिल जीतना आता है। वह हालात को पढ़ने में माहिर हैं।

लेकिन जेल में रहकर लालू प्रसाद ने मीडिया को कभी नहीं कोसा। हालाँकि बड़ी बेटी मीसा भारती और सबसे बड़े बेटे तेज़ प्रताप ज़रूर यह करते हुए देखे गये। सीएम राबड़ी देवी भी कम ही प्रतिक्रिया देती थीं, सिवाय एक बार के जब लालू के जेल जाने पर उन्होंने कहा था–*ख़ून की नदियाँ बह जायेंगी*। बाद में लालू ने उन्हें डाँट भी लगाई। जेल में बैठे लालू की सलाह के बग़ैर वह मीडिया से कुछ नहीं कहतीं। लालू का जेल में आना-जाना लगा रहा और 2001 तक पाँच बार जेल जाकर उन्होंने कुल 219 दिन बिताये। वह अभी जमानत पर बाहर हैं।

पहली बार जब लालू जेल से रिहा हुए तो उनके पार्टी कार्यकर्ताओं ने पूरे जोश से उनका स्वागत किया। राघोपुर के पार्टी कार्यकर्ता भोला राय उर्फ़ उदित नारायण राय ने सुझाया कि लालू के स्वागत के लिए बेउर जेल के बाहर हाथी और घोड़ों की लाइन लगा दी जाये। बिहार में नेता द्वारा हाथी की सवारी करने की दो अहम घटनाएँ हैं। 1976 में इन्दिरा गाँधी, हाथी पर सवार होकर बेलछी नरसंहार के पीड़ितों से मिलने पहुँचीं क्योंकि वहाँ जाने वाली पक्की सड़क बची ही नहीं थी। दूसरी घटना यही है जब लालू प्रसाद, हाथी पर सवार होकर बेउर जेल से पटना आये। चारों तरफ़ हल्ला था। तीन किलोमीटर के रास्ते को पूरा करने में लालू को छह घण्टे लगे। लालू ने एक बार फिर अपनी सज़ा को मज़ा में बदल दिया। अगले कुछ दिन तक बिहार सिर्फ़ लालू की हाथी की सवारी की ही बात कर रहा था।

रिहाई के बाद जब पार्टी के कुछ कार्यकर्ताओं ने एक कार्यक्रम में लालू को सम्मानित किये जाने के लिए न्यौता दिया तो लालू ने कहा–*आज़ादी की लड़ाई में जेल गया था क्या? भागो यहाँ से!*

लालू जानते हैं कि कब क्या करना चाहिए। इसलिए जब वह चारा घोटाले से निकले तो, आय से अधिक सम्पत्ति मामले के लिए सीबीआई दफ़्तर जाते हैं तो रिक्शा चुनते हैं, लेकिन जब 2001 में राँची कोर्ट में आत्मसमर्पण के लिए जाते हैं तो पटना से राँची तक उनके जत्थे में 500 वाहन होते हैं।

इधर पहली बार विपक्ष का रोल निभा रही बीजेपी ने राबड़ी देवी के लिए कम मुश्किलें नहीं खड़ी कीं लेकिन सीएम राबड़ी का आत्मविश्वास बढ़ता जा रहा था।

बीजेपी के तक के नेता प्रतिपक्ष सुशील कुमार मोदी कहते हैं–*वो एक मिनट भी नहीं बोलती थीं। मैं उन्हें उकसाता रहता। एक बार मैंने उनसे कहा कि क्यों वह एक दोषी को सीएम आवास में रहने दे रही हैं तो वह उठीं और बोलीं कि–क्या उन्हें आपके घर भेज दूं। लालू भी तब विधानसभा में थे लेकिन सीएम से कुछ दूरी पर बैठे थे। उन दिनों गम्भीर मुद्दों पर तो बात ही नहीं होती थी।*[11]

जेल से ही लालू प्रसाद, राबड़ी को दिशा-निर्देश देते रहे। तबादले और पोस्टिंग समेत तमाम ज़रूरी सरकारी मुद्दों को लेकर वह मुख्य अधिकारियों को बुलाया करते। ऐसी मीटिंग अक्सर शाम को कार्यालय का वक़्त ख़त्म होने के बाद ही होती।

राबड़ी देवी सरकार के दौरान कारागार राज्यमन्त्री रहे अशोक कुमार चौधरी बताते हैं–

लालू प्रसाद जिससे चाहें, उससे जेल में मिल सकते थे। उन्हें पता रहता था कि सरकार में क्या हो रहा है। कैबिनेट बैठक जैसा कुछ होता नहीं था। राबड़ी देवी सचिवालय जाती नहीं थीं। ज़्यादातर फ़ाइलें उनके घर आ जाती थीं। वह एक गृहिणी थीं जो मुख्यमन्त्री बन गयीं।[12]

1997 में जेल जाने के दौरान लालू प्रसाद ने अपने दोस्त रंजन प्रसाद यादव को राजद का कार्यकारी अध्यक्ष बनाकर उन पर सबसे ज़्यादा भरोसा जताया। कहने को राबड़ी सीएम थीं, लेकिन पार्टी के मसले तो रंजन ही देखते थे। इस बीच नीतीश कुमार द्वारा चुनौती दिये जाने और महज़ सात दिन के लिए सीएम बनने के बाद लालू ने एक बार फिर राबड़ी देवी को सीएम की कुर्सी पर बैठाया। लेकिन इस बीच लालू जब जेल से अन्दर-बाहर कर रहे थे और सरकार, कांग्रेस के समर्थन से चल रही थी, तब रंजन यादव एक बड़ी महत्त्वाकांक्षा की ओर बढ़ रहे थे। 1969 से चल रही दोस्ती पर लालू का भरोसा डगमगाने लगा। कहा जा रहा था कि रंजन का इरादा लालू को पार्टी से बेदख़ल कर राबड़ी को भी हटा देने का है। 2001 में रंजन को पार्टी से निकाल दिया गया। 32 साल की दोस्ती टूट गयी।

अब नाला रोड के अपने सादगीपूर्ण आवास में बैठकर रंजन बताते हैं कि किस तरह लालू ने उन्हें ग़लत समझ लिया–

ज़्यादा विस्तार में तो नहीं जाऊँगा। जहाँ तक मेरे सीएम बनने की बात है तो यही कहूँगा कि जीवन में बिना लक्ष्य का व्यक्ति मिट्टी के खिलौने से ज़्यादा कुछ नहीं होता और उसे इस दुनिया में रहने का हक़ ही नहीं है। [13]

शरद यादव से लालू का मतभेद कोई भूल नहीं सकता जिसके बाद लालू ने जनता दल से अलग होकर 5 जून, 1997 को राजद का गठन किया। शरद यादव की अगुवाई वाली जनता दल में सिर्फ़ 30 विधायक बचे थे। राबड़ी देवी का कार्यकाल भी कम उतार-चढ़ाव भरा नहीं रहा जिसमें अपहरण और जातिगत नरसंहार मामलों में उछाल देखा गया।

यह कहना ग़लत नहीं होगा कि लालू-राबड़ी सरकार के इस दौर में काम कम और कड़वाहट ज़्यादा दिखी।

सन्दर्भ

1. जनसत्ता के पूर्व बिहार संवाददाता गंगा प्रसाद का साक्षात्कार, मई 16, 2015
2. पूर्व सांसद और लालू प्रसाद के साले सुभाष यादव का साक्षात्कार, अप्रैल 14, 2015
3. गोपालगंज के पूर्व सांसद और लालू प्रसाद के साले अनिरुद्ध प्रसाद उर्फ़ साधु यादव का साक्षात्कार, अप्रैल 19, 2015
4. पूर्व सांसद और राजद के पूर्व कार्यकारी अध्यक्ष डॉ. रंजन प्रसाद यादव का साक्षात्कार, मई 15, 2015
5. सेलार कला (गोपालगंज) के रहवासियों का साक्षात्कार, मई 29, 2015
6. राबड़ी देवी की मौसी मरछिया देवी का साक्षात्कार, मई 29, 2015
7. सुभाष यादव का साक्षात्कार, अप्रैल 14, 2015
8. इंडिया टुडे (The education of Rabri Devi, अगस्त 11, 1997), स्वपन दासगुप्ता और फरज़ान अहमद) - today.intoday.in/story/dragged-from-the-kitchen-to-bihar-assembly-rabri-devi-learns-politics-fast/1/276449.html
9. मनोज चौरसिया की किताब–RabriDevi Lalu's masterstroke, पृ. 56-57। विटास्टा प्रकाशन, नयी दिल्ली।
10. पूर्व डिप्टी सीएम सुशील कुमार मोदी का साक्षात्कार, मई 15, 2020
11. वरिष्ठ टीवी पत्रकार श्रीकान्त प्रत्यूष का साक्षात्कार, अप्रैल 11, 2015
12. बिहार कांग्रेस प्रदेश समिति के अध्यक्ष अशोक कुमार चौधरी का साक्षात्कार, अप्रैल 16, 2015
13. डॉ. रंजन प्रसाद यादव का साक्षात्कार, मई 15, 2015

8

ये किसका लहू है, कौन मरा

1 जून, 2012। जंगल की आग की तरह ख़बर फैल चुकी थी कि सवर्ण जाति की भंग हो चुकी रणवीर सेना के प्रमुख बरमेश्वर मुखिया को गोली मार दी गयी है। ज़िला मुख्यालय भोजपुर के आरा में स्थित उनके कटिरा आवास के सामने सैर के दौरान उन्हें मार डाला गया। एक़दम पास से छाती पर चार गोलियाँ दागी गयीं। 63 साल के मुखिया की मौके़ पर ही मौत हो गयी।

लोगों का ग़ुस्सा चरम पर था। सर्किट हाउस और ब्लॉक कार्यालय के पास भीड़ उग्र प्रदर्शन और आगजनी पर आमादा थी। वहाँ पहुँची मीडिया भी इसका शिकार हो रही थी। लेकिन मुखिया के नौजवान पोते कुन्दन, लोगों को शान्त करने का प्रयास कर रहे थे। मुखिया की हत्या को बदले की कार्यवाही कहा जा रहा था।

बिहार के डीजीपी अभयानन्द मौक़ा-ए-वारदात पर पहुँचे। मुखिया की जाति से ताल्लुक रखने वाले यह डीजीपी माहौल को शान्त करने का प्रयास कर रहे थे। बिहार में हर बात घूम फिरकर जाति पर अटक जाती है। मुखिया भी 90 के दशक में राज्य में हुए जातीय ख़ूनी संघर्ष के एक पक्ष का प्रतिनिधित्व करते आ रहे थे। उनकी हत्या के बाद राजनीतिक खेमे से प्रतिक्रिया आना स्वाभाविक था। लालू प्रसाद ने मुखिया को एक 'चर्चित चेहरा' बताया तो सीपीआई (एमएल) के नेता दिपांकर भट्टाचार्य ने नीतीश कुमार पर यह कहते हुए हमला किया कि क्यों उन्होंने 2011 में मुखिया को दी गयी जमानत का विरोध नहीं किया। भट्टाचार्य ने कहा कि मुखिया जैसे लोग इतिहास में दर्ज किये जाने लायक नहीं हैं। वहीं सीएम नीतीश कुमार किसी तरह की प्रतिक्रिया देने से बचते दिखे।

वैसे गोली ने मुखिया का साथ जीते जी नहीं छोड़ा।

मुखिया ने 1994 में रणबीर किसान संगठन का गठन किया, जिसे रणबीर सेना कहा गया जो कि एमसीसी (माओवादी कम्यूनिस्ट सेंटर) के ख़िलाफ़ एक सवर्ण जाति की नागरिक सेना के तौर पर खड़ी हुई। इसके संस्थापक मुखिया का नाम 22 नरसंहार मामलों में आया, जिनमें से ज़्यादातर में वह सबूतों की कमी की वजह से रिहा हो गये। जुलाई 2011 में वह जमानत पर रिहा हुए। जेल से ही उन्होंने आरा के लिए 2004 का लोकसभा चुनाव लड़ा, जिसमें उन्होंने हार का सामना किया लेकिन उन्हें वोट अच्छी संख्या में मिले थे। उनकी नज़रें 2014 के लोकसभा चुनाव पर थीं। वह लोगों को फिर से किसान संगठन के नाम पर अपनी ओर खींच रहे थे। कहा गया कि आरा, अरवल और जहानाबाद जैसे इलाक़े जहाँ ख़ूनी संघर्ष को गुज़रे ज़्यादा वक़्त नहीं हुआ–वहाँ मुखिया गुप्त बैठकों के ज़रिये फिर से जाति के एकजुट होने की योजना बना रहे थे।

लालू प्रसाद-राबड़ी देवी की सरकार ने 58 नरसंहार देखे। यह वक़्त था जब लालू प्रसाद ख़ुद को पिछड़ी जाति के नेता सिद्ध करने के लिए ऊँची और पिछड़ी जाति के बीच की खाई को और अधिक बड़ा कर रहे थे। इस बीच नरसंहार में आये उछाल ने जातियों के बीच की कड़वाहट को और तूल दे दिया। उस दौर में अराजकता चरम पर थी और सरकार की मंशा दोषी को गिरफ़्तार करने की नहीं दिखती थी। अगर किसी ऊँची जाति वाले की हत्या होती तो लालू कोई प्रतिक्रिया नहीं देते, लेकिन अगर दलित या ओबीसी मारा जाता तो वह तुरन्त बयान देते, मौक़े पर पहुँचते और मुआवज़े की घोषणा करते।

2 जून को मुखिया के अन्तिम संस्कार के लिए एक बड़ा जुलूस पटना से होते हुए गंगा के लिए रवाना हुआ। हज़ारों समर्थकों ने पटना की घेराबन्दी कर ली। दर्जनों सरकारी और निजी गाड़ियों को आग के हवाले कर दिया गया और पुलिसकर्मियों को सत्ता के केन्द्र–सीएम आवास, 1, अणे मार्ग तक खदेड़ा गया। हालात क़ाबू न कर पाने के लिए डीजीपी अभयानन्द की मीडिया में कड़ी आलोचना की गयी।

अब सेवानिवृत्त हो चुके अभयानन्द कहते हैं–

मेरी मौजूदगी में तो मुखिया का अन्तिम संस्कार बक्सर में होना तय हुआ था। बक्सर प्रशासन ने तमाम तैयारियाँ भी कर ली थीं। हो सकता है कि मेरे जाने के बाद कुछ नेता, मुखिया के घर आये हों और उन्होंने पटना में अन्तिम संस्कार करने की सलाह दी हो। जब ग़ुस्साई भीड़ डाक बंगला चौराहे की तरफ़ बढ़ रही थी तब मैंने सीएम को सूचित किया और कहा कि पुलिस लाठी चार्ज शुरू कर सकती है। सीएम ने कहा–अगर अभी तक संयम बरता है तो आधा घंटा और रुक जाओ।[1]

उस वक़्त एनडीए का हिस्सा रहे नीतीश कुमार इस जातीय उठापटक से भली-भाँति परिचित थे। सवर्ण जाति के भूमिहार वर्ग ने मुखिया को अपने नेता चुना। मुखिया की जाति का नीतीश कुमार की पार्टी और सरकार दोनों में अच्छा प्रतिनिधित्व था। यही वजह थी कि सरकार के लिए मुखिया की हत्या सिर्फ़ क़ानून-व्यवस्था का मामला नहीं था, सरकार को इस मसले पर बेहद ही सोच समझकर क़दम उठाना था। हालाँकि नीतीश कुमार ने सार्वजनिक तौर पर मुखिया पर प्रतिक्रिया नहीं दी, लेकिन जीतन राम माँझी से सीएम पद लेने के बाद जदयू के भोजपुर कार्यकर्ताओं से बैठक के दौरान उन्होंने ज़रूर कहा कि किस तरह मुखिया की हत्या *राज्य की राजनीति* पर असर डालने वाली है। मुखिया हत्या मामले की जाँच सीबीआई को सौंप दी गयी।

लालू ने तो मुखिया से हमेशा दूरी बनाकर रखी। नीतीश कुमार भी बचते दिखे। आरा में नीतीश कुमार को लेकर नाराज़गी थी क्योंकि उन्होंने अपने कार्यकाल में वहाँ कभी कोई सार्वजनिक सभा नहीं की। यहाँ तक जमानत के बाद मुखिया को हथियार का लाइसेंस देने से भी नीतीश सरकार ने इन्कार कर दिया। मुखिया ने अपनी खोयी लोकप्रियता दोबारा हासिल करने के लिए आरा, अरवल और जहानाबाद में कई बैठक भी कीं। उन्हीं की जाति से ताल्लुक रखने वाले कुछ राजनीतिक विरोधी, मुखिया की लोकप्रियता से परेशान भी थे।

बथानी टोला नरसंहार मामले में सवर्ण जाति के आरोपियों की रिहाई को चुनौती देने के नीतीश कुमार सरकार के फ़ैसले से मुखिया नाराज़ थे और कुमार ने इसे भांपते हुए पुलिस को चेता दिया था। उस वक़्त भोजपुर एसपी के पद पर कार्यरत आईपीएस अधिकारी एमआर नाइक ने बताया कि किस तरह मुखिया के पैतृक गाँव खोपिरा में उनके अन्तिम संस्कार से भी जातीय तनाव बढ़ने की आंशका थी।

इंडियन एक्सप्रेस ने 4 जून, 2012 कोरिपोर्ट (Alasting signature on Bihar's most violentyears) में लिखा–

ख़ुद को रणवीर सेना बताने वाले संगठन के प्रमुख मुखिया के दावे के निशान कई हत्याओं पर दिखाई देते हैं। इस सेना के लेटर पैड पर एक तस्वीर है जिसमें ख़ून की बूंद टपक रही है और एक लोगो है जिस पर लिखा है–विरोध, बदलाव और बलिदान। पुलिस द्वारा बरामद की गयी रणवीर सेना की डायरी में कोड वर्ड लिखे थे जैसे सामूहिक हत्या के लिए A++, *परिवार की हत्या के लिए* A+ *और किसी एक की हत्या के लिए सिर्फ़* A *।*[2]

मुखिया ने औरों के साथ मिलकर 1994 के अन्त में रणवीर सेना का गठन किया, जब काफ़ी वक़्त से लटके ज़मीनी विवादों के बीच जातीय मतभेदों में उछाल देखा गया। जातीय टकराव के लम्बे इतिहास के बाद एमसीसी (अब सीपीआई-मार्क्सवादी) की लहर थी। कुछ और जातिगत सेनाएँ जैसे 1978 में ओबीसी कुर्मी की भूमि सेना, 1979 में राजपूतों की कुंवर सेना, 1980 में बनी भूमिहारों की ब्रह्मार्षि सेना और 1985 में बनी यादवों की लोरिक सेना। 1986 में कांग्रेस सरकार ने इन सभी सेनाओं को प्रतिबन्धित कर दिया था।

राबड़ी देवी सरकार ने अगस्त 2002 में मुखिया को गिरफ़्तार कर लिया और तब तक इस लम्बे चले तनाव से शायद हर जाति थक भी गयी थी, जिसकी वजह से रणवीर सेना का प्रभाव भी कम होता जा रहा था। राबड़ी देवी और बाद में नीतीश कुमार की सरकार ने मुखिया को 16 केसों में बरी करने के फ़ैसले को चुनौती नहीं दी।

जेल से रिहाई के बाद मुखिया ने अखिल भारतीय राष्ट्रवादी किसान संगठन के बैनर तले किसानों को फिर एकजुट करना शुरू किया ताकि आरा से लोकसभा चुनाव जीतने का उनका सपना सच हो सके। उनके बेटे कुमार इन्दुभूषण ने देसी किसान पार्टी नाम की राजनीतिक पार्टी शुरू की है।

कुमार इन्दुभूषण को अपने पिता के रणवीर सेना की अगुवाई करने का कोई अफ़सोस नहीं है–रणवीर सेना वो नाम जो पुलिस और मीडिया ने दिया। कुमार कहते हैं–

नवम्बर-दिसम्बर 1994 की बात है। मेरे पिता ने मुझसे पूछा कि क्या उन्हें आरा में किसान संगठन खड़ा करने वाली एक बैठक में जाना चाहिए। मैंने कहा बिल्कुल लेकिन बस वह उसकी अगुवाई न करें। वह गये और फिर कभी मुड़कर नहीं देखा। रणबीर किसान संगठन का जन्म हुआ और मेरे पिता ने मगध और शाहाबाद के गाँवों में जाकर उन ज़मीन मालिक किसानों को एकजुट करना शुरू किया, जिनके पास लाइसेंस वाली बन्दूक और राइफल थी। बहुत जल्द यह एक हथियारबन्द संगठन बन गया, जिसके पास एक वक़्त में 20 हज़ार से ज़्यादा हथियार थे। मेरा नाम भी नरसंहार के तीन मामलों में आया लेकिन बाद में बरी कर दिया गया। यह कहना ग़लत होगा कि मेरे पिता ही रणबीर किसान संगठन के तमाम आदेश देते थे। बाक़ी नेता भी थे जो प्रमुख संगठन के लिए रणबीर किसान समिति का गठन करने के नाम पर समर्थन माँगते थे। यह वर्णों की लड़ाई के जातीय लड़ाई में बदल जाने की जो बुद्धिजीवी चर्चा है, उसे मैं नहीं मानता। यह जंग थी बस, बदले की लड़ाई थी

जिसे रोकने के लिए सरकार कुछ नहीं कर रही थी। एक बार यूपीए 1 की सरकार के दौरान केन्द्रीय मन्त्री रहे एक राजद नेता ने मेरे पिता से कहा कि वह लालू प्रसाद से बात करें। मेरे पिता ने मना कर दिया। हाँ मेरे पिता के बिहार के कुछ नेताओं से अच्छे रिश्ते थे और जब वो सात साल तक पुलिस की गिरफ़्तारी से बचते-बचाते एक जगह से दूसरी जगह भाग रहे थे, तब उन्होंने बिहार के बड़े नेता से दिल्ली में मुलाक़ात भी की थी।[3]

बरमेश्वर मुखिया का गाँव खोपिरा, आरा से 17 किलोमीटर दूर अगिऑव ब्लॉक (पहले सन्देश) के पवाना पुलिस स्टेशन के तहत आता है। यह 1970 की बात है। बरमेश्वर नाथ सिंह ने एमबीबीएस की परीक्षा पास की थी और उन्हें जम्मू-कश्मीर मेडिकल कॉलेज में दाख़िला लेने में सिर्फ़ सात दिन बचे थे। अगस्त 1970 में खोपिरा में ही रहने वाले उनके जीजा यमुना सिंह की हत्या कर दी गयी जिसमें सिंह का नाम आया। हालाँकि बाद में केस से उनका नाम हट गया लेकिन साथ में डॉक्टर बनने का उनका सपना भी हमेशा के लिए टूट गया। 1971 में वह खोपिरा के मुखिया बन गये। इन तीन भाइयों के पास दो फसलों वाली 100 बीघा ज़मीन थी। खोपिरा में 29 जातियों के 6500 लोग थे, जिसमें 35 फ़ीसदी भूमिहार थे। ऊँची जाति के ज़मीन मालिकों को ज़्यादातर मज़दूर पास के इलाक़े से मिलते थे।

रोहतास, बक्सर, भोजपुर, गया, औरंगाबाद और जहानाबाद ज़िलों वाले शाहाबाद और मगध के कई गाँव में आर्थिक अवरोध पैदा करने वाला इंडियन पीपल्स फ्रंट (आईपीएफ), 1991 में खोपिरा पहुँच चुका था। नरसंहार का रूप ले चुकी जातीय हिंसा की वजह से खड़ी हुई आर्थिक रुकावटों के चलते बिहार की डेढ़ लाख एकड़ ज़मीन बिना जुताई के बर्बाद हो चुकी थी। बरमेश्वर सिंह की अगुवाई में खोपिरा के ज़मीन मालिकों ने बाहर से मज़दूर बुलाकर धान की खेती शुरू कर दी। गाँव में सवर्ण जाति के अत्याचार के ख़िलाफ़ आवाज़ उठाने के लिए आज़ाद राम एक नेता के रूप में उभर रहे थे। जिस दिन बरमेश्वर सिंह ने अपनी तीस बीघा ज़मीन पर धान बोने के लिए क़रीब 100 मज़दूरों को बुलाया, उस दिन आईपीएफ के चालीस हथियारबन्द लोगों ने सिंह के बाहर से मज़दूर बुलाने का विरोध किया। दोनों तरफ़ से गोलियाँ चलीं और आईपीएफ के दो लोग मारे गये।

दूसरी बार मुखिया को 1994 के अक्टूबर-नवम्बर महीने में चुनौती दी गयी, जब आईपीएफ ने पास ही के भूमिहार बहुल गाँव बेलाउर के घर की दीवारों पर नारा लिखा–*ध्वस्त किया बिहटा, एकवारी, अबकी बारी बेलाउर की बारी।*

बदले में सवर्णों ने लिखा–*न बिहटा, न एकवारी, माले का भूत बेलाउर झारी*। सात दिन तक बेलाउरवासी ने हथियारों से विरोधियों का सामना किया लेकिन कोई मारा नहीं गया। इसके बाद से ही बरमेश्वर मुखिया ने इसे एक संगठित हथियारबन्द संघर्ष का रूप देने का फ़ैसला किया।

इन्दूभूषण कहते हैं–

पुलिस कहती थी कि उनका काम हत्याएँ रोकना नहीं, बल्कि मौके़ से शवों को समेटना है। ऐसे में ज़मीन मालिक किसानों के पास दो ही विकल्प रह जाते हैं–या तो अपना गाँव, ज़मीन छोड़ दें या लड़ें। रणवीर किसान संगठन ने दूसरा विकल्प चुना।[4] *केन्द्रीय बिहार में हुए नरसंहार के घटनाक्रम के अनुसार (प्रकाश लुइस,* People Power: The Naxalite movement in central Bihar–*नयी दिल्ली, वर्डस्मिथ्स, 2002, सारणी 8.8, पृष्ठ 242-246) 1976 के अकोडी (भोजपुर) नरसंहार से 2001 के करियमबुरा (जहानाबाद) नरसंहार तक बिहार में 91 नरसंहार हुए। इतने सालों में कुल 737 लोग मारे गये, जिसमें कई पुलिसकर्मी भी थे। अधिकतम 337 मौतें–जिसमें पुलिस मुठभेड़ में 50 उग्रवादियों की मौत शामिल है–1994 और 2000 के बीच हुई।*[5]

सिर्फ़ लालू-राबड़ी सरकार की बात करें तो 1991 से 2001 के बीच 58 नरसंहार हुए, जिसमें 343 अनुसूचित जाति/ ओबीसी खेतिहर मज़दूर और 128 सवर्ण ज़मीन मालिकों समेत 566 लोग मारे गये। अकेले 1997 में राजनीतिक उठापटक और फिर राबड़ी देवी के सीएम बनने के बाद 12 नरसंहार हुए जिसमें 130 लोग मारे गये। इससे पहले वाले साल में जब लालू प्रसाद सीएम थे, तब 11 नरसंहार हुए जिसमें 76 लोग मारे गये। 1999 में हुए सात नरसंहार मामलों में 108 लोग मारे गये, जिसके बाद हुए पाँच नरसंहार में 69 लोग मारे गये। 2001 में दो नरसंहार हुए जिसमें 11 लोग मारे गये।

लालू-राबड़ी सरकार के दौरान हुए दर्दनाक नरसंहार की लिस्ट लम्बी है–1992 में बारा (गया) में 34 सवर्ण ज़मीन मालिक मार दिये गये। 1996 में भथानी टोला (भोजपुर) में 22 अनुसूचित जाति और मुस्लिम खेतिहर मज़दूर मारे गये। 1997 के लक्ष्मणपुर-बाथे (अरवल) नरसंहार में 58 अनुसूचित जाति के मज़दूर मारे गये, 1998 के शंकरबिगहा (जहानाबाद) नरसंहार में 23 अनुसूचित जाति के लोग मारे गये, 1999 सेनारी (जहानाबाद) नरसंहार में 35 सवर्ण मारे गये और 2000 के मियांपुर (औरंगाबाद) नरसंहार में अनुसूचित जाति और ओबीसी के 35 लोग मारे गये।

यह वो दौर था, जब राज्य में क़ानून-व्यवस्था का मखौल उड़ाया जा रहा था। अपहरण और नरसंहार तो जैसे रोज़ की ही बात हो गये थे। सरकार कुछ कर नहीं रही थी। पटना के पत्रकार दुआ माँगते कि आज ऐसी कोई हिंसक ख़बर न आये। बिहार नरसंहार मामलों में विदेशी मीडिया बहुत दिलचस्पी ले रही थी। विदेशी संस्थानों में काम कर रहे देसी पत्रकार अपनी ख़बर की पहली लाइन में ही बिहार के लिए लिखते–*भारत का अराजक राज्य...*। लालू-राबड़ी राज में जातीय तनाव की ख़बरें बहुत देखी जाती और बिहार की पहचान एक गुंडाराज राज्य के रूप में होने लगी। बिहार जहाँ आने से लोग डरने लगे। बेहतर जीवन की तलाश में बिहार के छात्र दिल्ली जाकर प्रतियोगी इम्तिहान की तैयारी करने लगे।

एक नरसंहार किस तरह एक पूरे गाँव को उजाड़ कर रख सकता है–यह देखने के लिए मैं बिहार के दो सबसे बड़े नरसंहार का गवाह बना–एक औरंगाबाद का *दलेलचक बघौरा* जहाँ 42 सवर्ण मारे गये और दूसरा लक्ष्मणपुर बाथे (अरवल, पहले जहानाबाद का हिस्सा) जहाँ अनुसूचित जाति के 58 लोग मारे गये। दंगों की मार झेल चुके मगध के इस इलाक़े में सीमेंट के छोटे स्मारक बने हैं, जिस पर मरने वालों के नाम ख़ुदे हैं जो अब फीके पड़ने लगे हैं, लेकिन लोगों के मन में उस नरसंहार की छाप अभी भी साफ़ है।

लक्ष्मणपुर बाथे में मेरी मुलाक़ात बोधा पासवान से हुई, जिन्होंने 1997 नरसंहार में 10 से 30 साल तक की उम्र के अपने चार बेटे और तीन बेटियाँ खोयी। हमारी बातचीत 2010 विधानसभा चुनाव से ठीक पहले हुई इसलिए राजनीति की बात होना लाज़िम था। पासवान एक चारपायी पर बैठे थे, जिसके ठीक सामने संगमरमर के बने पट्टे पर नरसंहार में मारे गये 58 लोगों के नाम लिखे थे। पासवान अब विकास चाहते हैं, वह ख़ून ख़राबा और उस पर हो रही राजनीति से तंग आ गये हैं।

उस दर्दनाक रात को याद करते हुए पासवान सोन नदी के किनारे ख़ूनी खेल के लम्बे इतिहास को बयाँ करते हैं। सोन के पानी में ही जैसे कुछ मिला है। 1 दिसम्बर की रात जब पासवान पास के गाँव में गये थे। रणवीर सेना के लोग सोन को पार करके लक्ष्मणपुर-बाथे–एक-दूसरे से लगे हुए इन दो गाँव में पहुँचे और अनुसूचित जाति के पासवान और रविदास और ईबीसी के मल्लाहों समेत 58 लोगों को मार डाला। पासवान का कहना है कि यह गाँव इसलिए निशाना बने क्योंकि सोन के पास यही गाँव अनुसूचित जाति बहुल थे। दूसरे हिस्से में सवर्ण जाति की बड़ी आबादी थी। पासवान के बेटे विनोद जो बाल-बाल बचे, उन्हें अब मानवीय आधार पर क्लर्क की नौकरी मिल गयी।

मुआवज़े की रकम से पासवान के परिवार ने पक्का घर बना लिया। गाँववालों ने अपने बच्चों को काम के लिए बिहार से बाहर ही भेज दिया, वरना ऊँची जाति वालों के खेत में काम करना ही विकल्प बचता है। हालाँकि कुछ तो यही काम कर रहे हैं, लेकिन एक-दूसरे पर भरोसा तो अब उठ ही चुका है। पासवान जैसे लोग अब हिंसा नहीं चाहते और न ही बिहार में किसी ऊँची जाति वाले का राज। वह नीतीश कुमार की सरकार के विकास कार्य से ख़ुश हैं और नहीं चाहते कि चुनाव के वक़्त नेता उन्हें नरसंहार की याद दिलायें। हालाँकि यहाँ ज़्यादातर आबादी निरक्षर है, लेकिन उनकी समझ इतना तो देख ही पाती है कि जातीय लड़ाई की जड़ रहे, ज़मीनी मुद्दों को सुलझाने में सरकारें नाकाम रही हैं।

इंडियन एक्सप्रेस ने 18 नवम्बर, 2010 को बोधा पासवान की आपबीती प्रकाशित की (*Village casts aside violent past, opts for development*)–

पासवान कहते हैं कि पिछले पाँच सालों में इलाक़े की क़ानून-व्यवस्था में सुधार हुआ है। लक्ष्मणपुर-बाथे से अरवल तक की सड़क पक्की हुई है। एक माध्यमिक स्कूल भी है और मुआवज़े की रकम से दलित परिवारों ने पक्के घर बना लिए हैं।[6]

अक्टूबर 2013 में पटना हाईकोर्ट के डिवीज़न बेंच के न्यायाधीश वी एन सिन्हा और न्यायाधीश एके लाल ने उन सभी 26 लोगों को रिहा कर दिया, जिन्हें अप्रैल 2010 में पटना के अतिरिक्त ज़िला और सत्र न्यायाधीश ने दोषी करार दिया था। निचली अदालत ने 16 को मृत्युदण्ड और दस को आजीवन कारावास की सज़ा सुनाई थी। लेकिन हाईकोर्ट ने कहा कि गवाह भरोसेमन्द नहीं हैं और इसलिए अपीलकर्ताओं को सन्देह का लाभ दिया जाना चाहिए।

2010 विधानसभा चुनाव ने बिहार राजनीति में एक बदलाव देखा जब जदयू ने एक नक्सल विचारक के बेटे अशोक कुमार सिंह को रफीगंज (औरंगाबाद) से टिकट दिया और पूर्व पांडव सेना (सवर्ण जाति सेना) के सदस्य चित्रंजन कुमार को अरवल से टिकट दिया। नीतीश कुमार जानते थे कि वह क्या कर रहे हैं। 2010 के विधानसभा चुनाव से ठीक तीन महीने पहले कजरा (लखीसराय) में माओवादियों के साथ मुठभेड़ में आठ पुलिसकर्मी मारे गये और तब नीतीश कुमार ने सीएम आवास पर हुई प्रेस कॉन्फ्रेंस में कहा कि माओवादियों को बन्दूक छोड़कर मुख्यधारा में चुनाव लड़ना चाहिए। बीजेपी उम्मीदवार चित्रंजन कुमार–जिन्होंने अपना शर्मा उपनाम छोड़ दिया–ने अरवल चुनावी अभियान के दौरान मुझसे कहा कि–*उनका आकलन बीते पाँच साल में राजनीतिक कार्यकर्ता के तौर पर किये गये*

काम के आधार पर होना चाहिए, न कि उनके अतीत के आधार पर। एनडीए के दोनों ही उम्मीदावर जीते। नीतीश कुमार ने भी *आपकी सरकार, आपके द्वार* का नारा दिया ताकि नक्सल प्रभावित इलाक़ों तक भी विकास पहुँच सके। लेकिन यह महज़ दिखावा बनकर रह गया, जब जहानाबाद के सिर्फ़ एक गाँव के एक ही प्रांगण में अस्पताल, डाकख़ाना, बैंक, एक कम्प्यूटर सेंटर और ग्राम कचहरी बनी। उधर दलेलचक-बघौरा (औरंगाबाद) के विनय सिंह जातिगत हत्याओं की भयानक तस्वीर बयाँ करते हैं और बताते हैं कि किस तरह एक नरसंहार एक व्यक्ति, परिवार और पूरे गाँव को तबाह कर देता है। (द *इंडियन एक्सप्रेस,* A ghost village, जून 19, 2008)

29 मई, 1987 के नरसंहार में ऊँची जाति के 42 लोग मार डाले गये जिसमें सिंह ने अपने संयुक्त परिवार के 20 सदस्यों को खो दिया। पूरा गाँव तबाह हो गया। नरसंहार के बाद 40 राजपूत परिवार बघौरा गाँव छोड़कर भाग गये, और पीछे छोड़ गये अपनी ज़मीन। यह नरसंहार बदला था, उन ओबीसी जाति के 7 लोगों की हत्या का जो 1987 में पास ही के छोटकी-छेछानी गाँव में की गयी थी।

द *इंडियन एक्सप्रेस* लिखता है–

विनय सिंह ने नरसंहार के बाद गाँव छोड़ दिया लेकिन उसकी माँ नहीं गयी। वह कई बार अपनी माँ से मिलने आता, लेकिन 1992 में जब नक्सलियों ने उस पर हमला किया तो उसने वो जगह हमेशा के लिए छोड़ने का फ़ैसला कर लिया। वह कहता है–नक्सलियों ने हमला कर मेरी लाइसेंस वाली रिवॉल्वर छीन ली। मैंने बघौरा छोड़ दिया क्योंकि ज़िन्दगी से बढ़कर कुछ नहीं। मार्च 2008 में वह अपनी माँ को भी साथ ले गया जबकि वह अपना पुश्तैनी मकान और 25 बीघा ज़मीन छोड़कर नहीं जाना चाहती थीं, लेकिन सिंह ने चाहा कि माँ आख़िरी वक़्त शान्ति से गुज़ारे। सिंह के मुताबिक़ उसकी माँ, उस गाँव को छोड़ने वाली आख़िरी शख़्स थीं। आवारा कुत्तों और मवेशियों का उस गाँव पर कब्ज़ा हो गया था। सिंह के घर के सामने एक पट्टा है जिसमें उस परिवार के मारे गये 20 सदस्यों के नाम साफ़तौर पर पढ़े जा सकते हैं। विनय का घर तो फिर भी टिका है, कई मकान तो लूट लिए गये, उनकी छतों की टाइल्स और ईंटें भी न बच पायी। सिंह ने अपनी खिड़कियों में झाड़ियों की काँटेदार लकड़ियाँ लगा रखी है ताकि चोरों को अन्दर आने से रोका जा सके।

बघौरा में जो रह गये हैं वह माओवादियों के प्रति अपनी वफ़ादारी को छुपाते नहीं हैं। वह यह कहते हुए नहीं झिझकते कि वह *नइका सरकार* के आदेश का पालन

करते हैं। जून 2008 में विनय सिंह ने औरंगाबाद के दफ़्तर–जहाँ उन्हें मानवीय आधार पर क्लर्क की नौकरी दी गयी–में घबराते हुए मुझसे मुलाक़ात की और कहा कि किसी भी सरकार ने नरसंहार के बाद ऊँची जाति के लोगों का भला करने के बारे में नहीं सोचा। वह चिन्ता जताते हुए कहते हैं कि क्यों सरकार, माओवादी के कब्ज़ा की गयी ज़मीन को वापिस हासिल नहीं कर पा रही है। लोगों का जगह छोड़कर जाना ज़ारी है और इस बात की गवाही देता है विनय सिंह का सूना पड़ा मकान। एमसीसी के आठ समर्थकों को औरंगाबाद कोर्ट ने मृत्युदण्ड दिया। बाद में सुप्रीम कोर्ट ने उस सज़ा को आजीवन कारावास में बदल दिया।

बिहार में जातीय संघर्ष कोई नयी बात तो नहीं है।

लेखक कल्याण मुखर्जी और राजेन्द्र सिंह यादव ने अपनी किताब–भोजपुर–बिहार के नक्सलवादी आन्दोलन (राधाकृष्ण प्रकाशन प्राइवेट लिमिटेड, दरियागंज, नयी दिल्ली) में जातीय संघर्ष को दो चरणों में बांटा–एक तो 30 के दशक में त्रिवेणी संघ (ओबीसी यादव, कोइरी और कुर्मी का संगठन) के दौर में और दूसरा 60 का दशक में जब यह संघर्ष नक्सल आन्दोलन में बदला। बिहार में इसकी शुरुआत भोजपुर के सहार ब्लॉक के एकवारी गाँव से हुई।[8]

70 के दशक ने उस ख़ूनी संघर्ष की चेतावनी जो साल 2001 तक चलने वाला था। लेखकों ने बताया कि कब इस बात को सबसे पहल तूल मिला। 1967 के विधानसभा चुनाव आ रहे थे। जगदीश महतो जिन्हें बाद में जगदीश मास्टर कहा जाने लगा (जो बाद में हथियारबन्द नक्सल आन्दोलन में शामिल होने वाले भोजपुर के एकवारी गाँव के पहले शख़्स बने)–वह एकवारी के मुखिया और सीपीआई सदस्य रामनरेश दुसाध के क़रीबी थे। प्रजा समाजवादी पार्टी के राजदेव राम को महतो के दोस्त रामनरेश के सामने सहार की आरक्षित सीट से खड़ा किया गया।

17 फ़रवरी, 1967–जगदीश महतो अपना वोट डालने पहुँचे। वहाँ उन्होंने सवर्ण जाति के भूमिहार को बूथ के साथ छेड़छाड़ कर उसे राजदेव राम के पक्ष में करते देखा। भूमिहार कई वक़्त से इस निडर और बेबाक कोइरी जगदीश को सबक सिख़ाना चाहते थे। जब आरा के एचडी जैन कॉलेज में विज्ञान पढ़ाने वाले महतो ने सवर्ण जाति के युवाओं को बूथ छेड़छाड़ से रोका तो बाक़ी के भूमिहार भी जमा हो गये और महतो को जमकर पीटा।

पाँच महीने तक जगदीश अस्पताल में रहे। जब एकवारी लौटे तो 30 के दशक में अधूरी रह गयी लड़ाई को फिर से छेड़ने का मन बनाया। अब तक वह पश्चिम

बंगाल के नक्सलबाड़ी गाँव में किसानों के हथियारबन्द विरोध के बारे में सुन चुके थे। 6000 लोगों के एकवारी गाँव में कोइरी और भूमिहार के बीच एक साफ़ लकीर खींची हुई थी। वक्त था एक और विद्रोह का। 1969 में आरा की दीवारें नक्सली नारों से भरने लगी थी। नक्सलबाड़ी में आन्दोलन की अगुवाई करने वाले चारू मजूमदार से जगदीश बहुत प्रभावित थे। चारू ने फ़रवरी 1970 में बिहार यात्रा के दौरान अपने समर्थकों से कहा कि वह आधुनिक हथियार चलाने का प्रशिक्षण लें और दुश्मनों के खात्मे के लिए खेतिहर मज़दूरों को एक करें।

2015 में एकवारी को क़रीब से समझने के लिए मैं अपने फ़ोटोग्राफ़र दोस्त प्रशान्त रवि के साथ गाँव पहुँचा। एकवारी के अरविन्द सिंह ने हमसे कहा कि हम अरवल होते हुए आये जहाँ सोन नदी पर बना नया पुल गाँव तक पहुँचने में हमारी मदद करेगा। अरवल और आरा दोनों तक अब गाँव की अच्छी पहुँच है। नीतीश कुमार सरकार के बनाये 2.04 किलोमीटर पुल को पार करके हम सहार पहुँचते हैं, जहाँ स्थानीय पुलिस का लगाया एक फीका पड़ चुका बोर्ड है जिस पर नक्सलियों से अपील की गयी है कि–हिंसा का दामन छोड़कर मुख्यधारा के विकास में साथ जुड़ें। सहार से 9 किलोमीटर दूर है एकवारी, जिस तक पहुँचने के लिए 1985 में सड़क बन गयी थी। गाँव में एक छोटा बाज़ार भी है।

इस गाँव के रेवतीरमन शर्मा ने इस जगह की कड़वी याद की बात करने से पहले हमें शाहाबाद का लोकप्रिय खुरमा खिलाया। अब यहाँ अगड़ी-पिछड़ी जाति के बीच कड़वाहट नहीं दिखती। 1971 में शुरू हुए ख़ूनी संघर्ष के बाद गाँव की चौबीस जातियां–जिसमें 30 फ़ीसदी आबादी भूमिहारों की है और जो 80 फ़ीसदी ज़मीन के मालिक हैं–अब एक-दूसरे पर गोलियां दागकर थक चुकी हैं और इन्होंने एक साथ रहना सीख लिया है। ये लोग कभी-कभी ख़ुद से सवाल करते हैं कि आख़िर वे किस बातपरलड़ रहे थे।

इस जगह के अन्धकारमय अतीत के गवाह बने गाँव के बुज़ुर्गों के साथ 35 से 50 साल के लोग भी थे, जो रणवीर सेना में शामिल हुए थे और आज भी इन पर कई केस चल रहे हैं। इनसे बात करते हुए 2015 के एकवारी को जानना भी ज़रूरी है। 24000 की आबादी (8500 वोटर) वाला एकवारी गाँव सहार पुलिस थाने के तहत आता है। सहार निर्वाचन क्षेत्र के तहत आरक्षित यह गाँव अब आरा लोकसभा क्षेत्र के तरारी विधानसभा इलाक़े में आता है। यहाँ एक हाई स्कूल, आठ माध्यमिक स्कूल और छह प्राथमिक स्कूल हैं और एक प्राथमिक स्वास्थ्य

केन्द्र भी है। ज़्यादातर किसानों के पास दो फसल वाली 10 बीघा की ज़मीन है। मध्यम वर्गीय किसानों के पास 25 बीघा ज़मीन। एक नहर है जिसमें पानी नहीं है और खेती पूरी तरह बारिश और ट्यूब वेल पर निर्भर है। भूजल स्तर 145-150 फ़ुट तक रहता है। धानकी प्रति बीघा पैदावार 10 क्विंटल है और गेहूँ की सात क्विंटल। एक बीघा में 27220 वर्ग फ़ुट ज़मीन है। गाँव के ज़्यादातर युवा दिल्ली, पंजाब और गुज़रात की फैक्ट्रियों में काम पर लगे हैं। गाँव में कुल तीन डॉक्टर और दो इंजीनियर हैं।

लालू की दो चुनावी सभा और नीतीश की एक सभा के अलावा इन दोनों नेताओं को इस गाँव की याद कभी नहीं आयी।

70 साल के राम गोविन्द शर्मा बताते हैं कि किस तरह जगदीश महतो, कुर्मी समुदाय के पहले युवा थे, जिसने स्नातक पूरा किया और फिर अध्यापक बनकर सम्मान की लड़ाई लड़ते रहे। राम बताते हैं—लम्बी चली हथियारबन्द लड़ाई के चलते पूरी एक पीढ़ी राह भटक गयी। शान्ति तो इस गाँव में 2003 के बाद लौटी है। गाँव के कई युवा जिन्होंने रणवीर सेना के लिए 1995 से 2000 के बीच हथियार उठाये, अब ये युवा गाँव में खेती कर रहे हैं, छोटे-मोटे ठेके हैं या पटना या कहीं और सुरक्षा गार्ड का काम कर रहे हैं।

शर्मा बताते हैं कि भूमिहार किसानों पर हमले की शुरुआत 23 फ़रवरी, 1971 को हुई, जब गाँव के ज़मीन मालिक किसान शिवपूजन सिंह को मार डाला गया। जगदीश महतो, रामेश्वर अहीर, बिखारी कहर, महाराज महतो और सिंहासन चमार के नाम एफआईआर दर्ज की गयी। 30 मार्च, 1971 को एक और ज़मीन मालिक जगदीश सिंह की हत्या हुई। 9 जून, 1971 को दूधेश्वर सिंह को मार दिया गया। 1976 को 15 भूमिहार किसानों की हत्या कर दी गयी।

हमले में बाल-बाल बचे 70 साल के मदन शर्मा कहते हैं कि इस ख़ूनी संघर्ष की वजह गाँव के ज़मीन मालिक नथूनी सिंह पर आर्थिक प्रतिबन्ध लगाना था, जिनके पास 100 बीघा से ज़्यादा की ज़मीन थी। आमतौर पर नक्सल यह काम करते थे और गाँव के बड़े ज़मीन मालिकों पर आर्थिक प्रतिबन्ध लगा देते थे।

नथूनी सिंह के 62 साल के पोते भोला सिंह याद करते हुए बताते हैं कि किस तरह दोबारा खेती करने की हिम्मत करने के लिए उनके परिवार के पाँच सदस्यों को 15 साल के भीतर मार डाला गया। पहले 80 के दशक में हमारे ही खेत के एक मज़दूर ने मेरे दादा नथूनी सिंह को भुजली से काट डाला। दादा गेहूँ कटाईं की

निगरानी कर रहे थे। कुछ साल बाद मेरे छोटे भाई अशोक की और फिर मेरे पिता शंख सिंह की हत्या कर दी। आगे के सालों में मेरे चचेरे भाई ज्वाला सिंह को भी नहीं छोड़ा। उन सबको सिर्फ़ इसलिए मार डाला गया क्योंकि उन्होंने अपनी ही ज़मीन पर फिर से खेती करने की जुर्रत की। भोला सिंह अपनी पुश्तैनी ज़मीन की देख-रेख के लिए गाँव में ही रहते हैं।

भोला सिंह कहते हैं कि गाँव से भाग जाने का तो कोई रास्ता ही नहीं था। उनका चचेरा भाई सन्तु सिंह भी पुलिस मुठभेड़ में मारा गया। सिंह ने अपने पक्के घर के बर्बाद हो चुके हिस्से दिखाये। रणवीर सेना के दौर में जब पुलिस को सन्तु की तलाश थी, तब सिंह के घर कई बार छापे पड़े और उनके घर के दरवाज़े तक नहीं छोड़े गये।

सिंह कहते हैं–*रणवीर सेना के गठन के बाद ही गाँववालों ने फिर से खेती करने की हिम्मत दिखायी। पिछले पाँच सालों से मैं अपनी पूरी ज़मीन जोत रहा हूँ। इस लम्बी लड़ाई ने हम सबको बर्बाद कर दिया और हमारी दूसरी पीढ़ी तो गाँव छोड़ने पर मजबूर हो गयी।*

एकवारी के युवाओं को 1994 में बनी रणवीर सेना के होने पर कोई अफ़सोस नहीं है और वह इसे एक प्रतिक्रिया के तौर पर देखते हैं। रणवीर सेना के सक्रिय सदस्य रहे 45 साल के एक गाँववासी का कहना है–*70 के दशक से लेकर 1993 तक एकवारी में 40 हत्याएँ हुईं। गाँव जैसे विधवाओं का जमघट बन गया था। भूमिहार के सबसे बड़े गाँव बेलाउरपर हमले के बाद बरमेश्वर मुखिया ने हमसे कहा कि बहुत हो गया। जब कोई हमारे परिवार पर हमला करेगा तो हम उसके पूरे ख़ानदान को ख़त्म कर देंगे। कोई ज़मीन लूटेगा तो हम उनके घर लूटेंगे। वह अक्सर न्यूटन के तीसरे नियम का ज़िक्र करते कि 'प्रत्येक क्रिया के समान एवं विपरीत प्रतिक्रिया होती है।' रणवीर सेना वही प्रतिक्रिया थी। हम पहले हमला नहीं करते लेकिन जवाब ज़रूर देते। आन्दोलन के दौरान मुखिया तेज़ी से चलते और नारा लगाते –चैन दो या उग्रवाद लो।*

एक और शख़्स याद दिलाते हैं कि किस तरह मुखिया का एकछत्र राज था और उनकी मर्ज़ी के बिना एक पत्ता नहीं हिलता था।

शाहाबाद और मगध इलाक़े के तमाम गाँवों में बरमेश्वर मुखिया की लोकप्रियता बढ़ती जा रही थी और तो और अपनी ही जाति के राजनेताओं के बीच भी उनका सम्मान किया जाने लगा। यहाँ तक कि चर्चित बीजेपी नेता गिरिराज सिंह ने तो एक

बार मुखिया की तुलना महात्मा गाँधी से कर दी थी। हालाँकि उनकी इस टिप्पणी की कई खेमों में आलोचना भी हुई लेकिन मुखिया की हत्या के बाद दिये गये इस बयान पर गिरिराज क़ायम रहे।

वाजपेयी सरकार में केन्द्रीय मन्त्री रहे डॉ. सीपी ठाकुर जैसे नेता मुखिया के हिंसा के प्रति दिये गये तर्क से सहमत थे और इसलिए वह पटना में मुखिया के दाह-संस्कार में मौजूद भी थे।

एकवारी की सवर्ण जाति ने पहली बार 1993 में अनुसूचित जाति के तीन लोगों को मारकर बदले की कार्रवाई शुरू की। रणवीर सेना के गठन के बाद एकवारी ने दो और नरसंहार देखे–एक 1996 में जब सेना ने अनुसूचित जाति के 6 किसानों को मारा और एक 1997 में जब पिछड़ी जाति के 10 लोगों को मारा गया। 1996 में इस सवर्ण सेना का नाम नरसंहार के 9 मामलों में आया, जिसमें से एक मुखिया के गाँव खोपिरा का ही मामला था, जिसमें 1995 में तीन दलितों को मार डाला गया। 2001 तक इस सेना के ख़िलाफ़ नरसंहार के कुल 26 मामले दर्ज हुए।

इस हिंसक आन्दोलन की वजह से एकवारी के स्कूल तो साल 2000 तक क़रीब छह साल के लिए बन्द रहे। बच्चों ने पढ़ना छोड़ गन, बन्दूक और कट्टा उठा लिया। एक वक़्त था जब रणवीर सेना ने *सोना बेचो, लोहा ख़रीदो* का नारा दिया। 90 के दशक में एक दिन ग्रामीण बैंक का तमाम पैसा एक दिन में निकाल लिया गया ताकि हथियार ख़रीदे जा सकें। रणवीर सेना के सदस्य रहने की वजह से सिर्फ़ 10+2 तक की पढ़ाई करने वाले एक शख़्स ने बताया–*बैंक चौकीदार को माजरा समझने में देर नहीं लगी और उसने अगले ही दिन तबादला ले लिया क्योंकि उसे पता था कि क्या होने वाला है। गाँव के हर परिवार पर कोई-न-कोई केस दर्ज रहता था, जिसकी वजह से युवाओं को नौकरी नहीं मिल पाती थी।*

गहरी साँस लेते हुए मदन शर्मा कहते हैं–*लेकिन अब गाँव में शान्ति लौट रही है। बाहर से मज़दूर भी आ रहे हैं। हम खुले में सो सकते हैं। 90 के दशक में सिमुलतला से सर्वोदय शान्ति मण्डल ने शान्ति बहाली की असफल कोशिश की लेकिन साल 2001 में पुलिस द्वारा गठित शान्ति समिति ने अपना काम किया।* मदन कहते हैं कि काश वह 30 साल के इतिहास को मिटा पाते।

लेकिन इस संघर्ष के बाद अब सबके रवैये में एक बड़ा बदलाव देखा गया। भूमिहार युवा ही हमें जगदीश महतो के घर ले गये। राकेश ने कहा–*ज़रा बासुदेव चाचा को बुलाओ।* बासुदेव, जगदीश महतो के चचेरे भाई हैं।

जगदीश से महज़ दस साल बड़े बासुदेव ने भी ज़मींदारों को चुनौती दी थी। वह कहते हैं कि उन बुरे दिनों का पूरा ब्यौरा देना मुश्किल है और अब वह सब आगे निकल चुके हैं। बेहतर जीवन गुज़ार रहे हैं। जगदीश का सबसे बड़ा बेटा अशोक अभी भी बेरोज़गार है और सबसे छोटा अनिल औरंगाबाद में प्राइवेट नौकरी करता है।[10]

बासुदेव ने जगदीश के बचपन की तस्वीर दिखायी। जगदीश मास्टर की बीमार पत्नी कमलेश्वरी देवी अपनी बेटी उषा के साथ रहती है जिनका विवाह राजद नेता भगवान सिंह कुशवाहा से हुआ है।

बासुदेव अपने बहादुर भाई के बारे में बात करते नहीं थकते। वह कहते हैं–जगदीश की पहली नौकरी बतौर शिक्षक, अम्बा, औरंगाबाद में लगी थी। उसे गणित पढ़ाना पसन्द था। लेकिन 1967 चुनाव में उसके साथ जो हुआ, वो उसे भूल नहीं पाया। फिर क्या हुआ सब जानते ही हैं। बासुदेव कहते हैं कि उनकी भाभी कमलेश्वरी देवी बताती हैं कि किस तरह मास्टर साहब, उनके उस अपमान को नहीं भूल पाये जो 1967 की वोटिंग वाले दिन हुआ था और किस तरह जगदीश ने यह कहते हुए अपनी पत्नी की चूड़ियाँ तोड़ दीं कि वह तो वोटिंग वाले दिन ही मर गये थे।

हम जगदीश मास्टर साहब के स्मारक पर गये। सीमेंट का बना एक मंच जिस पर तीन लोगों के नाम ख़ुदे हुए हैं–कॉमरेड जगदीश मास्टर साहब, कॉमरेड रामेश्वर साधुजी और कॉमरेड शीला। 4 नवम्बर, 2003 को इस स्मारक का उद्घाटन सहार के तत्कालीन विधायक रामनरेश राम ने किया था।

आज भी एकवारी का महतो परिवार भड़क जाता है कि किस तरह उन्हीं के लोगों की ग़लती से जगदीश मास्टर मारे गये। 10 दिसम्बर, 1972–महतो को बिहिया बाज़ार में मार डाला गया जब वह ज़मीन मालिक हरि सिंह पर कथित तौर पर हमला करके छुप रहे थे। इस बीच चोरों को ढूँढ़ रहे कुछ ट्रक ड्राइवर ग़लती से जगदीश और उनके दो साथियों का पीछा करने लगे। जगदीश ने ख़ुदरा के मुसहर गाँव की तरफ़ कूच किया जहाँ उन्हें मुसहरों ने पीटना शुरू कर दिया। वह अपनी पहचान बताते लेकिन तब तक देर हो चुकी थी।

जगदीश के बीएससी पास भतीजे शैलेश कहते हैं–मैं चाहता हूँ कि स्मारक पर बड़े पापा की मूर्ति लगे। उनके क़िस्से सुनकर बड़ा हुआ हूँ। अब अपने जीवन में कुछ अच्छा करना चाहता हूँ।

जगदीश के परिवार के साथ बासुदेव के पास छह बीघा की ज़मीन है। साल 2000 में उन्होंने अपने मकान की मरम्मत करवाई।[11]

बिहार में नरसंहार की शुरुआती तस्वीर 1977 की है जब बेलछी में पिछड़ी जाति के 14 लोग मार दिये गये। इस नरसंहार को इन्दिरा गाँधी की वजह से भी याद किया जाता है क्योंकि 1977 में अपनी हार के बाद वह बारिश में हाथी पर सवार होकर इस गाँव में आयी थी क्योंकि कोई पक्की सड़क नहीं थी। गाँधी के इस तरह आने से दलितों के मन में कांग्रेस ने एक बार फिर जगह बनाने का प्रयास किया।

राजनीति को जातीय संघर्ष से अलग करके देखना ग़लती होगी।

बिहार के पहले प्रमुख डॉ. श्रीकृष्ण सिन्हा को कांग्रेस के सबसे सफल सीएम के तौर पर देखा जाता है लेकिन उनके राज में भी विकास का असन्तुलन तो देखा जा सकता था, जब ज़्यादातर फ़ायदे ऊँची जाति की झोली में जाते थे। गया की मगध यूनविर्सिटी में ऊपर से नीचे तक राजपूतों का राज था, वहीं बरौनी रिफाइनरी में भूमिहार की दादागिरी थी। 1960 में सिंह के कार्यकाल के दौरान 1000 भूमिहारों की बतौर इंस्पेक्टर नियुक्ति की गयी जिसे भर्ती अभियान कम और सशक्तिकरण का तरीक़ा ज़्यादा माना गया। ज़मीन को लेकर लड़ाई लम्बी चली जो आगे चलकर जातीय नरसंहार और नक्सल आन्दोलन में बदल गयी। बिहार की सामाजिक कहानी ज़मीन लूटने और ज़मीन को लूटने से बचाने के इर्द-गिर्द ही घूमती रही।

आर्थिक रूप से पिछड़े वर्ग के नेता कर्पूरी ठाकुर पहले ऐसे बड़े नेता थे जिन्होंने किसानों के मुद्दे पर आवाज़ बुलंन्द की। कर्पूरी के *बकाश्त आन्दोलन* ने उन्हें लोकप्रियता दिलायी जो ज़मीन पर किसानों के हक़ की बात करने वाला आन्दोलन था। कांग्रेस के समाजवादी नेता पण्डित रामनन्दन मिश्र ने इस आन्दोलन की अगुवाई की जो 1937 से 1950 तक चला। कर्पूरी ने इस आन्दोलन का हिस्सा बनने के लिए स्नातक की पढ़ाई छोड़ दी। परीक्षा में पास होने के लिए अंग्रेज़ी में उत्तीर्ण होने की अनिवार्यता को हटाये जाने का फ़ैसला लेने वाले सीएम ठाकुर ने ओबीसी और दलित मुद्दों पर काम तो किया लेकिन विवादित भूमि सुधार मसले पर उनकी सरकार ज़्यादा कुछ कर नहीं पायी क्योंकि उनके पास बहुमत नहीं था और जिनके समर्थन से उनकी सरकार चल रही थी, वह भूमि सुधार के पक्ष में नहीं थे।

कर्पूरी की विरासत के स्वघोषित वारिस लालू प्रसाद ने भी भूमि सुधार पर कुछ ख़ास क़दम नहीं उठाए जबकि यह मुद्दा कांग्रेस काल के सीएम श्रीकृष्ण सिन्हा के वक़्त से लटका हुआ था। लालू प्रसाद का इस पेचीदा मामले में दख़ल देने का

कोई इरादा नहीं था। नीतीश कुमार ने अपने पहले कार्यकाल में इस मसले पर काम करने का एक हल्का सा प्रयास किया, जब पश्चिम बंगाल के *ऑपरेशन बरगा* की सफलता की कहानी सुनने के बाद डी. बन्धोपाध्याय समिति का गठन किया गया। लेकिन बन्धोपाध्याय के सरकार को रिपोर्ट देने के बाद एक लम्बी ख़ामोशी छा गयी।

2009 में मुझे दिये एक इंटरव्यू में समिति रिपोर्ट पर सरकार के गम्भीर ना होने के सवाल पर जवाब देते हुए नीतीश ने कहा–समिति की और भी सिफ़ारिशें थीं, जैसे चकबन्दी जिसे हम लागू करने का प्रयास कर रहे हैं। लेकिन 2012 से नीतीश सरकार जो काम कर रही है, वो दरअसल राज्य की ज़मीनों का ऑनलाइन रिकॉर्ड बनाना है। भूमि सुधार लागू नहीं हो सकता क्योंकि उस राज्य में कोई पार्टी जातिवाद का बटन नहीं दबाना चाहेगी जहाँ हर बात, जाति पर जाकर ख़त्म होती है। यह भी सच है कि ज़मीन मालिकों की सूची में अब ओबीसी जाति की भी बड़ी तादाद दिखने लगी है। यही वजह है कि किसी भी सरकार के लिए समिति की भूमि सुधार सिफ़ारिशों को लागू करना और मुश्किल काम है। [12]

कुछ ऐसा ही हश्र अमीर दास समिति का हुआ जिसके गठन का उद्देश्य यह पता लगाना था कि राज्य के किस नेता का रणवीर सेना से लिंक था। नीतीश सरकार के आने के बाद इस समिति को भंग कर दिया गया। कुमार का यह फ़ैसला आचम्भित करने वाला नहीं था क्योंकि उनकी सरकार बीजेपी के समर्थन से चल रही थी और यह समिति, रणवीर सेना और बीजेपी नेताओं के बीच सम्बन्ध स्थापित करने के अनधिकारिक मक़सद के लिए राजद सरकार के दौरान बनायी गयी थी।

नीतीश कुमार ने सोन नदी को पार करने के लिए पुल तो बनवा दिया लेकिन राज्य में सामाजिक खाई को कौन और कैसे पार करेगा?

सन्दर्भ

1. बिहार के पूर्व डीजीपी अभयानन्द का साक्षात्कार, जुलाई 5, 2015
2. द इंडियन एक्सप्रेस (बिहार के सबसे हिंसक सालों की कभी न मिटने वाली छाप। जून 4, 2012
3. भंग हो चुकी रणवीर सेना के प्रमुख बरमेश्वर मुखिया के बेटे कुमार इन्दुभूषण का साक्षात्कार, जून 11, 2015
4. पूर्वलिखित।
5. *प्रकाश लुइस,* People Power: The Naxalite movement in central

Bihar, *नयी दिल्ली, वर्डस्मिथ्स, 2002, सारणी 8.8, पृ. 246-242* द इंडियन एक्सप्रेस (गाँव जो हिंसक अतीत को भुलाकर विकास का हाथ थामना चाहता है, नवम्बर 18, 2010)

6. द इंडियन एक्सप्रेस–एक भूतिया गाँव, जून 19, 2008)
7. लेखक कल्याण मुखर्जी और राजेन्द्र सिंह यादव की किताब–भोजपुर–बिहार के नक्सलवादी आन्दोलन (राधाकृष्ण प्रकाशन प्राइवेट लिमिटेड, दरियागंज, नयी दिल्ली)
8. एकवारी (भोजपुर) निवासियों का साक्षात्कार, June 14, 2015
9. जगदीश महतो के चचेरे भाई बासुदेव महतो का साक्षात्कार, जून 14, 2015
10. जगदीश महतो के भतीजे शैलेश का साक्षात्कार, जून 14, 2015
11. बिहार सीएम नीतीश कुमार का साक्षात्कार, नवम्बर 23, 2009

9

अब कोई चारा नहीं

1996–दशहरे की तैयारी चल रही थी और उधर चारा घोटाले की आग में लालू प्रसाद घिर गये थे। इस संकट से बचने के लिए उन्होंने क्या-क्या नहीं किया। पण्डित के कहने पर वह पटना के गाँधी मैदान में हुए रावण वध में ट्रैक्टर ट्रोली चलाकर पहुँचे और हुनमान को याद करते हुए ट्रोली से कूद गये। इससे उनका कुछ ख़ास भला तो नहीं हो पाया लेकिन टकने में हेयरलाइन फ्रैक्चर जरूर हो गया।

चारा घोटाले से जुड़े एक केस में 79 रात, राँची सेंट्रल जेल में गुज़ारकर 17 दिसम्बर, 2013 को जब वह बाहर निकले तो वह अपने राजनीतिक ठिकाने बिहार पहुँचने के लिए उतावले थे। पार्टी का काम जो रुका पड़ा था–आख़िर राजद का वजूद ही उनसे था। लालू प्रसाद को जल्दी थी क्योंकि बीजेपी के नरेन्द्र मोदी बहुत सुर्ख़ियाँ बटोर रहे थे। लालू तो एल के आडवाणी को अपना मुख्य विरोधी मानते रहे लेकिन राजद प्रमुख जब घर लौटे तो राजनीतिक दंगल के अखाड़े में उनके सामने अब कोई और खड़ा था।

इंडियन एक्सप्रेस राँची के तत्कालीन संवाददाता दीपू सेबेस्टियन एडमण्ड ने राजद अध्यक्ष के राँची से पटना तक के 360 किलोमीटर के सफ़र को कवर किया। लालू इस दौरान कई जगह रुके–राजरप्पा मन्दिर, डीएसपी के घर नाश्ता किया और 100 कारों के काफ़िले के साथ जनता से कुछ देर की बातचीत। लालू प्रसाद, दिल्ली की सफ़ेद रंग की टोयोटा फॉर्च्यूनर में सवार थे। लालू को हमेशा से ही सफ़ेद रंग के वाहन से लगाव रहा। [1]

लालू के सिर पर 2014 लोकसभा चुनाव का भूत सवार था। उन्हें पार्टी में फिर से जान फूँकनी थी और उन कार्यक्रमों में शामिल होना था जो उनके न होने की वजह से अटके पड़े थे। राजद प्रमुख की पत्नी और पूर्व सीएम राबड़ी देवी ने

अपने साहब की ग़ैरमौजूदगी में छठ पूजा भी नहीं आयोजित करवाई जबकि लालू तो बढ़-चढ़कर इस त्यौहार को मनाते हैं। लेकिन राँची जेल में लालू के जाने के बाद सीएम आवास के ठीक पीछे उनके आवास 10, सर्कुलर रोड पर समर्थकों की भीड़ और ज़्यादा बढ़ने लगी। एक अनौपचारिक बातचीत में राबड़ी देवी ने मुझे बताया कि किस तरह लालू प्रसाद को जेल होने के बाद उनके समर्थकों ने उनका साथ नहीं छोड़ा। सुबह से लेकर शाम तक साहब की ख़ैरियत और राजद के लिए अपना समर्थन दिखाने के लिए लोग आते रहते हैं, फोन की घंटी बन्द नहीं होती।

बिहार की राजनीति भी लालू के बिना सुस्त पड़ी थी। उनके राजनीतिक विरोधी भी लालू के तंज़, मज़ाक़िया लहज़े को याद करते थे। टीवी चैनल जिनकी दुकान लालू प्रसाद के बयानों से चल रही थी, उन्होंने राँची से पटना आ रहे लालू के जुलूस का पीछा करना शुरू कर दिया। लालू के चेहरे पर रौनक थी और अगले दिन वह पटना में टीवी पत्रकारों से कहते हैं–*जेल तक आप लोग मेरे पीछे आये, लेकिन चलो अच्छा है कि राँची में मुझे लेने भी आ गये*। मुश्किल वक़्त में भी हँसने-हँसाने की लालू प्रसाद की अदा उन्हें बाकियों से जुदा करती है।

लालू चाहते तो फ्लाइट से पटना जा सकते थे, लेकिन चुनाव के मौसम को वह भुनाना चाहते थे। वह लोगों से मिलना चाहते थे। रास्ते में उनके सबसे छोटे बेटे तेजस्वी प्रताप यादव अपने पिता की बातों को ग़ौर से सुन रहे थे। लालू अपने बिहार लौटने की ख़बर दो लोगों को देना चाहते थे–एक नीतीश कुमार जिन्हें लगा था कि चारा घोटाले के बाद लालू का राजनीतिक सफ़र समाप्त और दूसरे थे–नरेन्द्र मोदी।

इंडियन एक्सप्रेस की रिपोर्ट में लिखा गया (On way to Patna, Lalu in poll mode, October 18, 2013)–

रास्ते भर सभाओं को सम्बोधित करते हुए उनकी बातों में सिर्फ़ एक व्यक्ति का ज़िक्र था और वह बिहार सीएम नहीं थे। हज़ारीबाग़ में जनता से बात करते हुए लालू ने कहा–2014 के चुनाव में तो नीतीश कहीं है ही नहीं। नरेन्द्र मोदी पर निशाना साधते हुए लालू ने कहा–वह इस देश को राम-रहीम के नाम पर बांटकर हस्तिनापुर पर राज करना चाहता है। वो सत्ता में आ गया तो सबसे बुरा हाल युवाओं का होगा। 1947 याद है न भाइयों।[2]

जब लालू प्रसाद अपने पटना आवास पहुँचे तो पहले की तुलना में बहुत ज़्यादा शोर-शराबा नहीं था। उनके चेले बताते नहीं थकते कि किस तरह उनके दोषी पाये जाने के कोर्ट के फ़ैसले के बावजूद लोगों ने उनका जमकर समर्थन किया।

एक राजद कार्यकर्ता ने बताया कि किस तरह यह ख़बर सुनकर कि लालू को पाँच साल की सज़ा हुई, राजद प्रमुख के आवास के सामने से गुज़र रहा एक व्यक्ति तो अपनी साइकिल से गिर पड़ा।

लालू प्रसाद का नाम आरसी 20(ए-96) केस में आरोपी के तौर पर आने के 17 साल बाद 3 अक्टूबर, 2013 को फै़सला आया। हालाँकि लालू घबराये तो थे लेकिन पटना में अपने आख़िरी दिन तक वह बहादुरी से समर्थकों और पत्रकारों से मिलते रहे।

1 अक्टूबर, 2013 को फै़सले से पहले के मूड को समझने के लिए मैं राजद प्रमुख से मिला और वह काफ़ी शान्त लग रहे थे और आने वाले फै़सले को लेकर परेशान नहीं लग रहे थे। वह बीच में रखी एक टेबल पर पैर फैलाकर बैठे थे, बगल में पीक़दान रखा था। उनसे कुछ ही दूरी पर एक कर्मचारी खड़ा था। पीछे खड़ा उनका एक अदना सिपाही हाथ में लगातार तम्बाकू मसलता और अपने मालिक के आगे बढ़ा देता। लालू ने अपनी बात रखते हुए बताया कि किस तरह बिहार को विशेष राज्य का दर्जा दिये जाने की नीतीश कुमार की खोखली माँग की केन्द्र सरकार विवेचना कर रही है। मौज़ूदा मुद्दों पर अपने बेटे तेजस्वी की तैयारी को लेकर वह काफ़ी प्रभावित दिखे। कोर्ट केस को लेकर कोई बात नहीं हुई, शायद लालू फै़सले को स्वीकार करने के मूड में थे।[3]

अब बात चारे की जिसने लालू के पास सज़ा से बचने का कोई चारा नहीं छोड़ा।

दरअसल चारा घोटाले का मामला सालों से अलग-अलग राज्य-कोष से ज़रूरत से ज़्यादा रकम निकालने का मामला है, जिस पर तत्कालीन सीएम लालू प्रसाद ने किसी तरह की निगरानी नहीं रखी। कुल मिलाकर हज़ार करोड़ रुपये से ज़्यादा की रकम का हेरफेर हुआ और 63 चारा मामले और उससे निकले अन्य केस दर्ज हुए।

लालू को जिस मामले में सज़ा सुनाई गयी, वह चाईबासा राज्य-कोष की धांधली से जुड़ा था। इस मामले को पूरा समझने के लिए यह समझना ज़रूरी है कि कोर्ट ने क्या कहा। वैसे भी तथ्य ही हैं जिन पर भरोसा किया जा सकता है।

प्रवास कुमार सिंह की राँची कोर्ट ने आरसी 20 (ए-96) केस में 568 पन्नों के बिन्दुओं में 63 पन्नों में पूरी तरह लालू की भूमिका पर बात की और फै़सले में कहा गया–

आरोपी लालू प्रसाद पर लगाये गये आरोपों का सारांश यह है कि बतौर राज्य के मुख्यमन्त्री और वित्तमन्त्री उन्हें पूरी तरह इल्म था कि किस तरह पशुपालन विभाग, चारा, दवाई, उपकरण के नाम पर अलग-अलग राज्य-कोष से पैसे की धाँधली कर रहा था, लालू ने इस काम को करने वालों को शह दी, उन्हें बढ़ावा दिया और इसके बदले में ख़ुद लालू को भी वक़्त-वक़्त पर बड़ी रकम दी गयी और उनका सत्कार किया गया।[4]

कोर्ट ने प्रसाद को धारा 120 (बी) (आपराधिक साज़िश) के साथ-साथ आईपीसी की धारा 420 (धोखेबाज़ी), 409 (विश्वास का आपराधिक हनन), 467, 468 और 471 (जालसाज़ी) और 477ए (लेखा में जानबूझकर ग़लत प्रविष्टि करना) और भ्रष्टाचार उन्मूलन क़ानून की 13(2) के तहत सज़ा सुनाई। कोर्ट ने प्रसाद को हर आपराधिक साज़िश और आपराधिक दुर्व्यवहार के लिए पाँच साल की सज़ा सुनाई और साथ में कहा कि सभी सज़ा साथ में ही चलेंगी। उन पर पहले चार्ज के लिए 10 लाख और बाद के लिए 15 लाख का जुर्माना लगाया गया। प्रमुख रूप से यह मामला लालू प्रसाद के सीएम की भूमिका से जुड़ा था, जब वित्तीय वर्ष 1994-95 के दौरान चाईबासा राज्य-कोष से 37.7 करोड़ रुपये की धोखाधड़ी की गयी।

कोर्ट ने कहा कि बतौर वित्तमन्त्री भी लालू प्रसाद कैग की रिपोर्ट पर ग़ौर कर सकते थे। कैग की 1988-89 की रिपोर्ट में 18.12.1993 को 6,12,62,065 रुपये की अतिरिक्त निकासी, 1989-90 की रिपोर्ट में 19.7.1994 को 8,65,36,915 रुपये, 1990–91 की रिपोर्ट में 5.4.1995 को हुई 29,28,61,782 रुपये की अतिरिक्त निकासी, 1991-92 की रिपोर्ट में 4.6.1995 को हुई 70,72,04,846 रुपये की निकासी, 1992-93 में 10.6.1995 को 87,77,27,635 रुपये, 1993-94 में 26.11.1995 को 125,02,73,065 रुपये और 1994-95 को 170,60,68,251 रुपये की अतिरिक्त निकासी के बारे में साफ़ तौर पर बताया गया था।

कोर्ट ने पूर्व सीएम जगन्नाथ मिश्र को भी दोषी ठहराया और कहा कि मिश्र, लालू के साथ दोस्ताना खेल खेल रहे थे। फ़ैसले में कहा गया कि यह पता चलता है कि दोनों ही गुप्त रूप से एक-दूसरे को फ़ायदा पहुँचा रहे थे और दिखावे के लिए सबके सामने एक-दूसरे की आलोचना करते थे। इस तरह दोनों ने ही घोटाले के होने में बड़ी भूमिका निभाई और जनता को मूर्ख बनाया गया।

जातिगत राजनीति से पटे पड़े बिहार राज्य में लालू ने जिस सामाजिक गठबन्धन का फॉर्मूला निकाला था, उसका कोई काट नहीं था और अक्सर लालू के लिए कहा जाता कि *वोट की जाति* पकड़ना कोई उनसे सीखे लेकिन चारा घोटाले ने लालू को बहुत कुछ सिखा दिया।

लेकिन लालू तो लालू हैं। उनकी लड़ाई तो 1995 चुनाव में ही शुरू हो गयी थी, जब तत्कालीन मुख्य चुनाव आयुक्त टी एन शेषन ने 850 कम्पनियों को तैनात किया, लेकिन लालू तब भी बढ़-चढ़कर चुनावी अभियान करके अपने वोटरों को सन्देश देने में जुटे थे। शेषन निष्पक्ष चुनाव चाहते थे जिसके लिए उन्होंने प्रबन्ध ज़रूरत से ज़्यादा चाक चौबन्द कर रखे थे, लेकिन उनकी यह कोशिश आम लोगों के लिए असुविधा खड़ी कर रही थी और जब चुनाव चार हफ़्ते के लिए टाल दिये गये तब परिवहन की बड़ी समस्या से लोगों का सामना हुआ। लोग ग़ुस्से में थे और लालू को इसका फ़ायदा मिला। जब विपक्ष ने सोचा कि लालू इस चुनाव में मुँह की खाएंगे तब लालू के समर्थकों ने और जमकर वोटिंग की और जनता दल के लिए लालू ने 173 सीटों का बहुमत हासिल किया।

1995 विधानसभा चुनाव में जीत के बाद लालू ने प्रधानमन्त्री बनने का सपना देखना शुरू किया। वह एक के बाद एक केन्द्र के किसी-न-किसी नेता को गरियाने का काम करते।

लालू के एक पुराने सहयोगी बताते हैं–

प्रधानमन्त्री बनने से पहले आई के गुज़राल , राज्यसभा के लिए बिहार से सीट चाहते थे और इसके लिए लालू का साथ तो चाहिए ही था। लालू ने कोई पक्की सीट देने का वादा नहीं किया। वह गुज़राल को चौथी सीट देना चाहते थे, लेकिन उसमें जीत के लिए पर्याप्त विधायक नहीं थे। जब गुज़राल ने ज़िद की तो लालू नाराज़ हो गये और उन्हें अपने घर से बाहर का रास्ता दिखा दिया। बाद में गुज़राल को राज्यसभा का नामाँकन दिया गया लेकिन वो भी चौथे उम्मीदवार के तौर पर जो सफ़र गुज़राल के लिए बहुत कठिन रहा।

चारा घोटाले के बाद तो लालू का आधे से ज़्यादा वक़्त ख़ुद को बचाने, जेल के अन्दर और बाहर से राबड़ी को समझाने और सत्ता में बने रहने के प्रयास में ही जाता रहा। वह अपने अधिकारियों से कहते कि बस यथास्थिति बनाकर रखें। समझ लीजिए कि लालू बस हर चुनाव में टिक जाने की दुआ करते थे। 1996 लोकसभा चुनाव के बाद उनकी पार्टी की ताक़त भी लगातार कम होती जा रही थी।

लालू के कथित सामाजिक सशक्तिकरण से किसी का भला हुआ तो वो ओबीसी यादव थे। ग़ैर यादव ओबीसी, ईबीसी और दलित ने धीरे-धीरे ख़ुद को लालू से दूर करना शुरू कर दिया। 1995 चुनाव में जॉर्ज फर्नांडिज़ की समता पार्टी में महज़ सात सीट लाने वाले नीतीश कुमार, पार्टी को 9वें नम्बर पर ले आये। 1996 में नीतीश, एनडीए में शामिल हो गये। अब दो कैम्प बन गये थे–लालू और लालू विरोधी जिसमें 1997 से कांग्रेस बिन पेंदी के लोटे की तरह रही जो कभी लालू की तरफ़ दिखी तो कभी उनके ख़िलाफ़।

इधर चारा घोटाले के बाद बीजेपी एक के बाद एक और घोटालों का पर्दाफ़ाश करने में जुट गयी। बीजेपी ने एक किताब जारी की जिसमें लालू-राबड़ी सरकार के दौरान हुए 17 छोटे-बड़े घोटालों का नाम दिया गया। पीडब्लूडी मन्त्री इलियास हुसैन के कोल-तार घोटाले ने भी काफ़ी सुर्ख़ियां बटोरी। वैसे तो लालू ख़ुद ही ख़राब सड़क के लिए अपने मन्त्रियों को दोष देते आये लेकिन इसके बावजूद वोटरों पर अब उनकी पकड़ ढीली होती जा रही थी। हालाँकि मुस्लिम-यादव गठजोड़ अभी भी उनकी झोली में था, लेकिन इसकी एक बड़ी वजह मुस्लिम और यादव के पास कोई और विकल्प का न होना था। चारा घोटाले के बाद लालू किसी भी तरह की सरकारी अनियमितताओं को लेकर ज़्यादा ही सचेत दिखे।

कन्हैया भेलारी बताते हैं–

1998 की बात है। कहने को राबड़ी सीएम थीं, लेकिन डोर तो लालू के हाथ में ही थी। चारा घोटाले के एक और मामले में जेल की सज़ा पाकर लालू लौटे थे। नागरिक आपूर्ति राज्यमन्त्री राम लखन मेहता ने उन्हें बताया कि भागलपुर ज़िले में कागज़ी कार्यवाही पर तो कुँओं का निर्माण हो गया है। लालू ने पहले तो मेहता से ग़ुस्से में कहा–तुमको सप्लायी का काम दिये हैं और तुम कुँआ खोद रहे हो। यह ताना सुनकर मेहता चलते बने। लालू ने उन्हें फिर बुलाया और कथित अनियमितताओं का पूरा ब्यौरा लिया, डीएम को बुलाकर रिपोर्ट जल्दी जमा करने का आदेश दिया। चार दिन में रिपोर्ट जमा करवाने के बाद ही लालू ने साँस ली।[5]

1998 का लोकसभा चुनाव लालू के लिए ताबूत में आख़िरी कील साबित हुआ, जब वह शरद यादव से मधेपुरा की सीट हार गये और उनकी पार्टी को बिहार की 40 में से 17 सीट मिलीं। लेकिन लालू की ख़ास बात है कि वह हार को भी बड़े दिल से स्वीकार करते हैं। इसलिए जब उनके साथी विजय कृष्ण, बाढ़ सीट से नीतीश कुमार से हार गये तब लालू ने उनसे कहा–*जाय दे, जब हमही हार गयीन, तब तू जीत के का करबे। नीतीश ते अपने आदमी बा। मन्त्री बनी और कुछ करी।*

1999 लोकसभा चुनाव तो अटल बिहारी वाजपेयी के नाम पर ही लड़ा गया जब अविभाजित बिहार से लालू का पूरी तरह खात्मा होता दिखा क्योंकि राजद ने महज़ 5 सीटें जीतीं। एनडीए को भरोसा था कि 2000 के विधानसभा चुनाव में लालू की छुट्टी लेकिन लालू का इरादा रिटायर होने का नहीं था।

2000 के चुनाव में लड़ाई तीन तरफ़ से थी और बहुमत से थोड़ा-सा दूर रहने के बावजूद राजद सबसे बड़ी पार्टी बनकर उभरी। लेकिन बिहार राज्यपाल ने सरकार बनाने के लिए एनडीए को न्यौता दिया-समता पार्टी से बड़ी पार्टी बनकर उभरी बीजेपी ने नीतीश को अपना नेता चुना। नीतीश के लिए यह सिर्फ़ सात दिन की चाँदनी रही और बहुमत न मिल पाने की वजह से वह सीएम से पूर्व सीएम हो गये। इस घटना के बाद लालू जब विधानसभा के गलियारे में नीतीश से मिले तो उन्हें गला लगाकर कहा–*हम आपको मुख्यमन्त्री बनायेंगे। आप मेरे छोटे भाई हैं। बस लंघी मारकर बनना ग़लत था*। यह सुनकर नीतीश हँस पड़े लेकिन उसमें शर्मिन्दगी का भाव भी छुपा था।

23 सीट जीतने वाली कांग्रेस ने राबड़ी देवी सरकार का समर्थन किया। लालू के लिए 1999 लोकसभा चुनाव के दर्द पर 2000 की जीत ने मरहम का काम किया।

अब राजनीति में टिक पाना ही लालू की प्राथमिकता बन गयी थी, जिसका उदाहरण तब देखने को मिला जब लालू ने झारखण्ड के अलग होने के मुद्दे पर अपना पक्ष बदल दिया। वह अक्सर कहते कि झारखण्ड को जीते जी अलग नहीं होने दूँगा, लेकिन फिर राजनीतिक वजहों से वह इसके लिए तैयार हो गये। जबकि लालू यह कहते हुए इस विभाजन का विरोध करते थे कि ऐसा करने से देश की 45 फ़ीसदी खदानों को बिहार खो देगा। एक कहावत भी चल पड़ी थी कि बिहार में अब *सिर्फ़ लालू और बालू* बचेंगे। बात में दम था। 2000 में नीतीश की सात दिन की सरकार गिरने के बाद लालू ने राबड़ी को फिर से राजगद्दी थमाई और यह हो पाया जब शिबु सोरेन की जेएमएम सरकार ने राबड़ी सरकार का समर्थन किया। झारखण्ड के अलग होने के दर्द को कई भोजपुरी गीतों में जगह मिली जैसे–*मिसरी मलायी खईल कईले तन बुलन्द, अए खहिये शकरकन्द, अलग भईले झारखण्ड।*

2004 के लोकसभा चुनाव में एनडीए के *इंडिया शाइनिंग* जुमले के पिटने के साथ लालू का एक बार फिर उदय हुआ। लालू का सामाजिक गठजोड़ वाला फॉर्मूला काम आया और उन्होंने बिहार में 22 और झारखण्ड में 2 सीट जीतीं।

और फिर आगमन हुआ एक नये लालू का, ऐसा लालू जो अपनी पुरानी, अलबेले नेता की छवि से पार पाना चाहता था। जिस लालू ने बिहार सीएम रहते

हुए कागज़ों से कोई सरोकार नहीं रखा, वही लालू अब प्रेस कॉन्फ्रेंस में सरकारी दस्तावेज़ों के बिना बात नहीं करते थे। शुरू में विपक्ष ने मज़ाक़ उड़ाया लेकिन धीरे धीरे लालू के आंकड़ों को गम्भीरता से लिया जाने लगा। रेलवे के मुनाफ़े में चलने की बात पर नीतीश कुमार यह कहते कि सुरक्षा पर ठीक से ख़र्च न करके रेलवे बड़ी लागत को बचा रहा है।

सब हैरान थे कि चारा घोटाले में नाम आने के बाद भी लालू को रेलमन्त्री बनाया गया। हालाँकि नियम साफ़ तौर पर कहते हैं कि दोषी पाये गये नेता को मन्त्री नहीं बनाया जा सकता लेकिन लालू तो घोटाले में नाम आने के बाद से ही सत्ता से बाहर थे। इस तर्क से वह 2000 में अपनी पत्नी राबड़ी देवी की जगह बिहार के सीएम बन सकते थे, लेकिन उन्होंने तब सीएम की कुर्सी से दूर रहना उचित समझा लेकिन रेलमन्त्री बनने से गुरेज़ नहीं किया।

2007 के रेल बजट पर प्रतिक्रिया देते हुए नीतीश ने कहा कि लालूजी ने एक्सेल लोड के लिए तो कुछ किया ही नहीं। इस दौरान लालू को मैनेजमेंट गुरु और रेलवे की कायापलट करने वाले शख़्स की तरह देखा जाने लगा। उन्हें आईआईएम अहमदाबाद जैसे संस्थानों में बतौर मैनेजमेंट गुरु बुलाया जाने लगा जहाँ वह गाय दुहने के सिद्धान्त की बात करते और कहते कि अगर गाय को लगातार दुहने का काम नहीं किया तो वह दूध कम देगी। कांग्रेस अध्यक्ष सोनिया गाँधी ने भी 2009 के लोकसभा चुनाव से पहले रोहतास के एक कार्यक्रम में लालू प्रसाद की जमकर तारीफ़ की। लालू के कार्यकाल में रेलवे के कायपलट की ख़बरें आती रहती थीं कि किस तरह लालू के गाय दुहने वाले सिद्धान्त ने रेलवे का कल्याण कर दिया।

वरिष्ठ पत्रकार राधिका रमन बालन, लालू प्रसाद के कामकाज को काफ़ी क़रीब से देख पाये। वह बताते हैं–

मैं उनके साथ पटना से हावड़ा तक की रेल यात्रा पर गया। ट्रेन के रेलवे सलून में लगे आधुनिक मॉनिटर पर रेलवे स्टेशनों के हाल से जुड़ी तमाम जानकारी देखकर वह ख़ुद हैरान थे। मॉनिटर पर सब जानकारी आती कि स्टेशन कैसा है और उसे बेहतर कैसे बनाया जा सकता है। एक बार तो उन्होंने किसी स्टेशन की ख़राब हालत देखकर तुरन्त रेल अधिकारी को फोन लगाया। अधिकारी भी हैरान था कि मन्त्री जी को कितना कुछ पता है, बेचारे अधिकारी को कहाँ पता था कि ये सब तो मन्त्री जी के सलून में लगे उस जादुई स्क्रीन का कमाल है।[6]

लालू के दिन फिर गये थे और उनके बेटे तेजस्वी यादव समेत पार्टी के तमाम कार्यकर्ता लालू की रेलवे की सफलता की कहानियाँ सुनाते नहीं थकते। यहीं से बिहार की राजनीति में भी बदलाव आया–बात अब जाति से हटकर विकास की होने लगी, जिसे आगे चलकर नीतीश ने और ज़्यादा भुनाया। लालू ने सबको चौंका दिया था क्योंकि ख़ुद उनकी पार्टी के लोग कहते आ रहे थे कि बतौर सीएम लालू ने कभी दस मिनट भी किसी फ़ाइल को नहीं दिये थे।

2009 के लोकसभा चुनाव में मनमोहन सिंह की अगुवाई में यूपीए ने एक बार फिर बाज़ी मारी और इसी दौर में बिहार ने नीतीश का उदय देखा। जहाँ एनडीए का अन्य राज्यों में फीका प्रदर्शन रहा, वहीं बिहार में केन्द्र के ख़िलाफ़ वोटिंग की गयी। यहाँ नीतीश की अगुवाई में एनडीए ने कमाल कर दिया जिसने कुल 32 सीट जीतीं–जदयू ने 20 और बीजेपी ने 12। लालू को महज़ चार सीट पर धकेल दिया गया जिनमें से तीन सीट राजपूतों के नाम रही–रघुवंश प्रसाद सिंह (वैशाली), जगदानन्द सिंह (बक्सर) और उमाशंकर सिंह (महाराजगंज)। इससे बड़ी विडम्बना क्या होगी कि लालू ने ऊँची जाति विरोधी राजनीति से शुरुआत की थी और अब उन्हें जिन चार सीटों ने बचाया वह इसी वर्ग की थी।

2010 के विधानसभा चुनाव में एनडीए ने 243 में से 206 सीट हासिल करके जीत का डंका बजा दिया। लालू को सिर्फ़ 22 सीटें मिलीं, इतनी कम कि वह नेता प्रतिपक्ष का पद भी हासिल न कर पाये। बिहार की राजनीति में अब राजद को अपनी भूमिका समझ ही नहीं आ रही थी, यह पार्टी पूरी तरह दिशाहीन थी।

महाराजगंज के 2012 लोकसभा उपचुनाव में लालू और नीतीश एक बार फिर आमने-सामने थे क्योंकि यह सीट राजद सांसद उमाशंकर सिंह के निधन के बाद ख़ाली हो गयी थी। प्रभूनाथ सिंह राजद के उम्मीदवार थे जो कुछ वक़्त के लिए ही राजद में आये थे और उनके सामने जदयू के पीके शाही थे। यह चुनाव सम्मान की लड़ाई बन चुका था और यह जानने का एक मौक़ा भी कि नीतीश और जीत का साथ बना रहेगा या नहीं। लालू तो महाराजगंज में प्रभूनाथ सिंह के मशरख घर में डेरा डाल चुके थे।

द इंडियन एक्सप्रेस के लिए इस चुनावी अभियान पर एक रिपोर्ट करने के लिए जब मैंने लालू से मिलना चाहा तो वह राज़ी हो गये। उन्होंने बताया कि किस तरह सामाजिक समीकरण उन्हीं के पक्ष में है लेकिन किस तरह दिल्ली स्टूडियो में कोट-पैंट पहने एंकर उन्हें ख़ारिज करने पर तुले हैं। बातचीत के बीच में आर्थिक पिछड़ा

वर्ग नोनिया के नेता आ गये और उन्होंने राजद प्रमुख को अपने साथ का भरोसा दिलाया। लालू ने कुछ महिलाओं से भी मुलाक़ात की और पुलिस स्टेशन के दरोगा को कुछ हिदायतें दी। वह बार-बार नीतीश पर निशाना साध रहे थे।[7]

द इंडियन एक्सप्रेस ने लिखा ('Maharajganj battle is launchpad to Delhi, Lalu is contesting'–May 30, 2013) -

हर थोड़ी देर में लालू अपने पसन्दीदा विषय़ पर लौट आते और कहते–नीतीश तो मेरे लोगों को ले गया और अब मेरे लिए उनके मन में डर पैदा करता है। जब उन्हें बताया गया कि लालू के पूर्व समर्थकों को नीतीश की टीम में एल -18 कहा जाता है तो लालू ने कहा–और ख़ुद नीतीश कहाँ से आया है। एल 19 बोलिए। नीतीश कभी बीजेपी से अलग नहीं होगा, लोगों को दिख रहा है।[8]

लालू ने मानो कसम खायी थी कि वह नीतीश, आलोचकों और मीडिया के बड़े हिस्से को ग़लत साबित करेंगे। और उन्होंने ऐसा किया भी। प्रभूनाथ सिंह ने यह चुनाव 1.37 लाख वोटों के अन्तर से जीत लिया। नीतीश के क़िले में यह पहली सेंध थी।

इस बीच नीतीश दल-बदल राजनीति के तहत राजद के विधायकों को इस ओर लाने में जुटे थे और इसके लिए वह बार-बार अब्दुलबारी सिद्दीकी को एनडीए में दरार के बाद डिप्टी सीएम का लालच दे रहे थे। फिर कुशवाहा नेता और परबत्ता विधायक सम्राट चौधरी की अगुवाई में राजद के 13 विधायकों ने पार्टी बदल ली। लेकिन काम पूरा नहीं हुआ था। बाद में तीन और विधायकों ने इस्तीफ़ा दिया और नीतीश की सरकार में मन्त्री चुने गये और बाद में विधान परिषद के सदस्य भी। लालू की पार्टी की ताक़त लगातार घटती जा रही थी।

2014 में एक बार फिर काँटे की टक्कर थी। लालू ने पूरी ताक़त के साथ धर्मनिरपेक्षता का कार्ड खेला। वह जानते थे कि एनडीए की टक्कर नीतीश से नहीं, उनसे है। पहले भी लालू थे और अब भी लालू ही हैं। मुस्लिम वोट के नीतीश की झोली में गिरने की सम्भावना कम ही थी। लालू अब भी मुस्लिमों के भरोसेमन्द थे क्योंकि उन्होंने धर्मनिरपेक्षता का दामन थामे रखा, वहीं नीतीश ने तो 17 साल का साथ छोड़कर बीजेपी का दामन थामने में ज़रा देरी नहीं लगाई।

लालू के लिए मामला तब और पेचीदा हो गया जब उनके सबसे भरोसेमन्द और पार्टी के प्रधान महासचिव राम कृपाल यादव को लम्बे इन्तज़ार के बाद भी पाटलिपुत्र की सीट नहीं दी गयी और उन्होंने पार्टी छोड़ दी। राम कृपाल वैसे तो

राज्यसभा सांसद थे लेकिन वह लोकसभा में आना चाहते थे। इस सीट से 2009 में लालू चुनाव लड़े लेकिन हार गये। लेकिन जब लालू ने अपनी सबसे बड़ी बेटी मीसा को पाटलिपुत्र से खड़ा करने का फ़ैसला किया तब राम कृपाल का जैसे दिल टूट गया और वह कैमरे के सामने भी अपने आँसू नहीं रोक पाये। उन्हें मनाने के लिए मीसा उनके दिल्ली आवास तक गयी लेकिन राम कृपाल नहीं माने। लेकिन मीसा भी अपने अंकल को मनाये बग़ैर दिल्ली से हिली नहीं।

राजद के लिए दो सीट ऐसी थीं जहाँ बात सम्मान की थी–एक तो सारण की सीट जिस पर 1977 से छोटे-मोटे अन्तराल के अलावा ज़्यादातर लालू का ही कब्ज़ा रहा और दूसरी सीट है पाटलिपुत्र जहाँ लालू की दूसरी पीढ़ी अपनी क़िस्मत आज़माने के लिए उतरी। पाटिलपुत्र में यादव और सवर्ण जाति, दोनों की ही आबादी बराबर है और इसलिए यहाँ का मुक़ाबला देखने लायक होता है। राम कृपाल अच्छी भीड़ जमा कर सकते हैं तो मीसा भी कम नहीं। यादव इलाक़े में तो मीसा के समर्थकों की वजह से मुक़ाबला काँटे का बन गया था।

पटना के पास यादव बहुल गाँव में मीसा भारती के चुनावी अभियान के दौरान मैं उनके समर्थकों के हत्थे चढ़ते-चढ़ते बचा। मीसा की गाड़ियों का जत्था एक अन्य यादव गाँव की ओर जा रहा था। इस बीच मैं और मेरे फ़ोटोग्राफ़र साथी रवि साहनी कुछ लोगों से बात करने लगे। एक व्यक्ति ने मुझसे पूछ डाला कि मीसा के सामने रामकृपाल कैसा करते दिख रहे हैं। मैंने कहा जंग तो बराबरी की है। कुछ जगह मीसा बेहतर स्थिति में लग रही हैं तो कहीं पर रामकृपाल। मैंने कहा कि गाँव में राम कृपाल अलग-अलग कार्यक्रमों में शिरकत भी कर चुके हैं तो उनकी छवि भी साफ़ है। इस बीच मीसा का एक समर्थक पीछे खड़े होकर मेरी बात सुन रहा था। उसने सिर्फ़ राम कृपाल वाली बात सुनी और चिल्लाने लगा। मैंने अपना आईडी कार्ड दिखाया और बताया कि मैं तो रिपोर्टर हूँ, पार्टी कार्यकर्ता नहीं। लेकिन मीसा का यह समर्थक तो कुछ सुनने को ही राज़ी नहीं। जब मीसा आयीं तो इस कार्यकर्ता ने कहा कि मैं एकतरफ़ा बात कर रहा हूँ। मैंने मीसा को पूरा मसला समझाया और कहा कि उनके समर्थक का यह रवैया ग़ैर-ज़रूरी था। मीसा ने बेहद समझदारी से स्थिति को क़ाबू में किया और कहा कि यादव बहुल इलाक़ों में ऐसी बात करने से बचूं। उन्होंने कहा - समर्थक और कार्यकर्ता बहुत भावुक और जोशीले होते हैं। आप बस मेरे काफिले के पीछे रहें। आपको कुछ नहीं होगा। मैं कुछ देर के लिए उनके पीछे रहा और फिर मौक़ा देखते ही पटना के लिए यू टर्न ले लिया। मैं नहीं चाहता था कि अगले दिन मेरी पिटाई की ख़बर अख़बार की हेडलाइन बने।

कुछ ही दिनों बाद जब राम कृपाल यादव से मिलने पर मैंने उन्हें इस घटना के बारे में बताया। वह ज़ोर से हँसे और कहा कि यही तो राजनीति है। उन्होंने कहा—आप पत्रकार लोग, राजनेता के लिए किसी दिन हीरो बन जाते हैं, किसी दिन विलेन। सवर्ण जाति बहुल गाँवों को शिकायत थी कि राजद के साथ होने के दौरान राम कृपाल ने उनकी सुध तक नहीं ली, वहीं यादव बहुल गाँव अभी भी दुविधा में हैं कि वह लालू का साथ क्यों छोड़ दें। हालाँकि राम कृपाल को सुनने वाले बहुत हैं। कुछ क़स्बाई इलाक़ों में यादव युवाओं को राम कृपाल के अपमान और लालू के पार्टी कार्यकर्ताओं से बढ़कर परिवार को तवज्जो देने की बात में दम लग रहा था। कुल मिलाकर बीजेपी के लिए रामकृपाल, लालू के खेमे में विद्रोही स्वर ऊँचा करने का एक बड़ा जरिया बन गये थे, ख़ासकर शहरी नौजवान यादवों के बीच जो अब तर्क में ज़्यादा यक़ीन रखते हैं।

सारण की टक्कर भी बाँधकर रखने वाली थी। बीजेपी के राजीव प्रताप रूडी का लालू प्रसाद को हराने का ख़्वाब अधूरा ही रह गया। सारण की राजद उम्मीदवार राबड़ी देवी थीं जो रूडी को शिकस्त देने के लिए यादव और मुस्लिम इलाक़ों पर ध्यान दे रही थीं। जब वह छपरा पहुँची तो मुस्लिम बस्तियों की सँकरी गलियों में जाने से पहले दो बार भी नहीं सोचा, भीड़ का अभिवादन किया, बुर्क़ा पहनी महिलाओं से अपनेपन से मिलीं और पूरे आत्मविश्वास के साथ माइक को थामा और साम्प्रदायिक ताक़तों पर हमला किया। इतने सालों में राबड़ी देवी का आत्मविश्वास काफ़ी बढ़ गया था। धीमी आवाज़ में वह काफ़ी कुछ कह जाती लेकिन नीतीश कुमार के लिए पार्टी लाइन से हटकर कभी कुछ नहीं बोली, सिर्फ़ यही कि इस चुनाव में नीतीश ज़्यादा मायने नहीं रख रहे।

भीड़ को देखकर राजद प्रमुख का जोश दोगुना हो जाता है। लेकिन उनके प्रतिद्वन्द्वी नरेन्द्र मोदी भी भीड़ को अपनी ओर खींचने में कम तो नहीं। गया की रैली में लोगों ने बैरिकेड तोड़ दिये (क्योंकि मीडिया के कैमरे अड़चन बन रहे थे) ताकि मोदी को देख सकें और उनसे बात कर सकें।

नौजवानों की इस उत्साहित भीड़ को रोक पाना पुलिस के लिए मुश्किल हो रहा था। पुलिस ने हल्का लाठी चार्ज किया, भीड़ ग़ुस्सा गयी और पुलिस पर चप्पल फेंकने लगी। मोदी से पहले वक्ताओं ने जल्दबाज़ी में भाषण पूरे किये और मोदी को माइक थमा दिया जिन्होंने भीड़ को शान्त किया। वैसे मोदी की अलग-अलग रैलियों को देखकर पता चलता है कि भीड़ किसी एक विशेष जाति वर्ग से नहीं आ

रही थी, अलग-अलग जाति के समूह, यहाँ तक कि लालू और नीतीश के समर्थक भी शामिल दिखे। एनडीए, बिहार में जाति की दीवार को तोड़ रही थी। यह मोदी का असर था। चायवाले का बेटा होना काम आ रहा था। बिहार के 30 फ़ीसदी वोटर जो आर्थिक रूप से पिछड़ी जाति यानी ईबीसी से आते हैं, उनका झुकाव तो मोदी की तरफ़ दिखने ही लगा था। इस बार लग रहा था कि फ़ैसले की कमान ईबीसी के हाथों लगने वाली है। मोदी के बाद लालू भी अच्छी भीड़ जुटा रहे थे।

लेकिन नीतीश तीसरे स्थान पर थे। उनकी तो कोई चर्चा ही नहीं थी। ज़्यादा से ज़्यादा यही बात होती थी कि 2015 के विधानसभा चुनाव में नीतीश को वोट दिया जा सकता है। दरभंगा में जदयू के संजय झा के सामने बीजेपी के कीर्ति आज़ाद और राजद के मोहम्मद फातमी खड़े थे और नीतीश को सुनने के लिए भीड़ न के बराबर जुटी। मुस्लिम इलाक़ों में लालू को सुनने के लिए लोग जमा हो जाते थे। अनौपचारिक बातचीत में लालू कहते कि 15 से 20 सीटें तो पक्की। चुनावी नतीजों से दो दिन पहले उन्होंने एक लोकप्रिय विज्ञापन की लाइन कही–*नो उल्लू बनाओइंग*। लालू ने एक्जिट पोल को भी नकार दिया लेकिन 16 मई, 2014 को आये नतीजों ने तो राजद प्रमुख के पैरों तले ज़मीन ही खींच ली। इस दर्द से राहत का कोई इन्तज़ाम नहीं था।

कुल मिलाकर बीजेपी के 29.9 फ़ीसदी वोट (10070535) के सामने राजद को 20.6 फ़ीसदी (6948665) वोट मिले। एनडीए 38.9 फ़ीसद वोट (13116734) और राजद, कांग्रेस और एनसीपी के हिस्से 30 फ़ीसदी वोट (10154894) आये। जदयू के हिस्से लगे 15.8 फ़ीसद वोट। एनडीए की सहयोगी पार्टी लोजपा को मिले 5.8 फ़ीसद (1971158 वोट) और आरएलएसपी के 3.2 फ़ीसदी वोट (1075041), एनडीए के लिए फ़ायदेमन्द साबित हुए। पिछले चुनाव की तुलना में राजद ने ग़ैरमामूली बढ़त हासिल की–19.31 से 20.6 फ़ीसदी।[9]

लेकिन असली चैम्पियन तो बीजेपी साबित हुई जिसने 2009 के चुनाव में 13.9 फ़ीसदी से 2014 में 29.9 फ़ीसदी की छलाँग मारी, वहीं जदयू 2009 में 24.04 फ़ीसदी से 2014 में 15.8 पर लुढ़की।

लेकिन लालू को तो अभी एक और लड़ाई लड़नी थी, इस बार नीतीश और कांग्रेस से। हाँ ठीक है कि चारा घोटाले ने उनके राजनीतिक सफ़र में किसी चारे की गुंजाइश कम ही छोड़ी लेकिन जैसे कि वह कहते आये हैं–वह तो बिहार राजनीति के गणेश हैं, वो राजनीति जो उनसे शुरू हुई है और उन्हीं के इर्द-गिर्द घूमती रहेगी।

लालू अब-तक चारा घोटाले के पाँच मामलों में सज़ा पा चुके है लेकिन राजद की राजनीति इससे ज़्यादा प्रभावित होते नहीं दिखती। राजद अब भी सबसे बड़ी पार्टी है। अपने पिता को फिर सज़ा मिलने पर कहा "लगता है दुनिया में सिर्फ़ एक ही घोटाला हुआ"।

सन्दर्भ

1. द इंडियन एक्सप्रेस राँची के संवाददाता दीपू सेबेस्टियन एडमंड का साक्षात्कार, मई 5, 2015
2. द इंडियन एक्सप्रेस (On way to Patna, Lalu in poll mode, October 18, 2013)
3. लालू प्रसाद का साक्षात्कार, अक्टूबर 1,2013
4. आरसी 20 (ए) 96 केस में राँची कोर्ट में प्रवास कुमार सिंह का फ़ैसला।
5. वरिष्ठ पत्रकार कन्हैया बेलरी का साक्षात्कार, 10 मई, 2015
6. वरिष्ठ पत्रकार राधिका रमन बालन का साक्षात्कार, 6 मई, 2015
7. लालू प्रसाद का साक्षात्कार, 29 मई, 2013
8. द इंडियन एक्सप्रेस की रिपोर्ट ('Maharajganj battle is launchpad to Delhi, Lalu is contesting', May 30, 2013) (http://archive.indianexpress.com/news/maharajganj-battle-is-launchpad-to-delhi-lalu-is-contesting/1122361/0.
9. विभिन्न राजनीतिक पार्टियों द्वारा एकत्रित किये गये भारतीय चुनाव आयोग के आँकड़े।

10
नीतीश कुमार का नया बिहार

जिस तरह लालू प्रसाद के लिए एलके आडवाणी और वीपी सिंह ने कमण्डल और मण्डल के ज़रिये राजनीतिक तरक़्क़ी के रास्ते खोले, उसी तरह नीतीश कुमार के लिए भी किसी ने राह बनायी। उनके लिए यह काम किसी राजनेता ने नहीं, बल्कि लालू-राबड़ी राज के कुशासन को दर्शाते रेमिंगटन टाइपराइटर ने किया जो उस दौर में सरकारी दफ़्तरों की पहचान बन गये थे। वैसे तो हर राजनेता के चुटकी लेने का अन्दाज़ अलग होता है, लेकिन नीतीश कुमार ने जिस तरह अपने और लालू के बीच के फ़र्क़ को दिखाने के लिए इस पुराने पड़ चुके टाइपराइटर का सहारा लिया, उससे यह बात साफ़ हो गयी थी कि 24 नवम्बर, 2005 को बिहार सीएम की शपथ लेने के बाद नीतीश का क्या करने का इरादा है। वह अपनी छाप छोड़ना चाहते थे लेकिन कुछ ऐसी छाप कि लोग लालू को भूल जायें।

तो सबसे पहले सफ़ाई–अभियान चलाया गया, सचिवालय में पान की पीक के दाग़ से लेकर आवाज़ करती लकड़ी की कुर्सियाँ, हर वो चीज़ हटा दी गयी जो पुरानी सरकार के लापरवाह रवैये की याद दिलाये। नीतीश ने तमाम पुरानी फ़ाइलों पर चढ़ी धूल साफ़ करवाई और सरकारी विभागों के कम्प्यूटरीकरण की मुहिम छेड़ दी। वह चाहते थे कि सरकारी रिकॉर्ड का डाटा रखा जाये और फ़ाइल ट्रैकिंग का काम सहज ढंग से चले।

वैसे नीतीश जो कर रहे थे, वो कुछ नया नहीं था। वक़्त बदल रहा था, कई सरकारें ई-गवर्नेंस की राह पकड़ रही थीं, लेकिन कभी-कभी ढोल पीटना ज़रूरी हो जाता है। नीतीश को लालू प्रसाद की वो लाइन याद थी–*ये आईटी-आईआटी क्या है?* तो 2008 यानी सीएम बनने के तीसरे साल के आते-आते तक नीतीश ने न जाने कितनी बार रेमिंगटन टाइपराइटर के दौर की याद दिलायी। वह जानते थे कि सबकी

नज़रों में बने रहने के लिए लालू से अपने विकास मॉडल की तुलना करने से बेहतर कुछ नहीं और लालू प्रसाद के राज में विकास-कार्य इतना कम हुआ कि उसकी लकीर के आगे खींची गयी हर लकीर बड़ी ही दिखेगी।

वैसे तो नीतीश कुमार ने इलेक्ट्रिकल इंजीनियर का प्रशिक्षण लिया लेकिन बिजली के तारों में उलझने से ज़्यादा, उन्हें बोलने की शैली से बात को सुलझाना पसन्द था। उन्हें हिन्दी साहित्य से प्रेम रहा और महान समाजवादी नेता डॉ. राम मनोहर लोहिया का साहित्य, उनकी सूची में सबसे ऊपर था। राजनीतिक बोली में वह लालू प्रसाद से एक़दम जुदा थे। लालू का भोजपुरी के बग़ैर काम नहीं चलता था तो नीतीश साफ़ हिन्दी बोलकर ही काम बनाते। वैसे तो वह पटना से 50 किलोमीटर दूर बख़्तियारपुर में पले-बढ़े लेकिन वह अपनी स्थानीय बोली *मगही* भी ठीक से नहीं बोल पाते थे। नीतीश ने लालू की तरह किसी एक बोली को पकड़कर पहचान बनाने का प्रयास भी नहीं किया।

नीतीश के राज्याभिषेक के साथ ही बिहार की राजनीतिक बोली में भी नयी जान फूँकी गयी। लालू अपने साथ देसीपन, ठेठपन लाये, नीतीश ज़रा व्यवहार कुशल क़िस्म के थे। लालू, रूढ़ीवादी सरकार का चेहरा बन गये थे तो नीतीश विकास की पहचान। जनता को ख़ुश करने के लिए लालू बहुत बोले, नीतीश सोच-समझकर बोले। नीतीश की बातों में भी हास्य और व्यंग्य था लेकिन उन्होंने इसे कभी भुनाया नहीं। वह काम की बात करने में ही यक़ीन करते थे, वो भी तथ्य और आँकड़ों के साथ। लालू का हँसोड़पन, नीतीश को सूट नहीं करता। वह अक्सर कहते कि लालू ने तो लोगों का ही मज़ाक़ बना दिया। वह हैरान होते कि किस तरह कोई बिना काम किये, सिर्फ़ मुहावरे और चुटकुले सुनाकर 15 साल तक राज कर सकता है। हाँ हँसी-मज़ाक़ सेहत के लिए अच्छा होता है, लेकिन ये मज़ाक़ ज़रा लम्बा चल गया और इससे नवम्बर 2005 में आकर राहत मिली।

हाँ, नीतीश यह बात अच्छे से जानते थे कि लालू ने दलित और ओबीसी को समाज में सम्मान दिलाया और उन्हें सामाजिक न्याय का मसीहा यूँ ही नहीं कहा जाता। लेकिन अब सामाजिक न्याय का दूसरा चरण शुरू हो गया है—अब लोगों को रोटी चाहिए। वैसे भी सिर्फ़ मान-सम्मान से पेट नहीं भरता।

नीतीश कुमार, कायदे-क़ानून में यक़ीन रखने वाले व्यक्ति थे। हर काम योजनाबद्ध और बारीकी से करते। लालू जिनका फ़ाइलों से छत्तीस का आँकड़ा था, वहीं नीतीश कई घण्टों तक अधिकारियों के साथ बैठकर फ़ाइल पढ़ते,

ग़लती निकालते, पूर्ण विराम तक भी ठीक करवाते। वह बारीकियों में जाना पसन्द करते थे और अधिकारियों के साथ बैठक में याद रखते कि किसने क्या कहा था। जब नीतीश होते तो आला अधिकारी चौकन्ने रहते। नये सुझाव सुनने के लिए नीतीश के कान हमेशा तैयार रहते।

लालू प्रसाद को सब कुछ थाली में परोसा हुआ मिला, वहीं नीतीश काफ़ी मेहनत करके यहाँ तक पहुँचे। लालू और नीतीश का सफ़र लगभग एक साथ ही शुरू हुआ था, लेकिन कुमार काफ़ी पीछे रह गये थे। उस वक़्त हालात ऐसे थे कि लालू के उपनाम ने उन्हें काफ़ी फ़ायदा पहुँचाया और नीतीश सहायक के रोल में ही रहे। लालू प्रसाद को पीछे छोड़ने में काफ़ी वक़्त लगा। लेकिन देर से ही सही जब बिहार की राजनीति में उनका प्रवेश हुआ तब उन्होंने एक बात पूरी तरह साफ़ कर दी–चारों और सुशासन की चर्चा रहे। नीतीश जानते थे कि साल 2000 में उनका सात दिन के लिए सीएम बनना एक ग़लती थी। यह दरअसल बिहार के तत्कालीन राज्यपाल विनोद पाण्डे द्वारा लिया गया ग़लत निर्णय था, जिसमें उन्होंने बहुमत न होने के बावजूद एनडीए को सरकार बनाने के लिए न्यौता दिया। लेकिन इसने एक तरह से लालू-राबड़ी राज में एक रुकावट तो पैदा कर ही दी थी और बिहार पर 20 साल तक राज करने की राजद प्रमुख की भविष्यवाणी को ज़रा झटका भी दिया था। लालू का 15 साल तक का ही दावा सच हो पाया।

2004 के लोकसभा चुनाव नतीजों के बाद नीतीश कुमार का मनोबल गिर गया था। एनडीए की *इंडिया शाइनिंग* मुहिम फेल हो गयी थी। कोई नहीं जानता था कि अटल बिहारी वाजपेयी का जादू क्यों नहीं चला। वाजपेयी सरकार में नीतीश कुमार रेलमन्त्री थे और अब उनकी जगह लालू प्रसाद ने ले ली जिस बात ने उनके ज़ख़्म पर नमक छिड़कने का काम किया।

यह बिहार में एनडीए का सबसे बुरा दौर था। नतीजे आने के बाद नीतीश ने कहा कि एनडीए की हार के पीछे गोधरा दंगे हैं, लेकिन एनडीए में आधिकारिक तौर पर उनके इस दावे को किसी ने स्वीकार नहीं किया। नीतीश कुमार ने नालन्दा से जीत हासिल की लेकिन बाढ़ से हार गये। जबकि नीतीश कुमार ने बाढ़ थर्मल पावर प्लांट को लाने में अहम रोल निभाया था, लेकिन वह इस बात से दुखी थे कि सिर्फ़ विकास के नाम पर तो एक वोट भी मिलना मुश्किल है। राजद के 22 लोकसभा सीट जीतकर वापसी किये जाने पर भी नीतीश निराश थे।

फ़रवरी 2005 के चुनावों को लेकर एनडीए बहुत उत्साहित नहीं थी। वह बिना किसी चेहरे के मैदान में उतरी। फिर एक आन्तरिक सर्वे किया गया जिसमें सामने

आया कि लोगों को न लालू चाहिए, न रामविलास पासवान, उन्हें बिहार के लिए एक नया नेता चाहिए। बीजेपी ने हर विधानसभा खण्ड के अलग-अलग जाति समूहों से 200 लोगों के सैंपल लिये यानी 243 विधानसभा खण्ड से कुल 48600 लोगों की राय ली गयी। इस सर्वे का सार यह था कि जनता को नया नेतृत्व चाहिए लेकिन तब तक चुनाव का पहला चरण समाप्त हो चुका था।

बिहार की राजनीति ने एक अनोखा उदाहरण पेश किया जिसमें गठबन्धन की एक पार्टी–बीजेपी ने जदयू के नीतीश कुमार को बिहार में एनडीए का चेहरा बनाने की पेशकश की। साल 2000 में नीतीश सात दिन के लिए सीएम बने ही थे और वह एक क़ाबिल केन्द्रीय मन्त्री भी रहे थे। बीजेपी के बिहार प्रभारी अरुण जेटली ने बीजेपी के राज्य अध्यक्ष गोपाल नारायण सिंह से इस बारे में चर्चा की लेकिन उन्होंने इस विचार को यह कहते हुए नकार दिया कि इससे सवर्ण जाति नाराज़ होगी जोकि राज्य की 12 फ़ीसदी आबादी है, जिनके बीच बीजेपी काफ़ी लोकप्रिय है।

बीजेपी के लिए यह बहुत अजीब स्थिति हो गयी थी क्योंकि इस तरह की कोई माँग जदयू के बड़े नेता जॉर्ज फर्नांडिस या शरद यादव की ओर से नहीं आयी थी। बाद में जेटली ने नीतीश के बारे में प्रमोद महाजन से बात की लेकिन वह राज्य के बीजेपी नेतृत्व के ज़रिये इस बात को रखने में हिचकिचा रहे थे। महाजन ने कहा कि एनडीए तभी सरकार का गठन करेगी अगर दोनों पार्टियाँ 50 फ़ीसदी सीट जीतती हैं। अब क्योंकि जदयू 141 सीट पर चुनाव लड़ेगी तो ज़ाहिर तौर पर उसका पचास फ़ीसदी का आँकड़ा बड़ा ही होगा और वह अपने आप ही सीएम पद की दावेदार होगी। आडवाणी को भी विश्वास में लिया गया।

नीतीश कुमार इस पर बात करते हुए कहते हैं-

आडवाणी जी को मनाने के बाद जेटली और महाजन ने अटल बिहारी वाजपेयी से बात की वह विधानसभा चुनाव के दूसरे चरण से पहले अपनी भागलपुर जनसभा में मेरे नाम की घोषणा करेंगें। अटल जी को दो बातें करनी थीं–मेरे नाम की और अपहरण किये गये स्कूली छात्र किसलय की। वाजपेयी जी ने जनसभा में मेरी बहुत तारीफ़ की लेकिन जो अहम बात कहनी थी, मेरे सीएम दावेदारी की वो भूल गये बाद में बीजेपी ने मेरा नाम लिया, लेकिन जॉर्ज साहब ने यह कहते हुए गड़बड़ कर दी कि जदयू ने अब तक किसी नेता का नाम तय नहीं किया है। जॉर्ज साहब को इस बारे में कोई जानकारी ही नहीं थी, भ्रम की स्थिति तीन घण्टे में दूर हो गयी, जब

जेटली ने पूरी बात जॉर्ज साहब को बताई जो बाद में मेरे नाम के लिए राज़ी हो गये। बीजेपी को ज़रा शर्मिन्दगी तो हुई, शरद जी थोड़े परेशान थे कि सीएम उम्मीदवार का नाम लेने से एनडीए का भला होगा या नहीं। मुझे चुना जाना स्वाभाविक था क्योंकि बिहार के लिए एनडीए में वरिष्ठ था।[1]

आगे की कहानी सुशील कुमार मोदी पूरी करते हैं–

2000 में सीएम बनकर नीतीश निश्चित ही एनडीए में एक सीढ़ी ऊपर चढ़ गये थे। अरुण जेटली ने नीतीश के नाम की आडवाणी जी से चर्चा की और फिर प्रमोद महाजन को राज्य बीजेपी का मन पढ़ने के लिए भेजा गया। वहाँ पटना प्रेस कॉन्फ्रेंस में मैंने ख़ुद ही नीतीश कुमार का सीएम उम्मीदवार के तौर पर नाम ले लिया। शायद महाजन चाहते भी यही थे। यह सुनकर नीतीश का उत्साह देखने लायक था और उन्होंने अपने एक साथी से कहा–सुशीलजी का मुझ पर यह उधार है, मैं सही समय पर इसे चुकाऊँगा। उन्होंने चुकाया भी जब सीएम बनने के बाद एक कार्यक्रम में मेरी जमकर तारीफ़ की। नीतीश के मुँह से अपने साथियों के लिए कम ही तारीफ़ निकलती है।[2]

लेकिन फ़रवरी 2005 के चुनाव में एनडीए 243 में से 87 सीट जीत पायी, जिसके बाद राजद ने 75 और लोजपा ने 29 सीट जीतीं। हालाँकि नीतीश का नाम लेना एनडीए के लिए फ़ायदेमन्द रहा क्योंकि पहले चरण में जहाँ यह गठबन्धन पीछे रहा, वहीं दूसरे में बेहतर और तीसरे चरण तक उसने बाकियों को पीछे छोड़ दिया। लेकिन लोजपा प्रमुख रामविलास पासवान के समर्थन के बग़ैर 122 का जादुई आँकड़ा हासिल नहीं किया जा सकता था। पासवान चाहते थे कि कोई मुस्लिम मुख्यमन्त्री बनाया जाये। सरकार बनाने के लिए कई समीकरण बनाये गये लेकिन पासवान की मुस्लिम सीएम की ज़िद, पार्टियों को किसी निर्णय पर पहुँचने नहीं दे रही थी। नीतीश की तो पासवान से लम्बी बहस हुई और उन्होंने पासवान को ही सीएम बनने का प्रस्ताव दे दिया था,लेकिन पासवान का यह कहना कि– *चाबी तो मेरे पास है*–ने आख़िरकार राष्ट्रपति शासन की नौबत ला दी। पासवान नहीं जानते थे कि इस राजनीतिक ग़लती की उन्हें बड़ी क़ीमत चुकानी पड़ेगी।

राष्ट्रपति शासन के बाद अरुण जेटली और सुशील मोदी ने शरद यादव के दिल्ली आवास पर नीतीश कुमार से मुलाक़ात की। नीतीश ने चैन की साँस ली और कहा कि वह ऐसी सरकार नहीं चला पाते जहाँ इतने दलबदलूओं के बीच खींचतान चलती रहती।

फिर आया 2005 का अक्टूबर चुनाव जब एनडीए ने बिना किसी संकोच के नीतीश कुमार को आगे किया और वाजपेयी ने पटना की गाँधी मैदान सभा में नया नारा दिया–*नया बिहार, नीतीश कुमार* जिसके साथ ही चुनावी अभियान का बिगुल बजा। इस बीच नीतीश कुमार ने भी अपनी सीएम उम्मीदवारी को सुनिश्चित करने के लिए न्याय यात्रा के ज़रिये लोगों के मन की बात को पढ़ने का प्रयास किया। इस चुनाव के दो मुख्य बिन्दू थे–विकास और नीतीश कुमार। एनडीए सत्ता में आयी–जदयू ने 87 और बीजेपी ने 54 सीट जीतकर एक अच्छा बहुमत खड़ा किया। 55 सीटों के साथ लालू अकेले रह गये। लेकिन सबसे बुरा हाल पासवान का रहा जिनकी लोजपा 29 से सीधे 9 सीट पर आ गयी। दलित नेता की चाबी कहीं खो गयी।

इसके साथ ही बिहार को नीतीश और नीतीश को बिहार मिल गया था।

नीतीश कुमार का पैतृक गाँव कल्याण बिगहा (नालन्दा) पटना से महज़ 65 किलोमीटर दूर था। लेकिन बिहार की सत्ता को हासिल करने में कुमार को लम्बा सफ़र तय करना पड़ा। हालाँकि राजनीति में उनके हिस्से की उपलब्धियां भी रही जैसे पाँच बार लोकसभा चुनाव जीतना और रेल मन्त्री बनना लेकिन 1994 में लालू प्रसाद से अलग होकर नीतीश का अरमान था कि लालू के मुस्लिम-यादव फॉर्मूले पर पानी फेरकर उन्हें कुर्सी से हटाया जाये।

अगर आप नये बने एनएच 30 से होते हुए पटना-बख्तियारपुर रोड पकड़ते हैं तो सीधे हाथ पर बख्तियारपुर पर हरनौत पड़ता है जो है नीतीश कुमार की पहली राजनीतिक युद्ध-भूमि। इसी हरनौत में घुसते ही दायीं ओर एक पक्की और चमचमाती सड़क है जहाँ लगे मील के पत्थर पर लिखा है–कल्याण बिगहा–5 किलोमीटर। नीतीश की ही तरह इस सड़क ने भी अपने हिस्से के संघर्ष देखे हैं और इसकी क़िस्मत भी नीतीश के सीएम बनने के बाद ही चमकी है। सीएम बनने के बाद जब नीतीश अपनी पत्नी मंजु सिन्हा (जिनका 2007 में निधन हुआ) और बेटे निशान्त के साथ अपने पैतृक गाँव पहुँचे तो धूल और गड्ढ़ों से भरी सड़क से कल्याण बिगहा तक पहुँचना आसान नहीं था।

नीतीश सरकार के आने के नौ साल के भीतर कल्याण बिगहा का हुलिया ही बदल गया। एक नये बने सरकारी अस्पताल की इमारत जिसे देखकर एक पल के लिए लगेगा नहीं कि यह किसी गाँव के बीचों-बीच बनी है। अस्पताल की लाल इमारत–राजकीय औषधालय–जिसमें एक प्राथमिक स्वास्थ्य केन्द्र है जहाँ

अस्पताल से जुड़ी सुविधाओं में इज़ाफा हुआ है। गाँव में एक 10+2 स्कूल है, माध्यमिक स्कूल है, पावर सब स्टेशन, शूटिंग रेंज, एक आईटीआई केन्द्र, एक पशु अस्पताल, सामुदायिक भवन, किसान भवन और पुलिस चौकी। 5000 लोगों का यह गाँव ओबीसी कुर्मी बहुल है जिनके बाद ईबीसी कहार और फिर अनुसूचित जाति के मुसहर और अन्य जातियाँ आती हैं। गाँव में ज़्यादातर लोग खेती पर निर्भर हैं और युवा पंजाब, हरियाणा और सूरत में काम करते हैं। गाँव के कई युवा तो राज्य के बाहर ईंटों की भट्टी में काम करते हैं।[3]

नीतीश कुमार के पुश्तैनी घर की दीवारें 2017 तक गोबर से लिपी रहती। पुराने वक़्त के लकड़ी के दरवाज़े थे जो आवाज़ करते थे।घर के छोटे से बरामदे में के पास नीतीश की माँ स्व. परमेश्वरी देवी की प्रतिमा है। घर की मरम्मत अबहुई है। एकपक्कामकानऔरउसमेंहै। गाँव को निर्बाध बिजली मिल रही है।

घर की देख-रेख 75 साल के सीताराम के हाथ में है जो पिछले 55 सालों से कुमार के परिवार से जुड़े हैं। सीताराम से पहले उनके पिता मेघू राम ने नीतीश के पिता, स्वतन्त्रता सेनानी और जाने-माने आयुर्वेद चिकित्सक रामलखन सिंह की ज़मीन की देख-रेख का काम किया था। सीताराम गर्व से कहते हैं–*साहब कहते थे पहले बिहार बनाना है, अपना घर बाद में बनायेंगे*। हालाँकि इस तरह की राजनीतिक बयानबाज़ी सुनकर ऐसा लग रहा था, जैसे सीधे-सादे सीताराम किसी और की भाषा बोल रहे हैं। सीताराम जो एक लाठी के सहारे चल पाते हैं और बताते हैं कि किस तरह नीतीश उर्फ़ मुन्ना बचपन में गम्भीर क़िस्म के थे जिन्हें मज़ाक़ ज़्यादा पसन्द नहीं था।

सीताराम यादों के गलियारे में चले जाते हैं–

गर्मियों की छुट्टियों में वह बख्तियारपुर से गाँव आते। आठ-नौ साल के रहे होंगे। मैंने उनसे कहा कि गाँव के बड़ों के पैर छूना क्योंकि सब कहीं-न-कहीं उनके रिश्ते में ही हैं। छोटे से नीतीश ने यह बताने के लिए मुझे धन्यवाद किया। वैसे नीतीश को बच्चों के आपसी झगड़े सुलझाने में भी महारत थी।[4]

अजीत कुमार, इसी गाँव के निवासी हैं जिन्हें किसान भवन में सरकारी पंखे की हवा खाते हुए दोस्तों से गप्पें लड़ाना पसन्द है। वह कहते हैं कि नीतीश ने बिना कुछ कहे ही इस गाँव के लिए बहुत कुछ किया है। नीतीश से दो साल छोटे अजीत याद करते हैं कि किस तरह जब नीतीश हरनौत विधानसभा सीट के लिए खड़े हुए तो गाँव के युवाओं ने भी उनके लिए कमर कस ली थी। अजीत कहते हैं–लम्बी

यात्रा होती तो हम सब चना भिगोकर ले जाते थे और जेपी आन्दोलन के बाद हम सब उम्मीद करने लगे थे कि नीतीश कुछ तो बड़ा ही करेंगे। हालाँकि कुछ गाँव वालों को नीतीश से नाराज़गी है कि वह उनसे बात नहीं करते जबकि साल में तीन बार अपने पिता, माँ और पत्नी को श्रद्धांजलि अर्पित करने के लिए ज़रूर आते हैं। सीताराम बताते हैं कि नीतीश कुमार की एक अजीब आदत है कि वह जब आते हैं तो घर के कुँए में ज़रूर झाँकते हैं। सीताराम के पास नीतीश के बचपन का एक टिफिन बॉक्स भी है जिसे बहुत सँभालकर रखा गया है।

नीतीश के पास 20 बीघा खेती की ज़मीन है जो बड़े भाई सतीश कुमार और उनके बीच बँटी हुई है। सतीश एक किसान हैं जो अब सीएम आवास पर ही रहते हैं। उनकी आधी ज़मीन तो ताल में है जो साल के ज़्यादातर हिस्से पानी में डूबी रहती है और सिर्फ़ एक ही फसल देती है–ज़्यादातर दाल और केराव जो एक तरह की मूँगफली होती है। सीताराम हर मौसम में नीतीश कुमार के लिए ढाई किलो केराव लेकर जाते हैं और कहते हैं–*साहब को केराव का झोर बहुत पसन्द है।*

अब बात करते हैं नीतीश के पिता रामलखन सिंह की जो एक सम्मानित व्यक्ति थे जिनका आज़ादी की जंग में अहम योगदान रहा। 1929 में साइमन समिति का विरोध करने पर वह पहली बार जेल गये। 1930 में नमक आन्दोलन में हिस्सा लेकर वह फिर जेल गये। 1942 के भारत छोड़ो आन्दोलन का हिस्सा बनकर तीसरी बार जेल भेजे गये। वह बख्तियारपुर से कांग्रेस के भरोसेमन्द नेता थे और उम्मीद की जा रही थी कि वह 1952 में यहाँ से विधानसभा चुनाव लड़ेंगे। लेकिन उन्हें अगले चुनाव का भरोसा देकर टिकट नहीं दी गयी। फिर 1957 चुनाव में एक बार फिर जब टिकट नहीं दी गयी तब रामलखन ने कांग्रेस छोड़ दी और दूसरी पार्टी से चुनाव लड़े जिसमें उन्हें हार का सामना करना पड़ा। सिंह का कांग्रेस से मोहभंग हो चुका था। नीतीश बताते हैं कि किस तरह वह घर आने वाले कांग्रेस कार्यकर्ताओं की बातें सुना करते थे। अपनी बात पूरी करते हुए नीतीश कहते हैं–*मैं पिताजी की आयुर्वेद की दवाई की पुड़िया बनाने में मदद करता और उनकी बातें सुनता।* नीतीश ने कहा कि वह लोहिया के विचारों से बहुत प्रभावित थे। उनके कांग्रेस विरोधी होने के पीछे की वजह यह नहीं थी कि पिता के कांग्रेस के साथ कड़वे अनुभव रहे। बल्कि वह तो समाजवादी आन्दोलन से प्रभावित थे, जिसके बारे में वह बख्तियारपुर के घर आने वाले *प्रदीप* नाम के अख़बार के ज़रिये लगातार जानकारी बटोरते रहते थे।

रामलखन सिंह ने नीतीश से कहा कि वह पहले पढ़ाई पूरी करें और उसके बाद राजनीति या किसी भी पेशे के बारे में विचार करें। 1969 में नीतीश औपचारिक रूप से राजनीति में शामिल हुए जब 1966 के दसवीं क्लास के टॉपर और उनके दोस्त सुरेश शेखर ने उन्हें संयुक्त समाजवादी पार्टी (एसवायएस) की युवा शाखा समाजवादी युवजन सभा का सदस्य बनाया। 1967 विधानसभा चुनाव में एसवायएस, कांग्रेस के सामने एक मज़बूत विरोधी पार्टी बनकर खड़ी थी। नीतीश याद करते हुए बताते हैं–*मैं पटना के गाँधी मैदान में डॉ. राम मनोहर लोहिया का भाषण सुनने पहुँचा। पूरा भाषण तो याद नहीं लेकिन मेरे युवा मन पर बहुत असर पड़ा था।* लोहिया को कांग्रेस के बड़े विरोधी के साथ-साथ वैकल्पिक राजनीति का चेहरा माना जाता था। वो गाँधी मैदान पर दिया गया लोहिया का आख़िरी भाषण था, जिसके बाद अक्टूबर 1967 में उनका निधन हो गया।

रामलखन सिंह को अपने बेटे के 1974 के जेपी आन्दोलन से जुड़ने से कोई गुरेज़ नहीं था, यहाँ तक कि वह एक बार अपने बेटे को आशीष दिलवाने के लिए जेपी से मिले भी थे। क्रिया योग में महारथी नीतीश की माँ परमेश्वरी देवी ने अपने बच्चों को अनुशासन में रहना सिखाया था। नीतीश को उनके बड़े भाई सतीश कुमार को *नेताजी* कहकर बुलाते हैं। सतीश राजनीति से दूर ही रहते हैं। उन्हें तीर्थ स्थानों पर जाकर भारत भ्रमण करना पसन्द है।

रामलखन सिंह अपने बेटे की प्रतिबद्धता देखकर बेहद गर्व महसूस करते और अक्सर कहते कि *मैं जब मरूँगा तब नीतीश कहीं भाषण दे रहा होगा।* हुआ भी यही जब नवम्बर 1978 में 68 साल की उम्र में रामलखन गुज़रे तब नीतीश, युवा लोक़दल के नेता के तौर पर हाजीपुर में एक जनसभा को सम्बोधित कर रहे थे। नीतीश के बिहार इंजीनियरिंग कॉलेज के दोस्त नरेन्द्र कुमार सिंह याद करते हैं कि किस तरह नीतीश उनके प्रिया बजाज स्कूटर की पिछली सीट पर बैठकर पटना से बख्तियारपुर आये थे।

नीतीश ने अपने पिता की सलाह को मानते हुए अपनी पढ़ाई को गम्भीरता से लिया। जब उन्होंने बिहार इंजीनियरिंग कॉलेज (अब एनआईटी, पटना) जैसी सम्मानित जगह में दाख़िला लिया तो उनका परिवार फूले नहीं समाया। यहाँ नीतीश ने पटना साइंस कॉलेज में एक साल का प्री-यूनिवर्सिटी कोर्स करके पाँच साल (1967-72) के कोर्स में दाख़िला लिया था। पटना साइंस कॉलेज के दिनों में वह दिनमान और टाइम्स ऑफ़ इंडिया पढ़ा करते।

नरेन्द्र कुमार सिंह–बिहार राज्य ऊँची जाति समिति के साथ-साथ नीतीश की उस चर्चित चौकड़ी के भी सदस्य रहे जिसमें कौशल मिश्र और अरुण सिन्हा भी थे। बीसीई का पहला दिन, 21 दिसम्बर, 1967 याद करते हुए नरेन्द्र बताते हैं कि किस तरह बेहद सँभले अन्दाज़ वाले नीतीश के साथ उस वक़्त की लोकप्रिय फ़िल्म– अन्दाज़ - के बारे में उनकी चर्चा हुई। सहरसा के राजपूत जमींदार परिवार से आने वाले नरेन्द्र की नीतीश से जल्दी ही दोस्ती हो गयी, वो पटना के व्यस्ततम इलाक़े मुसल्लहपुर के लॉज में साथ रहने लगे थे। नीतीश, अरुण और नरेन्द्र इलेक्ट्रिकल और कौशल सिविल शाखा से होकर भी पक्के दोस्त थे।[5]

अरुण सिन्हा–एक पत्रकार भी रहे जो उभरते हुए नेता नीतीश कुमार के अनाधिकारिक प्रवक्ता थे और जिन्होंने (Nitish Kumar and the Rise of Bihar (Penguin Viking), समेत कई किताबें लिखी।

यह चौकड़ी हर हफ़्ते गाँधी मैदान के पास वाले सिनेमा हॉल में फ़िल्म देखती। सोडा फाउंटेन पर चटनी के साथ पकोड़े खाए बिना बात न बनती। राज कपूर, राज कुमार, दिलीप कुमार, वहीदा रहमान और वैजयन्ती माला की बात न हो ऐसा होता नहीं था। फिर पटना मेडिकल कॉलेज के पास बीएन कॉलेज और उसके पास दक्षिण भारतीय ख़ाने की एक दुकान पर जाना तो होता ही था। दक्षिण भारतीय ख़ाने को लेकर नीतीश का प्रेम जारी है। नरेन्द्र बताते हैं कि नीतीश मदीरा पान से पूरी तरह दूर रहते हैं। 80 के दशक में जब एक बार उनके गले में मछली की हड्डी अटकी तो उसके बाद उन्होंने माँसाहारी ख़ाने से दूरी बना ली। नीतीश को सात्विक ख़ाना पसन्द है, जैसे चावल और तुअर की दाल और साथ में चोखा या आलू भुजिया।

बीसीई के दिनों में तीन ऐसी घटनाएँ हुईं जिसने नीतीश कुमार को तराशने का काम किया और दूसरे ही साल से नीतीश के अन्दर का राजनेता सामने आने लगा। उस दौर में कॉलेज और यूनिवर्सिटी में ऊँची जाति का वर्चस्व था। लेकिन नीतीश ने कभी भी उन्हें सामने से नहीं ललकारा। अब क्योंकि नीतीश के सभी दोस्त सवर्ण जाति से थे तो उन्होंने नीतीश को कभी विरोधी के तौर पर देखा भी नहीं लेकिन नीतीश भी बिना किसी को ठेस पहुँचाये, बेहद कुशलता से अपने संगठनात्मक हुनर को दिखाने लगे थे।

नरेन्द्र बताते हैं–

एक दिन हम टाइम्स ऑफ़ इंडिया में दिल्ली में हुई हायजैकिंग के बारे में पढ़ते हैं। हायजैकिंग–यह शब्द हमने पहली बार सुना था। अरुण ने इसका मतलब खोजा

और फिर हमने पटना की सड़कों से बस हायजैक करने की योजना बनायी ताकि सरकार को छात्रों की ताक़त का अन्दाज़ा हो जाये। लेकिन हमने बसों को नुकसान नहीं पहुँचाया, बसों को कॉलेज कैम्पस में पार्क किया और ज़िला मजिस्ट्रेट का इन्तज़ार किया। जब वह आये तो हमने पूछा कि उनके घर में कितने टॉयलेट हैं। उन्होंने कहा दो तो हमने कहा हमारे कॉलेज होस्टल में भी दो हैं लेकिन 125 छात्रों के लिए। हमने उनसे डे स्कॉलर्स के लिए बस सेवा के होने की माँग की जो पूरी भी की गयी।[6]

नीतीश ने संघर्ष समिति (कॉलेज प्रशासन के सामने छात्रों के मुद्दे रखने के लिए बनायी गयी समिति) के नेता के तौर पर ख़ुद को तब स्थापित किया जब सिविल इंजीनियरिंग विभाग के प्रमुख आर के महतो पर ग़लत प्रश्न-पत्र तैयार करने के मामले में प्रतिबन्ध लगा दिया गया था। पटना यूनिवर्सिटी के वीसी सचिन दत्ता की जाँच में महतो को दोषी पाया गया था और यह नीतीश की अगुवाई में छात्रों की बड़ी सफलता थी। 79 दिन तक कक्षा में उपस्थिति रहने और कक्षा के पहले या बाद में विरोध प्रदर्शन करने के सविनय अवज्ञा आन्दोलन क़िस्म के तरीक़े से बतौर नेता नीतीश की परिपक्वता नज़र आती थी। कई छात्रों के हवालात में जाने की वजह से पाँच साल का इंजीनियरिंग कोर्स आगे खिसकता जा रहा था।

नीतीश और उनके दोस्तों ने आगे चलकर बिहार अभियन्त्रण महाविद्यालय छात्र संघ (बामसू) का निर्माण किया ताकि होस्टल में शौचालय, ख़राब ख़ाने और बस सेवा के न होने जैसे मुद्दों को छात्रों की ओर से उठाया जा सके। ऊँची जाति के राजपूत और कायस्थ छात्रों के समर्थन की बदौलत नीतीश को बामसू का अध्यक्ष चुना गया, साथ ही ओबीसी छात्रों का साथ तो था ही जो ख़ुश थे कि सालों से चले आ रहे ऊँची जाति के वर्चस्व को कोई तोड़ने का प्रयास कर रहा है।

अरुण सिन्हा लिखते हैं - (पृष्ठ 43, Nitish Kumar and the rise of Bihar, पेंगुइन वायकिंग)–

हम दोस्तों के अलावा नीतीश दो और समूहों का हिस्सा बन गये थे–एक तो समाजवादी छात्र और एक पिछड़ा वर्ग। हालाँकि ख़ुद उन्होंने कभी पिछड़ी जाति का कोई समूह बनाने का प्रयास नहीं किया क्योंकि वह ख़ुद को कुर्मी कहे जाने से बहुत ख़ुश नहीं होते थे, लेकिन जब छात्र मुद्दों में उनका दख़ल बढ़ा था तो कुर्मो और छात्र समुदाय से पिछड़ी जाति का समर्थन उन्हें अपने आप ही मिलने लगा। उन्होंने इस साथ को नकारा भी नहीं, ज़ाहिर तौर पर इससे उनका क़द और ताक़त दोनों ही बढ़ रही थी।[7]

रामलखन सिंह के पास अपने बेटे नीतीश के लिए हरनौत के गाँव सियोधा के कृष्ण नन्दन सिन्हा की बेटी का रिश्ता आया। नरेन्द्र याद करते हुए बताते हैं–हमने कॉलेज से बख्तियारपुर तक के लिए 100 रु में ऑटो रिक्शा किया। जब नीतीश को पता चला कि उनके पिता 22 हज़ार रु. का दहेज लेने के लिए राज़ी हो गये तब उन्होंने साफ़ इन्कार किया और बेहद सादगीपूर्ण तरीक़े से शादी करने पर ज़ोर दिया। अपने आदर्शवादी दोस्त के बारे में आगे बात करते हुए नरेन्द्र कहते हैं कि नीतीश बेहद शर्मिले थे और अपनी होने वाली पत्नी मंजु सिन्हा से मिलने की हिम्मत नहीं जुटा पाते थे जो मगध महिला कॉलेज से समाजशास्त्र में स्नातक कर रही थी लेकिन पटना के जेडी महिला कॉलेज के होस्टल में रहती थीं। पहले नरेन्द्र, कौशल और अरुण ने मंजु को देखा और अपने दोस्त नीतीश को अपनी राय दी जो अपने तीन भरोसेमन्द दोस्तों की बात सुनकर बेहद ख़ुश हुए। फ़रवरी 1973 में पटना में एक सादे कार्यक्रम में उनकी शादी सम्पन्न हुई।

1969 में बख्तियारपुर और राजगीर में जयप्रकाश नारायण की जनसभा को नीतीश ने बेहद नज़दीक से देखा और समझा। वह कर्पूरी ठाकुर से अपनी एक ख़ास मुलाक़ात को कभी नहीं भूलते जब ठाकुर छुपे हुए थे और उन्होंने नीतीश से मिलने की इच्छा जताई थी। वह बताते हैं–*मैं पश्चिम बंगाल के चक्रधरपुर के रेलवे कर्मचारी आवास पर कर्पूरी जी से मिलने गया था।* के एन गोविन्दाचार्य की संगत में रहकर नीतीश ने जे पी आन्दोलन के दौरान आरएसएस से सम्बन्धित तमाम साहित्य पढ़ा। उन्होंने कार्ल मार्क्स को भी पढ़ा सिवाय *दास कैपिटल* के जो मार्क्स का काफ़ी अहम साहित्य है लेकिन नीतीश के मुताबिक़ जिसे समझना बहुत मुश्किल है।

राँची के बिजली विभाग में नीतीश को ट्रेनी इंजीनियर की नौकरी मिल गयी लेकिन वह वहाँ एक दिन नहीं टिके। पटना और राजनीति ही उनके लिए बने थे। नीतीश के पिता से मिलने बख्तियारपुर आते पूर्व कांग्रेस सीएम अब्दुल ग़फूर ने भी इंजीनियर नीतीश को नौकरी का प्रस्ताव दिया लेकिन उन्होंने रुचि नहीं दिखायी।

पहले-पहल जेपी आन्दोलन में नीतीश की हिस्सेदारी ज़्यादा नहीं थी क्योंकि ज़्यादातर पटना यूनिवर्सिटी छात्र संघ का इसमें दख़ल था। जेपी के आन्दोलन की कमान अपने हाथ में लेने के बाद बनी संचालन समिति का नीतीश हिस्सा थे। पहले तो 12 सदस्यों की संचालन समिति बनायी गयी। इसमें राम जतन सिन्हा, नरेन्द्र सिंह, लालू प्रसाद, सुशील कुमार मोदी, मिथिलेश कुमार सिंह, राम बहादुर राय, बिक्रम कुँअर, विजय कुमार सिन्हा, उदय कुमार सिंह, रघुवंश नारायण सिंह,

बशिष्ठ नारायण सिंह और भवेश चन्द्र प्रसाद थे। बाद में समिति का विस्तार हुआ और नीतीश कुमार, शिवानन्द तिवारी और विजय कृष्ण को शामिल किया गया। लालू अक्सर दावा करते कि उन्होंने संचालन समिति में नीतीश का नाम जुड़वाया था वरना वह तो कभी भी जेपी आन्दोलन में आगे नहीं थे।

नीतीश कुमार याद करते हैं कि जेपी ने छात्रों को कक्षा का बहिष्कार करने के लिए कहा लेकिन मामला ढीला पड़ता जा रहा था। वह कहते हैं–*मैं एक कॉलेज से दूसरे कॉलेज जाता और छात्रों को जेपी का आह्वान के लिए मनाता ताकि आन्दोलन की आग जलती रहे। मैंने पटना यूनिवर्सिटी वीसी से बहस तक की और सफलतापूर्वक छात्रों का समर्थन हासिल किया। जेपी ने मेरे प्रयास की सराहना की, मुझे तवज्जो दी और कई जगहों पर तो वह मुझे मेरे नाम से पुकारते थे।*

जेपी और छात्रों के बीच एक अहम कड़ी की भूमिका निभाने वाले भवेश चन्द्र प्रसाद याद करते हुए बताते हैं–

जेपी को नीतीश कुमार पर भरोसा था। लेकिन वह लालू प्रसाद के नेतृत्व से बहुत प्रभावित थे और जानते थे कि नीतीश से ज़्यादा लालू के पीछे छात्र खड़े हो जायेंगे। लालू प्रसाद का ओबीसी के साथ-साथ ग़रीब परिवार से आना, उनके पक्ष में काम करता है। जब 1974 के अन्त में जेपी ने गाँधी मैदान से ऐतिहासिक भाषण दिया तब यह सुनिश्चित किया या कि लालू समेत तमाम बड़े छात्र नेता मंच पर बैठे और राष्ट्रीय नेता, नीचे पहली क़तार में। जेपी ने इन्दिरा गाँधी की तानाशाही के ख़िलाफ़ आवाज़ बुलन्द करने का आह्वान किया और कहा कि महात्मा गाँधी ने तो इस भारत की कल्पना नहीं की थी। जेपी जानते थे कि लालू ने किस तरह गाँव से पूसू अध्यक्ष बनने का सफ़र तय किया है। हालाँकि उन्होंने साफ़ तौर पर कभी नहीं कहा कि उन्हें लालू और नीतीश में से कौन ज़्यादा पसन्द है लेकिन 1977 लोकसभा चुनाव लड़ने के लिए उन्होंने ज़ाहिर तौर पर लालू को ही चुना।[8]

लालू का नाम जिस समिति ने एकमत से चुना उसमें सर्वोदय के नेता आचार्य राममूर्ति, कांग्रेस (संगठन) के बिहार नेता सत्येन्द्र नारायण सिन्हा, जनसंघ नेता जगबन्धू अधिकारी और छात्र नेता सैयद शहाबुद्दीन शामिल थे।

लेकिन नीतीश कुमार खुलासा करते हैं कि 1977 लोकसभा चुनाव में जेपी ने उन्हें भी बाढ़ से टिकट दिया। वह कहते हैं–

जेपी ने नामाँकन की आख़िरी तारीख़ से एक दिन पहले बाढ़ के लिए मेरी लोकसभा उम्मीदवारी पर ठप्पा लगाया था। मेरे दोस्त नरेन्द्र को पटना सचिवालय

जाकर मेरी रिहाई का आदेश लेकर भागलपुर सेंट्रल जेल आना था जहाँ जेपी आन्दोलन के दौरान गिरफ़्तारी के बाद से ही मुझे रखा गया। नरेन्द्र ने रिहाई का आदेश लिया नहीं और मुझे कुछ पता ही नहीं चल पाया। तो पूरी ग़लती मेरे बातूनी दोस्त नरेन्द्र की है लेकिन ठीक है मुझे कोई अफ़सोस नहीं, बल्कि मुझे तो हँसी ही आती है।[9]

1977 लोकसभा की बस तो नीतीश से छूट गयी लेकिन उन्हें विधानसभा चुनाव की टिकट दी गयी। नीतीश ने हरनौत से कुर्मी के मज़बूत नेता भोला सिंह के सामने खड़े होने का फ़ैसला किया लेकिन जेपी लहर के बावजूद वह हार गये। हालाँकि इस चुनाव के लिए नीतीश ने बहुत तैयारी की और काफ़ी वक़्त से वह ताल किसानों की समस्या को उठाते रहे लेकिन इस हार ने उन्हें काफ़ी निराश किया।

इसी हार ने उभरते हुए नेताओं की सूची में नीतीश को लालू के पीछे कर दिया। 1980 विधानसभा चुनाव में जहाँ लालू जीते, वहीं नीतीश को अपने ही घर हरनौत से दूसरी बार हार का सामना करना पड़ा जब भोला सिंह की चतुरता के आगे नीतीश का आदर्शवाद टिक नहीं पाया। नीतीश ने बख्तियारपुर के अपने दोस्त मुन्ना सरकार से कहा–*ऐसे कैसे होगा, लगता है कोई बिज़नेस करना होगा।*

इधर नीतीश के परिवार की बेसब्री बढ़ती जा रही थी। बीसीई इंजीनियरिंग डिग्री के आधार पर नौकरी मिलने का दरवाज़ा अभी भी खुला था। उस वक़्त नीतीश की पत्नी मंजु अपने पैतृक गाँव सियोधा के सरकारी स्कूल में पढ़ा रही थीं और नीतीश ने उनसे कहा कि वह 1985 चुनाव में अपना भाग्य आज़माने का उन्हें आख़िरी मौक़ा दें।

नीतीश के पास बख्तियारपुर से पटना तक का तिमाही रेलवे पास हुआ करता था ताकि वह बख्तियारपुर को अपना राजनीतिक आधार बनाकर चलें और वह अक्सर मुन्ना सरकार की राजदूत मोटरसाइकिल पर पीछे बैठकर घूमा करते। मुन्ना को गाड़ी का नम्बर याद है–बीएचक्यू 3121 जिसका कुल जोड़ होता है सात जो नीतीश के लिए शुभ अंक है।

नीतीश के शुरुआती राजनीतिक सालों में बख्तियारपुर में मुन्ना सरकार ने उनका बहुत साथ दिया और वह बताते हैं कि किस तरह नीतीश नामाँकन के लिए अपनी माँ से पैसे लेकर जाते थे। मुन्ना कहते–*हम तो स्थानीय दुकानदारों से चन्दा लेते लेकिन अराजक तत्त्वों से कभी नहीं लिया। 1985 विधानसभा चुनाव तो नीतीश ने 1 लाख रुपये से लड़ा। साढ़े छह सौ रुपये तो उनके राँची के एक दोस्त ने मनी ऑर्डर किये*

लेकिन वो नतीजों के बाद मिले तो नीतीश ने वो पैसे लौटा दिये। हरनौत में नीतीश के मुख्य विरोधी भोला सिंह का जलवा था और उनके समर्थक चिल्लाते–बम चले या गोला, जीतेगा तो भोला। [10]

नीतीश के दोस्त नरेन्द्र बताते हैं–

नीतीश अपनी राजनीतिक लड़ाई लड़ रहे थे, वहीं हमने भी तय कर लिया था कि इस बार उनकी जीत सुनिश्चित करनी है। मंजु ने अपनी बचत से 20 हज़ार रुपये दिये, मैंने अपने अकाउंट से 20 हज़ार निकाले। कांग्रेस उम्मीदवार ने आठ बूथ पर अपने पक्ष में इन्तज़ाम करने के लिए 2000 रुपये प्रति बूथ दिये। हमने भी हर बूथ के लिए 5 हज़ार रुपये दिये। नीतीश को हमने यह सब बताया नहीं वरना वो कभी ये होने नहीं देते। उन्हें आज तक ये नहीं पता। [11]

आख़िरकार नीतीश ने 1985 चुनाव में जीत हासिल कर विधानसभा में प्रवेश कर ही लिया। उन्होंने बड़ी बहस में हिस्सा लिया और कांग्रेस सीएम के साथ-साथ अपने नेता कर्पूरी ठाकुर को भी प्रभावित किया जिन्होंने बाद में नीतीश को युवा लोक़दल का अध्यक्ष बनाया। जहाँ विधानसभा में लालू प्रसाद अपने मसखरे अन्दाज़ से सुर्खियों में थे, वहीं नीतीश राजनीति को गम्भीरता से ले रहे थे। कांग्रेस मुख्यमन्त्री बिन्देश्वरी दुबे (मार्च 1985-फ़रवरी 1988) तो एक बजट सत्र के दौरान दिये गये युवा विपक्षी नेता नीतीश कुमार के भाषण से इतने प्रभावित हुए कि बहस का जवाब देते हुए उन्होंने सिर्फ़ दो लोगों का नाम लिया–नेता प्रतिपक्ष और नीतीश कुमार।

आगे के सालों में नीतीश ने लालू का साथ दिया क्योंकि वह इस यादव नेता के राजनीति के प्रति अनोखे रवैये से प्रभावित थे और लालू लोकप्रिय भी होते जा रहे थे। कर्पूरी ठाकुर के बेटे और जदयू राज्यसभा सांसद रामनाथ ठाकुर अक्सर कहते कि वह कर्पूरी ठाकुर के जैविक पुत्र हैं लेकिन नीतीश तो उनके पिता के मानस पुत्र हैं।

1989 में जनता दल को वीपी सिंह की लहर का फ़ायदा मिल रहा था। नीतीश को बाढ़ से टिकट दिया गया और उनके सामने कांग्रेस और यादव के सबसे बड़े नेताओं में से एक रामलखन सिंह यादव थे जिन्हें शेर-ए-बिहार कहा जाता था। हाथी और चींटी की लड़ाई थी। नीतीश को देवीलाल ने जीप मुहैया करवाई और नीतीश के पास एक एम्बैसेडर थी। नीतीश की टीम ने अपने वाहनों पर पार्टी का झण्डा नहीं लगाया और लोग खुलकर समर्थन नहीं दे रहे थे। कुल मिलाकर वीपी लहर के बावजूद, वह एक फीका चुनावी अभियान था। यादव के सामने कोई भी नीतीश को

मौक़ा नहीं दे रहा था। नीतीश के समर्थक नारा लेकर आये—*शेर-ए-बिहार कहलाते हो और बच्चा से टकराते हो।*

नीतीश बताते हैं—लेकिन मुझे यादव नेता से डर नहीं था। बाढ़ के लोग कहते कि मैंने सही निर्वाचन क्षेत्र चुना है। लेकिन मेरे विरोधी कहते कि मेरे चेसिस में दम नहीं। जब वाजपेयी मेरे ख़िलाफ़ चुनावी अभियान करने आये तब मेरे बारे में उन्होंने अच्छी बातें सुनी और वोटरों से कहा कि किसी ऐसे को वोट कीजिए जो कांग्रेस को हरा सके। मेरे ख़िलाफ़ उन्होंने एक शब्द नहीं कहा।

नतीजों ने सबको हैरान कर दिया क्योंकि नीतीश एक अच्छे अन्तर से यादव से जीत गये थे। इस तरह नीतीश कुमार का आगमन हुआ जो वीपी सिंह सरकार में राज्यमन्त्री बनाये गये।

नीतीश, उन युवा नेताओं में से एक थे जिन्होंने बिहार में लालू प्रसाद की तरक़्क़ी को सुनिश्चित किया लेकिन जल्द ही उनका लालू से मोहभंग हो गया जिनका उद्देश्य सिर्फ़ जाति एकीकरण पर था। नीतीश कहते हैं—*लालूजी चाहते थे कि मण्डल आयोग लागू हो जाये जिससे कर्पूरी का आरक्षण वाला फॉर्मूला फीका पड़ रहा था जो ओबीसी में वर्गीकरण को बनाये रखने की बात करता है।* हालाँकि नीतीश हँसते हुए उस अफवाह को नकारते हैं जिसमें कुर्मी को ओबीसी श्रेणी से बाहर रखने की बात कही जा रही थी। पार्टी में नीतीश कुमार का वर्चस्व बढ़ रहा था लेकिन 1991 लोकसभा चुनाव में हुई जीत लालू के सिर पर चढ़ चुकी थी। आम धारणा से विपरीत नीतीश कभी भी लालू के चाणक्य नहीं रहे लेकिन वह उन सँभले हुए नेताओं में से एक थे जो चाहते थे कि लालू को सुशासन के लिए जाना जाये। 1993 तक लालू के जाति एकीकरण की मुहिम चरम पर थी। यादवों को सरकारी पदों पर तवज्जो दी जाने लगी थी। उधर नीतीश ने कभी भी लालू को पछाड़ने के लिए जाति का सहारा नहीं लिया। कुर्मी समुदाय के पास ज़मीन होती है और वह शिक्षा पर ज़ोर देते हैं। 30 के दशक में ओबीसी की तीन अहम जातियाँ—यादव, कोइरी और कुर्मी को साथ लाने के लिए बना त्रिवेणी संघ भी शिक्षा पर ज़ोर देता रहा। दिलचस्प यह है कि कुर्मी नाम का इस्तेमाल किये बग़ैर नीतीश ने अपना राजनीतिक सफ़र तय किया।

यही वो वक़्त था जब सीपीआई सूर्यगढ़ा विधायक सतीश कुमार—जो शेखपुरा ज़िले के बरबीघा के कुर्मी है—का भी लालू प्रसाद सरकार को दिये जा रहे उनके पार्टी के समर्थन से मन उचट गया था। सतीश कुमार का कुर्मी के अलग-अलग

संगठन जैसे अखिल भारतीय कुर्मी क्षत्रिय महासभा, छत्रपति शिवाजी संघ और कुर्मी विकास परिषद (पीएसएस) को एक बैनर पटेल सेवा संघ के तहत लाने में बड़ा रोल था। 1993 के मध्य में पीएएस ने पटना के कांकेरबाग़ में सफलतापूर्वक पहली रैली आयोजित की जिसमें 5 हज़ार लोग शामिल हुए। अब जदयू के साथ सतीश कुमार बताते हैं कि फ़रवरी में गाँधी मैदान में कुर्मी की सबसे बड़ी रैली आयोजित करने के लिए उन्होंने नवम्बर 1993 से बिहार के अलग-अलग इलाक़ों में 293 छोटी-बड़ी सभाएँ कीं। वह याद करते हुए बताते हैं कि उन्होंने उस वक़्त नीतीश कुमार से भी मुलाक़ात की जो उस वक़्त 1993 में जनता दल के सांसद थे लेकिन उनकी ओर से कोई जवाब नहीं आया। एक समूह ने कहा कि रैली में सीएम लालू प्रसाद को बुलाया जाये लेकिन ज़्यादातर लोगों ने इन्कार किया। देश भर से बड़े कुर्मी नेताओं को बुलाया गया। कुल 57 बड़े नेताओं ने 12 फ़रवरी, 1994 की रैली में आने के लिए हामी भरी जिसमें सांसद और विधायक शामिल थे। सतीश कुमार ने आख़िरी बार नीतीश से रैली में आने के लिए निवदेन किया। लेकिन नीतीश ने कोई वादा नहीं किया। हालाँकि नीतीश मंच पर आने वाले शुरुआती मेहमानों में से एक रहे। सतीश याद करते हुए बताते हैं कि बड़ी भीड़ की उम्मीद में उन्होंने 270 लाउडस्पीकर लगाए। एक वक़्ता ने लालू की तारीफ़ क्या कर दी, जनता ग़ुस्सा गयी।

सतीश कुमार कहते हैं–

जब नीतीश कुमार बोलने के लिए उठे तो काफ़ी विरोध हुआ। मैंने लोगों को शान्त किया। नीतीश ने लालू का विरोध किया और सामाजिक न्याय को लेकर उनमें दूरदर्शिता की कमी पर बात की। उन्होंने मंच से लालू को चेताया कि वह कुर्मी को नज़रअन्दाज़ न करें। तालियाँ बज उठीं। अब नीतीश कुर्मी नेता बन चुके थे। बाद में मुझे पता चला कि लालू प्रसाद ने ही नीतीश को रैली में जाने की सलाह दी थी। गाँधी मैदान से मैं कुर्मी नेता के रूप में उभरने वाला था, यह रैली मेरे दिमाग़ की उपज थी लेकिन मलायी तो नीतीश खा गये।[12]

नीतीश कुमार ने पुष्टि करते हुए कहा–हाँ लालू प्रसाद ने ही मुझे कुर्मी रैली में भेजा। मैं संकोच कर रहा था क्योंकि मैं ख़ुद को किसी जाति का नेता देखने के लिए राज़ी नहीं था।

लेकिन रैली ने नीतीश कुमार को भरोसा दिया कि वह बिहार में पैर जमा सकते हैं। उनकी राहें लालू से अलग हो गयीं। जॉर्ज फर्नांडिज़ की अगुवाई में 14 सांसदों ने जनता दल से अलग होकर जनता दल (जॉर्ज) का निर्माण किया जिसे

अक्टूबर 1994 में समता पार्टी में बदल दिया गया। नीतीश अब नयी जंग के लिए तैयार थे।

1995 के विधानसभा चुनाव में नीतीश पहली बार लालू के बिना मैदान में उतरे। समता पार्टी को सिर्फ़ सात सीट मिल पायी। ख़राब शुरुआत थी। नीतीश को सामाजिक ताने-बाने की पेचीदगियाँ समझ आ रही थी। गठबन्धन का दौर शुरू हो चुका था। 1995 में बम्बई में हुए बीजेपी के सत्र में नीतीश शामिल हुए जहाँ आडवाणी ने उन्हें मंच पर अपने पास ही बैठाया। यह रिश्ता 17 साल तक चला लेकिन फिर नीतीश का सामना हुआ नरेन्द्र मोदी से।

सन्दर्भ

1. मुख्यमन्त्री नीतीश कुमार का साक्षात्कार, जुलाई 6, 2015
2. पूर्व डिप्टी सीएम सुशील कुमार मोदी का साक्षात्कार, मई 20, 2015
3. कल्याणबिगहा (नालन्दा) के निवासियों का साक्षात्कार, जून 29, 2015
4. कल्याणबिगहा में नीतीश कुमार के घर की देख-रेख करने वाले सीताराम, मई 29, 2015
5. बिहार इंजीनियरिंग कॉलेज के दिनों से नीतीश कुमार के दोस्त नरेन्द्र कुमार सिंह, जुलाई 1, 2015
6. पूर्वलिखित।
7. Nitish Kumar and the Rise of Bihar (अरुण सिन्हा, पृ. 43, पेंगुइन वायकिंग)
8. जेपी आन्दोलन के दौरान जेपी और छात्रों के बीच की कड़ी भावेश चन्द्र प्रसाद, मई 9, 2015
9. नीतीश कुमार का साक्षात्कार, जुलाई 6, 2015
10. बख्तियारपुर से नीतीश के अहम राजनीतिक साथी मुन्ना सरकार, जुलाई 12, 2015
11. नरेन्द्र कुमार सिंह, जुलाई 1, 2015
12. जदयू नेता सतीश कुमार, जुलाई 4, 2015

11
सुशासन की दस्तक

7 सितम्बर, 2007 की अलसुबह। बिहार के मुख्यमन्त्री नीतीश कुमार के पैरों के नीचे से तब ज़मीन खिसक गयी, जब उन्हें पता चला कि मानव संसाधन विभाग के प्रधान सचिव मदन मोहन झा का निमोनिया से निधन हो गया। सीएम, तुरन्त झा के हार्डिंग रोड आवास पर पहुँचे और कुर्सी पर न बैठकर बाहर ही सीमेंट के बने चबूतरे पर बैठ गये। वह रो रहे थे, एक सरकारी अधिकारी के चले जाने पर किसी सीएम का इस तरह आँसू बहाना एक आम दृश्य नहीं है। नीतीश ने फ़ैसला लिया कि झा को सम्मान के साथ विदाई दी जायेगी और उनके सम्मान में अवकाश की घोषणा की गयी। झा का जाना वाकई अखरने जैसा तो था क्योंकि राज्य में पहले चरण के शिक्षा सुधार में उनका अहम रोल था। नीतीश के लिए झा का जाना एक निजी क्षति थी। झा, पटना यूनिवर्सिटी में नीतीश के साथी थे।

झा के निधन पर सीएम की भावुकता को लेकर राजनीतिक खेमे और अधिकारियों के बीच मिली-जुली प्रतिक्रिया आयी, लेकिन इससे एक बात तो साफ़ थी कि नीतीश के लिए एक अच्छे अधिकारी की क्या अहमियत थी। बिहार की तस्वीर बदलने के शुरुआती प्रयासों में झा अग्रणी रहे, जिसके बाद ही नीतीश कुमार की कोशिशों को पूरे भारत में सराहा जाने लगा। झा ने कॉमन सिस्टम स्कूल (सीएसएस) के लिए समिति का गठन किया, जिसकी अध्यक्षता पूर्व विदेश सचिव मुचकुन्द दुबे कर रहे थे जिन्होंने 11 महीने के रिकॉर्ड वक़्त में अपनी रिपोर्ट सौंप दी थी। सीएसएस के तहत सभी को बिना पक्षपात के सर्वश्रेष्ठ, मुफ़्त और अनिवार्य शिक्षा मुहैया करवाने की योजना थी। यह अलग बात है कि बिहार में फंड की कमी, सामाजिक, क़ानूनी दिक़्क़तें और राजनीतिक इच्छाशक्ति की कमी की वजह से यह योजना लागू नहीं हो पायी।ऑक्सफोर्ड से स्कूली शिक्षा पर डॉँक्टरेट कर चुके झा ने

शिक्षकों की बड़े स्तर पर भर्ती करने के नीतीश के मकसद को अमली जामा पहनाने में अहम रोल निभाया। झा अक्सर मीडिया से कहते कि हमारा पहला मकसद बच्चों को स्कूल भेजना है। यही वो वक़्त था जब स्कूल, 6 से 14 साल तक की उम्र के 25 लाख बच्चों की पहुँच से दूर थे।

झा के कार्यकाल में राज्य सरकार द्वारा पहले चरण में एक लाख 20 हज़ार शिक्षकों की भर्ती हुई। फंड की कमी से जूझ रही सरकार ने तय रकम पर शिक्षकों की संविदा नियुक्ति की। लगातार तबादलों को रोकने के लिए सरकार ने शिक्षकों की उनकी मनचाही जगह पर नियुक्ति की। 10+ तक के स्कूलों के लिए झा आधुनिक सीबीएसई पाठ्यक्रम लाये। स्कूली शिक्षा के लिए बिहार विद्यालय परीक्षा समिति (बीएसईबी) को प्रमुख एजेंसी बनाया गया। इंटरमीडिएट (10+2) को डिग्री कॉलेज से अलग करने की शुरुआत भी की गयी। कई स्कूलों को प्लस टू स्तर तक कर दिया गया। चाणक्य नेशनल लॉ यूनिवर्सिटी को पटना लाया गया। अंजनी कुमार सिंह (मुख्य सचिव) और अमरजीत सिन्हा ने झा की रखी मज़बूत नींव को और पक्का करने का काम किया। 1977 बैच के बिहार काडर के आईएएस अधिकारी झा, नीतीश के सीएम बनने के दौरान ही केन्द्र में अपनी प्रतिनियुक्ति पूरी करके बिहार लौटे थे।

नीतीश कुमार चाहते थे कि कम समय में बड़े स्तर पर भर्तियाँ की जायें, साथ ही पंचायत राज व्यवस्था को बल दिया जाये, जिसके लिए 924 त्रिस्तरीय पंचायत राज संस्थानों ने अंक फ़ीसदी के आधार पर नियुक्ति करनी शुरू की। सरकार एक तरह से अप्रशिक्षित शिक्षकों की भर्ती को लेकर इतनी जल्दी में थी कि मुखिया स्तर से लेकर ऊपर तक भर्ती में हो रहे बड़े स्तर के पक्षपात को देख नहीं पायी। सरकार को पहले पद भरने थे और 2007 में स्थायी शिक्षकों को न रखने का फ़ैसला लिया गया। 2015 तक सरकार ने साढ़े तीन लाख संविदा शिक्षकों की नियुक्ति की जो अब इतनी बड़ी ताक़त बन गये हैं कि सरकार पर वेतनमान दिये जाने का दबाव बना रहे हैं।

यह सच है कि यूनिफॉर्म, साइकिल, स्कॉलरशिप जैसी योजनाओं के ज़रिये सरकार बच्चों को स्कूलों तक खींच लाने में काफ़ी सफल रही। 2014 तक 2 लाख से कम बच्चे स्कूलों से बाहर थे। राज्य में 10+2 समेत 74 हज़ार स्कूल थे जिसमें तीन करोड़ छात्र थे।

स्कूलों तक बच्चों को खींचने के लिए नीतीश कुमार की सरकार ने कई योजनाओं को बढ़ावा दिया जैसे ओबीसी, ईबीसी और अनुसूचित जाति-जनजाति के लिए छात्रवृत्ति–जैसे पहली से लेकर चौथी कक्षा तक के छात्रों के लिए सालाना 600 रुपये, पाँचवी और छठी के छात्रों के लिए 1200 रुपये सालाना और सातवीं

से दसवीं तक के छात्रों के लिए 1800 रुपये। सरकार ने पहली और दूसरी कक्षा के छात्रों को सालाना चार सौ रुपये, छठीं से आठवीं तक के छात्रों को 700 रुपये और 9वीं से 12वीं तक के बच्चों को 1200 रुपये दिये गये। नीतीश के सत्ता में आने से पहले सिर्फ़ अनुसूचित जाति-जनजाति के छात्रों को ही छात्रवृत्ति मिलती थी। नीतीश ने इस छात्रवृत्ति को ईबीसी और फिर ओबीसी के साथ-साथ सामान्य वर्ग की छात्राओं को भी देना शुरू किया।

स्कूल यूनिफॉर्म योजना को कक्षा छह से आठवीं तक की छात्राओं के लिए लाया गया (700 रुपये प्रति वर्ष)। योजना को 2010-11 में पहली से आठवीं तक के सभी विद्यार्थियों के लिए लागू कर दिया गया। फ़र्ज़ी भर्तियों को रोकने के लिए 2013-14 से 75 फ़ीसदी उपस्थिति का नियम लागू कर दिया गया, क्योंकि कई छात्र निजी स्कूल के साथ-साथ सरकारी स्कूल में भी दाख़िला ले रहे थे ताकि उपरोक्त योजनाओं का लाभ उठा सकें।

2015, चुनावी साल था, जब सरकार ने 75 फ़ीसदी उपस्थिति का नियम हटा दिया। ऐसा तत्कालीन सीएम जीतन राम माँझी के प्रस्ताव पर हुआ, जिनका कहना था कि काम और जागरूकता की कमी की वजह से ग़रीब छात्र 75 फ़ीसदी का आँकड़ा नहीं छू पाते। नीतीश ने अपने पहले कार्यकाल में कक्षा छह से आठवीं तक की 36 लाख, 81 हज़ार से ज़्यादा छात्राओं को यूनिफॉर्म योजना के तहत लाभान्वित किया।

लेकिन नीतीश कुमार के शब्दों में कहें तो असल युगान्तकारी परिवर्तन तो मुख्यमन्त्री बालिका साइकिल योजना से आया जिसे 2006-07 में कक्षा नवीं की छात्राओं के लिए लाया गया। 2010 में सरकार ने 13 लाख 60 हज़ार से ज़्यादा छात्राओं को साइकिल की रकम (2000 रुपये प्रति छात्रा) पहुँचाई। भ्रष्टाचार न हो, इसके लिए नीतीश कुमार ने सुनिश्चित किया कि सीधे साइकिल न देकर छात्रों के बैंक अकाउंट में पैसा स्थानान्तरित किया जाये। इस योजना में बदलाव किया गया है, रकम को बढ़ाकर 2500 रुपये कर दिया गया है और अब 9वीं कक्षा के छात्रों को भी इसमें शामिल कर दिया गया है। इस योजना के बाद 2006 में जहाँ 1.64 लाख छात्राओं ने दाख़िला लिया, वहीं 2010 में यह आँकड़ा चार लाख 90 हज़ार और 2015 में यह आँकड़ा सवा आठ लाख पहुँच गया। वित्तीय वर्ष 2014-15 के अन्त तक इस योजना के लाभार्थियों की संख्या 40 लाख से ज़्यादा हो गयी।

नीतीश कुमार कहते हैं–

अगर कोई मुझसे मेरे कार्यकाल के दौरान की बिहार की तस्वीर बनाने को बोले तो मैं सड़क, इमारत, पुल नहीं बनाऊँगा बल्कि लड़कियों की साइकिल चलाते हुए स्कूल जाने की तस्वीर बनाऊंगा। साइकिल योजना ने सिर्फ़ लड़कियों को स्कूल भेजने का काम नहीं किया बल्कि इससे एक सामाजिक बदलाव भी आया और इसका असर आपको आने वाले सालों में देखने को मिलेगा। पहले लड़कियों के साइकल चलाने की कल्पना मात्र से ही लोग हँस पड़ते थे। लेकिन अब लड़कियाँ, लड़कों के बराबर हैं और कई मामलों में उनसे आगे हैं।[1]

अपने आप में अनोखी इस योजना ने सामाजिक और राजनीतिक दोनों ही तौर पर नीतीश का क़द ऊँचा किया। साइकिल योजना की सफलता ने ही नीतीश को ब्लॉग लिखने और सोशल मीडिया पर आने के लिए प्रेरित किया। नीतीश के दिमाग़ में लड़कियों को साइकिल देने का विचार 2006 में एक पटना कार्यक्रम के दौरान आया जब वह विकलांग छात्रों को मुफ़्त तिपहिया साइकिल वितरित कर रहे थे। नीतीश याद करते हुए बताते हैं–*मुझे आज भी उनके चेहरे की वो मुस्कुराहट याद आती है। तभी मैंने लड़कियों को साइकिल देने का मन बना लिया था।*

अपने पहले ही कार्यकाल से नीतीश कुमार की सरकार ने प्रथम श्रेणी में दसवीं कक्षा पास करने वाली सभी वर्ग की छात्राओं को 10 हज़ार रुपये का इनाम देना शुरू किया ताकि वह पढ़ाई जारी रखें। नौ सालों में नीतीश सरकार ने 20 हज़ार नयी कक्षाएँ और नये स्कूलों का निर्माण किया। नीतीश की सरकार ने शिक्षा में अधिकता पर तो ज़ोर दिया लेकिन गुणवत्ता के सवाल का जवाब उनके पास अब तक नहीं था। लालू प्रसाद अक्सर नीतीश पर बड़ी तादाद में नियुक्तियों की वजह से शिक्षकों के स्तर में गिरावट का आरोप लगाते रहे। जदयू से हाथ मिलाने से पहले लालू अक्सर कहते–*अजीब विडम्बना है कि सब-इंस्पेक्टर और कॉन्स्टेबल की भर्ती के लिए नीतीश सरकार लिखित परीक्षा लेती है, लेकिन शिक्षकों को बिना किसी टेस्ट के सिर्फ़ अंक देखकर नियुक्त किया जा रहा है। मैंने कम-से-कम बच्चों को स्लेट दी, नीतीश ने तो प्लेट थमा दी (मध्याह्न भोजन के सन्दर्भ में)।* यह सच है कि नीतीश के कार्यकाल में अलग-अलग प्रलोभनों के ज़रिये स्कूलों में बच्चों का दाख़िला करवाया गया, लेकिन यह सरकार साफ़ तौर पर कहती आयी है कि उनका उद्देश्य बच्चों को पहले स्कूल तक लाना है।

मानव संसाधन मन्त्रालय ने सरकारी स्कूलों में चार महीने का अंग्रेज़ी बोलने से जुड़ा प्रायोगिक प्रोजेक्ट शुरू किया। फ़रवरी 2010 में पटना के पास बाढ़ के तालिबपुर माध्यमिक स्कूल में मैंने पाया कि बच्चे इस नयी पहल के लिए बहुत

उत्साहित थे। चिन्ता बस इस बात की थी कि इस तरह के प्रोजेक्ट कितने टिक पायेंगे। आठवीं में पढ़ने वाली रेणु इस क्लास के लिए पाँच किलोमीटर साइकिल चलाकर आती थी। उसका सपना एक दिन राष्ट्रपति से अंग्रेज़ी में बात करना था।[2]

सीएम बनने के बाद नीतीश का पहला काम क़ानून-व्यवस्था को लाइन पर लाना था। वाजपेयी ने चुनावी अभियान में नारा दिया था–*मुझे मेरा किसलय लौटा दो*–यह नारा राबड़ी देवी सरकार के आख़िरी दिनों में फिरौती के लिए होने वाले अपहरण के मामलों की तस्वीर बयाँ करता है।

नीतीश ने डीजीपी आशीष रंजन सिन्हा और उनकी टीम को क़ानून-व्यवस्था पर चर्चा के लिए बुलाया। जब आईजी अपनी बात रख रहे थे, तब बीच में वह फिरौती के लिए अपहरण के मसले को ठीक से समझाने में ज़रा अटक रहे थे। आईजी चाहते थे के एडीजी, सीआईडी डीएन गौतम इस पर बात करें। गौतम को दस मिनट लगे सीएम को पूरी बात समझाने में जो इस पूरी बैठक में बोली गयी छोटी से छोटी बात को भी नोट कर रहे थे। यही फ़र्क़ था लालू और नीतीश में–लालू किसी भी गम्भीर मुद्दे पर दस मिनट से ज़्यादा का वक़्त देना उचित न समझते, वहीं सीएम नीतीश कुमार हर सुझाव को नोट कर रहे थे।

डीएन गौतम याद करते हुए बताते हैं–

मैं स्टाफ की कमी की बजाय इस बात पर ज़ोर दे रहा था कि किस तरह क्षमताओं का भरपूर इस्तेमाल नहीं किया गया। मैंने बताया कि किस तरह एक जाँचकर्ता साल में सिर्फ़ छह केस देख सकता है। अगर आधा स्टाफ वीआईपी और फील्ड ड्यूटी पर भी तैनात है, तब भी इतने जाँचकर्ता बचते हैं कि सालाना बारह केस देखे जा सकते हैं। मैंने बताया कि किस तरह निरिक्षणात्मक स्तर पर कमी है। सीएम ने उसी वक़्त अधिकारियों को फटकारा। उन्होंने क़ानून-व्यवस्था को बेहद गम्भीरता से लिया।[3]

नवम्बर 2005 में जहानाबाद जेल ब्रेक काण्ड के बाद गौतम को एडीजी बना दिया गया। एडीजी की सलाह पर नीतीश कुमार ने नेपाल के लिए ग़ैरक़ानूनी ढंग से हो रही यूरिया की बिक्री और जमाखोरी पर लगाम कसना शुरू किया। यह ग़ैरक़ानूनी काम सालों से होता आ रहा है, जिसकी वजह से या तो किसान तक यूरिया पहुँचता नहीं था या फिर बेहद बढ़े हुए दाम में मिलता था। नीतीश ने कृषि निदेशक और तमाम बड़े अधिकारियों की बैठक बुलायी और कहा कि यूरिया पर ज़िला स्तरीय निगरानी रखी जाये या फिर अधिकारियों को इसका अंजाम भुगतने के लिए तैयार

रहना होगा। आगे के सालों में यूरिया का मिल पाना नीतीश की ओर से किसानों के लिए एक बड़ा तोहफ़ा था।

नीतीश कुमार ने पहले कार्यकाल में कई दूरगामी नीति सुधार पर काम किया। एडीजीपी (मुख्यालय) अभयानन्द के पास 29 नवम्बर, 2005 को सीएम नीतीश कुमार का फोन आया–सीएम पद की शपथ लेने के पाँच दिन बाद। नीतीश ने पुलिस का रौब, पुलिस का प्रभाव फिर से स्थापित करने के लिए हर तरह की मदद देने का वादा किया–फंड, क़ानून और शून्य हस्तक्षेप। पुलिस अधिकारी ने कहा कि देश में पहले से ही क़ानून का अतिरेक है और उन्हें सिर्फ़ सरकार का नैतिक समर्थन चाहिए। पुलिस के काम करने के इस ढंग को लेकर नीतीश ज़रा दुविधा में थे। फिर बाद में मन्त्री बने महाधिवक्ता पी के शाही ने सीएम को हलके-फुलके अन्दाज़ में समझाया कि अगर कोई पुलिस अधिकारी बिना सरकारी निवेश के अपना काम करना चाहता है तो क्या दिक़्क़त है?

सबसे पहला काम आयुध अधिनियम के तहत अपराधियों को दोषी सिद्ध करना था। इससे दो मसले सुलझाने थे–अपराधियों के ख़िलाफ़ त्वरित कार्रवाई और हथियारों से हो रहे हिंसक अपराधों पर लगाम कसना। 1973 में दण्ड प्रक्रिया संहिता में हुए संशोधन के बाद से अभियोजन और जाँच को अलग-अलग कर दिया गया है, जिसके बाद से पुलिस का काम सिर्फ़ चार्ज शीट दायर करना रह गया है।

अभयानन्द कहते हैं–

गवाहों की कोर्ट में हाज़िरी को सुनिश्चित करने के लिए मैं एसपी को फोन लगाता जिससे अपने आप ही ट्रायल की रफ़्तार बढ़ती। सरकार ने भी एक नोटिस जारी किया कि एसपी की जो सालाना गोपनीय रिपोर्ट होगी, वो उनके ज़िलों में मुक़दमे और दोषी सिद्ध होने की रफ़्तार के आधार पर बनायी जायेगी।[4]

2015 के मध्य तक क़रीब 90 हज़ार अपराधी दोषी करार दिये गये। लालू-राबड़ी सरकार के सामने नीतीश की यह सबसे बड़ी उपलब्धि थी जिसका ढोल पीटा जा सकता था।

माओवादियों से निपटने के लिए सेवानिवृत्त जवानों की संविदा नियुक्ति कर विशेष सहायक पुलिस (सैप) का गठन करना भी नीतीश सरकार की उपलब्धि मानी जाती है। पहले तो नीतीश संविदा के इस विचार से सहमत नहीं थे। वित्त सचिव ने भी इस प्रस्ताव को नकार दिया था। फिर नियमावली में संविदा से सम्बन्धित प्रावधान देखे गये और फिर 10 हज़ार रुपये की तय रकम पर सैप जवानों को नियुक्त किया गया। यह एक अनोखा पल था, जब सीएम नीतीश कुमार ने जनवरी 2006 में बहस

पर चर्चा का जवाब देने से आधे घण्टे पहले विधानसभा में सरकार के इस ज़रूरी फ़ैसले पर चर्चा कर मुहर लगाई। नीतीश ने विधानसभा में सैप की घोषणा की। पटना के पास दानापुर के मिथिलेश स्टेडियम में एक बड़ा कार्यक्रम आयोजित हुआ, जिसमें डीजीपी ने 5000 नव-नियुक्त सैप जवानों से हाथ मिलाया जो सेवानिवृत्त होने के बाद मिली इस नयी ज़िम्मेदारी से बेहद ख़ुश थे।

अभयानन्द कहते हैं कि सैप ने पुलिस का भार कम किया क्योंकि वह राज्य पुलिस से कहीं ज़्यादा प्रशिक्षित थे और बिना कॉन्स्टेबल की भीड़ के, बस कुछ अच्छे हथियार जैसे एके 47, एसएलआर और आईएनएसएएस के साथ माओवादियों का सामना करने के लिए तैयार रहते थे। अभयानन्द के मुताबिक़–इससे वह शिकायत भी दूर हो गयी जिसमें आरोप लगाया जा रहा था कि माओवादी, सेना के रिटायर्ड जवानों से प्रशिक्षण ले रहे हैं। उसी दौरान विशेष निगरानी बल (एसवीयू) भी बनाया गया जिसमें एसपी दर्जे के सेवानिवृत्त सीबीआई अधिकारियों को नियुक्त किया गया। एसवीयू ने चार बड़े अधिकारियों के ख़िलाफ़ केस दर्ज किये, जिसमें पूर्व डीजीपी नारायण मिश्र भी शामिल थे। इनके अलावा एक निलम्बित आईएएस अधिकारी, एक मोटर वाहन अधिकारी और एक ड्रग कंट्रोलर भी थे। इन सबकी सम्पत्ति ज़ब्त कर ली गयी थी। राज्य सरकार ने बिहार विशेष अदालत अधिनियम 2009 को 2010 में लागू किया। यह क़ानून मुक़दमे के दौरान भ्रष्टचार के आरोपी की सम्पत्ति ज़ब्त करने का अधिकार देता है। अगर अधिकारी बरी हो जाता है तो सरकार ब्याज समेत ज़ब्त सम्पत्ति को लौटा देगी। सरकार ने चारों आरोपियों की सम्पत्ति को ज़ब्त किया और उनमें से एक पर पटना में प्राथमिक स्कूल बनाया गया। प्रतीकात्मक ही सही लेकिन इस कार्रवाई ने सरकार की ओर से एक सही सन्देश लोगों के बीच पहुँचाया।

उधर कॉन्सटेबल की भर्ती पैरवी और भ्रष्टाचार से लिपटी हुई थी। 2008 के मध्य तक तो शारीरिक जाँच ही पैमाना हुआ करता था। राज्य डीजीपी के पद पर आये गौतम (जुलाई 2008–जुलाई 31, 2009) ने लिखित परीक्षा और फिर मेरिट लिस्ट का सुझाव दिया। भ्रष्टाचार के सबसे बड़े ज़रिये शारीरिक जाँच को पहली सीढ़ी तक सीमित कर दिया गया। नीतीश कुमार ने एक अहम सुझाव दिया–उत्तर पुस्तिका की कार्बन कॉपी। सीएम ने कहा–परीक्षा के बाद मुख्य कॉपी को स्ट्रॉन्ग रूम भेजा जाये और कार्बन कॉपी से जाँच की जाये ताकि अगर जाँच के दौरान गड़बड़ी का शक पैदा हो या किसी जाँचकर्ता पर शक हो तो बाद में कॉपी का स्ट्रॉन्ग रूम में रखी मूल कॉपी से मिलान किया जा सके। भर्ती की दो स्तरीय प्रक्रिया के

लिए उम्मीदवार को पहले हस्ताक्षर और अंगूठा लगाना होगा। कॉन्स्टेबल की भर्ती में इस क़दम से बड़े बदलाव आये।

2008 में एक और पुलिस सुधार किया गया जिसमें हर पुलिस थाने को मासिक अग्रिम राशि दी जाने की बात कही गयी। गौतम बताते हैं कि एक पुलिस अधिकारी ने बैठक में सीएम के सामने कहा कि यह अग्रिम रकम तो थानेदार ही डकार जायेंगे। गौतम ने यह कहकर अधिकारी को चुप करवाया कि यह रकम किसी वरिष्ठ पुलिस अधिकारी के सरकारी नाश्ते की क़ीमत से भी कम है। दरअसल पुलिस थानों को अग्रिम राशि देने के पीछे का मक़सद पुलिस की नैतिक ज़िम्मेदारी तय करना है क्योंकि अक्सर उन पर एफआईआर दर्ज करने से पहले याचिकाकर्ता से स्टेशनरी का ख़र्चा माँगने का आरोप लगता आया है। सीएम ने इस प्रस्ताव को पास किया और पुलिस बल का मनोबल भी बढ़ा। इस क़दम को लेकर सीएम को पुलिस से अच्छी प्रतिक्रिया भी मिली जब 2008 की विकास यात्रा में वह जनता की शिकायत, राय और प्रतिक्रिया जान रहे थे।

लेकिन दूसरी बार के पुलिस सुधार जैसे महिला और बाल पुलिस थाने और आतंक रोधी दस्ते (एटीएस) के गठन में नीतीश पहले कार्यकाल में सफल नहीं हो पाये, जिसकी वजह साचिविक-नौकरशाही भटकाव को बताया गया। 2008 में जहाँ सीएम को नहीं लग रहा था कि बिहार को आतंक रोधी दस्ते की ज़रूरत है, वहीं 2013 में इसका गठन किया गया। उसी वक़्त पटना के सुल्तानगंज में महिला पुलिस थाना बनाया गया। नीतीश कुमार ने पुलिसकर्मियों की समय रहते पदोन्नति को सुनिश्चित करने के लिए एक ढाँचा तैयार किया। इससे उन अधिकारियों की मनमर्ज़ी पर रोक लगी जो अपने कनिष्ठों की सालाना गोपनीय रिपोर्ट बनाने के बदले कुछ अनचाही माँग कर लिया करते थे।

नीतीश के दूसरे कार्यकाल में पुलिस ने वैज्ञानिक जाँच की तरफ़ रुख किया। सितम्बर 2011 में अभयानन्द ने डीजीपी पद सँभाला जो इस बदलाव को बयान से विज्ञान का नाम देते हैं। क़रीब चालीस फोरेंसिक लैब विशेषज्ञ को नियुक्त किया गया। इसके बाद पुलिस ने आर्थिक अपराध इकाई (ईओयू) का गठन किया जिसमें 2015 के मध्य तक 75 केस दर्ज किये गये। निगरानी जाँच ब्यूरो, विशेष निगरानी इकाई और ईओयू ने 618 लोगों को रिश्वत लेते पकड़ा। 2007 से एसयूवी ने दस केस दर्ज किये जिसमें 11.56 करोड़ रुपये की ग़ैरक़ानूनी सम्पत्ति ज़ब्त की गयी (बिहार सरकार रिपोर्ट कार्ड, 2014)।

अर्थशोधन निवारण अधिनियम के प्रावधान के तहत सितम्बर 2014 में प्रवर्तन निदेशालय द्वारा दर्ज किये गये कुछ मामलों में राज्य पुलिस शिकायतकर्ता बनी। पटना के एक बाहुबली और राजद नेता के ख़िलाफ़ भी ईडी ने केस दर्ज किया। इरादा सिर्फ़ जुर्म पकड़ना नहीं, बल्कि जुर्म के उपजे फल तक पहुँचना था। राज्य पुलिस ने सितम्बर 2014 तक ईडी को पीएमएलए के प्रावधानों के तहत 46 प्रस्ताव भेजे। सरकार ने कर्मचारी और अधिकारियों के ख़िलाफ़ 803 विभागीय कार्यवाही की जिसमें से 88 मामलों में सेवानिवृत्ति के बाद की पेंशन रोक ली गयी।

वहीं सरकारी अस्पताल पर से उठते विश्वास के चलते निजी अस्पतालों और क्लिनिक की बाढ़-सी आ गयी थी। नीतीश कुमार चाहते थे कि मरीज़ दोबारा सरकारी अस्पताल की ओर रुख करें जिसकी शुरुआत पटना मेडिकल कॉलेज और अस्पताल से हुई, जो राज्य के उस वक़्त के छह बड़े अस्पतालों में से एक था। प्राथमिक चिकित्सा केन्द्र (पीएचसी) की हालत बदतर थी, या तो वहाँ काम ठप था या डॉक्टरों की कमी से बन्द पड़े थे। 2005 में एक पीएचसी में महीने में सिर्फ़ नौ मरीज़ ही ओपीडी सेवा के लिए आते थे। बीजेपी मन्त्री चन्द्रमोहन राय के तहत प्रधान सचिव रहे दीपक कुमार ने प्राथमिक स्तर पर ब्लॉक पीएचसी को शुरू करने की मुहिम में अहम रोल निभाया। 2010 तक पीएचसी में प्रति महीना 3500 मरीज़ आने लगे जो 2012 तक बढ़कर 9 हज़ार हो गये।

1983 बिहार काडर के आईएएस अधिकारी अमरजीत सिन्हा ने दिसम्बर 2010 में स्वास्थ्य प्रधान सचिव का कार्यभार सँभाला, वह बताते हैं कि जनवरी-फ़रवरी 2011 में हुई स्वास्थ्य चेतना यात्रा बहुत बड़ा बदलाव लेकर आयी, जब सरकारी डॉक्टरों ने छोटे-छोटे कैम्प्स में क़रीब एक करोड़ लोगों की स्वास्थ्य जाँच की। इससे सरकारी ओपीडी सेवा में लोगों का भरोसा बढ़ा। सिन्हा बताते हैं–हमने ज़िला और उपविभागीय स्तर पर इलाज की सुविधाएं बढ़ाई। हमने 30 हज़ार सहायक नर्स के पद भरे। अतिरिक्त प्राथमिक स्वास्थ्य केन्द्र पर संस्थागत प्रसव किये जाने लगे। 2005 से पहले सिज़ेरियन की सुविधा कुछ ही अस्पतालों में थी, वहीं अब यह ब्लॉक अस्पताल में भी होने लगी। सिन्हा बताते हैं कि कुछ मौके़ ऐसे भी आये जब राजनीतिक हस्तक्षेप की वजह से उन्हें स्वास्थ्य मन्त्री की जानकारी से बाहर प्रधान सचिव से होते हुए कुछ डॉक्टरों की नियुक्ति करनी पड़ी।[5]

2013-14 में संस्थागत प्रसव संख्या 39 हज़ार प्रति महीना पहुँच गयी और वित्तीय वर्ष के अन्त तक यह आँकड़ा 16 लाख 46 हज़ार तक पहुँच गया। सितम्बर 2014 तक यह आँकड़ा सात लाख 66 हज़ार 492 था। मातृ मृत्युदर भी कम हुई,

2012-13 में 219 मौत प्रति एक लाख थी, वहीं 2005 में यह 371 थी। 1997 में यह आँकड़ा 451 था। हेल्थ मैनेजमेंट इन्फोर्मेशन सिस्टम के मुताबिक़ 2013 में 74 फ़ीसदी टीकाकरण और 2014-15 में सितम्बर 2014 तक 86 फ़ीसदी टीकाकरण हुए।

एसआरएस के मुताबिक़ 2013 में शिशु मृत्यु दर गिरकर 42 पर आ गयी। यह दर 1990 में 75, 1994 में 67 और 2005 में 61 रही। लेकिन नीतीश कुमार की सफलता का रास्ता दरअसल सड़कों से ही होकर गुज़रा। मूलभूत ढाँचे के विकास की शुरुआत पुल और सड़क निर्माण के साथ हुई।

दिसम्बर 2005–नीतीश कुमार के सीएम पद सँभालने के महीने भर बाद ही 1991 बिहार काडर आईएएस अधिकारी प्रत्यय अमृत–जो उस वक़्त केन्द्रीय खाद्य प्रसंस्करण मन्त्री के निजी सचिव थे–के पास बिहार सीएम का फोन आया, उन्होंने पूछा कि क्या अमृत बिहार लौटना चाहेंगे। अमृत ने तुरन्त जवाब दिया–हाँ। लेकिन अमृत ने यह बात एक महीने तक अपने परिवार को नहीं बताई और इशारों-इशारों में बस इतना कहते रहे कि अपने गृह-राज्य लौटकर वहाँ अपनी सेवा देने का यही सही वक़्त है। अमृत कहते हैं–मेरी बेटी आठवीं में थी। हम दिल्ली में अच्छा जीवन बिता रहे थे। आख़िरकार परिवार को इस प्रस्ताव के बारे में पता चला, मेरी बेटी ने कहा कि अगर मैं ख़ुश हूँ तो वो सब भी बिहार शिफ्ट होने के लिए तैयार हैं।

इसी तरह के फोन कॉल 1974 बैच के आईएएस अधिकारी अनूप मुखर्जी और 1979 बैच के आईएएस अधिकारी अफ़ज़ल अमनुल्लाह के पास भी आये जो उस वक़्त केन्द्रीय प्रतिनियुक्ति पर थे। इन तीनों ने ही बीच में इस प्रतिनियुक्ति को छोड़ा और अनूप ने बिहार प्रधान सचिव, ग्रामीण विकास, अमानुल्लाह ने भी गृह विभाग में यही पद और अमृत ने सड़क निर्माण विभाग के तहत आने वाले बिहार राज्य पुल निर्माण निगम के अध्यक्ष का पदभार सँभाला।

राज्य सचिवालय को रेमिंगटन टाइपराइटर से कम्प्यूटर पर लाने वाले नीतीश कुमार ने सालों से सुशासन से दूर रहे बिहार को पटरी पर लाने के लिए इन क्षेत्रों को प्राथमिकता दी–क़ानून-व्यवस्था, सड़क, स्वास्थ्य और शिक्षा। उन्हें काम करने वाले लोगों की तलाश थी, जो दिन-रात एक करने के लिए तैयार थे। नीतीश कुमार ने अपने अधिकारियों की टीम बनानी शुरू की। जैसे सड़क निर्माण विभाग के लिए आरके सिंह (अब आरा से बीजेपी सांसद), स्वास्थ्य में दीपक कुमार, शिक्षा में मदन मोहन झा और अंजनी कुमार सिंह और क़ानून-व्यवस्था में अमानुल्लाह।

कुछ आईएएस अधिकारी लौट आये और के के पाठक (शिक्षा) जैसे अधिकारी केन्द्रीय प्रतिनियुक्ति का समय पूरा करने के बाद लौटे और इस तरह नीतीश की

टीम आकार लेने लगी। नीतीश के दोस्त और सलाहकार के रूप में आईएएस अधिकारी रामचन्द्र प्रसाद सिंह थे, जिन्हें आरसीपी के नाम से जाना जाता था। आगे के सालों में आरसीपी पर पार्टी के वरिष्ठ नेताओं ने यह आरोप भी लगाया कि बतौर प्रधान सचिव उन्होंने नीतीश के मन में ग़लत महत्त्वाकांक्षाओं के बीज बोए। सीएम सचिवालय में दूसरे नम्बर पर आईएएस अधिकारी चंचल कुमार और एस सिद्धार्थ थे।

बिहार में अपने पहले दिन को याद करते हुए अमृत बताते हैं–मैं पहली बार आरके सिंह से मिला जिन्होंने सीएम के सामने मेरा नाम रखा था। मैं एक खटारा एम्बैसेडर कार में पुल निर्माण विभाग के अध्यक्ष पद को सँभालने चला था। जब दफ़्तर पहुँचा तो पान की पीक ने मेरा स्वागत किया। मेरा दिमाग़ ख़राब हो गया। मुझे वॉशरूम जाना था, लेकिन मेरे मैनेजिंग डायरेक्टर ने कहा कि मैं उधर न जाऊँ। मैं लंच के लिए घर गया और उस दिन दफ़्तर लौटा ही नहीं। बाद में आरके सिंह ने मुझसे पूछा कि पहला दिन कैसा रहा। मैंने हिचकिचाते हुए कहा–सर यहाँ तो बुरा हाल है। इस पर सिंह ने कहा–तो तुम्हें क्या लगता है, तुम्हें यहाँ क्यों बुलाया गया है।

अमृत ने मरणासन्न स्थिति में पड़े पुल निर्माण विभाग में काम शुरू किया, जो राजद-कांग्रेस के दिनों में बस जैसे-तैसे चल रहा था। लेकिन इस विभाग को योजनाबद्ध तरीक़े से चलाने की ज़रूरत थी। अमृत ने आरके सिंह, आईएएस अधिकारी सुधीर राकेश के साथ मिलकर मुख्यमन्त्री सेतु निर्माण योजना पर काम किया, जिसके तहत 10 लाख से 10 करोड़ रुपये की लागत के पुल निर्माण किये जायेंगे। सीएम ने ज़रूरी सुझाव देते हुए कहा कि ज़्यादा पुल उत्तरी बिहार के बाढ़ प्रभावित क्षेत्रों में बनाये जायें और कैबिनेट की ओर से इस योजना को अगस्त 2006 में मंजुरी मिल गयी। अमृत बताते हैं–मैंने अपनी इंजीनियर की टीम से कहा कि हमें दो साल में 300 पुल बनाने हैं। उनमें से एक निरीक्षक इंजीनियर चमन प्रसाद सिन्हा ने मेरे लम्बे चौड़े भाषण को बीच में रोककर कहा–अगर बुरा न माना जाये तो एक बात कहना चाहेंगे–हमने पिछले 30 साल में 300 पुल बनाये हैं और आप दो साल में 300 चाहते हैं। इंजीनियर की चिन्ता वाजिब थी क्योंकि विभाग के पास दो ही डिज़ाइन इंजीनियर थे और एक पुल डिज़ाइन करने में छह से सात महीने लगते हैं। ठेकेदार की पंजीकरण प्रक्रिया में छह महीने लगते हैं और राज्य के गुणवत्ता जाँच लैब की तो बहुत ही बुरी हालत थी।

जब विभाग के स्थापना दिवस के लिए नीतीश कुमार को न्यौता दिया गया तब सीएम ने लालू की चुटकी लेते हुए कहा–कुछ नेताओं को तो अपनी जन्म तिथि

तक याद नहीं है लेकिन वह जन्मदिन धूमधाम से मनाते हैं, इस विभाग को कम-से-कम अपनी जन्म तिथि तो पता है तो इसे तो उत्सव की तरह मनाना ही चाहिए। 11 जून, 2007 को तेज़ बारिश के बावजूद सीएम विभाग के दफ़्तर पहुँचे। विभाग के कर्मचारी पहली बार यूनिफॉर्म में दिखायी दिये–नीली शर्ट और गहरी नीली पैंट। नीतीश के साथ डिप्टी सीएम सुशील कुमार मोदी भी थे, जिन्होंने मंच पर बैठने से पहले दफ़्तर का मुआयना किया। नीतीश पसीने से तर थे और पुरस्कार वितरण की लिस्ट लम्बी थी। लेकिन वह रुके और उन्होंने कहा–इस जगह पर मैंने गाय-बकरी को घूमते देखा था। यह बिहार में काम करने की एक नयी संस्कृति की शुरुआत है। विभाग ने तब तक कटौझा पुल का निर्माण पूरा कर लिया था जो 15 सालों से निर्माणाधीन अवस्था में ही था। अक्टूबर 2005 चुनाव में पुल बनाने का किया वादा नीतीश ने पूरा किया। जब कार्यक्रम में ठेकेदारों को पुरस्कृत किया जा रहा था तब सीएम ने कहा–हमने ठेकेदारों को सज़ा देते हुए सुना है, आज पहली बार बिहार में उन्हें पुरस्कृत किया जा रहा है।

बिहार राज्य पुल निर्माण निगम अब मुनाफ़े में जा रहा था। 12 जून 2009 को नीतीश कुमार ने पटना से 149 पुलों का उद्घाटन किया जो अपने आप में रिकॉर्ड था। अमृत कहते हैं कि नीतीश कुमार जल्दी फ़ैसला लेने वाले नेता होने के साथ ही एक अच्छे श्रोता भी रहे। सीएम ने पटना के महत्त्वाकांक्षी दीघा-एम्स एलिवेटेड गलियारे के निर्माण के लिए पहले दौरे के बाद ही फ़ैसला ले लिया था।

अमृत याद करते हैं कि किस तरह राज्य की कैबिनेट ने पहला सरकारी-निजी कम्पनी भागीदारी मॉडल (पीपीपी) पास किया। *अगस्त 2010 में विधानसभा चुनाव से पहले नीतीश कुमार आख़िरी कैबिनेट बैठक कर रहे थे। हालाँकि मैंने बैठक से पहले उनसे ताजपुर-बख्तियारपुर पुल प्रोजेक्ट पर बात कर ली थी, लेकिन उन्होंने कहा कि इसे अगली सरकार के लिए बचाकर रखें। लेकिन मैं नहीं माना और जब बैठक में एजेंडा से जुड़े तमाम मुद्दों पर बात कर ली गयी तब मैं सीधे कैबिनेट के कमरे में घुसा। नीतीश ने पूछा कि मैं यहाँ क्या कर रहा हूँ। मैं बच्चों की तरह मिन्नतें करने लगा कि वो मेरी बात सुनें और वह मान भी गये। मैंने कहा पीपीपी का मतलब है निजी निवेशक बिहार आयेंगे और इसका मतलब उन्हें हमारी सरकार पर भरोसा है। नीतीश कुमार ने आगे कुछ नहीं सुना और बस हाँ कह दिया।* अब तक बिहार में 5 हज़ार करोड़ रुपये के सड़क और पुल सम्बन्धित प्रोजेक्ट चल रहे हैं। पीपीपी मॉडल को ऐसे समझें–निजी निवेशक, प्रोजेक्ट की लागत में 60 फ़ीसदी ख़र्च करते हैं और केन्द्र तथा राज्य सरकार 20-20 फ़ीसदी ख़र्च करते हैं।

पीपीपी प्रोजेक्ट के तहत बिहार में निर्माणाधीन अन्य पीपीपी प्रोजेक्ट हैं—आरा महोनिया चार लेन और बख्तियारपुर-रजौली चार लेन। अमृत कोइकाई बिहार स्टेट ब्रिज कंस्ट्रक्शन कॉर्पोरेशन को एक लाभकारी इकाई में बदलने के लिए प्रमाण पत्र के साथ लोक प्रशासन में उत्कृष्टता के लिए प्रधानमन्त्री पुरस्कार (2010-2009) दिया गया।

सड़क निर्माण विभाग ने ग्रामीण निर्माण विभाग के तहत 59 हज़ार किलोमीटर के राष्ट्रीय राजमार्ग, राजकीय राजमार्ग, ज़िला और ग्रामीण सड़क का निर्माण किया। नौ सालों में 14 हज़ार छोटे-बड़े पुलों का निर्माण किया गया। बिहार के सरकारी आँकड़े बताते हैं कि 2012-13 में सड़क की लम्बाई प्रति 100 वर्ग किलोमीटर 192.78 किलोमीटर थी। सितम्बर 2014 तक बिहार की सड़क की कुल लम्बाई 226244.58 किलोमीटर हो गयी। सड़क निर्माण विभाग की सबसे बड़ी उपलब्धि राज्य राजमार्ग या ज़िला सड़क को ठीक करना या बनवाना नहीं थी बल्कि गया, जहानाबाद, औरंगाबाद, जमुई, लखीसराय, रोहतास और भभुआ जैसे लेफ्ट अतिवादी प्रभावित ज़िलों में प्रोजेक्ट शुरू और पूरा करना था। नक्सल प्रभावित क्षेत्र में आरसीसी सड़क बनायी गयी।

औरंगाबाद के तहत आने वाले रफीगंज का आन्ती गाँव सालों से माओवाद से प्रभावित रहा और एक तरफ़ रफीगंज (16 किलोमीटर) और दूसरी तरफ़ से कोंच (गया) तक पहुँचने के लिए सड़क की बाट जोह रहा था। आन्ती से जुड़ी एक घटना आज भी मेरे मन में सिहरन पैदा कर देती है जहाँ मेरे पिता संजय प्रसाद सिंह हाई स्कूल में पढ़ाया करते थे। 1982 की गर्मियां, मैंने हाई स्कूल में दाख़िला लिया ही था। सुबह साढ़े दस बजे की बात है, हथियारबन्द क़रीब 50 माओवादी, हथियार छुपाने के लिए अपने शरीर का ऊपरी हिस्सा लुंगी से ढंककर स्कूल में घुस आये। स्कूल हेडमास्टर रघुवंश प्रसाद सिंह की ग़ैरमौजूदगी में मेरे पिता ही स्कूल देख रहे थे। एक माओवादी ने बस यूं ही अचानक घंटी बजाई और सब बच्चों को लाइन में लगवाकर उनसे सरकारी विरोधी नारे लगवाए। उनके कहने पर हम एक किलोमीटर पैदल चले। तब पहली बार मैंने नक्सली शब्द सुना, जिसके मायने समझने में काफ़ी वक़्त लग गया। इस घटना के बाद ही मेरे पिता ने ज़िला शिक्षा अधिकारी को चिट्ठी लिखी और स्कूल दो महीने के लिए बन्द हो गया। सालों बाद मेरे पिता ने बताया कि उनमें से कई माओवादी तो उसी स्कूल से पढ़े थे और आधा चेहरा ढके रहने के बावजूद मेरे पिता ने कुछ को पहचान भी लिया था।

आन्ती अब बदल गया है। स्कूल भी प्लस टू हो गया है। रफीगंज के लिए पक्की सड़क बन गयी हैं, जिस रास्ते पर सालों तक सिर्फ़ तांगा दौड़ा करता था।

आन्ती से होकर दो सड़कें जाती हैं–एक कोंच (गया) के लिए और दूसरी रफीगंज औरंगाबाद के लिए। देखकर अच्छा लगता है कि गाँव के उस हाई स्कूल में अब एक नयी इमारत भी बन गयी है। और इसे आप ऊपर वाले का न्याय ही कहेंगे कि मेरा दोस्त संजय–जो उस दिन माओवादियों के कहने पर क़तार में लगा था–स्कूल की इमारत उसी की ठेकेदारी में तैयार हुई है।

द इंडियन एक्सप्रेस की 3 मई, 2009 की रिपोर्ट–The road begins here में–

10 साल पहले गया से 38 किलोमीटर दूर आन्ती में लाल झंडा ऊपर जाता तो दुकानदार शटर नीचे गिरा देते। नक्सल यहाँ जन-अदालत लगाते और यहाँ के लोगों के पास कोई चारा नहीं बचता था। आन्ती एक नक्सल प्रभावित इलाक़ा था–एक गाँव जो कम-से-कम 100 नक्सल प्रभावित गाँवों से घिरा हुआ था। लेकिन आगे के सालों में आन्ती ने तय किया वह नक्सलियों से लड़ेंगे–बन्दूक से नहीं, विकास से।[7]

राज्य सरकार ने सड़क निर्माण विभाग और पीडब्लूडी इंजीनियर की सुरक्षा का जिम्मा डीएम और एसपी को दिया। विशेष सहायक पुलिस जवान को निर्माणाधीन स्थल पर तैनात किया गया।

नीतीश सरकार की एक और उपलब्धि रही, अलसाई पड़ी बिहार मानवाधिकार आयोग की ऑइलिंग करना। अयोध्या आन्दोलन के बाद भारत पर मानवाधिकार की सुरक्षा न कर पाने का आरोप लगता रहा। केन्द्र ने मानवाधिकार आयोग क़ानून 1993 के तहत राष्ट्रीय मानवाधिकार आयोग का गठन किया। राज्य मानवाधिकार आयोग का गठन भी इसी क़ानून के तहत किया गया। हालाँकि बिहार सरकार ने साल 2000 में ही इस आयोग को अधिसूचित कर दिया था, लेकिन बात बस यहीं आकर रुक गयी। लालू प्रसाद चाहते थे कि उनके उम्मीदवार एक पूर्व जज को इस आयोग की अध्यक्षता मिले। लेकिन इसका विरोध किया गया। आख़िरकार नीतीश कुमार की सरकार ने 2008 में इस आयोग को अधिसूचित किया और दिसम्बर 2008 से यह आयोग काम पर लग गया।

पूर्व डीजीपी और आयोग की सदस्य नीलमनी बताते हैं कि 10 मई तक आयोग के पास 26,776 शिकायतें आयी जिनमें से मई 2015 तक 15,643 मामले निपटा दिये गये। ज़्यादातर शिकायतें हिरासत में की गयी प्रताड़ना, एफआईआर नहीं लिखना, 24 घण्टे से ज़्यादा की हिरासत (बन्दी प्रत्यक्षीकरण के उल्लंघन) के मामले थे।[8]

मामले को और क़रीब से समझने के लिए कुछ और आंकड़ों पर नज़र डालते हैं। योजना आयोग के आँकड़े बताते हैं कि 2005 में ग़रीबी रेखा से नीचे रहने वाले लोग 54.4 फ़ीसदी थे और यह आँकड़ा गिरकर 2014 में 33.74 फ़ीसदी हो गया।

2004-05 में राज्य का कुल बजटीय ख़र्चा 20058 करोड़ रुपया था। 2015-16 में बजट प्रावधान 120685 करोड़ रुपये था। साल 2012-13 में प्रति व्यक्ति सकल घरेलू उत्पाद 29670 रुपये रहा जो 2013-14 में 33954 रुपये हो गया। बिक्री कर, पंजीकरण, मुद्रांक और आबकारी, राजस्व का 95 फ़ीसदी हिस्सा रहा। सम्पत्ति का पंजीकरण नीतीश सरकार की सबसे बड़ी सफलता रही। सरकार पर जनता का भरोसा लौट रहा था और इसकी छाप अपार्टमेंट ब्लॉक के निर्माण में हुई तेज़ी में दिखायी देती है। 2013 में घरेलू पर्यटक की संख्या 21588306 रही, वहीं विदेशी पर्यटक 765835 थे। (बिहार सरकार का 9वें साल का रिपोर्ट कार्ड)

लालू-राबड़ी कार्यकाल से अगर तुलना की जाये तो जहाँ प्रति व्यक्ति आय 1993-94 में 3333 रुपये थी जो कि 2005-06 में 8481 रुपये हो गयी और 2013-14 में यह बढ़कर 17,294 रुपये पहुँच गयी। 2000 से 2005 के बीच विकास दर में 3.4 फ़ीसदी का फ़र्क़ था। 2006 से 2010 के बीच इसने 10.2 फ़ीसदी और 2011 से 2014 के बीच 10.4 फ़ीसदी की छलांग लगाई (सीएसओ)। 1993-94 में ग़रीबी रेखा से नीचे की दर 54.96 थी और 2005-06 में 54.04 फ़ीसदी हुई। 2011-12 में यह 33.74 पहुँच गयी (एनएसएसओ, योजना आयोग)। 2011-12 में बिहार में प्रति व्यक्ति बिजली उपभोग 144 किलोवॉट था। 2001-02 में क्रेडिट जमा अनुपात 22.79 था और 2013-14 में 46.51 (एसएलबीसी)।

सन्दर्भ

1. मुख्यमन्त्री नीतीश कुमार का साक्षात्कार, 6 जुलाई, 2015
2. बाढ़ स्कूल का एक दौरा (फ़रवरी, 2010)
3. पूर्व डीजीपी डी एन गौतम, मई 14, 2015
4. पूर्व डीजीपी अभयानन्द, जुलाई 5, 2015
5. आईएएस अधिकारी प्रत्यय अमृत, मार्च 15, 2015
6. आईएएस अधिकरी अमरजीत सिन्हा, जून 22, 2015
7. द इंडियन एक्सप्रेस (The road begins here, मई 3, 2009)
8. पूर्व डीजीपी नीलमनी, मई 11, 2015

नोट–ज़्यादातर आँकड़े बिहार सरकार के हैं। लेखक ने स्रोत का उल्लेख किया है।

12
राजनीतीश

2015 का विधानसभा चुनावी बिगुल बज चुका था, पार्टियों ने जंग के लिए बाँहें चढ़ा ली थीं और नीतीश कुमार पर सबकी निगाहें टिकी थीं। टिके भी क्यों न, पटना के तमाम बड़े होर्डिंग पर वही छाये हुए थे, जहाँ देखो–वहाँ नीतीश। साथ ही लिखा था एक सन्देश–*फिर एक बार नीतीश कुमार*। फोटो क्रोमैटिक चश्मा पहने नीतीश की तस्वीर जिसमें वह एक उँगली उठाकर मानो अपनी बात रखना चाह रहे हैं, या कहें कि किसी और पर उँगली उठाकर अपनी बात रख रहे हैं।

2014 लोकसभा चुनाव में तो नीतीश अपने सबसे बड़े विरोधी नरेन्द्र मोदी के सामने टिक नहीं पाये। नीतीश, गुजरात के इस नेता से - जो अब देश के प्रधानमन्त्री बन चुके थे–पहला राउंड हार चुके थे और बिहार की राजनीतिक पार्टियों में भी उनकी पार्टी जदयू पाँचवें नम्बर पर रही। नीतीश ने भावुकता का सहारा लेते हुए हार की नैतिक ज़िम्मेदारी ली और सीएम पद त्याग दिया लेकिन दूसरे राउंड के लिए नौ महीने बाद उन्होंने फिर से कुर्सी का दामन थामा।

इसे विडम्बना ही कहेंगे इस बार नीतीश ने चुनावी अभियान सँभालने के लिए उसी शख़्स को चुना जो 2014 के *अबकी बार, मोदी सरकार* अभियान के पीछे थे–प्रशान्त किशोर। मोदी को उन्हीं के अन्दाज़ में जवाब देने के लिए नीतीश को यही बेहतर तरीक़ा लगा। हाँ, नीतीश पर बीजेपी की नकल करने का आरोप लगा लेकिन उन्हें फ़र्क़ नहीं पड़ा। वह चाहते थे कि किशोर उनके लिए भी वही जादू चलाये–वैसी ही छवि बनाये जो देश को नरेन्द्र मोदी में दिखायी दे रही थी। प्रशान्त किशोर ने इस अभियान को एक शख़्स के इर्द-गिर्द ही रखा, न कि किसी वैचारिकता, या लालू प्रसाद की तरह किसी सामाजिक गठजोड़ के साथ जोड़ा। जिस तरह 2014 का अभियान मोदी के आसपास रहा, वैसा ही कुछ नीतीश 2015 में अपने लिए

चाहते थे। पुराने तरीक़ों से अलग जब राजनेताओं के चेहरे की भीड़ लगी रहती थी, प्रशान्त किशोर ने जदयू के लिए सिर्फ़ एक चेहरे पर ध्यान केन्द्रित किया–वो चेहरा नीतीश कुमार का था।

लेकिन यह वही नीतीश कुमार थे,जिनकी ऐसी छवि 2010 विधानसभा चुनाव की जीत के बाद बिना एक पैसे ख़र्च किये बन गयी थी। 2009 लोकसभा और 2010 विधानसभा चुनाव के नतीजे उनके पक्ष में आने के बाद उनकी छवि अपने आप ही बड़ी होती गयी। लेकिन अब उस छवि को दोबारा पाने के लिए नीतीश किसी तरह का दिखावा करने से भी नहीं हिचकिचा रहे थे। हर काम को बारीकी से देखने वाले सीएम ने प्रशान्त किशोर की टीम का ठिकाना अपने दफ़्तर के पास ही तैयार करवाया ताकि हर लाइन, हर नारा, हर जिंगल पर वह क़रीब से नज़र रख सकें और ज़रूरत पड़ने पर उसे बदल भी सके।

नीतीश कुमार जानते थे कि 2014 की टक्कर ने राजनीतीश–2010 विधानसभा चुनाव में नीतीश से प्रेरित एनडीए की 56वीं जीत के लिए *द इंडियन एक्सप्रेस* की सम्पादकीय टीम द्वारा तैयार किया गया शब्द–को अब सिर्फ़ नीतीश तक सीमित कर दिया है। दरअसल राजनीतीश से अभिप्राय बिहार में नीतीश के नाम का डंका बजना है। इस बार नीतीश यह सब कुछ फिर हासिल करना चाहते हैं लेकिन बिना बीजेपी के। उनके इस अरमान पर पानी फेरने के लिए उनके धुर-विरोधी काम पर लगे थे लेकिन नीतीश भी किसी भी हद तक जाने के लिए तैयार थे–मोदी पर हमला करने से लेकर अपने विकास कार्य का ढोल पीटने और यहाँ तक कि अपने पुराने विरोध लालू प्रसाद से हाथ मिलाने तक। ऐसा ही एक विज्ञापन कहता मिला–बहुत हुआ जुमलों का वार, आगे बढ़ता रहे बिहार, फिर एक बार नीतीश कुमार।

राजनीति सबको बराबरी पर ले आती है लेकिन वह लड़ने के लिए एक समतल ज़मीन भी देती है। और 2015 में नीतीश ने इस ज़मीन पर पूरी तैयारी के साथ क़दम रखा या कहें कि अपने विरोधी से कहीं ज़्यादा तैयारी के साथ। 2014 में नीतीश तैयार कम और उतावले ज़्यादा थे। 2015 में इसका ठीक उलट था। वह हर क़दम फूँक-फूँककर बेहद संयमित अन्दाज़ में रख रहे थे। जिस नेता ने मोदी का सबसे बड़ा विरोधी बनकर राष्ट्रीय-अन्तरराष्ट्रीय मीडिया का ध्यान खींच लिया था, उसे 2014 में निराशा हाथ लगी थी, सिर्फ़ इसलिए नहीं कि वह चुनाव में हारा बल्कि इसलिए भी क्योंकि विकास कार्य पर खड़ी जिस छवि को बनाने में उन्होंने मेहनत की वह ढहती चली गयी। वह शर्मिन्दा थे, क्योंकि बिहार के लोगों ने नतीजों से पहले उन्हें सबसे लोकप्रिय चेहरा बताया लेकिन वोट तो मोदी को ही दिया।

2014 लोकसभा चुनाव में नीतीश ने अपनी ब्रांड वैल्यू को भुनाने का प्रयास किया–वह छवि जो 2010 के चुनाव के बाद उन्हें दिग्गजों की क़तार में खड़ा करती है । लेकिन इसके बावजूद वोटर उनकी रैली में कम संख्या में ही दिखे, शायद यह बताने के लिए यह लोकसभा चुनाव है, विधानसभा चुनाव नहीं। 2015 में नीतीश ने हर घर दस्तक कार्यक्रम के तहत मतदाताओं से मिलना शुरू किया ताकि उन्हें याद दिलाया जा सके कि यह विधानसभा चुनाव है और नरेन्द्र मोदी बिहार सीएम नहीं बनने वाले।

ये वही मतदाता थे जिन्होंने इसके उलटे तर्क के साथ 2009 लोकसभा चुनाव में वोट दिया और एनडीए को बिहार की 40 में से 32 सीट दिलवायी। मतदाताओं को परवाह नहीं थी क्योंकि वो लोकसभा चुनाव थे और एनडीए के केन्द्र में आने की सम्भावना बेहद कम थी। 2009 का चुनाव बस नीतीश के नाम था। नतीजा यह था कि बिहार में नीतीश का नाम उभरकर आया। बिहार ने सिर्फ़ नीतीश की अगुवाई वाले एनडीए को वोट दिया। अक्टूबर 2005 विधानसभा चुनाव के बाद मतदाताओं के पास यह पहला मौक़ा था जिसके ज़रिये वह नीतीश को उनकी अलग-अलग पहल के लिए धन्यवाद कह सकें। उस वक़्त बिहार के मतदाता केन्द्र और राज्य चुनावों के अलग-अलग पहलुओं में फँसते नहीं दिखे।

अपना ब्रांड खड़ा करने की अहमियत नीतीश ने देर से जानी, ख़ासकर ट्विटर जैसे सोशल मीडिया माध्यमों के महत्त्व को उन्होंने देर से समझा। नरेन्द्र मोदी ने 2014 के चुनाव में बिना किसी शोर-शराबे के इसी ट्विटर के अपने फॉलोअर्स को काडर में बदलने का काम किया। नमो के प्रशंसक और अनजान मतदाताओं ने ट्विटर पर नरेन्द्र मोदी से जुड़ाव महसूस किया और एक तरह से ये अपने इस नेता के अनधिकारिक प्रवक्ता बन गये। और दूसरी तरफ़ नीतीश कुमार थे जो अपनी तकनीक के जानकार समर्थकों के कहने पर ब्लॉगिंग तो कर रहे थे, लेकिन ट्विटर अब भी उन्हें बेवजह की ची-ची करने वाली जगह से ज़्यादा कुछ नहीं लगता था। लेकिन 2014 की हार ने उनके विचार बदल दिये। नीतीश अपने ब्रांड के लिए वही करना चाहते थे जो मोदी ने किया जिसके लिए उन्हें प्रशान्त किशोर की ज़रूरत थी। इसलिए वह लालू को बड़े भाई बनाने के लिए राज़ी नहीं थे। इफ्तार पार्टी में लालू से गले लगना तो ठीक है लेकिन वह नहीं चाहते थे कि यह तस्वीर प्रशान्त के बनाये पोस्टर में बड़ी जगह घेर ले। यह लड़ाई नीतीश और मोदी के बीच ही नहीं, नीतीश और राजनीतीश के बीच भी थी। नीतीश ने 2015 के युद्ध के लिए बिगुल बजा दिया

था। फिर एक बार नीतीश कुमार वाले होर्डिंग लोगों को ताक रहे थे, कोई इसे नीतीश की तरफ़ से मोदी को दिया गया जवाब कह रहा था तो कई इसे नीतीश का 'कॉर्पोरेट स्टाइल' चुनावी अभियान कह रहा था। जन भागीदारी मंच के साथ मिलकर जब किराए के वाहन पटना से निकलकर ज़िले और क़स्बे तक नीतीश की सफलता की कहानियाँ सुना रहे थे, तब कोई सहमति दिखाए न दिखाये लेकिन इतना तो सब मान रहे थे कि आने वाले चुनाव में काँटे की टक्कर होने वाली है।

2009 में कमाल करने के बाद नीतीश कुमार ने 2010 विधानसभा चुनाव में एनडीए को बड़ी जीत दिलायी। बिहार में एनडीए के सबसे बड़े प्रतिद्वन्द्वी लालू प्रसाद का तो नामोनिशान नहीं बचा, विधानसभा में 10 फ़ीसदी सीट भी हासिल नहीं कर पाये। आप इसे जीत के लिए तैयार किये गये सामाजिक गठबन्धन का फॉर्मूला कहिए या विकास के लिए वोट या दोनों, ब्रांड नीतीश का जादू पूरे देश में चलने लगा था। मतदाताओं ने 2009 में नीतीश का साथ दिया और 2010 में जनता ने बता दिया कि नीतीश के ब्रांड की क़ीमत क्या है। जीत के बाद अभिभूत नीतीश ने यह तक कहा कि लोग अब सिर्फ़ बात करने से प्रभावित नहीं होते (सम्भवत: लालू की तरफ़ इशारा करते हुए)। नतीजों के बाद नीतीश कुमार ने सीएम आवास पर हुई प्रेस कॉन्फ्रेंस में कहा कि नतीजे बताते हैं कि यह विकास के नाम पर वोट था। निजी बातचीत में तो नीतीश ने एनडीए के लिए 206 की उम्मीद कभी नहीं की थी। सिर्फ़ एक एक्ज़िट पोल ने यह भविष्यवाणी की थी और बाक़ी सब सिर्फ़ हँसे थे।

मीडिया ने नतीजों का आकलन यही कहकर किया कि जनता ने लालू-राबड़ी राज से पूरी तरह मुँह फेर लिया। वैसे तो बिहार कभी भी जातिवाद से मुँह नहीं मोड़ सकता लेकिन 2010 में यह बात इस तरह छपी कि ख़ुद नीतीश पर फ़र्क़ नहीं पड़ पाये कि यह जाति के नाम पर वोट मिले या विकास के नाम पर। जीत बड़ी थी क्योंकि इससे लालू के मुस्लिम-यादव वाले सामाजिक फॉर्मूले पर पानी फिर गया। यह विकास की, सामाजिक गठबन्धन और विविधता की जीत थी।

द इंडियन एक्सप्रेस (Rajnitish, नवम्बर 26, 2010) की रिपोर्ट कहती है– *भारतीय राजनीति में अनिश्चितता का दौर कम ही देखने को मिलता है और ऐसी ही कुछ विरला बिहार विधानसभा चुनाव में नीतीश कुमार की अगुवाई वाले जदयू और बीजेपी गठबन्धन की जीत में दिखा। यह अभूतपूर्व जीत थी जिसकी किसी ने कल्पना नहीं की थी। एक राज्य जहाँ बात-बात पर जातिवाद याद दिलाया जाता है, वहाँ एनडीए के लिए 206 सीट के जनादेश (84.77% बहुमत) ने दशकों पुराने*

राजनीतिक समीकरण को धता बताते हुए अस्तित्व, महत्त्वाकांक्षाओं और विकास के इर्द-गिर्द नयी इबारत लिखी। जीत के बाद पहली बार प्रतिक्रिया देते हुए नीतीश ने बेहद नपे-तुले अन्दाज़ में बिहार की इस नयी कहानी, उसके विकास की बात की और यह भी कहा कि किस तरह बिहार अपनी पुरानी जातिगत राजनीतिक-चुनावी रणनीति को पीछे छोड़कर अब आगे बढ़ चुका है जहाँ महिलाओं, पिछड़ी जाति और युवाओं का पक्ष और मत भी मायने रखता है। [1]

राष्ट्रीय मीडिया दो वजहों और दो चरणों में नीतीश कुमार की आभारी रही। एक तो यह कि नीतीश ने नरसंहार और अपहरण की कहानियों से हटकर अब सुधार और निर्माण के पहलू की ओर मीडिया का ध्यान खींचा। नीतीश यही चाहते थे क्योंकि वह उस राज्य का हुलिया बदल रहे थे जिससे सबने उम्मीद रखनी छोड़ दी थी। वो मीडिया जो लालू के हँसोड़पन की कहानियाँ दिखाती न थकती, अब वही मीडिया गम्भीर होना चाहती थी। नीतीश कुमार ने कई बड़े सम्पादकों को बिहार आमन्त्रित किया ताकि वह बदलते हालात को देख और समझ सकें।

2010 की चुनावी रिपोर्टिंग के बाद शेखर गुप्ता ने अपनी लोकप्रिय शृंखला 'Writings on the wall' के लिए लिखा (A Mandate for Nitish Hope Kumar, *The Indian Express*)–

तो मेरे साथ बिहार तक चलिए और रास्ते में आपको कुछ ऐसे नज़ारे दिखेंगे जो आपके उदास मन को भी प्रफुल्लित कर देंगे, जो आपको ज़रा ठहरकर यह सोचने के लिए मजबूर कर देंगे कि किस तरह देश के सबसे कुशासित, सबसे नाउम्मीदी भरे राज्य में भी उम्मीद की किरण बाक़ी है। राज्य की नव-निर्मित सड़कों पर स्कूल यूनिफ़ॉर्म में साइकिल चलाती हुई कई, कई दर्जन लड़कियाँ। सड़क, साइकिल, यूनिफ़ॉर्म का यह मिलन जिसका नतीजा आपको इस बुधवार देखने को मिलेगा। नीतीश ने स्कूलों में लड़कियों के कम दाख़िले और स्कूल से नाम हटवाने की बड़ी दर की समस्या को कम करने के लिए 9वीं कक्षा में जाने वाली छात्राओं को मुफ़्त साइकिल दी है। चार लाख साइकिल वितरित हो चुकी हैं और पहिये से शुरू हुई यह क्रान्ति रफ़्तार पकड़ रही है। इस बीच हाई स्कूल में लड़कियों का दाख़िला तिगुना हो गया है। [2]

नीतीश ने 2010 की जीत को अपनी राष्ट्रीय महत्त्वाकांक्षा पूरी करने के लिए बहुत ही सोच समझकर इस्तेमाल करना शुरू किया। मीडिया जो पहले तो विकास-कार्य पर बात करने के लिए नीतीश का पीछा करती रही, बाद में वह नीतीश के

राष्ट्रीय पटल पर छा जाने के सपने के पूरा होने की सम्भावना को खँगालने लगी। नीतीश जल्दी में नहीं थे और पहले वह प्रशासन व्यवस्था पर ध्यान देना चाहते थे। शुरुआत अच्छी हुई जब उन्होंने भ्रष्टाचार के ख़िलाफ़ शून्य सहिष्णुता नीति के तहत कुछ बड़े क़दम उठाये। उन्होंने अपने साथ-साथ सभी मन्त्रियों और उच्च सरकारी अधिकारियों के लिए साल के शुरू में स्वेच्छा से अपनी तमाम सम्पत्तियों की घोषणा कर उस जनवरी 2011 से सरकारी वेबसाइट पर अपलोड करना अनिवार्य कर दिया। इसके बाद उन्होंने विधायक स्थानीय क्षेत्र विकास फंड को रद्द किया क्योंकि ऐसी शिकायतें आ रही थीं कि विधायक उसे कमीशन फंड की तरह ले रहे थे, जिसके ज़रिये एक तय रकम हासिल कर ठेका चन्द लोगों को ही मिल पाता था। हालाँकि विधायकों ने इस फ़ैसले से नाराज़गी जताई क्योंकि इससे उनके पंख काट दिये गये। लेकिन 243 वाले सदन में 206 विधायकों के बहुमत वाले नीतीश से सवाल पूछने की हिम्मत किसी ने नहीं दिखायी। एक वक़्त ऐसा भी आया जब अपने ही विधायकों के लिए नीतीश पहुँच के बाहर हो गये। सफलता उनके सिर पर चढ़ने लगी। नीतीश आलोचना का स्वागत भी नहीं कर पा रहे थे। उन्होंने लोकसेवा का अधिकार क़ानून को लागू करने का बीड़ा उठाया जिसके तहत जाति, आय और आवासीय प्रमाण-पत्र के लिए ऑनलाइन आवेदन किया जा सकता था। इसके ज़रिये लाल फीताशाही पर बहुत हद तक लगाम कसी गयी।

उभरते हुए राष्ट्रीय नेता नरेन्द्र मोदी को मुख्य रूप से चुनौती देते हुए नीतीश ने एक बार फिर राष्ट्रीय ध्यान अपनी ओर खींचा (इस बारे में विस्तार से आगे के अध्यायों में)। दिल्ली के अलावा अब गुजरात और बिहार भी मीडिया का केन्द्र बनते चले गये। प्रिंट और टीवी मीडिया, नीतीश की राष्ट्रीय महत्त्वाकांक्षा पर कोई न कोई बयान सुनने के लिए बेताब रहते।

एनडीटीवी के वरिष्ठ कार्यकारी सम्पादक रवीश कुमार ने नीतीश के लिए राष्ट्रीय मीडिया का नज़रिया कुछ इस तरह रखा–

नीतीश ने राष्ट्रीय टीवी चैनल का ध्यान इसलिए खींचा क्योंकि वह अकेले ऐसे नेता थे जो एनडीए के अन्दर रहकर भी और बाहर होने के बाद भी मोदी को चुनौती देते रहे। ख़बरें तो दिल्ली के इर्द-गिर्द ही घूमती रहीं, लेकिन इसके बीच बिहार एक ताज़ी हवा के झौंके की तरह रहा। नीतीश ने ध्यान बटोरा क्योंकि राष्ट्रीय पटल पर मोदी के आगमन के सामने उन्होंने ख़ुद को खड़ा किया और कई बार तो वह मोदी की आलोचना करने वालों के पक्ष में बोलकर एक झूठा युद्ध छेड़ दिया करते।

नरेन्द्र मोदी की पटना रैली के बाद नीतीश का राजगिर में दिया गया भाषण बेहतरीन था, लेकिन नीतीश के पास दिल्ली में जदयू का वैसा कार्यालय नहीं था, जिससे वह नरेन्द्र मोदी की पब्लिसिटी और सोशल मीडिया तामझाम का मुक़ाबला कर सकें। नीतीश शायद सोशल मीडिया की ताक़त को पहचानने से चूक गये। 2014 चुनाव से पहले मेरे पास मोदी के प्रशंसकों के कमेंट्स की बाढ़ आ जाती लेकिन नीतीश के लिए ऐसा करने वाले कम ही दिखे। और तो और गुजरात की अस्मिता के लिए तो नरेन्द्र मोदी के पीछे बहुत लोग खड़े मिलते लेकिन बिहारी स्वाभिमान की रक्षा का आह्वान करने वाले नीतीश के पीछे कोई खड़ा नहीं मिलता। इसलिए अब नीतीश, मोदी के तरीक़े अपनाकर ही बिहार में उन्हें पटखनी देना चाहते हैं।[3]

नीतीश की तरक़्क़ी का चार्ट 2009 की लोकसभा जीत के बाद ही नज़र आने लगा। नतीजों ने सिर्फ़ नीतीश के आगमन का सन्देश ही नहीं, बल्कि लालू समेत कई दिग्गज नेताओं को भी एक राजनीतिक सन्देश दिया। यह वही नीतीश थे जो 1995 विधानसभा चुनाव में सामाजिक न्याय का कथित ज़िम्मा अपने कन्धे पर लादे हुए लालू प्रसाद के सामने सिर्फ़ सात सीट जीत पाये थे। 2009 कई मायनों में बड़े-बड़े राजनेताओं के लिए एक सबक भी लेकर आया था। जैसे पूर्व मुख्यमन्त्री राम सुन्दर दास की दलितों के बड़े नेता रामविलास पासवान से राजनीतिक दुश्मनी किसी से छिपी नहीं थी लेकिन हाजीपुर में दास ने पासवान को चकित कर दिया। पासवान–जो अब तक सिर्फ़ एक बार 1984 चुनाव में कांग्रेस के प्रति सहानुभूति की लहर की वजह से हारे–उन्हें 2009 चुनाव में नीतीश के आगे घुटने टेकने पड़े। यह वही पासवान थे जो 1977 लोकसभा चुनाव में हाजीपुर से इतने बड़े अन्तर से जीते कि गिनीज़ विश्व रिकॉर्ड की किताब में उनका नाम दर्ज हो गया। उन्हीं पासवान का 2009 में हाजीपुर में बुरा हश्र हुआ। पासवान ने तो इसकी तनिक भी कल्पना नहीं की थी और भोजपुर से नवादा तक एक हेलिकॉप्टर अभियान के दौरान उन्होंने मुझसे कहा था कि नीतीश को 87 साल के उम्मीदवार से बेहतर कोई नहीं मिला क्या। उन्हें शायद बाद में अहसास हुआ बात उम्र की थी ही नहीं, बात तो नीतीश में थी।

नीतीश की लहर एक और दिग्गज को 2009 चुनाव में ले डूबी, वह कोई और नहीं बल्कि नीतीश के ही गुरु जॉर्ज फर्नांडिज़ थे, जिन्हें ख़राब सेहत की वजह से नालन्दा से पार्टी ने टिकट नहीं दिया और फिर वह मुज़फ्फ़रपुर से निर्दलीय लड़े। नीतीश के एक कम चर्चित उम्मीदवार कौशलेन्द्र प्रसाद ने जो कभी जॉर्ज फर्नांडिज़ का बैग उठाया करते थे नालन्दा से आसानी से जीत गये। मुज़फ्फ़रपुर लोकसभा

चुनाव में आख़िरी बार क़िस्मत आज़माने वाले इतने बड़े दिग्गज जॉर्ज का यह हश्र देखकर राजनीतिक दुनिया को क़रीब से देखने वाले किसी भी शख़्स का मन उदास हो जायेगा। बड़ी मुश्किल से वह बातचीत के लिए राज़ी हुए। इतने शानदार सफ़र के बाद क्या कुछ साबित करने के लिए कुछ बचा था। वह धीरे से कहते हैं–हाँ मैं अपने आपको साबित करना चाहता था। उन्हें अफ़सोस था कि उन्होंने नीतीश को तराशा। पर्चे बाँटकर फर्नांडिज़ ने चुनावी अभियान किया और हार का सामना किया। हालाँकि बाद में नीतीश उन्हें मनाकर पार्टी में वापिस ले आये। तीसरे क़द्दावर नेता जो चुनाव हारे, वो थे लालू प्रसाद उन्हीं के नाराज़ दोस्त डॉ. रंजन प्रसाद यादव ने पाटलिपुत्र से हराया। हालाँकि लालू सारण सीट को तो बचा ले गये।

2009 और 2010 की जीत के बाद नीतीश कुमार की जिस तरह पीठ थपथपायी गयी, वैसा भारतीय राजनीति में पहले कभी नहीं हुआ था। अन्य राज्यों में नीतीश के समकालीन–शिवराज सिंह चौहान (मध्यप्रदेश), रमन सिंह (छत्तीसगढ़)। और नवीन पटनायक (ओडिशा)–की चर्चा उस तरह नहीं होती जैसे कि नीतीश की होती। नीतीश कुमार की तुलना गुजरात के तत्कालीन सीएम और वर्तमान प्रधानमन्त्री नरेन्द्र मोदी से की जाती। नीतीश कुमार की विकास पुरुष की छवि पूरे भारत में चर्चा का विषय थी। हालाँकि उद्योग और निवेश के क्षेत्र में कहने के लिए ज़्यादा कुछ नहीं था, लेकिन इसमें कोई शक नहीं था कि नीतीश ने लालू-राबड़ी दौर की गुंडागर्दी पर लगाम कसी और मूलभूत ढाँचे, स्वास्थ्य और शिक्षा सुधार पर काम किया जिसने उन्हें पूरे भारत में लोकप्रिय किया। वैसे तो बिहार की तुलना गुजरात से किये जाने पर नीतीश निजी बातचीत में ख़ुश ही होते लेकिन सार्वजनिक बहस में वह कहते कि बिहार एक विकासशील देश है और गुजरात तो पहले से ही विकसित है। वह अक्सर उसकी तुलना करते हुए द्वारका का उल्लेख करते जो कृष्ण के युग से ही विकसित थी।

नीतीश एकमात्र मुख्यमन्त्री थे, जिनकी तुलना नरेन्द्र मोदी से की जाती रही। वह चर्चा में इसलिए भी रहते क्योंकि वह भारतीय राजनीति के दूसरे पहलू की ओर लोगों का ध्यान खींचते। एक तरह से मोदी के सामने खड़े नीतीश, उन्हें कांग्रेस से भी ज़्यादा बड़ी चुनौती दे रहे थे, कम-से-कम ख़बरों के लिहाज़ से ही सही। हालाँकि नीतीश एनडीए का ही हिस्सा रहे लेकिन वह मोदी के सामने गुजरात में उनकी लगातार तीसरी जीत के भी पहले से खड़े थे। दरअसल मोदी से हुई लगातार तुलना ने ही नीतीश के अन्दर के राजनीतीश को जगाया।

2009 में नीतीश कुमार को सीएनएन-आईबीएन द्वारा साल के सर्वश्रेष्ठ राजनेता के पुरस्कार से सम्मानित किया गया। काफ़ी वक़्त से मीडिया उनकी सफलता की कहानियाँ सुनाते नहीं थक रही थी। राज्य सरकार ने भी इस सकारात्मक प्रेस का फ़ायदा उठाया और अपने प्रचार बजट को बढ़ा दिया। सरकार अपने सालाना रिपोर्ट कार्ड–जिसके बारे में पहले किसी ने नहीं सुना–के ज़रिये तथ्य और आँकड़े दिखाने लगी। बिहार को सज़ा सँवार के तैयार कर दिया गया। पहले के मुक़ाबले अब आंकड़ों की बाढ़ सी आ गयी थी। नीतीश कुमार और उनके डिप्टी सुशील कुमार मोदी ने बिहार में 'पहली बार' की एक लम्बी सूची तैयार की, वो जो पहले इसलिए नहीं हो पाया क्योंकि लालू जो थे।

जदयू के पूर्व राज्यसभा सांसद एनके सिंह कहते हैं–

बिहार की नयी पहचान और पूरे भारत में बनी उसकी छवि हम सबकी मेहनत थी जिसके ज़रिये विकास की ऊँची दर, मूलभूत ढाँचे में गुणवत्ता और बेहतर सुरक्षा का माहौल दिखाया गया जो नीतियों के उस पेचीदा ढाँचे का एक तरह से प्रारूप था जिसका अपेक्षा भारत को बहुत वक़्त से थी। शासन प्रणाली का ऐसा निर्माता जिसने देश के सबसे पिछड़े राज्य को तेज़ी से विकास करते राज्यों की लिस्ट में शुमार कर दिया। निश्चित ही इसने उन सबका ध्यान बटोरा जो ऐसे ही एक नज़रिये के साथ आगे बढ़ना चाहते थे। मीडिया को देखना तो ज़रूरी था क्योंकि ज़रूरत से ज़्यादा लोक-लुभावन नीतियों ने भारत के विकास में रोड़ा पैदा कर दिया था और यह बेहद ज़रूरी था कि उसमें व्यावहारिक अर्थव्यवस्था और संवेदनशील राजनीति के प्रभाव को भी जोड़ा जाये।[4]

राजनीतीश का निर्माण 2007-08 में शुरू हो गया था, जब सुशासन की कुछ झलक दिखने लगी थी। क़ानून-व्यवस्था में सुधार हो रहा था। जो काम सरकार की कार्य-प्रणाली का स्वाभाविक हिस्सा माना जाता है, वह नीतीश की सरकार में बड़ी बात लगने लगी थी क्योंकि लालू-राबड़ी राज में तो इतना काम भी नहीं हो रहा था। लोगों का सरकार, प्रशासन से भरोसा उठ चुका था। नीतीश ने क़ानून-व्यवस्था में सुधार से लेकर सड़क और पुल निर्माण तक और सरकारी अस्पतालों में मरीजों को लौटाने तक जो भी काम किया, उसे सिर आँखों पर लिया गया क्योंकि यह सब पहले तो जनता को नसीब ही नहीं था। नीतीश का क़द इसलिए भी बड़ा होता गया क्योंकि लालू-राबड़ी सरकार अपने काम में बौनी रह गयी थी।

हाइवे डकैती, फिरौती के लिए अपहरण और राजनीतिक गुंडागर्दी अब बीते वक़्त की बात हो गयी है। राजधानी में अब रात का डर ख़त्म हो रहा था।

पटना में डिस्को, रेस्त्रां खुल रहे थे, बिहार की राजनीतिक उठापटक के गवाह बने गाँधी मैदान के पास सबसे ऊँची इमारत बनी जिसके ऊपर एक घूमता हुआ रेस्त्राँ था। रात में बाहर न निकलने की चेतावनी देते होर्डिंग हटा दिये गये। अब लोग रात में निकलते थे और बेझिझक निकलते थे। जिस तरह हर महीने अपराधियों को दोषी करार देने के आँकड़े बढ़ते जा रहे थे, उससे कहीं-न-कहीं पुलिस पर भी लोगों का भरोसा बढ़ता जा रहा था।

नीतीश कुमार ने कभी भी सार्वजनिक तौर पर पीएम बनने की अपनी महत्त्वाकांक्षा पर बात नहीं की। लेकिन 2008 की विकास यात्रा के बाद जदयू के कार्यकर्ता ही पीएम शब्द का इस्तेमाल उनके लिए कर दिया करते। एक बार जब एक अति उत्साही कार्यकर्ता ने सीतामढ़ी की उनकी एक यात्रा के दौरान कहा कि वह अपने नेता को किसी दिन पीएम पद पर देखना चाहते हैं तो नीतीश ने कहा–लगता है आप लोग सीएम भी नहीं रहने दीजिएगा। हालाँकि यह बात सुनाने के लिए ही थी।

द इंडियन एक्सप्रेस की रिपोर्ट JD(U) happy with talk of Nitish-as-PM)

जदयू के राष्ट्रीय प्रवक्ता और राज्य सभा सांसद शिवानन्द तिवारी कहते हैं–*मैंने इस मुद्दे को नीतीश के सामने नालन्दा की एक सार्वजनिक सभा में उठाया था। इस डर से कि केन्द्र में न एनडीए और न ही यूपीए सरकार बना पायेगी, इन दो गठबन्धनों के बाहर किसी पीएम उम्मीदवार की चर्चा चली थी।*[5]

किसी भी चुनावी सर्वे ने आडवाणी की अगुवाई वाले एनडीए को मनमोहन सिंह की अगुवाई वाले यूपीए से बढ़त नहीं दी थी। और बिहार के मतदाता को तो नीतीश के सिवाय कोई सूझता नहीं था। यह कहना ग़लत नहीं होगा कि यह पहला लोकसभा चुनाव था जो एकतरफ़ा विधानसभा चुनाव जैसा लग रहा था। यूपीए की जीत को लेकर बनी अनिश्चितता को देखते हुए कांग्रेस ने नीतीश की तरफ़ दोस्ती का हाथ बढ़ाना शुरू कर दिया था। 2009 लोकसभा चुनाव से पहले राहुल गाँधी ने पहली बार नीतीश कुमार की तारीफ़ की। नीतीश कुमार ने भी अपने चिरपरिचित कूटनीतिक अन्दाज़ में जवाब देते हुए कहा कि उनकी पार्टी उसे समर्थन देगी जो बिहार को विशेष राज्य का दर्जा देने के काम में साथ देगी। जदयू इस माँग को 2007 से स्वतन्त्र रूप से चुनाव के वक़्त उठाती रही है। चर्चा की जाने लगी कि केन्द्र में नीतीश कुमार का क्या रोल रहेगा। जदयू से पूर्व सांसद रह चुके एनके सिंह (अब वित्त आयोग में) के अपनी सरकारी नौकरी के वक़्त से मनमोहन सिंह समेत कांग्रेस के बड़े नेताओं से अच्छे सम्बन्ध रहे और वह हिसाब लगाने लगे थे कि

अस्पष्ट जनादेश की परिस्थिति में जब नीतीश कुमार कांग्रेस के लिए किंगमेकर साबित होंगे तब उनके लिए क्या सम्भावनाएँ होंगी। हालाँकि कांग्रेस को नीतीश के 20 सांसदों की ज़रूरत नहीं थी, लेकिन इसके बावजूद बिहार सीएम का राजनीतिक रुतबा बढ़ता चला गया।

बिहार की कायापलट करने की कहानी ने अन्तरराष्ट्रीय स्तर पर नीतीश को ख्याति दिला दी थी। उन्होंने डॉ. एपीजे अब्दुल कलाम और डॉ. अमर्त्य सेन–इन दो बड़ी हस्तियों को नालन्दा यूनिवर्सिटी को प्राचीन नालन्दा की तर्ज़ पर फिर से खड़ा करने के अपने मक़सद के लिए शामिल किया जिसके लिए कुछ बदलाव संसद में क़ानून पास करने के रास्ते से किये जाने थे। सेन और कलाम से नीतीश का मेल और उनका नीतीश की शासन प्रणाली की तारीफ़ करना, कहीं-न-कहीं नीतीश के ब्रांड, उनके नाम को आगे बढ़ाने में मददगार साबित हुआ।

पूर्व जदयू सांसद एनके सिंह याद करते हैं–*वैश्विक बिहार सेमिनार में मैं एक चर्चा का संचालन कर रहा था, जिसमें मोंटेक सिंह आहलुवालिया और एलएसई के निकोलस स्टर्न की बातचीत चल रही थी। तब नीतीश चुपचाप मंच के पास बैठकर बातचीत को सुनने लग गये। बाद में लॉर्ड स्टर्न ने टिप्पणी करते हुए कहा कि आज भी राजनेताओं की ऐसी प्रजाति बाक़ी है जिनमें बोलने से ज़्यादा सुनने का धैर्य और रुचि है।*[6]

बिल गेट्स जैसी शख़्सियतों ने भी नीतीश कुमार को सराहा। फ़रवरी 2010 को तत्कालीन अमेरिकी राजदूत टिमोथी आर रूमरै, पटना के दो दिन के दौरे पर आये और कहा कि यह राज्य अमेरिकी राष्ट्रपति के दौरे के लिए एक़दम सही जगह है। रूमर ने अमेरिका के तत्कालीन राष्ट्रपति बराक ओबामा की लिखी तीन किताबें कुमार को तोहफे में दीं।[7]

संयुक्त राष्ट्र जनसंख्या कोष की क्षेत्रीय प्रतिनिधि फेडेरिका मीज़र ने कहा–

परिवार कल्याण, शिक्षा और नारी सशक्तिकरण के क्षेत्र में बिहार में विकास के लिए सराहनीय प्रयास किये जा रहे हैं। नीतीश कुमार के नेतृत्व में बड़े स्तर पर बदलाव हुए हैं और बिहार की बदली छवि की चर्चा विदेशों में भी है।

पड़ोसी देशों ने भी नीतीश की प्रशंसा की। पाकिस्तान के उच्चायुक्त सलमान बशीर ने लिखा–

बिहार का विकास मॉडल प्रभावशाली है। पाकिस्तान में भी इसकी चर्चा है। सामाजिक और आर्थिक स्तर पर बिहार में किये गये काम में पाकिस्तान की

दिलचस्पी भी है। यहाँ की सफलता की कहानियों से हम सब प्रभावित हैं। सन्तुष्टि की बात है कि राज्य स्तर पर भी भारत-पाकिस्तान के बीच रिश्ते बेहतर हुए हैं। हम बिहार से रिश्ते बेहतर करना चाहते हैं।[8]

नीतीश सरकार ने 2010-2011 में 14.8 फ़ीसदी विकास दर दर्ज करके सबको चकित कर दिया। राज्य पुलिस ने 90 हज़ार अपराधियों के ख़िलाफ़ कार्रवाई की। 2005 यह आँकड़ा 12 फ़ीसदी था जो 2011 में 3.5 फ़ीसदी हुआ। राज्य सरकार ने 1.7 लाख किलोमीटर सड़क का निर्माण या सुधार किया और स्कूल को बीच में ही छोड़ देने वाले बच्चों की संख्या 25 लाख से घटकर ढाई लाख हो गयी।[9]

14.8 की विकास दर को नज़रअन्दाज़ नहीं किया जा सकता, ख़ासकर इसलिए क्योंकि यह सहायक क्षेत्रों में आयी तेज़ी की वजह से हुआ। योजना आयोग के सदस्य अभिजीत सेन ने इस विकास दर को 'कैचमेंट एरिया' का दर्जा दिया जो ज़्यादा दिन नहीं टिक पायेगी। इसके बावजूद इस बात से कोई इन्कार नहीं कर सकता कि नीतीश कुमार ने बिहार जैसे ग़रीब राज्य को इस स्तर पर खड़ा किया जहाँ वह गुजरात जैसे विकसित राज्य को भी कई मामलों में पीछे छोड़ रहा है।

राज्य में अब भी एक लाख 45 हज़ार परिवार ग़रीबी रेखा के नीचे रह रहे हैं जो देश में सबसे ज़्यादा है। यह अलग बात है कि केन्द्र के मुताबिक़ बिहार में 65 लाख बीपीएल परिवार है, बिहार की प्रति व्यक्ति आय अब भी राष्ट्रीय औसत की एक तिहाई है। ऐसे में नीतीश कुमार जिन सफलता की कहानियों का दावा कर रहे हैं, वो इसलिए असलियत के क़रीब लगती हैं और इसलिए उनकी उपलब्धि मायने रखती हैं।

बिहार की उपलब्धि इसलिए भी बड़ी है क्योंकि राज्य में भारत के महज़ 1.14 फ़ीसदी उद्योग है और मानव विकास सूचकांक में वह अब भी सबसे नीचे है। नीतीश को यह सफलता इन सभी उतार-चढ़ाव के बीच मिली है। कभी बाढ़ तो कभी सूखे से ग्रस्त बिहार में कम-से-कम कुछ काम तो हो रहा है। ज्वार की फसल में उछाल से बिहार ने बाक़ी राज्यों को सकते में डाल दिया।

इंडियन एक्सप्रेस लिखता है–('Prospering' Bihar presents poorer face, April 6, 2012)–

जिस विकास मॉडल का विज्ञापन करते बिहार सरकार नहीं थकती, वही सरकार इस आधार पर अपने राज्य को विशेष दर्जा दिलवाने की पुरज़ोर कोशिश में लगी है कि अन्य राज्यों की तुलना में बिहार बेहद ग़रीब है।[10]

हालाँकि विशेषज्ञ विकास दर के आधार पर बिहार की तुलना गुजरात या महाराष्ट्र से करना उचित नहीं मानते। फ़रवरी 2012 में हुए बिहार ग्लोबल शिखर सम्मलेन में जानकारों ने नीतीश को सुझाव दिया कि सबसे पहले बिजली आपूर्ति सुनिश्चित की जाये।

बिहार के कायापलट की कहानी असलियत से ज़्यादा मीडिया द्वारा रचित ज़्यादा थी। जानकार आंकड़ों के ज़रिये बताते कि प्राथमिक क्षेत्र–कृषि, पशुपालन, वन, मत्स्य-पालन और खनन–7.5 फ़ीसदी (2005-06) से 24.3 फ़ीसदी (2006-07), -6.2 (2007-08) से 6.3 (2010-11) के बीच झूल रहा है। सच तो यह है कि द्वितीयक और तृतीयक क्षेत्र ने 2010-11 में बिहार को 14.8 फ़ीसदी विकास दर पर पहुँचाया, जब तृतीयक क्षेत्र में 19.2 फ़ीसदी बढ़त देखी गयी। 2007 के बाद से क़ानून-व्यवस्था में सुधार के साथ निर्माण और रियल एस्टेट में उछाल आया। 2010-11 में निर्माण कार्य क्षेत्र में 26.1 फ़ीसदी बढ़त देखी गयी।

इंडियन एक्सप्रेस की रिपोर्ट ने बिहार की दुविधा को विस्तार से लिखा है। एक तरफ़ तो बिहार सरकार, गुजरात की विकास गाथा से ख़ुद को तुलना को सुनकर फूले नहीं समा रही थी, दूसरी तरफ़ बिहार के योजना और विकास विभाग ने योजना आयोग के सामने बार-बार विशेष राज्य के दर्जे की बात रखी। राज्य सरकार ने एक प्रस्तुति - बिहार–विशेष राज्य के दर्जे का मामला–में दिखाया कि किस तरह पहली पंच वर्षीय योजना (1951-56) के दौर से प्रति व्यक्ति आय लगातार गिर रही है जब यह 4707 रुपये थी जबकि राष्ट्रीय औसत 6858 रुपये था यानी 30 से 35 फ़ीसदी का अन्तर। 10वीं योजना के दौर (2002-07) तक यह 67.7 तक चला गया। 11वीं योजना के वक़्त 60.27 फ़ीसदी पहुँच गया। [11]

बिहार के कायापलट की कहानी पर कइयों को विश्वास था, जबकि राज्य में बड़े उद्योग की भारी कमी थी और 2008-09 तक देश के उद्योग का महज़ 1.14 फ़ीसदी हिस्सा ही बिहार के खाते में था। बिहार के विकास की बात हो रही थी जबकि विशेष दर्जे वाले 11 राज्यों की तुलना में यहाँ बीपीएल (ग़रीबी रेखा के नीचे) का आँकड़ा सबसे ज़्यादा था।

अपनी ओर से सुशासन की मिसाल पेश करते हुए नीतीश कुमार ने 10 फ़रवरी 2009 को बेगूसराय के बरबीघी गाँव में कैबिनेट बैठक का आयोजन किया। पूर्व सीएम कृष्णा सिन्हा और केदार पाण्डे के बाद यह तीसरी बार था जब कैबिनेट की बैठक को राज्य सचिवालय के बाहर आयोजित किया गया।

नीतीश कुमार ने एक जात-पात से निष्पक्ष निर्वाचन क्षेत्र बनाने का प्रयास किया जिसके लिए बड़े स्तर पर शिक्षकों की नियुक्ति, साइकिल और यूनिफॉर्म योजना शुरू की गयी, जिसने लोगों का ध्यान खींचा। हालाँकि आजकल स्कूल ख़त्म होने के बाद भी आप बच्चों को इसी यूनिफॉर्म में देख पायेंगे। पूछे जाने पर जवाब मिलता है कि उनके पास इससे अच्छा पहनावा नहीं है । 2010 के चुनाव में कई लड़कियों ने अपने माता-पिता से कुमार को वोट देने के लिए कहा। यह ज़्यादातर आठवीं की छात्राएँ थीं जिन्हें उम्मीद थी कि 9वीं में पहुँचने पर साइकिल मिलेगी।

नीतीश के कार्यकाल ने कई सकारात्मक कहानियाँ ख़बरिया चैनलों को दी और इस राज्य को देखने-दिखाने का तरीक़ा अख़बार और न्यूज़ चैनल ने काफ़ी हद तक बदला।

बिहार सीएम नीतीश कुमार ने 2006-07 से 2011-12 के बीच सरकार के प्रचार प्रसार पर राबड़ी देवी सरकार के आख़िरी पाँच साल की तुलना में छह गुना ज़्यादा ख़र्च किया। कुमार ने अख़बार, पत्रिका, टीवी चैनल पर विज्ञापन में 141,30,70,391 रुपये ख़र्च किये, वहीं राबड़ी देवी सरकार ने 2000-2001 से लेकर 2004-05 तक के बीच 22,51,57,734 रुपये ख़र्च किये। दोनों सरकार द्वारा उर्दू अख़बारों में सरकारी विज्ञापन के लिए किये गये ख़र्च में काफ़ी फ़र्क़ है।

राजद सरकार ने 2000 से 2005 के बीच 2,36,56,913 रुपये ख़र्च किये जबकि नीतीश सरकार ने 11,64,06,420 रुपये जो राबड़ी देवी सरकार के आख़िरी पाँच साल की तुलना में पाँच गुना ज़्यादा है। बक्सर के सामाजिक कार्यकर्ता शिव प्रकाश राय की आरटीआई याचिका के जवाब से पता चलता है कि नीतीश सरकार हर साल प्रचार-प्रसार के फंड को बढ़ाती है। राज्य सरकार ने 2006-07 में 46 प्रकाशकों को विज्ञापन के लिए 5,40,01,195 रुपये दिये, और 2007-08 में सरकार का विज्ञापन पर ख़र्च बढ़कर 9,65,85,105 रुपये हो गया। 2008-09 में तो नीतीश सरकार ने खुलकर प्रचार प्रसार किया।

उस साल विज्ञापन पर ख़र्च में 24,99,92,986 रुपयों के साथ बड़ा उछाल देखा गया। उसी साल से सरकार ने विज्ञापनों के लिए टीवी चैनल और रेडियो को भी शामिल किया, जिससे राजकोष पर 2,53,03,264 रुपये का भार हुआ। सूचना के अधिकार के तहत सूचना एवं जनसम्पर्क विभाग के लोक सूचना अधिकारी बिंदेश्वरी प्रसाद सिंह ने जवाब दिया कि सरकार ने 2009-10 में प्रचार प्रसार के लिए अख़बार, टीवी चैनल और रेडियो पर कुल 34,59,82,522 रुपये ख़र्च किये।

आगे के सालों में सरकार ने 62 अख़बार, पत्रिका और टीवी चैनल को विज्ञापन दिये जिसमें 28,15,92,154 रुपये ख़र्च हुए। [12]

इस सरकार के विज्ञापन वितरण में एक अनोखी बात सामने आयी जिसमें एक विशेष प्रकाशन समूह को 2008-09 से ख़ास तवज्जो दी जाती रही। बिहार में हिन्दी और अंग्रेज़ी में दैनिक अख़बार निकालने वाले इस समूह को 12,73,95,711 रुपये के विज्ञापन मिले जो सरकार के उस साल के पब्लिसिटी बजट का आधा था। 2009-10 में इस समूह को 14,35,27,977 रुपये के विज्ञापन मिले। इस समूह के सिर्फ़ हिन्दी प्रकाशन की बात करें तो प्रचार प्रसार पर पूरे सरकारी ख़र्चे का एक तिहाई - 10,12,13,999 रुपये के विज्ञापन दिये गये। 2011-12 में अख़बार को 10,73,87,963 रुपये के विज्ञापन मिले जो एक बार फिर सरकारी ख़र्चे का एक तिहाई था।

अगर सरकारी विज्ञापन के ख़र्चे के मामले में राबड़ी देवी के 2000-2001 और 2004-05 के बीच के कार्यकाल की नीतीश के पिछले पाँच सालों से तुलना की जाये तो लालू प्रसाद की एक चर्चित लाइन याद आती हैकि–हमारे पाठक तो अख़बार ही नहीं पढ़ते। 2000-2001 में राजद-कांग्रेस सरकार ने महज़ 6,56,65,449 रुपये ख़र्च किये जो आने वाले सालों में गिरकर 2,32,79,004 रुपये हो गये।

लेकिन मुलायम सिंह यादव और मायवती जैसे नेता भी हैं जो मीडिया से टक्कर लेकर भी सफल हुए। मायावती को प्रेस में उचित जगह नहीं मिली, फिर भी वह पिछले लोकसभा चुनाव के अलावा सफल ही रहीं। नरेन्द्र मोदी को ही देख लीजिए। 2002 गोधरा दंगों के बाद मीडिया में उनकी नकारात्मक छवि ही पेश की गयी लेकिन आज पीएम की कुर्सी पर हैं।

वो तो नीतीश के दूसरे कार्यकाल में जब विकास की जगह राजनीतिक गतिविधियों ने ली, तब मीडिया ने कुमार की आलोचना शुरू की। हालाँकि यह आलोचना भी काफ़ी सोच समझकर ही की जाती। 2009 तक राजद के नेता विपक्ष अक्सर पत्रकारों से पूछ लेते कि मीडिया के साथ नीतीश का हनीमून ज़्यादा लम्बा नहीं खिंच गया। लेकिन यही हाल मध्य प्रदेश के सीएम शिवराज सिंह चौहान, छत्तीसगढ़ सीएम रमन सिंह और ओडिशा सीएम नवीन पटनायक का रहा जिनके कुशासन के मामलों में राष्ट्रीय मीडिया कम ही दिलचस्पी रखता दिखा।

हालाँकि मीडिया में विपक्षी आवाज़ की कमी की वजह बहुत हद तक सुस्त पड़ा विपक्ष ही था जिसके पास नीतीश पर हमला करने के लिए मज़बूत तथ्य और

आँकड़े नहीं थे। जून 2013 में एनडीए में पड़ी दरार के बाद हालात बदले, विपक्षी बीजेपी ने तैयारी के साथ हमला बोलना शुरू किया और उन्हें मीडिया में जगह भी मिली और 2014 लोकसभा चुनाव से पहले बीजेपी ने अपने आक्रामक अभियान से जदयू सरकार को ज़रा हैरान भी किया। पहली बार मीडिया कवरेज के मामले में नरेन्द्र मोदी ने नीतीश कुमार की बराबरी की और कई बार तो उनको पछाड़ भी दिया। अक्सर नीतीश, बीजेपी के अभियान को झूठ की खेती कहते लेकिन निजी बातचीत में मानते कि उनकी पार्टी कभी भी बीजेपी के प्रचार-प्रसार की बराबरी नहीं कर सकती।

सन्दर्भ

1. द इंडियन एक्सप्रेस (राजनीतीश, नवम्बर 26, 2010, वन्दिता मिश्र और सन्तोष सिंह) http://archive.indianexpress.com/news/rajnitish/715691/.
2. द इंडियन एक्सप्रेस (A Mandate for Nitish Hope Kumar, Shekhar Gupta– http://archive.indianexpress.com/news/a-mandate-for-nitish-hope-kumar/714282/0.
3. एनडीटीवी के वरिष्ठ कार्यकारी सम्पादक रवीश कुमार का साक्षात्कार, जुलाई 14, 2015
4. पूर्व जदयू राज्यसभा सांसद एन के सिंह, जुलाई 18, 2015
5. द इंडियन एक्सप्रेस (JD(U) happy with talk of Nitish-as-PM, मई 7, 2009
6. पूर्व जदयू राज्यसभा सांसद एन के सिंह, जुलाई 18, 2015
7. फेडेरिका मोज़र, क्षेत्रीय प्रतिनिधि (यूएनएफपीए), बिहार सरकार रिपोर्ट कार्ड, न्याय के साथ विकास -2012, पृ. 25)
8. सलमान बशीर, पाकिस्तान उच्चायुक्त (बिहार सरकार रिपोर्ट कार्ड, न्याय के साथ विकास -2012, पृ.25)
9. बिहार सरकार के आँकड़े।
10. द इंडियन एक्सप्रेस ('Prospering' Bihar present spoorerface, April 6, 2015)
11. द इंडियन एक्सप्रेस ('Prospering' Bihar present spoorerface, April 6, 2015)
12. बक्सर के आरटीआई कार्यकर्ता शिव प्रकाश राय द्वारा दर्ज आरटीआई पर बिहार सरकार का जवाब।

13

थोड़ा सा बाहुबल

जून 24, 2015–पटना पुलिस की एक टीम सर्च वारंट के साथ मोकामा के जदयू विधायक अनन्त सिंह के मॉल रोड वाले घर धमक जाती है। बाढ़ अपहरण और हत्या मामले की तहक़ीकात चल रही थी। घण्टों की छानबीन के बाद पुलिस को आईएनएसएएस राइफल की सात ख़ाली मैगज़ीन और ख़ून से लथपथ कुछ कपड़े मिले। नीला कुर्ता पायजामा पहने विधायक ज़रा हैरान थे। वह पुलिस को सहयोग देने की बात कर रहे थे, लेकिन फिर उन्हें एक और अपहरण के मामले में गिरफ़्तार कर लिया गया। बाद में इन्हीं विधायक को बाढ़ अपहरण और हत्या मामले में लपेटा गया।

यह पहली बार था जब अपने समर्थकों के 'छोटे सरकार' अनन्त सिंह को नीतीश कुमार के राज में पुलिस का ऐसा दबाव झेलना पड़ा। गिरफ़्तारी की तारीख़ में कुछ ख़ास नहीं था, ख़ास तो था नीतीश सरकार का उस दिन तेज़ी दिखाते हुए एक बाहुबली विधायक के ख़िलाफ़ कार्रवाई करना जिसके पीछे उस क़ानून-व्यवस्था से जुड़ी एक कहानी है जो अब से पहले पिछले आठ साल तक इस शख़्स पर मेहरबान थी।

मोकामा के इस बाहुबली के ख़िलाफ़ 25 केस दर्ज थे, जिसमें 1976 में चोरी के पहले केस से लेकर आठ हत्या के मामले हैं। ज़्यादातर मामले पटना के पास बाढ़ क़स्बे में दर्ज किये गये। मोकामा का यह विधायक मूल रूप से बाढ़ के लदमा गाँव से है जिस पर जाँच के दौरान अलग-अलग केस दर्ज किये गये। कुछ तकनीकी गड़बड़ी की वजह से चुनाव आयोग की साइट पर अनन्त सिंह के 2005 और 2010 के विधानसभा शपथपत्र दिखायी नहीं देते, लेकिन इन विधायक का अक्सर यह बयान आता कि वह राजनीति में लालू प्रसाद के राज में हुए दमनकारी रवैये की

वजह से आये। लेकिन अब वह एक विचित्र स्थिति में फँस गये थे, जब नीतीश कुमार ने लालू प्रसाद के साथ चुनावी वजहों से हाथ मिला लिया था। यह संयोग ही था कि लालू प्रसाद ने सिंह की गिरफ़्तारी में अहम रोल निभाया। आख़िरकार एक यादव की हत्या हुई थी। लालू और नीतीश दोनों ही अपने मतदाताओं को एक बड़ा सन्देश देना चाहते थे। बताना चाहते थे कि नीतीश के नेतृत्व में वह निश्चिन्त रहें और नीतीश के लिए भी उचित था कि क़ानून-व्यवस्था को बनाये रखने के लिए वह नैतिक तौर पर यही करें।

पुटुस यादव हत्या मामले में लालू प्रसाद ने ज़रूरत से ज़्यादा दिलचस्पी और फुर्ती दिखायी। वह जानते थे कि उन्होंने महागठबन्धन की ओर से अभी भी नीतीश कुमार को सीएम उम्मीदवार घोषित किया है और इसका ग़लत सन्देश जनता तक नहीं जाना चाहिए। लालू ने तथ्यों की जानकारी के लिए अपनी टीम को बाढ़ भेजा। लालू ने कहा—मैंने रिपोर्ट मिलने के बाद सीएम से बात की थी। अच्छा है कि उन्होंने सक्रियता दिखायी। हालाँकि नीतीश ने इस बात को नकारा कि उन्होंने किसी दबाव में आकर अनन्त की गिरफ़्तार की थी।[1]

हिन्दी पट्टी में गठबन्धन के बनने और बिगड़ने के पीछे जाति ने हमेशा ही बड़ा रोल निभाया है। जब बीजेपी का साथ था,तब ऊँची जाति के आरोपियों से निपटने के दौरान नीतीश सतर्कता बरतते थे क्योंकि सवर्ण जाति का बहुत बड़ा तबका बीजेपी का मतदाता है। हालाँकि जदयू ने अपनी सरकार में भूमिहारों को उचित जगह दी, लेकिन राजद के साथ गठबन्धन के वक़्त नीतीश ज़्यादा सतर्क रहे, ख़ासकर जब मामले यादव से जुड़े हुए रहते थे।

नीतीश के नौ साल के राज में अनन्त को कभी भी क़ानून का डर नहीं सताया, न ही अन्य बाहुबलियों ने ऐसा महसूस किया। आधे दर्जन केस में दोषी साबित हुए और फ़िलहाल सज़ा भुगत रहे मोहम्मद शहाबुद्दीन ऐसा ही एक उदाहरण है।

नौ सालों में 90,000 अपराध सिद्ध करने का दम भरने वाले नीतीश कुमार तब चुप पड़ते नज़र आते जब आतंक और ताक़त का प्रतीक बन गये अनन्त सिंह पर दर्ज मामलों में पुलिस के ढिलायी बरतने की बात आती।

मीडिया भी मोकामा के इस डॉ.न से भयभीत रहती, ख़ासकर नवम्बर 2007 की उस घटना के बाद जब एक न्यूज़ चैनल के पत्रकार ने उनसे जुड़े एक मामले पर टिप्पणी लेनी चाही। कुछ मिनट तक तो अनन्त ने आराम से बात की लेकिन जब उनके समर्थकों ने बताया कि यह चैनल पहले ही उनके ख़िलाफ़ नकारात्मक

ख़बर चला चुका है, तब वह कुछ और ही हो गये। अनन्त का वह रूप सामने आया जिससे लोग डरते आये थे। अनन्त ने समर्थकों को गेट बन्द करने के लिए कहा। पत्रकार की पिटाई कर दी गयी। कैमरामैन जैसे-तैसे बचकर निकला और न्यूज़ चैनल को ख़बर पहुँचाई।

पटना के पत्रकारसिंह के आवास पर विरोध दर्ज करने पहुँचे। सीएम कार्यालय को सूचित किया गया, डीजीपी को बुलाया गया लेकिन मोकामा के इस बाहुबली का कोई कुछ नहीं बिगाड़ पाया जो नीतीश सरकार के लिए गले की हड्डी बन गयी थी। जिस पत्रकार की पिटाई की गयी, उसे समर्थन देने मीडियाकर्मी पहुँचे लेकिन सिंह के गुंडों द्वारा खदेड़ दिये गये। और यह सब कुछ सरकार की नाक के नीचे हो रहा था।

उस वक़्त विपक्ष में खड़ी राजद ने नीतीश सरकार के ख़िलाफ़ विरोध प्रदर्शन किया और पटना बन्द का आह्वान किया। राजनीतिक दबाव में आकर नीतीश ने सिंह को गिरफ़्तार किया। लेकिन जमानत पर बाहर आने के बाद उस पत्रकार ने मजबूरीवश समझौता किया और सिंह के ख़िलाफ़ केस वापिस ले लिया। वैसे भी सिंह से पक्की दुश्मनी कौन मोल लेगा, एक पत्रकार तो बिल्कुल नहीं जिसका काम मसले दर मसले जानकारी जुटाना और उसे दिखाना होता है।

2004 लोकसभा चुनाव से पहले मीडिया ने अनन्त सिंह को क़रीब से जाना। नीतीश कुमार पटना कलेक्टरेट में बाढ़ लोकसभा क्षेत्र के लिए नामाँकन भरने पहुँचे। वहाँ अनन्त सिंह के बड़े भाई दिलीप सिंह (अब नहीं रहे) भी थे, जिन्हें 'बड़े सरकार' कहकर बुलाया जाता था। उन्होंने राबड़ी देवी सरकार में मन्त्रीपद सँभाला और उस दिन वह नीतीश कुमार को समर्थन देने पहुँचे थे। उस वक़्त अनन्त सिंह ज़्यादा चर्चा में नहीं रहते थे, अपने बड़े भाई के सहायक के तौर पर ही रहने वाले अनन्त अपने समर्थकों के साथ थोड़ी दूरी पर खड़े थे।

मीडिया ने अनन्त सिंह के मोकामा ताल इलाक़े वाले कई क़िस्से सुन रखे थे। मोकामा ताल–पटना से 90 किलोमीटर दूर है और साल के ज़्यादातर हिस्से में पानी में डूबा रहता है लेकिन दाल, ख़ासकर मसूर के लिए बेहद उपजाऊ है। उस दिन किसी फ़ोटोग्राफ़र की हिम्मत नहीं हो रही थी कि वो सिंह की तस्वीर ले सके। क़रीब छह फीट लम्बे सिंह की मूँछों का ताव भी था।

फ्रीलांस फोटो जर्नलिस्ट प्रशान्त रवि को याद है–

कुछ फोटो जर्नलिस्ट ऐसे थे जिन्होंने दिलीप सिंह से बात की और उनसे कहा कि उनके छोटे भाई राजनीति में आ रहे हैं इसलिए उन्हें ज़रा चर्चा में लाया जाये। दिलीप के मीडिया से अच्छे सम्बन्ध थे, उन्होंने अनन्त को आवाज़ दी–छोटे ज़रा फोटो खिंचवा लो। पहली बार अनन्त सिंह को कैमरे की भीड़ ने घेर लिया था। लेकिन जब उन्हें लगा कि कैमरे की रोशनी अब खलल पैदा कर रही है तो उन्होंने दोनों हाथ जोड़कर पत्रकारों को नमस्ते कहा और फिर उन्हीं हाथों से इशारा किया जिसका मतलब था कि अब तशरीफ़ ले जाइए जो फ़ोटोग्राफ़र समझ गये और धीरे से चलते बने।[2]

लेकिन उस दिन की सबसे चर्चित तस्वीर का आना तो अभी बाक़ी था। जब नामाँकन के बाद नीतीश कुमार लौट रहे थे तब वह अनन्त सिंह के पास गये और उन्हें नमस्ते किया। वैसे ये बात कुछ सेकंड की थी लेकिन इस पल को कैमरे ने कैद कर लिया और अख़बारों में इस तस्वीर को ज़ाहिर तौर पर जगह तो बनानी ही थी। लेकिन शायद यह एक ऐसी तस्वीर थी जिसे नीतीश कुमार अपने राजनीतिक एल्बम में कतई नहीं देखना चाहेंगे।

इस डॉ.न राजनेता से नीतीश कुमार की एक साल में यह दूसरी भेंट थी, इससे पहले 2004 के लोकसभा चुनाव से पहले नीतीश को समर्थन देते हुए मोकामा के एक कार्यक्रम में सिंह ने चाँदी के सिक्कों से नीतीश को तौला था। 1989 चुनाव में पहली जीत के बाद पाँच बार नीतीश बाढ़ का प्रतिनिधित्व कर चुके थे और अनन्त सिंह के क़िस्से-कहानियों से परिचित थे। लम्बे क़द के अनन्त सिंह स्टूल पर खड़े होकर मीडिया को साउंड बाइट दे रहे थे। जब एक पत्रकार ने सिंह से पूछा कि इतने लम्बे होने के बाद भी वह स्टूल का इस्तेमाल क्यों कर रहे हैं तो जवाब मिला–फिर तुम्हारे और हमारे बीच में अन्तर क्या रह जायेगा।

बाढ़ से 2004 चुनाव में सफलता पाने के लिए नीतीश को मोकामा के इस डॉन का साथ चाहिए था। बाढ़ में भूमिहार की आबादी, राजपूतों के साथ मिलकर नीतीश के पक्ष में नतीजों को मोड़ सकती थी। यह बात अलग है कि 2004 के चुनाव में राजद के विजय कृष्णा से नीतीश बाढ़ की सीट हार गये लेकिन नालन्दा लोकसभा सीट से जीत गये। लेकिन अनन्त सिंह के चुनावी मूल्य को नीतीश नज़रअन्दाज़ नहीं कर सकते थे।

अनन्त सिंह पर लगाम कसना सरकार के लिए मुश्किल काम था। सिंह के किसी केस में शीघ्र कार्रवाई नहीं हो पाती थी जबकि उस वक़्त बिहार पुलिस

जल्दी कार्रवाई करने के लिए ही चर्चा में थी। राजधानी के बीचोंबीच पटना सेंट्रल शॉपिंग कॉम्प्लेक्स पर सिंह का मालिकाना हक हमेशा विवादों में रहा। ख़बरें थी कि किस तरह दादागिरी दिखाने वाला यह विधायक पटना और आसपास की विवादित ज़मीन को धड़ल्ले से ख़रीद रहा है। नीतीश के साथ गठबन्धन की वजह से बीजेपी भी ज़्यादा कुछ बोल नहीं पा रही थी। लेकिन उसके नेता अब सिंह के इस तरह पटना और आसपास के इलाक़ों में ज़मीन हासिल करने के तरीक़े पर सवाल उठाने लगे थे।

अनन्त सिंह से जुड़े अनोखे क़िस्से भी हैं जिसे सुनकर कँपकँपी आ जाती। मसलन उन्होंने एक बार पायथन पाला था, वो तो बाद में जब उन्हें पता चला कि यह वन्यजीव सुरक्षा क़ानून का उल्लंघन है, तब पायथन को जाने दिया गया। उनकी मर्सिडीज़ बेन्ज़ तो मीडिया के लिए चर्चा का विषय था। सिंह के दादागिरी और रोमाँच के क़िस्से, किसी लोक-कथा जैसे लगते हैं।

इंडिया टुडे के पटना के वरिष्ठ सहायक सम्पादक अमिताभ श्रीवास्तव बताते हैं–

2013 में मैं अनन्त सिंह का इंटरव्यू लेने उनके पटना वाले घर गया और दर्जन भर कुत्ते देखकर मेरी हालत ख़राब हो गयी। मुझे बैठक में ले जाया गया, जहाँ घर के मालिक के साथ दस और लोग मौजूद थे। अनन्त सिंह के पास एक लम्बी लिस्ट थी, उन लोगों की जिनकी उन्होंने किसी-न-किसी तरह मदद की थी, कभी बीमारी में तो कभी बेटियों की शादी करके। हॉल में उनकी तस्वीरें थी जिसमें वह घुड़सवारी कर रहे थे। उनके सहायक वीडियो दिखा रहे थे कि कैसे सिंह को तांगा चलाना भी आता है। मैं समझ गया कि सिंह को सिर्फ़ अपनी तारीफ़ में कसीदे पढ़ने हैं।[3]

अनन्त सिंह की सनक और आदतें हमेशा चर्चा में रहतीं। एक बार अनन्त को दाँत में ज़ोर का दर्द हुआ। बड़े भाई दिलीप ने कहा कि डॉक्टर के पास जाओ लेकिन अनन्त तो अनन्त हैं, दाँतों का डॉक्टर चार पहिया पर पूरी मशीन लेकर ख़ुद आया। फिर अनन्त ने कहा कि दाँत निकालने से पहले उस हिस्से को चेतनाशून्य करने के लिए वह मुँह में इंजेक्शन नहीं लगवाएँगे। बिना इंजेक्शन के उन्होंने दाँत निकलवाया। एक छोटे से इंजेक्शन से बचने के लिए अनन्त ने उससे कहीं ज़्यादा दर्द सहन किया।

इसी तरह एक बार अनन्त सिंह ने अपना काम कर रहे कुछ कैमरामैन से कहा कि–*यह क्या तस्वीरें खींचते रहते हो, आओ मेरे साथ ज़िन्दगी के मज़े लो, मैं तुम में से एक-एक को 15 से 20 हज़ार रुपये दूँगा।* लेकिन जब उनके सहायक सुखाडी ने

अपने मालिक को बताया कि कुछ पत्रकारों को महीने के 50 हज़ार से ज़्यादा मिलते हैं तो सिंह ने कहा कि *मौज-मस्ती के लिए वो इतना तो नहीं दे पायेंगे*।

जून 2015 को सिंह को 24 नवम्बर, 2014 के राजू सिंह के अपहरण केस (पटना के तहत आने वाला बिहटा पुलिस स्टेशन) के लिए गिरफ़्तार किया गया। 10 करोड़ की फिरौती माँगने के लिए सिंह के ख़िलाफ़ पटना के एसके पुरी पुलिस स्टेशन में केस दर्ज किया गया। जून 24, 2015 को पटना के सचिवालय पुलिस स्टेशन के तहत विधायक के ख़िलाफ़ केस दर्ज किया गया। वजह—बाढ़ हत्या मामला—जिसमें अनन्त का नाम बाद में आया भी—इस केस से जुड़ी खोजबीन के दौरान सिंह के पटना आवास से आईएनएसएएस राइफल की छह ख़ाली मैगज़ीन मिली।

हर राजनीतिक पार्टी कहती आयी है कि किस तरह दागी नेताओं को उनकी लोकप्रियता और जीतने की सम्भावना के चलते टिकट देना मजबूरी हो जाती है। और नीतीश की जदयू पार्टी अनोखी नहीं थी। यही वजह है कि नीतीश राजनीति को अपराध-मुक्त करने की नैतिकता का बोझ अपने कन्धे पर नहीं उठा सकते थे। आख़िर नीतीश ने भी बाहुबलियों को बल देने का काम किया ही है।

नज़ारा तो वो भी दुखद था जब खगड़िया के बाहुबली रणबीर यादव ने नीतीश कुमार के ख़िलाफ़ विरोध प्रदर्शन कर रहे संविदा शिक्षकों की भीड़ को तितर-बितर करने के लिए अपनी बन्दूक दिखायी। यह शिक्षक चाहते थे कि उन्हें सरकारी शिक्षकों के बराबर रखा जाये। नीतीश कुमार ने बड़े स्तर पर संविदा शिक्षकों की भर्ती करके बेरोज़गारी पर लगाम लगाने के लिए काफ़ी प्रशंसा पायी थी, लेकिन 2012 तक 2 लाख की संख्या तक पहुँच चुके यही शिक्षक अब नीतीश के ख़िलाफ़ सड़कों पर उतर चुके थे।

सितम्बर 2012 में अधिकार यात्रा के लिए खगड़िया पहुँचे मुख्यमन्त्री को शिक्षकों के साथ-साथ कुछ असामाजिक तत्त्वों का सामना करना पड़ा। पहले भी उन्हें काले झण्डे दिखाए गये। दरभंगा की सभा में तब हालात बेक़ाबू हुए जब उन्होंने प्रदर्शनकारी शिक्षकों से कहा कि—*इस तरह से कीजिएगा तो कुछ नहीं मिलेगा।* खगड़िया की भीड़ ने तो डीजीपी अभयानन्द की गाड़ी पर हमला किया और सरकारी इमारत के एक हिस्से को आग के हवाले कर दिया। अभयानन्द बताते हैं कि किस तरह एक तय सार्वजनिक सभा में पहुँचने से पहले सीएम को पाँच घण्टे सर्किट हाउस में मजबूरीवश रुकना पड़ा। पूर्व डीजीपी कहते हैं—यह सच है कि ऐसा विरोध

प्रदर्शन पहले कभी नहीं हुआ। लेकिन हमने तय कर लिया था कि सभा तो होगी वरना क़ानून के घुटने टेकने जैसा ग़लत सन्देश लोगों के बीच जाता।

जैसे-तैसे करके नीतीश सभा की जगह पर पहुँचे। पुलिस की भारी मौजूदगी के बावजूद रणबीर यादव को भी स्थिति को क़ाबू में करने के लिए अपनी लाइसेंस वाली बन्दूक दिखानी पड़ी।

इस घटना के तुरन्त बाद ही रणबीर यादव ने मुझे बताया–

लोगों का ग़ुस्सा देखने लायक था। सीएम ने इतनी ग़ुस्साई भीड़ का सामना पहले कभी नहीं किया। कुछ राजनीतिक साज़िश की बू भी आ रही थी क्योंकि कुछ लोग शिक्षकों की आड़ में छुपे बैठे थे। हालात क़ाबू में करने के लिए मुझे अपनी ताक़त दिखानी पड़ी। मैं सीएम के काफ़िले के साथ खगड़िया-सहरसा सीमा तक गया।[4]

रणबीर यादव और अनन्त सिंह जैसे लोगों ने नीतीश सरकार में एक अलग क़िस्म की ताक़त को जगह दी थी। सीएम तो रणबीर यादव के मन-ही-मन आभारी रहे हो लेकिन राज्य पुलिस के लिए यादव की बहादुरी अच्छा सन्देश नहीं दे रही थी। वही पुलिस जो रिकॉर्ड केस सुलझाने और क़ानून-व्यवस्था बनाये रखने का ढोल पीटती रहती है। यह घटना पुलिस की घटती ताक़त को दिखाती है, साथ ही यह भी कि क्यों और किस तरह सरकार को रणबीर यादव और अनन्त सिंह जैसे लोगों की मध्यस्थता की ज़रूरत पड़ती रहती है। 1985 में नौ लोगों की हत्या वाले तौफीर दियारा हत्याकाण्ड में रणबीर यादव को दोषी पाया गया और अपनी सज़ा पूरी करने के बाद यादव सक्रिय राजनीति से दूर ही रहे। यादव की दो पत्नियाँ–पूनम और कृष्णा राजनीति में हैं। पूनम, खगड़िया से जदयू विधायक हैं, वहीं कृष्णा ने 2014 चुनाव में राजद उम्मीदवार के तौर पर खगड़िया से चुनाव लड़ा लेकिन असफल रहीं।

इसी तरह तरारी (भोजपुर) के जदयू विधायक नरेन्द्र पाण्डे उर्फ़ सुनील पाण्डे भी नीतीश सरकार के लिए शर्मिन्दगी की वजह बनते रहे। पाण्डे पर हत्या, हत्या की कोशिश, अपहरण और फिरौती जैसे डेढ़ दर्जन केस लगे थे। जुलाई 2015 में पाण्डे पर आरा कोर्ट में बम विस्फोट के आरोपी की मदद करने का आरोप लगा। केस में पुलिस के अतिउत्साह को देखकर पाण्डे के समर्थकों नेपुलिस पर भूमिहार-विरोधी होने का आरोप लगाया।

2003 में पटना के न्यूरोसर्जन डॉ. रमेश चन्द्र के अपहरण मामले में पाण्डे को सज़ा हुई लेकिन जुलाई 2010 में, विधानसभा चुनाव से कुछ महीने पहले पाण्डे को पटना हाई कोर्ट ने रिहा कर दिया।

सुनील पाण्डे अपनी एक लाइन के लिए बदनाम थे–*ठोक देंगे*। 2006 में गाँधी मैदान के पास आलीशान पटना होटल के बाहर पाण्डे ने इसी लाइन के साथ एक न्यूज़ चैनल के कैमरामैन को धमकाया। बाद में पत्रकार को धमकाने के लिए पाण्डे को जदयू से निलम्बित कर दिया गया लेकिन बाद में निलम्बन वापिस ले लिया गया।

जदयू के लिए पाण्डे इसलिए भी ज़रूरी थे क्योंकि भूमिहार वर्चस्व वाले तरारी विधानसभा क्षेत्र में उनका दबदबा था। कमाल की बात है कि नवम्बर 2008 में पाण्डे को भगवान महावीर के शान्ति और अहिंसा के सन्देश के लिए डॉक्टरेट की उपाधि दी गयी। डॉक्टरेट का विषय था–महावीर के उपदेश आधुनिक परिप्रेक्ष्य में।

2008 में पाण्डे ने कोर्ट की कार्यवाही के बीच भोजपुर के ज़िला जज को धमकाया जिसके बाद कोर्ट की अवमानना और ख़राब आचरण के लिए पटना हाई कोर्ट की ओर से पाण्डे को तीन महीने की सज़ा सुनाई गयी। चुनाव आयोग के 2010 के विधानसभा हलफनामे के मुताबिक़ पाण्डे के ख़िलाफ़ 17 मामले अभी भी लटके हुए हैं जिसमें हत्या और हत्या की कोशिश के मामले हैं।

एनडीए में दरार आने तक नीतीश के लिए पाण्डे का राजनीतिक महत्त्व बना हुआ था, ख़ासकर भोजपुर में भूमिहारों के बीच। आगामी चुनाव में तरारी की टक्कर देखने लायक होने वाली थी, जहाँ रणबीर सेना प्रमुख बरमेश्वर मुखिया के बेटे कुमार इन्दुभूषण का सामना अपने ही जाति के पाण्डे से होने जा रहा था जो लालू-नीतीश गठबन्धन और एनडीए में दरार के बाद बदले सामाजिक समीकरण के बीच दिलचस्प होने वाला था।

वैशाली के बाहुबली विजय कुमार शुक्ला जो लालगंज से पहले निर्दलीय और फिर जदयू के उम्मीदवार बनकर जीते। शुक्ला भी नीतीश की नाक में दम किये रहते थे। हत्या के एक मामले में शुक्ला को दोषी करार दिये जाने (बाद में बरी) के बाद 2010 विधानसभा चुनाव में नीतीश कुमार ने शुक्ला की पत्नी अन्नू को खड़ा किया और वह जीत भी गयी।

शुक्ला का पारा जल्दी चढ़ जाता था। एक बार फोटो पत्रकार ने शुक्ला की तस्वीरें खींची और बिना अनुमति के किसी पत्रिका में छपवा दीं। शुक्ला ने उससे

पूछा कि तस्वीर के कितने पैसे मिले। जब फ़ोटोग्राफ़र ने कहा कि 600 रुपये, तो शुक्ला की ओर से धमकी आयी–लेकिन एक बुलेट की क़ीमत 60 रुपये होती है। अगली बार याद रखना।

जदयू से अन्दर-बाहर करने वाला ऐसा ही एक और नाम है प्रभूनाथ सिंह–महाराजगंज से जदयू के पूर्व सांसद जो 1991 से 1995 के बीच हत्या और हत्या की कोशिश के पाँच मामलों में बरी हो चुके हैं। एकमा से जदयू विधायक मनोरंजन सिंह के नाम भी दो केस दर्ज हैं और 2010 चुनाव हलफनामे के मुताबिक़ जिसमें से हत्या का मामला है जो अब भी विचाराधीन है। पूर्णिया के मारे जा चुके दबंग भूटनसिंह की पत्नी लेसी सिंह मन्त्री रही और पूर्णिया से ही हैं बीमा भारती जिन्होंने बुदबुदाते हुए मन्त्रीपद की शपथ ली थी और जो बाहुबली अवधेश मण्डल की पत्नी हैं।

जुलाई 2010 में नीतीश कुमार ने सहरसा के डॉ.न और पूर्व सांसद आनन्द मोहन (1994 के जी कृष्णैया हत्या केस में दोषी) के पंचगछिया आवास (सहरसा) पर भी गये जिससे उनकी राजनीतिक मजबूरी का पता चलता है। यही वो वक़्त था जब कुमार बटाईदारी क़ानून को लागू करने की योजना बना रहे थे, जो पूरी नहीं हो सकी।

दरौंदा (सिवान) की विधायक मरहूम जगमातो देवी के बेटे और सज़ा काट चुके नेता अजय सिंह, इस क्षेत्र में अपनी माँ की राजनीतिक पकड़ को 2011 में हुई उनकी मौत के बाद भी खोना नहीं चाहते थे। लेकिन सज़ा काट चुके अजय के लिए टिकट मिलना सम्भव नहीं था। तब नीतीश कुमार ने सिंह को शादी करके अपनी पत्नी को चुनाव लड़वाने का सुझाव दिया। अजय ने शादी का विज्ञापन लगवाया और सिवान की कविता सिंह से पितृपक्ष जैसे अमंगल समय में शादी की।

हत्या और लूट जैसे दर्जन भर आपराधिक मामलों का सामना कर रहे डॉ.न सिंह को शादी की जल्दी थी क्योंकि उप-चुनाव के लिए नामाँकन भरने का वक़्त निकलता जा रहा था। अजय ने सिवान के पत्रकारों से कहा–जब राजनीतिक विरासत को बनाये रखने की बात हो तब हर दिन शुभ ही है। 17 सितम्बर, 2011, उप-चुनाव की घोषणा के दो दिन पहले सिंह ने कविता से ब्याह रचाया। जदयू को अजय और कविता, दोनों की ज़रूरत थी–अजय को ताक़त के लिए और कविता को सिंह की ओर से चुनाव उम्मीदवार के तौर पर सामने लाने के लिए। विधायक पद की शपथ लेने के बाद कविता ने सीएम कुमार के पैर छूए। नीतीश कुमार की चतुराई काम आयी।

फ़रवरी 2005 के विधानसभा चुनाव में अजय की माँ जगमातो देवी, निर्दलीय ही रघुनाथपुर से विधायक बनीं। उसी सीट से अक्टूबर 2005 विधानसभा चुनाव में जदयू की ओर से सफलतापूर्वक लड़ी। परिसीमन के बाद वह दौरंदा से जदयू की ओर से लड़ी और एक बार फिर जीत हासिल की। देवी को उनके बेटे अजय सिंह ने ही राजनीति में उतारा था। लेकिन बाहुबलियों की इस कहानी का एक और पहलू है और 2009 लोकसभा चुनाव से पहले विकासवाद का सहारा लेकर नीतीश कुमार इसका श्रेय भी ले सकते हैं।

14वीं लोकसभा में सज़ायाफ़्ता राजद और लोजपा सांसद–मोहम्मद शहाबुद्दीन, राजेश रंजन उर्फ़ पप्पू यादव (2011 में रिहा) और सूरज सिंह उर्फ़ सूरजभान ने राजद, लोजपा और कांग्रेस की टिकट से अपनी पत्नियों को उम्मीदवार बनाया। पप्पू यादव की माँ शान्ति प्रिया ने भी पूर्णिया से चुनाव लड़ा लेकिन सबको हार का स्वाद चखना पड़ा।

पप्पू की पत्नी रंजीत रंजन (अब सुपौल से कांग्रेस सांसद) को जदयू के विश्वमोहन कुमार से 1,66,074 वोटों से हार का सामना करना पड़ा। पप्पू की माँ शान्ति प्रिय को बीजेपी के उदय सिंह ने 1,86,227 वोटों से शिकस्त दी। बात सिर्फ़ हार की नहीं थी, लेकिन वो अन्तर भी देखने लायक था जो बताता है कि किस तरह मतदाताओं ने दबंगयी को नकार दिया।[5]

मोहम्मद शहाबुद्दीन की पत्नी हिना साहब को निर्दलीय उम्मीदवार ओम प्रकाश यादव ने हराया (यादव ने एक बार फिर 2014 चुनाव में बतौर बीजेपी उम्मीदवार भी हिना को 63,430 वोट से हराया)। सूरजभान की पत्नी वीना देवी भी बीजेपी के भोला सिंह से नवादा से 52,065 वोट से हारीं। डीएम जी कृष्णैया हत्या मामले में आजीवन कारावास झेल रहे आनन्द मोहन की पत्नी लवली आनन्द भी श्योहर में बीजेपी की रमा देवी से 1,26,029 वोट से हारी, जिन्होंने बसपा उम्मीदवार अनवर-उल-हक़ को भी हराया।

मतदाताओं ने नीतीश कुमार के विवादित उम्मीदवारों को भी नकार दिया। महाराजगंज में जदयू नेता प्रभूनाथ सिंह को राजद के उमाशंकर सिंह से और वैशाली में मुन्ना शुक्ला को राजद के चेहरे प्रसाद सिंह से हार का सामना करना पड़ा। 1977 विधानसभा चुनाव में अविभाजित बिहार की झरिया सीट से सत्यदेव सिंह, पहले बाहुबली नेता थे जो विधानसभा पहुँचे।

इंडिया टुडे में जून 21, 2013 को अमिताभ श्रीवास्तव लिखते हैं (Nitish's Most Favoured Dons)–

2010 विधानसभा चुनाव से पहले भरे गये हलफनामे के मुताबिक़ बिहार के 118 में से 58 जदयू विधायकों के ख़िलाफ़ आपराधिक मामले विचाराधीन हैं। इन 58 में से 43 के ख़िलाफ़ संगीन आपराधिक मामले हैं, 23 पर हत्या के मामले और 35 के ख़िलाफ़ हत्या की कोशिश के मामले दर्ज है। और जब नीतीश इन दबंगों को टिकट देने से इन्कार करते हैं तो उनकी पत्नियाँ मैदान में उतार दी जाती हैं। तो एक तरह से प्रत्यक्ष या अप्रत्यक्ष रूप से बिहार की डोर नीतीश के इन डॉ.न के हाथों में ही रहती है। पूनम देवी यादव, लेसी सिंह, बीमा ऐसी ही कुछ जदयू महिला विधायक हैं जिनका राजनीतिक जीवन, उनके दबंग पतियों की देन है।[6]

सन्दर्भ

1. पटना प्रेस कॉन्फ्रेंस में लालू प्रसाद, जून 24, 2015
2. फोटो जर्नलिस्ट प्रशान्त रवि का साक्षात्कार, अप्रैल 5, 2015
3. इंडिया टुडे के वरिष्ठ सहायक सम्पादक अमिताभ श्रीवास्तव का साक्षात्कर, जुलाई 10, 2015
4. खगड़िया से जदयू विधायक पूनम देवी के पति रणबीर यादव का साक्षात्कार, सितम्बर 2012
5. भारतीय चुनाव आयोग।
6. इंडिया टुडे (Nitish's Most Favoured Dons, जून 21, 2013, अमिताभ श्रीवास्तव)

14
नीतीश : एक सामाजिक अभियन्ता

साल 1977–महज़ 29 साल की उम्र में लालू प्रसाद ने जेपी आन्दोलन और एमरजेंसी विरोधी लहर पर सवार होकर छपरा लोकसभा सीट जीत ली थी। उसी दौरान हुए बिहार विधानसभा चुनाव में जनता पार्टी ने 214 सीट जीतीं। लेकिन नालन्दा के हरनौत विधानसभा क्षेत्र के जनता पार्टी उम्मीदवार हार गये। यह उम्मीदवार कोई और नहीं–नीतीश कुमार थे।

डॉ. राम मनोहर लोहिया की विचारधारा से प्रभावित यह युवा समाजवादी नेता, पटना के कॉफ़ी हाउस में कुछ पत्रकारों के साथ बैठा था। चर्चा हुई कि आख़िर जेपी लहर के बावजूद हार का मुँह क्यों देखना पड़ा। कॉफ़ी टेबल पर ज़ोर से हाथ मारते हुए उन्होंने अपनी हताशा ज़ाहिर की लेकिन अगले ही पल ख़ुद को सँभालते हुए कहा–एक दिन मैं सत्ता लेकर रहूँगा, किसी भी हाल में लेकर रहूँगा।

नीतीश कुमार को आप आदर्श लोहियावादी कह सकते हैं। दिलचस्प है कि जातिवाद से घिरे बिहार की राजनीति में अपनी जगह बनाने के लिए नीतीश ने वर्ग और जाति का सहारा कम ही लिया। हालाँकि ऐसा नहीं है कि वह जातिवाद से परिचित नहीं थे, बल्कि बिहार कॉलेज ऑफ़ इंजीनियरिंग (अब नेशनल इंस्टीट्यूट ऑफ़ टेक्नॉलोजी, पटना) के अध्यक्ष के तौर पर उन्होंने पटना यूनिवर्सिटी छात्र संघ चुनाव के दौरान पिछड़ी जाति के छात्रों को ऊँची जाति के वर्चस्व के ख़िलाफ़ एकजुट किया। फिर भी वह जाति का सहारा लेकर आगे नहीं बढ़े। कॉलेज में उनके तीन सबसे अच्छे दोस्त सवर्ण जाति से ही थे।

लेकिन यह भी सच है कि बिहार में जाति पूरी तरह दिमाग़ से कहाँ जाती है।

1994 में जब नीतीश ने लालू प्रसाद से अलग होने का फ़ैसला किया तब उन्हीं की जाति के कुर्मी नेता सतीश कुमार ने कुर्मी चेतना रैली का आयोजन किया,

जिसमें शिरकत करने को लेकर नीतीश दुविधा में थे। जैसा कि पिछले पन्नों में बताया गया कि आख़िरकार नीतीश ने रैली को सम्बोधित किया, जिससे पहली बार सार्वजनिक तौर पर यह सन्देश गया कि नीतीश एक जाति विशेष के नेता भी हैं।

जातिवाद ने नीतीश का पीछा करना नहीं छोड़ा। 2015 में मण्डल ने दूसरे चरण में प्रवेश किया जब नीतीश, लालू के साथ फिर हाथ मिलाने के लिए प्रयासरत थे। राज्य के ओबीसी, ईबीसी और अनुसूचित जाति आयोग अपनी तरह से सामाजिक समीकरण बैठा रहे थे–ओबीसी के तेली, पईगा परिहार और चौरसिया को ईबीसी तथा लोहार को ईबीसी से अनुसूचित जाति/जनजाति में शामिल कर दिया गया था। वैसे सर्वोच्च न्यायालय ने लोहार को वापस अति पिछड़ी जाति में भेज दिया है।

बिहार के ओबीसी आयोग के सदस्य और समाजशास्त्री जग नारायण सिंह कहते हैं–

मण्डल के पहले चरण ने सवर्ण जाति का विरोध देखा, लेकिन दूसरा चरण ऐसा नहीं था। लालू को तो ऊँची जाति के विरोध का सामना करना पड़ा, लेकिन नीतीश ने सामाजिक विरोध के बिना ही सशक्तिकरण पर ज़ोर दिया। सशक्तिकरण का असल चरण यही था। बिहार ने राजनीतिक आन्दोलन तो बहुत देखे लेकिन असल सामाजिक आन्दोलन, उसके हिस्से कम ही लगे।[1]

जातिवाद को लेकर नीतीश का भ्रम सबसे ज़्यादा तब दूर हुआ जब 1995 विधानसभा चुनाव में उनकी समता पार्टी ने सिर्फ़ पाँच सीट जीती, वहीं सामाजिक न्याय के रथ पर सवार लालू 173 सीट ले गये। नीतीश जानते थे कि महज़ किसी जाति भर का नेता बन जाने से बात नहीं बनेगी। वैसे भी अपनी कुर्मी जाति की तीन फ़ीसदी आबादी का नेतृत्व करके, वह लालू के 13-14 फ़ीसदी जाति आधार को कहाँ चुनौती दे पायेंगे।

एक वक़्त नीतीश के अनुयायी और अब राष्ट्रीय लोक समता पार्टी प्रमुख और केन्द्रीय मन्त्री उपेंद्र कुशवाहा कहते हैं–

नीतीश के अन्दर किसी जाति का नेतृत्व करना कहीं दबा छुपा ही रहा। वह लालू की तरह कभी इसका प्रदर्शन नहीं कर पाये। उन्होंने ही मुझे अपने उपनाम सिंह को हटाने की सलाह दी थी–जिसे बिहार में कई जातियाँ लिखती हैं, ख़ासकर कुशवाहा। उन्होंने मुझे बढ़ावा दिया और मुझे विधानसभा का नेता विपक्ष बनाया ताकि लव-कुश (कोइरी-कुर्मी) गठजोड़ का सन्देश दिया जा सके। यही सन्देश देने के लिए उन्होंने जीतन राम माँझी को सीएम बनाया। लेकिन उनकी जातिगत

राजनीति की सबसे बड़ी विडम्बना यह रही कि उन्होंने इन जातियों की राजनीतिक तरक़्क़ी नहीं होने दी–उन्हें न ही मेरी तरक़्क़ी पसन्द आयी और न ही उन्होंने माँझी को बढ़ने दिया।[2]

2015 में जिस तरह नरेन्द्र मोदी की अगुवाई वाले एनडीए को चुनौती देने के लिए नीतीश को लालू प्रसाद के जनाधार की ज़रूरत पड़ी, उसी तरह लालू का पत्ता साफ़ करने के लिए अब वह बीजेपी से एक सामाजिक फॉर्मूला चाहते थे। उन्हें कुछ हटकर सोचना था। उन्हें ज़रूरत थी सोशल इंजीनियरिंग की। वैसे तो वह इलेक्ट्रिकल इंजीनियर थे लेकिन अपनी राजनीतिक महत्त्वाकांक्षाओं को पूरा करने के लिए उन्हें पॉलिटिकल इंजीनियर बनना था और इसके लिए ज़रूरी था कि लालू के ख़िलाफ़ बीजेपी को एक मज़बूत सामाजिक गठजोड़ के लिए तैयार करना।

2005 में बीजेपी के साथ मिलकर नीतीश सत्ता हासिल कर पाये थे और इसलिए इस बार भी उन्होंने अपना तैयार किया गया सामाजिक फॉर्मूला अपनाया जिसमें ईबीसी, महिला, अनुसूचित जाति और मुसलमान शामिल हो। वह ऐसा निर्वाचण क्षेत्र बनाना चाहते थे जिसे वह अपना कह सकें।

सत्ता में आने के बाद नीतीश कुमार ने सबसे पहले महिलाओं को 50 फ़ीसदी आरक्षण और दूसरी तरफ़ पंचायत और स्थानीय निकाय में ईबीसी हिन्दू और मुसलमानों को 20 फ़ीसदी आरक्षण दिया। ऐसा करते ही उन्हें अपनी ही जाति के लोगों से आलोचना का सामना करना पड़ा, जिनके मुताबिक़ ईबीसी और अन्य वर्ग को फ़ायदा पहुँचाने के लिए उनकी बलि दी गयी। लेकिन नीतीश तो लोहिया के उन शब्दों को गांठ बाँध चुके थे कि औरत किसी भी जाति की हो, वह पिछड़ी ही है।

सामाजिक बदलाव लाने के अपने प्रयास में महिलाएँ पहला मील का पत्थर बनीं। उन्हें महिलाओं में ऐसा मतदाता दिखता जो जाति से परे था। नव-निर्वाचित मुखिया और सरपंच के पतियों का अपनी पत्नी की जगह काम करना उन्हें तनिक न अखरता। मुखिया पति और सरपंच पति जैसे शब्द अब बिहार के सामाजिक-राजनीतिक शब्दकोश का हिस्सा बन गये। नीतीश कहते कि जल्द ही महिलाओं को अपनी ताक़त का अहसास होगा और वह अपने पतियों को पीछे धकेल देंगी।

सीएम ख़ुश थे कि उन्होंने पहली सामाजिक खाई तो पार की। वह ग्रामीण इलाक़ों तक पहुँच पाये। महिला मुखिया इस नयी मिली ताक़त का मतलब समझ पा रही थीं और एक बार तो 2007 में पटना के एक कार्यक्रम में इन मुखियाओं ने निवेदन किया कि उन्हें सर कहकर बुलाया जाये क्योंकि मैडम में वो बात नहीं आ

पाती। इस बात से तमाम तरह की बहस शुरू हो सकती हैं लेकिन नीतीश तो यही सोचकर ख़ुश थे कि कम-से-कम महिला मुखिया को अपनी ताक़त का अहसास तो हो रहा है।

वैसे तो कहा जाता है कि मुखिया और सरपंच का किसी पार्टी के प्रति झुकाव नहीं होना चाहिए लेकिन ऐसा हो रहा था। सीएम सबसे पिछड़े वर्ग तक पहुँचने में सफल हो रहे थे। जुलाई 2015 के बिहार विधान परिषद के चुनावी नतीजे 10:13 से एनडीए के पक्ष में रहे जिसे लेकर नीतीश ऊपर से हताशा नहीं दिखा रहे थे, लेकिन मन-ही-मन वह भी जानते थे कि पंचायत स्तर पर उनके अनधिकारिक राजनीतिक ज़रियों की ओर से गड़बड़ी हुई है।

महिला आरक्षण के बाद बीजेपी भी श्रेय लेने से पीछे नहीं हटी, लेकिन नीतीश जानते थे कि असल सोशल इंजीनियर तो वही हैं। नीतीश बहुत ही ध्यान से अपना जनाधार तैयार कर रहे थे। उनकी योजना में तमाम ओबीसी, ईबीसी और मुसलमान शामिल थे, लेकिन वह मुख्य तौर पर अनुसूचित जाति, ईबीसी और मुसलमानों पर ध्यान केन्द्रित कर रहे थे।

वह जानते थे कि ज़्यादातर अनुसूचित जाति कांग्रेस की मतदाता रही है। 1990 के बाद अनुसूचित जाति का झुकाव लालू की तरफ़ रहा, लेकिन लालू-राबड़ी राज में सिर्फ़ यादवों का उद्धार होता देख इनका मोहभंग हो गया। रामविलास पासवान ने पासवान मतदाता को पकड़ रखा था जो राज्य की आबादी का 5 फ़ीसदी है। अब बचते हैं अनुसूचित जाति का 12-13 फ़ीसदी हिस्सा जिसमें रविदास और मुसहर शामिल हैं, जिन्हें नये राजनीतिक रहनुमा की तलाश थी। कांग्रेस तो वैसे भी किनारे हो चुकी थी और लालू सत्ता से बाहर जिन्होंने सम्पूर्ण अनुसूचित जाति को कभी अपना वफ़ादार वोटर नहीं माना। नीतीश इसी समूह पर ध्यान केन्द्रित करना चाहते थे और इस काम को वह बेहद सधे हुए अन्दाज़ में कर रहे थे जिसके लिए उन्होंने नया शब्द गढ़ा—महादलित यानी सामाजिक और आर्थिक तौर पर सबसे ज़्यादा वंचित वर्ग। नीतीश इस नये प्रयास को अपनाना चाहते थे।मानो एक नये राजनीतिक और सामाजिक उद्यमी ने सामाजिक समीकरण को अपने हिसाब से परिभाषित किया।

नीतीश के इस दाँव को रामविलास पासवान ने निशाना बनाया जिनके मुताबिक़—महादलित, यह शब्द असंवैधानिक है और अनुसूचित जाति का अपमानजनक है। लेकिन नीतीश कुमार को अपने इस नये शब्द से कोई आपत्ति नहीं थी और वह किसी तरह के राजनीतिक दबाव में नहीं आने वाले थे।

2009 में मुझे दिये एक इंटरव्यू में नीतीश ने कहा था–इस शब्द को अक्सर मीडिया और शिक्षाविद् इस्तेमाल करते हैं। 21 अनुसूचित जातियों के इतने बड़े समूह को महादलित कहना कतई ग़लत नहीं है।[3]

बाद में पासवान ने नीतीश के इस फ़ैसले से रज़ामन्दी दिखा तो दी लेकिन पासवान जाति को इसमें शामिल न करने पर नाराज़गी जताई। नीतीश ने पासवान जाति पर एक शोध करवाया यह तय करने के लिए कि उन्हें महादलित में शामिल किया जाये या नहीं। नीतीश की रिपोर्ट के मुताबिक़ पासवान समुदाय बाक़ी की अनुसूचित जातियों से कहीं बेहतर स्थिति में है, इसलिए उन्हें इस श्रेणी की ज़रूरत नहीं। इस पर रामविलास पासवान ने भी कहा कि पासवान समुदाय लड़ाकू और क़ाबिल है, उनका आत्म-सम्मान है और उन्हें किसी सरकार का एहसान नहीं चाहिए। जीतन राम माँझी के कैबिनेट ने तो महादलित में पासवान को शामिल करने की मंजुरी दे दी थी, लेकिन अभी तक इसे लेकर सरकारी अधिसूचना जारी नहीं हुई है।

नीतीश ने अनुसूचित जाति-जनजाति कल्याण विभाग के तहत महादलित विकास मिशन का गठन किया, जिसका काम 21 अनुसूचित जातियों के हालात समझकर, उनके सामाजिक और आर्थिक उत्थान के लिए सुझाव देना था। हालाँकि इस जाति सर्वे के नतीजे बाहर नहीं आ सके, लेकिन महादलित श्रेणी की कुछ प्रमुख जातियों से जुड़े विवरण इस प्रकार हैं–चमार या रविदास–5 फ़ीसदी, मुसहर–2.5 फ़ीसदी, पासी, धोबी और भुइयां–एक फ़ीसदी प्रति जाति।

2007 में कुमार ने महादलितों के लिए कल्याण योजनाओं का एक गुलदस्ता तैयार किया। 2010 तक सरकार ने महादलितों के लिए क़रीब 19 योजनाओं पर काम शुरू किया।

इसमें सबसे ज़्यादा चर्चित योजना महादलित आवास योजना थी, जो महादलित विकास योजना के तहत आती है–यह 2009-10 में शुरू हुई, जिसका मकसद हर भूमिहीन महादलित परिवार को तीन दशमलव ज़मीन देना था। सरकार ने दो चरण में इस तरह के 2,46,823 परिवारों का सर्वे किया। इसके पीछे सोच यह थी कि पहले ग़ैरमजरूआ यानी सरकारी की ख़ाली पड़ी ज़मीन–का इन्तज़ाम किया जाये और किसानों से आवासीय प्लॉट ख़रीदे जायें जिसकी क़ीमत 20 हज़ार रुपये प्रति तीन दशमलव (1306 वर्ग फीट) तक रखी गयी। लेकिन जब इस योजना में गड़बड़ी की ख़बरें आयी तब सरकार ने नियम में बदलाव किया कि ज़मीन को वर्तमान में

प्रचलित न्यूनतमक़ीमत पर लिया जायेगा। सरकार ने सितम्बर 2014 तक 2,21,035 परिवारों को मुफ़्त ज़मीन मुहैया करवाई।

भूमि राजस्व विभाग का काम महादलित परिवारों को ज़मीन मुहैया करवाना था, वहीं ग्रामीण विकास विभाग का काम यह सुनिश्चित करना था कि इन परिवारों को सरकारी पट्टे की ज़मीन पर इन्दिरा आवास योजना का फ़ायदा मिल रहा है या नहीं। हालाँकि योजना के क्रियान्वयन में काफ़ी ढिलायी और देरी हुई लेकिन ज़्यादातर अनुसूचित जाति ने नीतीश कुमार का आभार व्यक्त किया। छोटी-छोटी महादलित योजनाएँ किसी-न-किसी तरह हर परिवार को सरकारी फ़ायदे पहुँचाने का काम करती रही। सरकार ने विकास मित्र और टोल सेवक के पद तैयार किये जिन्हें कल्याणकारी योजनाओं के क्रियान्वयन की निगरानी करने के लिए समुदाय और सरकार के बीच एक कड़ी की तरह काम करना था। यह पद महादलित को ही दिया जाता था।

मुख्यमन्त्री महादलित रेडियो योजना के तहत सरकार ने सितम्बर 2014 तक 16.27 लाख रेडियो सेट का वितरण किया। यह अलग बात है कि कई जगहों पर लाभकारियों ने रेडियो सेट की ख़राब गुणवत्ता की शिकायत की और कहा कि ये सेट कुछ महीने ही चल पाये। पूर्व सीएम जीतन राम माँझी के गाँव महकार के पास मुसहरों के गाँव परबत्ती नगर के लोग तो इस रेडियो को न बोलने वाला डब्बा कहने लगे थे। इसके बावजूद इस योजना की तारीफ़ चारों ओर थी।

अन्य महादलित योजनाओं में उपमार्ग निर्माण (पहले इस आबादी के 500 और फिर 250 गाँवों तक उपमार्ग बनाये गये), महादलित युवतियों के लिए होस्टल, महादलित बहुल गाँवों में सामुदायिक भवनों का निर्माण, व्यावसायिक प्रशिक्षण कोर्स, सार्वजनिक वितरण प्रणाली की चलित दुकानें और बुज़ुर्ग महादलितों को मुफ़्त चश्मे वितरित करना शामिल है। हालाँकि पालना घर और सार्वजनिक वितरण प्रणाली की चलित दुकानें जैसी योजनाएँ सूरज की रोशनी नहीं देख पायीं, वहीं स्कूल यूनिफॉर्म और छात्रवृत्ति योजना तो अनुसूचित जाति के बीच काफ़ी लोकप्रिय हुई, जिसने सीधे तौर पर उनके जीवन पर असर भी डाला।

इसके साथ ही नीतीश कुमार ने अति पिछड़ा वर्ग (ईबीसी)–अनुलग्नक 1 का हिस्सा–को भी अपना जनाधार बनाना शुरू किया। इस वर्ग को सबसे अधिक पिछड़ा वर्ग (एमबीसी) भी कहते हैं जिसमें 130 जाति समुदाय हैं, जो बिहार की आबादी का 28-30 फ़ीसदी है। दिक़्क़त बस यही थी कि राज्य में इस वर्ग की आबादी बिखरी

हुई थी और बाकियों से अलग इनके मतदान के आधार का पूर्वानुमान नहीं लगाया जा सकता था, जिसकी वजह से इस वर्ग को रिझाना नेताओं के लिए चुनौतीपूर्ण हो जाता है।

चुनाव के दौरान जातियों के गुणा-भाग में ईबीसी की बात सबसे कम की जाती है, जबकि सच तो है कि बिहार जैसे राज्य में यह जाति किसी भी पार्टी का काम बना या बिगाड़ सकती है। ईबीसी को कोसी के मधेपुरा, सहरसा और सुपौल तथा दरभंगा और मधुबनी के मिथिलांचल इलाक़े में पंचपनिया या पैचपौनिया भी कहते हैं। 2014 चुनाव में ईबीसी ने ही एनडीए का पलड़ा भारी किया था। नरेन्द्र मोदी की चाय बेचने वाली छवि को इस समुदाय ने हाथों-हाथ लिया। हर पार्टी का अपना तय जाति जनाधार होता है। लेकिन कोई पार्टी ईबीसी को अब तक अपना नहीं बना सकी। कहने को यह एक बड़ा समुदाय है, लेकिन असल में यह बहुत बिखरा हुआ सा समूह जिसके मतदान के तरीक़े का कोई तय साँचा नहीं है। बिहार में ईबीसी में मुख्य रूप से निषाद या साहनी, मण्डल और काहर आते हैं। कैप्टन जयनारायण निषाद, मंगनी लाल मण्डल और वैद्यनाथ साहनी–ये सभी पूर्व सांसद हैं और ईबीसी के बड़े नेता हैं लेकिन इसका वर्चस्व भी बस एक सीमित क्षेत्र में ही रहा। इस राज्य का अब तक का सबसे बड़ा ईबीसी नेता अगर कोई है तो वह कर्पूरी ठाकुर हैं।

यही वजह है कि नीतीश कुमार की नजर इस वर्ग पर टिकी थी। महादलित की तरह इनके लिए अलग से कोई योजना नहीं थी लेकिन नीतीश सरकार ने मौज़ूदा स्कूल यूनिफ़ॉर्म, साइकिल और छात्रवृत्ति योजनाओं के आगे ईबीसी लगाकर उसे इस वर्ग के लिए प्रस्तुत किया।

नीतीश सरकार ने ईबीसी छात्रों के लिए अलग से स्कूल होस्टल तैयार करवाये। राज्य सरकार के नौवें साल (2014) के रिपोर्ट कार्ड के मुताबिक़ 2007-08 से लेकर 2014-15 के बीच सरकार ने माध्यमिक स्कूल से पहले की छात्रवृत्ति 65663 और माध्यमिक स्कूल के बाद की छात्रवृत्ति 34485 ईबीसी छात्रों की दी है। अब तक 98 लाख पिछड़े और सबसे अधिक पिछड़े वर्ग के छात्रों को छात्रवृत्ति योजना का लाभ मिल चुका है (इस पर सुशासन की दस्तक–में चर्चा की गयी है)

पंचायत और स्थानीय निकाय में ईबीसी (हिन्दू-मुसलमान दोनों) को 20 फ़ीसदी आरक्षण देकर उनके प्रतिनिधित्व को सुनिश्चित किया गया। इसके साथ ही नीतीश कुमार ने विधवा पेंशन स्कीम (400 रुपया प्रति महीना) और कबीर अन्त्येष्ठि योजना भी शुरू की जिसके तहत ग़रीब व्यक्ति के दाह संस्कार के लिए

1500 रुपये दिये जाते हैं। पुलिस में महिलाओं के 35 फ़ीसदी आरक्षण और राज्य पुलिस की सशस्त्र शाखा–बिहार मिलेट्री पुलिस में महिलाओं की विशेष बटालियन का गठन किया गया, जिससे यह सन्देश देने का प्रयास किया गया कि सामाजिक बदलाव के लिए नीतीश लगातार प्रयासरत हैं।

और नीतीश अपने इस सामाजिक बदलाव को सिर्फ़ हिन्दू जातियों तक सीमित नहीं रखना चाहते थे। 1989 भागलपुर दंगों के बाद से मुसलमान मतदाताओं के मसीहा समझे जाने वाले लालू प्रसाद के इस जनाधार में वह सेंध मारना चाहते थे।

नीतीश के लिए यह काम इसलिए भी मुश्किल था क्योंकि उन्होंने बीजेपी से हाथ मिला रखा था। लेकिन अक्टूबर 2005 में सरकार गठन से पहले ही नीतीश ने अपने इरादे साफ़ कर दिये थे। जदयू राज्यसभा सांसद अली अनवर, जो कि अखिल भारतीय पसमन्दा मुस्लिम महज़ (एआईपीएमएम)–ओबीसी मुस्लिमों के मुद्दे उठाने वाली संस्था के अध्यक्ष थे–उन्होंने 1 जुलाई, 2005 को इस संस्था की बैठक में बिहार के तीनों बड़े नेता–लालू प्रसाद, नीतीश कुमार और रामविलास पासवान को आमन्त्रित किया। उस वक़्त बिहार में राष्ट्रपति शासन था, क्योंकि फ़रवरी 2005 चुनाव के बाद कोई भी पार्टी किसी के भी साथ मिलकर सरकार नहीं बना पायी थी। तीनों नेता इस बैठक में आने के लिए राज़ी हुए लेकिन अलग-अलग। लालू और नीतीश आये लेकिन पासवान ने पेट दर्द की बात कही और यहाँ तक कि अली अनवर की बात अपने डॉक्टर से भी करवा दी ताकि इसे बहाना न समझा जाये। एआईपीएमएम ने दलित मुस्लिमों को अनुसूचित जाति श्रेणी में शामिल करने का प्रस्ताव दिया था लेकिन इस पर फ़ैसला सिर्फ़ केन्द्र सरकार ले सकती थी।

अनवर याद करते हैं–

लालू प्रसाद और नीतीश कुमार दोनों ही प्रस्ताव के लिए राज़ी थे। लालू प्रसाद जो उस वक़्त केन्द्रीय रेलमन्त्री थे, उन्होंने वादा किया कि हमारे प्रतिनिधि मण्डल की मुलाक़ात मनमोहन सिंह और सोनिया गाँधी से करवाएंगे। इस बीच नीतीश कुमार ने भी संसद में यह मुद्दा उठाया। बीजेपी नेता वीके मल्होत्रा ने इसका विरोध किया। लेकिन अपने गठबन्धन वाली पार्टी की नाराज़गी के बावजूद नीतीश ने यह मुद्दा उठाया। हम दिल्ली गये, लालू प्रसाद तो हमारे लिए वक़्त नहीं निकाल पाये।[4]

दलित और ओबीसी मुसलमानों के मुद्दों को उठाने की बात नीतीश कुमार ने अपने घोषणा-पत्र में भी की और अनुसूचित जाति श्रेणी में दलित मुस्लिमों को शामिल करने के मुद्दे को उठाने का वादा किया। जब नीतीश सत्ता में आये तब

पहला काम ईबीसी के लिए 20 फ़ीसदी आरक्षण का किया गया। अब क्योंकि इसमें ईबीसी मुसलमान शामिल थे, इसलिए पंचायत स्तर पर भी ईबीसी मुसलमानों का प्रतिनिधित्व किया जाने लगा। नीतीश कुमार का सामाजिक स्तर पर मुसलमानों के समावेश की ओर यह पहला क़दम था। अली अनवर समेत कई मुस्लिम नेता लालू प्रसाद पर अक्सर मुस्लिम-यादव मेल के लिए नहीं बल्कि फॉर्वर्ड मुस्लिम यादव के गठजोड़ के साथ छेड़छाड़ करने का आरोप लगाते रहे।

अली अनवर ने अपनी किताब 'मसावात की जंग' (पृष्ठ 185-187—वाणी प्रकाशन, नयी दिल्ली) में बतायाकि किस तरह लालू प्रसाद और राबड़ी देवी ने अपने कार्यकाल में 59 अहम पदों में से सिर्फ़ 10 ही मुसलमानों को दिये जिसमें बिहार विधानसभा अध्यक्ष, बिहार विधान परिषद अध्यक्ष, सांसद, विधायक, विधान परिषद सदस्य, मन्त्री, वीसी जैसे पद शामिल हैं। ओबीसी मुसलमानों में ज़रूरी पद पाने वालों में गुलाम सरवर (विधानसभा अध्यक्ष 1990-95), एएम अंसारी (राज्यसभा सांसद, 1993), सरफराज़ अहमद (बिहार सरकार में राज्यमन्त्री, 1997) और मोहम्मद तसलीमुद्दीन (केन्द्रीय मन्त्री 2004)।[5]

दलित और पिछड़े वर्ग के मुसलमानों के बीच वोट हमारा, राज तुम्हारा का नारा भी चल पड़ा था। एक आम सहमति थी कि मुसलमानों में भी हिन्दुओं की तरह ऊँची-पिछड़ी जाति के बीच का अनुपात 80:20 का है। लेकिन हिन्दुओं से अलग सरकार में ओबीसी मुसलमानों की बात करने वाला कोई नहीं था। इस मामले में मुसलमान समाज बहुत पीछे था और उसे आगे आने की ज़रूरत थी। बिहार की राजनीति पर मण्डल आयोग की ऐसी छाप पड़ी कि मुसलमानों की आँखें खुल गयीं। (पृष्ठ 169—मसावात की जंग)[6]

इन्हीं सब वजहों के चलते नीतीश कुमार को इस जनाधार पर नज़र टिकाना वाजिब लगा, जिस पर लालू अपना हक़ मानकर चल रहे थे। बस बीजेपी के साथ गठबन्धन ही कुमार की एक हिचक थी लेकिन बिहार बीजेपी ने मुस्लिम केन्द्रित योजनाओं के क्रियान्वयन में चुप्पी ही बनाये रखी।

नीतीश ने एक ज़रूरी फ़ैसला कब्रिस्तान की घेराबन्दी या बेड़े लगाने से जुड़ी भी की जो अन्यथा साम्प्रदायिक कलह की वजह बनते हैं। ज़मीन की क़ीमत बढ़ती जा रही थी, ऐसे में मधुबनी के एक गाँव का दौरा करने के दौरान नीतीश को घेराबन्दी का विचार आया, जब गाँव के बुज़ुर्गवार मुसलमानों ने बताया कि किस तरह खुले क़ब्रिस्तान कलेश की वजह बनते हैं। राज्य सरकार के सर्वे से पता चला

कि 8064 क़ब्रिस्तानों को दीवार खड़ी करने की ज़रूरत है और अब तक 4600 कब्रिस्तानों पर काम हो चुका है। कुछ मामले कोर्ट में लटके हुए थे इसलिए बाक़ी के कब्रिस्तानों को लेकर सरकार को ज़रा धीमा होना पड़ा। लेकिन जो भी हो इस योजना ने मुसलमानों के दिल को छू दिया और इस प्रयास की वाहवाही हुई।

बड़े स्तर पर संविदा शिक्षकों की नियुक्तियों ने यह सुनिश्चित किया कि मुसलमान युवाओं को नौकरियां मिले और राज्य सरकार ने मुस्लिम छात्रों वाले आम स्कूलों में उर्दू शिक्षक के होने का प्रावधान भी रखा। और भी कई योजनाएँ मुसलमानों के लिए लायी गयी–परित्यक्त मुस्लिम महिला को रोज़गार शुरू करने के लिए 10 हज़ार रुपये, दसवीं के बाद पढ़ाई जारी करने के लिए पहली श्रेणी में पास हुए मुस्लिम छात्रों के लिए 10 हज़ार रुपये की छात्रवृत्ति। प्रतियोगी परीक्षाओं की तैयारी के लिए मुस्लिम छात्रों के लिए कोचिंग योजना, कॉन्स्टेबल की भर्ती के लिए विशेष कोचिंग, हर ज़िले में मुस्लिम युवतियों के लिए होस्टल और वक़्फ बोर्ड के विकास के लिए रिवॉल्विंग फंड। पटना के हज भवन में मुस्लिम लड़कों और लड़कियों के लिए चल रहा कोचिंग केन्द्र महिला सशक्तिकरण की दिशा में बहुत अच्छा प्रयास है।

राज्य सरकार ने 1293 तालीमी मरकज़ खोले ताकि स्कूल छोड़ चुके मुस्लिम बच्चों को फिर से स्कूलों से जोड़ा जा सके। साथ ही मुस्लिम लड़कियों के लिए हुनर नाम का व्यावसायिक कोर्स शुरू किया और इससे सम्बन्धित ज़रूरी सामान ख़रीदने के लिए 25 हज़ार रुपये भी दिये गये।

सरकार ने बिहार मदरसा बोर्ड के तहत मदरसे की मान्यता पर लगे 1994 के प्रतिबन्ध को हटाया। नीतीश कुमार के कार्यकाल में मदरसों की तादाद बढ़ी। अल्पसंख्यक रोज़गार लोन स्कीम में 3769 युवाओं को 37.54 करोड़ रुपये दिये गये।

नीतीश कुमार ने भागलपुर दंगों से जुड़े मामलों को दोबारा खोलकर और 27 केस की फिर से जाँच करवाकर लालू प्रसाद को चकित कर दिया। रिटायर्ड न्यायाधीश एन एन सिंह की अगुवाई में नये आयोग का गठन हुआ ताकि इन दंगों को फिर से व्यापक दृष्टि से देखा जाये और सितम्बर 2013 में इस आयोग की सिफ़ारिश पर काम भी किया जाने लगा। नवम्बर 2013 में नीतीश सरकार ने भागलपुर दंगों के पीड़ितों की पेंशन 2500 रुपये प्रति महीने से बढ़ाकर दोगुनी कर दी। नीतीश सरकार ने ही 2007 में इस पेंशन की शुरुआत की थी। इसके साथ ही

नीतीश सरकार ने अपील की कि भागलपुर दंगों के पीड़ितों को 1984 दंगा पीड़ितों के बराबर ही मुआवज़ा दिया जाये जिसमें वह सफल भी रहे।

नीतीश सरकार ने भागलपुर के क़रीब एक गाँव में मुसलमानों को ज़मीन लौटाने की प्रक्रिया भी शुरू की जिसे दंगों के दौरान हिन्दू परिवारों द्वारा हथिया लिया गया था। हालाँकि कुमार को उन्हीं के अधिकारियों ने ग़लत जानकारी दी और बताया कि 17 परिवारों को ज़मीन लौटा दी गयी जबकि ऐसा नहीं था।

द इंडियन एक्सप्रेस ने 4 दिसम्बर 2013 को रिपोर्ट किया (Nitish said the Bhagalpur riot victims got land. They didn't)

30 अक्टूबर को ग़ैर-साम्प्रदायिक बैठक में बीजेपी और कांग्रेस विरोधी पार्टियों की मौज़ूदगी में बिहार सीएम नीतीश कुमार ने कहा–मुझे नहीं पता कि बाक़ी के दंगा प्रभावित इलाक़ों में क्या हुआ लेकिन भागलपुर में अफरा-तफरी में हुई ज़मीन की बिक्री और ग़ैरक़ानूनी कब्ज़े के मामलों के बाद हमने 18 परिवारों को उनकी ज़मीन लौटा दी है। अल्पसंख्यक मामलों के सचिव आमीर सुबहानी (अब मुख्य सचिव) ने बाद में साफ़ किया कि सीएम का मतलब 17 परिवारों से था। लेकिन सच तो यह है कि भागलपुर में ऐसा कुछ नहीं हुआ। भागलपुर क़स्बे से 14 किलोमीटर दूर लोधीपुर पुलिस स्टेशन के तहत घरहोटिया गाँव में 1989 दंगों के बाद घर छोड़कर भागे जिन 17 मुस्लिम परिवारों की बात नीतीश कुमार कर रहे थे, उनकी ज़मीन पर 75 साल के पटेल यादव का कब्ज़ा है। इस साल यादव ने 7405 वर्ग फ़ुट की कब्ज़ाई ज़मीन पर तुअर की बुआई की और वह क़रीब दो दशक से इस ज़मीन पर ग़ैरक़ानूनी दावा किये बैठे हैं। ज़्यादातर वक़्त यादव आपको इस ज़मीन पर मिल जाते हैं जिसके पास ही एक घर भी बना लिया गया है।[7]

जुलाई 2014 में नीतीश सरकार ने मुसलमान सरकारी कर्मचारियों को जुम्मे की नमाज़ के लिए दो घण्टे दिये जाने का नोटिस जारी किया। सरकार ने दावा किया कि यह अपने आप में पहला आदेश है ताकि रमज़ान के दिनों में दफ़्तरों में अनुपस्थिति की दर कम हो सके। हालाँकि आन्ध्र प्रदेश और मध्य प्रदेश सरकार ने भी जुमे की नमाज़ के लिए यह प्रावधान रखा है, लेकिन बिहार की तरह घण्टे तय नहीं किये गये। नीतीश सरकार ने 1934 का परिपत्र संशोधित किया।

मुस्लिमों के सामाजिक समावेश को लेकर नीतीश कुमार ने सरकार, विधानसभा और संसद में मुस्लिमों के उचित प्रतिनिधित्व को सुनिश्चित किया। ओबीसी मुस्लिम और जनसत्ता के पूर्व संवाददाता अली अनवर अंसारी, जदयू की ओर से राज्यसभा

में नामाँकित होने वाले पहले मुस्लिम थे। इसके बाद 2008 में डॉ. एजाज़ अली और साबिर अली हुए। साबिर जो पहले से ही लोजपा की ओर से राज्यसभा सांसद थे, वह 2009 में लोकसभा चुनाव के बाद जदयू की तरफ़ चले गये। लेकिन 2014 लोकसभा चुनाव से पहले जब उन्हें राज्यसभा में फिर से उम्मीदवार न बनाकर, शिवहर से लोकसभा टिकट दिया गया तब उन्होंने इस प्रस्ताव को ठुकराकर जदयू छोड़ दिया।

2014 के राज्यसभा उपचुनाव में दो और मुसलमान–कहकशां परबीन और ग़ुलाम रसूल बलियावी को नामाँकित करके उन्होंने प्रतिनिधित्व को और बड़ा कर दिया।

राज्यसभा उपचुनाव के उम्मीदवार की भी अपनी एक कहानी है। नीतीश कुमार के एक क़रीबी सहायक बताते हैं–

सामाजिक न्याय मन्त्री परबीन अमानुल्लाह चाहती थीं कि राज्यसभा का नामाँकन उनके पिता और पूर्व सांसद सैयद शहाबुद्दीन को दिया जाये जो बाबरी मस्जिद एक्शन समिति से जुड़े थे। जब ऐसा नहीं हुआ तो उन्होंने कहा कि उन्हें या उनके पति और बिहार के पूर्व गृह सचिव अफज़ल अमानुल्लाह को नामाँकित किया जाये। लेकिन अमानुल्लाह परिवार को छोड़कर जब कहकशां परबीन को चुना गया तब परबीन अमानुल्लाह ने इस्तीफ़ा दिया और आप में शामिल हो गयीं।

पहले कार्यकाल में नीतीश कुमार की टीम में तीन मुस्लिम मन्त्री थे–शाहिद अली ख़ान, मोनाजिर हुसैन और जमशेद अशरफ़। बाद में 2009 लोकसभा चुनाव में हसन को बेगुसराय से चुना गया। 2022 की बात करें तो नीतीश सरकार में दो मुस्लिम मन्त्री हैं। जहाँ तक सरकार में मुसलमानों की नुमाइंदगी की बात है तो लालू प्रसाद और राबड़ी देवी का रिकॉर्ड बेहतर था। (इस पर धर्मनिरपेक्षता के रथ पर सवार लालू प्रसाद में चर्चा की गयी है)।

जून 2011 का फारबिसगंज गोलीकाण्ड, नीतीश सरकार पर एक बड़ा धब्बा साबित हुआ, एक निर्माणाधीन फैक्ट्री की दीवार का विरोध करने के दौरान गोली चलने पर चार मुस्लिम मारे गये। इस स्टार्च बनाने वाली कम्पनी के दावेदारों में एक स्थानीय बीजेपी नेता भी थे। नीतीश कुमार दुविधा में थे–इस घटना ने बिहार आने वाले निवेशकों में संकोच पैदा किया और दूसरी तरफ़ उन्हें अपने मुसलमान जनाधार का भी ध्यान रखना था। न ही फैक्ट्री बन पायी, न ही पीड़ित मुस्लिम परिवारों को न्याय मिल पाया, जिन्होंने राष्ट्रीय मानवाधिकार आयोग का दरवाज़ा खटखटाया था।

नीतीश कुमार की तुष्टिकरण नीति को मुसलमान देख पा रहे थे। एनडीए के वक़्त से ही मुस्लिम मतदाताओं का नीतीश की तरफ़ झुकाव होने लगा था। कुछ उदारवादी मुस्लिम बीजेपी को खतरे की तरह ले भी नहीं रहे थे बल्कि बीजेपी उम्मीदवारों के लिए मुस्लिम वोटिंग की ख़बरें भी थी। 2010 विधानसभा चुनाव के दौरान सिवान के एक मुसलमान ने मुझसे कहा था–हमें तीर के लिए कमल खिलाना है (नीतीश की पार्टी का चिह्न तीर है)। इस तरह के उदाहरण कम थे, लेकिन मुस्लिम वोट के पाला बदलने की शुरुआत हो चुकी थी और यही वजह थी कि नीतीश ने जून 2013 में एनडीए से अलग होने का फ़ैसला किया।

अखिल भारतीय मुस्लिम पर्सनल लॉ बोर्ड के कार्यकारी महासचिव मौलाना वली रहमानी कहते हैं–

मुस्लिम समाज अब राजनीतिक पार्टी या इस तरह के गठबन्धन को राजनीतिक नुमाइन्दगी और रोज़गार के अवसर के आधार पर आँकने लगी है। नीतीश कुमार ने निश्चित ही अपने आक्रामक विकास के ज़रिये मुस्लिमों का ध्यान खींचा है, लेकिन फारबिसगंज की घटना ने मुस्लिमों का उनसे मोहभंग भी किया। लेकिन मुसलमानों के मतदान के तरीक़े में बदलाव तो आया है क्योंकि 2009 लोकसभा और 2010 विधानसभा चुनाव में कुछ उदारवादी और युवा मुस्लिमों ने एनडीए को वोट दिया। लेकिन जब नीतीश, लालू और कांग्रेस साथ है तब किसी तरह की समग्र और आक्रामक वोटिंग नहीं की जा सकती। मुझे यह चिन्ता नहीं है कि ध्रुवीकरण उलट हो जायेगा क्योंकि मुसलमानों के पास विकल्प ही नहीं है। अगर नीतीश-लालू-कांग्रेस मुसलमान वोट को गम्भीरता से नहीं लेंगे तो मुस्लिम के पास वोट न करने या किसी दूसरी पार्टी को वोट करने का विकल्प तो है न।[8]

सामाजिक समावेश की नीतीश की कोशिश के आख़िरी दाँव ने बीजेपी को भी सोचने पर मजबूर कर दिया क्योंकि इसमें ऊँची जाति के ग़रीब को ध्यान में रखा गया। जुलाई 2015 में राज्य सरकार ने सवर्ण जाति के ग़रीब (जिस परिवार की सालाना आया डेढ़ लाख से कम है) को दो शिक्षा योजनाओं का लाभ दिया। इसके लिए सवर्ण जाति के लाभकारी को अपनी आय और जाति प्रमाण-पत्र दिखाना होगा।

बीजेपी नेता सुशील कुमार मोदी ने नीतीश के इस प्रयास का मखौल उड़ाते हुए कहा कि सरकारी स्कूल में पढ़ने वाला सवर्ण जाति का छात्र ग़रीब ही होता है। इसके लिए आय की सीमा का क्या मतलब। यह तो एक लॉलीपॉप है, दिखावा है। लेकिन कहीं-न-कहीं बीजेपी भी जानती है कि नीतीश कुमार किस तरह के सोशल इंजीनियर हैं।

सन्दर्भ

1. बिहार राज्य पिछड़ा वर्ग आयोग सदस्य जग नारायण सिंह, जुलाई 7, 2015
2. आयेलएसपी प्रमुख और केन्द्रीय मन्त्री उपेंद्र कुशवाहा, जुलाई 8, 2015
3. नीतीश कुमार, नवम्बर 23, 2009
4. जदयू राज्यसभा सांसद अली अनवर, जून 6, 2015
5. मसावात की जंग (अली अनवर, पृ. 185–87, वाणी प्रकाशन, नयी दिल्ली)
6. मसावात की जंग (अली अनवर, पृ. 169, वाणी प्रकाशन, नयी दिल्ली)
7. द इंडियन एक्सप्रेस (Nitish said Bhagalpur riot victims got land. They didn't, दिसम्बर 4, 2013, सन्तोष सिंह)
8. अखिल भारतीय मुस्लिम पर्सनल लॉ बोर्ड कार्यकारी महासचिव मौलाना वली रहमानी, जून 31, 2015

15

नीतीश-मोदी कलह और एनडीए में फूट

इसके पहले की टूट की बात करें, मिलने की बात भी हो जाये। अटल बिहारी वाजपेयी काल का अन्तिम दौर था। नरेन्द्र मोदी गुजरात के मुख्यमन्त्री बन चुके थे। एक दिन नीतीश कुमार समय निकालकर तब के अपने राजनीतिक सहयोगी, समाजवादी विचारक और साहित्यकार प्रेम कुमार मणि के आशियाना नगर स्थित पटना निवास आते हैं। बात छिड़ती है राजनीतिक उठा-पटक की और अगड़ों और पिछड़ों के वर्चस्व की लड़ाई की।

मणि कहते हैं, *"नीतीश कुमार, अटल बिहारी वाजपेयी के भले ही प्रशंसक रहे हों लेकिन ब्राह्मणवादी राजनीति की आलोचना करते हैं और इसी क्रम में नरेन्द्र मोदी का नाम लेते है। कहते हैं –अरे मैं तो फैन हूँ इस आदमी का, आप उनसे मिलेंगे तो जानेंगे। घांची है घांची, अति पिछड़ा समुदाय से आते हैं।"* [1]

तब दूर-दूर तक नीतीश कुमार को कोई भान नहीं था कि एक दिन मोदी प्रधानमन्त्री बन सकते हैं। समस्या तो तब होने लगी जब नीतीश बिहार के मुख्यमन्त्री बने और 2009 में लोकसभा में बिहार से 31 सीटें एनडीए को जिताने के बाद ही प्रधानमन्त्री बनने के स्वप्न देखने लगे जो 2012 तक आते-आते औ रप्रबल दिखने लगा। लेकिन बात तो सिर्फ़ इतनी थी–पिछड़े समुदाय के आने वाले दो मुख्यमन्त्री दिल्ली का मुकुट पाना चाहते थे, एक के पास बड़ी पार्टी और संगठन था और अपना बढ़ता ब्रांड वैल्यू जिसमें विकासवाद और हिंदुत्व की समानुपातिक मिलावट थी और दूसरे नेता के पास एक छोटी-सी पार्टी थी लेकिन महत्त्वाकांक्षा बड़ी थी। टूट तो होना ही था। सत्ता पिरामिड के शीर्ष पर बहुत संकीर्ण हो जाती है। मोदी खुली आँखों से सपने देख रहे थे और नीतीश बस सपने देख रहे थे उस रायसीना रोड और 7 रेस कोर्स रोड के।

नीतीश कुमार को अंकशास्त्र में बहुत विश्वास है। 7 नम्बर से तो उनका गहरा लगाव है। उनकी पहली मारुती कार का आख़िरी नम्बर 007 था तो पूर्व में आवास 7, सर्कुलर रोड भीथा। उनके पास जो फीएट और ऐम्बैसेडर थी, उसका भी आख़िरी अंक 7 था। हालाँकि उन्होंने पीएम बनने की महत्त्वाकांक्षा को सार्वजनिक तौर पर कभी स्वीकार नहीं किया लेकिन पीएम का आधिकारिक आवास-7 रेस कोर्स रोड, कहीं-न-कहीं तो उनके ज़हन में रहा ही होगा। ख़ैर, 7 रेस कोर्स रोड नहीं तो 7, सर्कुलर रोड ही सही जहाँ वह बिहार सीएम पद से इस्तीफ़ा देने के बाद रहने लगे और फिर से सीएम बनने के बाद मुख्यमन्त्री निवास में वापस आ गये। बिहार सीएम का आधिकारिक आवास–1, अणे मार्ग तो उनके मुख्यमन्त्री कार्यालय का भी हिस्सा है। राजगीर सम्मेलन में एक बार नीतीश ने पीएम बनने के अपने सपने को पहली बार स्वीकारा और कहा–*ऐसा सपना देखने में बुराई क्या है?*

लेकिन 2014 की हार का सामना करने से पहले और एनडीए में आयी दरार से चार महीने बाद अक्टूबर 2013 में जदयू के राजगीर सम्मेलन में नीतीश ने अपने मुख्य प्रतिद्वन्द्वी नरेन्द्र मोदी को ललकारते हुए कहा था–*आप लोगों से कहते हैं– चुन-चुन के साफ़ करो। आप लोगों को चुन-चुनकर नहीं, उनके वोट पाकर जीतते हैं। यह सिर्फ़ तानाशाही नहीं, फ़ासीवाद है और जो फ़ासीवाद में यक़ीन रखते हैं, उनके आदर्श हिटलर होते हैं। वो वही करेंगे जो हिटलर ने किया। फ़ासीवाद की भाषा लोकतन्त्र में काम नहीं करती।* (*द इंडियन एक्सप्रेस,* अक्टूबर 30, 2013)[2]

2013 में चार महीने के भीतर तालकटोरा और गोवा में जो हुआ उसके बाद नीतीश कुमार ने बीजेपी से सम्बन्ध तोड़ने का विचार बना लिया था। 2012 के अन्त में तीसरी बार विधानसभा चुनाव जीतने के बाद गुजरात के तत्कालीन मुख्यमन्त्री नरेन्द्र मोदी का जून 3, 2013 को नयी दिल्ली के तालकटोरा स्टेडियम में हुई पार्टी की राष्ट्रीय परिषद की बैठक में ज़ोरदार अभिनन्दन किया। लालकृष्ण आडवाणी और मुरली मनोहर जोशी जैसे बीजेपी के सभी बड़े नेताओं ने मोदी का खड़े होकर अभिवादन किया। सबकी नज़र सिर्फ़ मोदी पर थी। स्टेडियम लगातार दो मिनट तक तालियों से गूँजता रहा। बीजेपी कार्यकर्ताओं का इरादा साफ़ नज़र आ रहा था।

दिल्ली के तालकटोरा में मोदी के लिए बजी तालियों की गड़गड़ाहट उन्हें राजनीतिक तौर पर पसन्द न करने वाले नीतीश कुमार को 1000 किलोमीटर दूर पटना में चुभ रही थी। मोदी की गुजरात हैट्रिक का पहला असर उन्हें तालकटोरा से समझ आ रहा था। दूसरा और ज़्यादा साफ़ संकेत उन्हें जल्द ही मिला जब

जून 9, 2013 में 2014 लोकसभा चुनाव के लिए नरेन्द्र मोदी को बीजेपी की केन्द्रीय अभियान समिति का अध्यक्ष बनाया गया। नीतीश के पास अब समझने के लिए कुछ बचा नहीं था। अब आमना-सामना दो मुख्यमन्त्रियों के बीच था जो एक ही दौर में जन्मे, जिनकी लगभग एक जैसी उपलब्धियाँ रहीं और जिनमें से गुजरात से आया एक ओबीसी नेता तरक़्क़ी पाने की राह में नीतीश जैसे अन्य ओबीसी नेताओं के लिए दरवाज़े बन्द कर रहा था। जब आप नीतीश से इस बारे में बात करेंगे तो वह असहमति दिखाएंगे। वह कभी भी इस बात को नहीं स्वीकारेंगे कि गठबन्धन की उठापटक और बीजेपी की अस्तव्यस्तता के बीच वह पीएम बनना चाह रहे थे। लेकिन 2014 चुनाव से पहले उन्होंने यह ज़रूर माना था कि उन्हें केन्द्र और राज्य स्तर पर कहीं ज़्यादा अनुभव है...(मोदी से ज़्यादा)।

2012 के पाकिस्तान दौरे में नीतीश ने उर्दू और हिन्दी में लिखे उस सन्देश को पसन्द किया, जिसमें उन्हें भारत का भावी पीएम बताया गया था। उस दौरे पर नीतीश के साथ जदयू के तत्कालीन राज्यसभा सांसद एनके सिंह भी थे जो बताते हैं– *प्रधानमन्त्री बनने की उनकी ख्वाहिश का असर सिन्ध में लगे पोस्टर और लरकाना में लिखे एक सन्देश में नज़र आया, जिसमें उन्हें भावी पीएम बताया गया और इस बात ने उन्हें तनिक भी नाराज़ नहीं किया।*[3]

जून 11, 2013, पटना–राज्य के बीजेपी नेता गोवा सम्मेलन से लौटे थे और बिहार सचिवालय में कृषि से जुड़ी रणनीति पर बैठक हो रही थी। माहौल तनावपूर्ण था। मुद्दे की बातचीत के अलावा नीतीश कुमार अपने एनडीए के साथियों से ज़्यादा घुलते-मिलते नहीं दिखे।

डिप्टी सीएम सुशील कुमार मोदी और सड़क निर्माण मन्त्री नन्द किशोर यादव को बात कुछ समझ आ रही थी। शाम तक बीजेपी मन्त्री सुनील कुमार पिंटू (अब जदयू सांसद) को जदयू के अपने साथी नीतीश मिश्र से पता चलता है कि एनडीए गठबन्धन टूटने में बस तीन दिन बचे हैं। लेकिन दिलचस्प यह था कि जदयू ने एनडीए के पीएम उम्मीदवार के फ़ैसले की आख़िरी सीमा दिसम्बर 2013 रखी थी।

गोवा ने नीतीश को अपनी राजनीतिक रणनीति बदलने पर मजबूर कर दिया क्योंकि उन्हें बीजेपी से किसी तरह के बदलाव का संकेत नहीं मिल रहा था। बीजेपी के गोवा सम्मेलन से पहले आख़िरी बार नीतीश ने राजनाथ सिंह, नितिन गडकरी और अरुण जेटली से बात की थी। जदयू अब देर नहीं करना चाहता था। हालाँकि जदयू के राष्ट्रीय अध्यक्ष और एनडीए के संयोजक शरद यादव निजी स्तर पर

तो इस दरार के लिए राज़ी नहीं थे, लेकिन सार्वजनिक स्तर पर उन्होंने नीतीश से सहमति दिखायी।

अगले दिन कृषि कैबिनेट की बैठक थी। असहजता इस हद तक देखी जा सकती थी कि नीतीश वहाँ मौजूद एनडीए नेताओं से नज़रें नहीं मिला पा रहे थे। बिना कुछ कहे ही बहुत कुछ कह दिया गया। अख़बारों में एनडीए में फूट की ख़बरें आने लगी थीं और यह भी कि 17 साल के इस अटूट गठबन्धन को बचाने के लिए कितने हाथ-पैर मारे जा रहे हैं।

डिप्टी सीएम सुशील कुमार मोदी समेत ज़्यादातर बीजेपी मन्त्रियों ने 13 जून से सचिवालय जाना बन्द कर दिया था। लगातार तीन दिन तक बीजेपी के शीर्ष नेता आडवाणी, नितिन गडकरी, राजनाथ सिंह, सुषमा स्वराज और अरुण जेटली से बातचीत बेनतीजा साबित हुई। कुमार ने बीजेपी प्रमुख आडवाणी से कहा कि बीजेपी के लोग अब उनकी बात नहीं सुनते हैं।

15 जून की रात नीतीश कुमार ने डिप्टी सीएम सुशील मोदी को फोन करके उन्हें नन्द किशोर यादव के साथ अगले दिन सीएम आवास बुलाया। सुशील मोदी को माजरा नहीं बताया गया, लेकिन वह नीतीश के इस जाल को समझ रहे थे, जिसके तहत सीएम का इरादा था कि रज़ामन्दी से तलाक़ हो जाये ताकि वह आगे चलकर नैतिकता के पैमाने पर खरे उतरते हुए बता सकें कि किसी को कोई नाराज़गी नहीं है। राजनीतिक पैंतरेबाज़ी शुरू हो चुकी थी। बीजेपी के दिमाग़ में जनादेश के साथ धोखेबाज़ी की स्क्रिप्ट चल रही थी तो नीतीश ऐसे दिखाना चाहते थे कि सब कुछ फर्स्ट क्लास है। बीजेपी के 11 मन्त्रियों ने इस्तीफ़ा देने के बजाय बरख़्वास्त होना बेहतर समझा।

अगली सुबह टीवी चैनल पर ख़बर थी कि सुशील कुमार मोदी और नन्द किशोर यादव नीतीश की बैठक में नहीं गये। नीतीश के क़रीबी जदयू मन्त्री विजय कुमार चौधरी ने मोदी को दो बार बुलाया लेकिन मोदी ने यह कहते हुए बैठक में आने से इन्कार किया कि अब बात करने के लिए बचा ही क्या है।

सत्रह साल के राजनीतिक साथियों के बीच अब बात करने के लिए वाकई कुछ नहीं बचा था। नीतीश चाहते थे कि एनडीए विभाजन की पहल बीजेपी करे लेकिन हालात ऐसे बने कि अब जदयू ही बीजेपी से अलग होने की तैयारी कर रही थी।

जून 16, 2013–रविवार का दिन।

शरद यादव और केसी त्यागी जैसे जदयू के बड़े नेता दिल्ली से पटना पहुँचे। स्थानीय और राष्ट्रीय मीडिया ने 1, अणे मार्ग के मुख्य द्वार से सीएम आवास और

राज भवन को अलग करने वाले राजेन्द्र चौक तक भीड़ लगा रखी थी। अखिल भारतीय पसमन्दा मुस्लिम महज़ के प्रमुख और जदयू नेता तथा सांसद अली अनवर भी सिर पर टोपी पहने पसमन्दा (ओबीसी) मुसलमानों के साथ पहुँचे हुए थे। इस बीच मुसलमान समर्थक नीतीश के पक्ष में नारे लगा रहे थे। नीतीश के आभारी कुछ अल्पसंख्यक नेता, मीडिया से बात कर रहे थे कि किस तरह एनडीए में फूट के बाद नीतीश अब लालू से भी बड़े धर्मनिरपेक्ष नेता साबित होने वाले हैं।

उधर सीएम आवास के भीतर शरद यादव और नीतीश कुमार आपसी बातचीत के बाद प्रेस कॉन्फ्रेंस को सम्बोधित कर रहे थे, जिसके लिए दोनों ही नेताओं ने सोच समझकर जवाब तैयार किये थे। नीतीश चुप ही थे और ज़्यादातर बात शरद यादव कर रहे थे। यादव ने जदयू का पक्ष रखने के लिए पार्टी के संकल्प को दोहराया।

द इंडियन एक्सप्रेस ने जून 17, 2013 की रिपोर्ट में लिखा (No place for us in Narendra Modi party, says JD(U), exits alliance)–

असहमति में उठी आवाज़ के प्रति बढ़ती असहिष्णुता की आलोचना करते हुए जदयू के बयान में कहा गया–लोकतान्त्रिक रूप से फ़ैसला लेने की प्रक्रिया में विश्वास न रखने वाली निरंकुश सनक ने ही वाजपेयी–आडवाणी के उस दौर को ख़त्म कर दिया जो साझेदारी के सहिष्णु, मिलनसार और समावेशी ढाँचे के तहत काम करता था।[4]

सीएम आवास से ढाई किलोमीटर की दूरी पर बीजेपी कार्यकर्ता मिठाई बाँट रहे थे, एक-दूसरे को गुलाल लगा रहे थे क्योंकि बिहार में अब आधिकारिक तौर पर नरेन्द्र मोदी की लहर आ चुकी थी। अब तक तो गिरिराज सिंह, सीपी ठाकुर और रामेश्वर चौरसिया जैसे नेता ही खुलकर नरेन्द्र मोदी को समर्थन दे रहे थे, लेकिन पार्टी का मूड समझते हुए डिप्टी सीएम सुशील कुमार मोदी ने भी फ़रवरी 2013 में हुई पार्टी की कार्यकारी बैठक के बाद सबके सुर में सुर मिलाना शुरू कर दिया था। यह गठबन्धन अब आपसी कड़वाहट के आधार पर ख़त्म हो रहा था।

एनडीए की दरार के पीछे कई कहानियाँ हैं, जो अक्टूबर 2005 के विधानसभा चुनाव से शुरू हुई।

लेकिन जून 2010 को बीजेपी नेताओं के लिए रखे गये रात्रिभोज का नीतीश द्वारा रद्द किया जाना और 2009 में हरियाणा की एक रैली में नरेन्द्र मोदी द्वारा नीतीश का हाथ हवा में थामना–ये दोनों बातें इस बात का साफ़ संकेत थी कि दाल में कुछ काला है। फूट की सबसे बड़ी घंटी तो 2009 चुनाव से पहले हुई लुधियाना

की बैठक में बजती दिखी। दरअसल बिहार में चुनाव बाक़ी जगहों से पहले हो गये। आडवाणी ने नीतीश को लुधियाना रैली के लिए बुलाया। नीतीश को वहाँ नरेन्द्र मोदी के होने की आशंका थी, जिसकी वजह से वह संकोच कर रहे थे। नीतीश कुमार और अरुण जेटली के बीच कड़ी का काम करने वाले सुशील कुमार मोदी और संजय झा हेलिकॉप्टर से पटना से लुधियाना पहुँचे। मंच काफ़ी बड़ा था और नीतीश निश्चिंत थे कि वह नरेन्द्र मोदी से काफ़ी दूर बैठे हैं। लेकिन जब कुमार हाथ हिलाकर भीड़ का अभिनन्दन कर रहे थे तब मोदी उनके पास आये और एकजुटता दिखाने के लिए हवा में उनका हाथ पकड़ लिया। नीतीश याद करते हैं–मैं चकित था, मोदी जी मंच के दूसरे कोने से यह करने आये। नरेन्द्र मोदी ने इस बार शायद उन्हें पीछे छोड़ दिया था। दोनों नेता काफ़ी वक़्त से एक-दूसरे के साथ शतरंज का खेल खेल रहे थे। लेकिन हरियाणा की रैली में मोदी बाज़ी मार ले गये।

लेकिन यह वही नीतीश कुमार थे, जिन्होंने 2002 गोधरा दंगों के बाद लोजपा नेता रामविलास पासवान की तरह मोदी से दूरी नहीं बनायी थी। बल्कि कुमार ने तो कच्छ 2003 के कार्यक्रम में बतौर केन्द्रीय रेल मन्त्री, नरेन्द्र मोदी की तारीफ़ करते हुए कहा था कि वह एक दिन राष्ट्रीय राजनीति में अहम रोल निभाएंगे। हालाँकि नीतीश ने यह कहते हुए इस बयान का बचाव किया कि मेज़बान सीएम की तारीफ़ में केन्द्रीय मन्त्री को ऐसा कहना पड़ता है। लेकिन कहीं-न-कहीं वह ख़ुद भी जानते थे कि यह दलील जनता को सुनाने के लिए तो ठीक है लेकिन तर्क के लिहाज़ से ज़्यादा प्रभाव नहीं छोड़ती।

वो तो बिहार की राजनीति में क़दम रखने के फ़ैसले के बाद से नीतीश को नरेन्द्र मोदी चुभने लगे। कांग्रेस और राजद ने पहले से ही गोधरा के लिए नरेन्द्र मोदी को घेरना शुरू कर दिया था। नीतीश के दिमाग़ में बिहार और उसके मुस्लिम मतदाता थे। 2005 विधानसभा चुनाव के बाद से ही नीतीश ने अपने और नरेन्द्र मोदी के बीच लकीर खींच दी थी। नीतीश ने बीजेपी के केन्द्रीय और राज्य के नेताओं से गुजरात सीएम नरेन्द्र मोदी को न बुलाये जाने की बात कही। लेकिन फिर बीजेपी के किसी भी सीएम को राज्य विधानसभा चुनावी अभियान के लिए नहीं बुलाया गया जिससे मोदी अपने आप बाहर हो गये। उस वक़्त बीजेपी के लिए यह बड़ी बात नहीं थी इसलिए नीतीश की बात मान ली गयी। प्रमोद महाजन, अरुण जेटली और सुशील कुमार मोदी ने एक व्यावहारिक और राजनीतिक फ़ैसला लिया। लेकिन सच यह भी है कि नरेन्द्र मोदी चुनाव के लिए बिहार आना चाहते थे।

लुधियाना रैली से पटना लौटते हुए नीतीश परेशान लग रहे थे और अपने डिप्टी से बात नहीं कर रहे थे। अगली सुबह रैली की तस्वीर सब अख़बारों में थी। नीतीश का गुस्सा सातवें आसमान पर था। अब बीजेपी मन्त्रियों के साथ कुमार के रिश्ते सिर्फ़ काम भर के रह गये थे। वह राजनीतिक बाध्यता के चलते ही साथ में थे।

नीतीश कुमार, अटल बिहारी वाजपेयी के क़रीब थे, वहीं लम्बे वक़्त से बीजेपी के लिए हिंदुत्व का चेहरा रहे एल के आडवाणी से वह नीतिगत तौर पर दूरी बनाकर चलते थे।

सुशील कुमार मोदी बताते हैं–

2009 लोकसभा चुनाव में आडवाणी को एनडीए के पीएम उम्मीदवार के तौर पर देखकर नीतीश कुमार बहुत ख़ुश नहीं थे। लेकिन उनके पास कोई चारा भी नहीं था। इसी वजह से उन्होंने सिर्फ़ एक बार बक्सर की सभा में आडवाणी के साथ मंच साझा किया था। नीतीश जी अक्सर मुझसे कहते कि बिहार में चुनाव जीतने के लिए तुम और मैं ही काफ़ी हैं। अपनी बात रखने का यह उनका एक तरीक़ा था। वो तो जब उन्हें नरेन्द्र मोदी और एल के आडवाणी के बीच किसी एक को चुनने की बारी आयी तब उन्होंने आडवाणी से दोस्ती बढ़ाई।

हालाँकि नीतीश कुमार ने अपने पूर्व डिप्टी से इत्तेफाक़ नहीं रखा–

मैंने सिर्फ़ बक्सर का मंच साझा किया क्योंकि वही तय हुआ था। आडवाणी की उम्मीदवारी के बाद मैं ही था जिसने कहा था कि उन्हें सबसे ज़्यादा ग़लत समझा गया है। मेरा यह बयान पढ़कर आडवाणी भावुक हो गये थे।

2009 लोकसभा चुनाव से ठीक पहले नीतीश कुमार ने यह कहकर राजनीतिक खेमे में हलचल पैदा कर दी थी कि उनकी पार्टी, उसी पार्टी का साथ देगी जो बिहार को विशेष राज्य का दर्जा दिलवाएगी। नीतीश ने यह बात तब कही जब वह एनडीए का हिस्सा थे और बिहार की कायाकल्प वाली ख़बरें और एनडीए द्वारा अकाट्य सामाजिक गठजोड़ की चर्चा चरम पर थी। पटना होटल में मीडिया से एक अनौपचारिक बातचीत में अरुण जेटली ने एनडीए को 'इन्द्रधनुषीय गठबन्धन' बताया जिसमें ऊँची जाति, ओबीसी, ईबीसी और दलितों के कुछ हिस्सों का समावेश है।

नीतीश कुमार का बयान बीजेपी के लिए चौंका देने वाला था। 2005 के नतीजों के बाद पहली बार नीतीश ने किसी तरह की असहजता को दिखाया था। लेकिन सब कुछ बहुत साफ़ नहीं था। 2009 लोकसभा चुनावी नतीजों से भी यूपीए ने ऐसी

स्थिति के बारे में नहीं सोचा था कि उन्हें नीतीश के 20 सांसदों का समर्थन लेना पड़ जाये। बिहार विधानसभा चुनाव सिर्फ़ एक साल दूर था और नीतीश ऐसा कुछ नहीं करना चाहते थे, जिससे बीजेपी से रिश्ते खटास में पड़ें। उधर लालू प्रसाद ने यूपीए सरकार से हाथ मिला लिया था। मामला ठण्डे बस्ते में चला गया।

जून 2010 की पटना में हुई बीजेपी कार्यकारिणी बैठक ने मामला और ख़राब कर दिया। राज्य के बीजेपी नेता सुशील कुमार मोदी और नन्द किशोर यादव ने नीतीश कुमार को केन्द्र से आने वाले बीजेपी नेताओं की सीएम आवास पर मेज़बानी का सुझाव दिया। संकोच करते हुए नीतीश राज़ी हो गये। अगले दिन नरेन्द्र मोदी भी बीजेपी की बैठक में शामिल होने वाले थे। उस दिन गुजरात के एक सांसद ने पटना के अख़बारों में नीतीश कुमार और नरेन्द्र मोदी की वो लुधियाना रैली वाला तस्वीर का विज्ञापन दे दिया जिसमें हवा में दोनों ने एक-दूसरे का हाथ पकड़ा हुआ है। फिर क्या था, नीतीश कुमार ने सुशील कुमार मोदी और नन्द किशोर यादव को अणे मार्ग बुला भेजा।

ये दोनों नेता राष्ट्रीय कार्यकारी बैठक में पहुँच चुके थे जहाँ उन्होंने नीतीश के बुलावे के बारे में अरुण जेटली को अवगत करवाया और सुबह 10 बजे दोनों सीएम आवास पर पहुँच गये। नीतीश अपने कैबिनेट साथी बिशन पटेल और बीजेन्द्र प्रसाद यादव के साथ गम्भीर मुद्रा में बैठे थे। सीएम ने दोनों बीजेपी नेताओं से कहा–यह विज्ञापन मेरा अपमान करने के लिए निकाला गया है। ऐसे हालात में डिनर नहीं हो सकता। बीजेपी नेताओं ने समझाया कि रात्रिभोज रद्द करने से ग़लत सन्देश जायेगा। नीतीश अड़े रहे–यह नहीं चलेगा।

यह सन्देश अरुण जेटली को दिया गया जिन्होंने चतुरता से यह बात नरेन्द्र मोदी तक पहुँचाई। उन्होंने कहा–*कोई बात नहीं, मैं रात्रिभोज में नहीं आऊंगा।* इस बीच नीतीश ने भी रात्रिभोज के लिए शर्त रख दी कि अगर नरेन्द्र मोदी ना आये तो हमें कोई आपत्ति नहीं। इस पर आडवाणी, सुषमा स्वराज, अरुण जेटली और एम वैंकेया नायडू जैसे तमाम बड़े बीजेपी नेताओं ने चर्चा की और सुषमा स्वराज ने कहा–*इस तरह का निमन्त्रण नहीं होता, निमन्त्रण में शर्त नहीं रखी जाती। जायेंगे तो सब जायेंगे नहीं तो कोई नहीं जायेगा।*[7]

सुशील कुमार मोदी ने यह सन्देश फोन पर नीतीश कुमार तक पहुँचा दिया। क़रीब 3 बजे नीतीश ने अपने डिप्टी को डिनर रद्द करने की पुष्टि कर दी।

उसी दिन पटना के चाणक्य होटल में नीतीश ने अपनी पार्टी के वरिष्ठ नेता शिवानन्द तिवारी के साथ मीडिया से बात करते हुए कहा–उन्हें यह सब करने की क्या ज़रूरत थी। इसका कोई मतलब नहीं था। बीजेपी और ख़ासतौर पर नरेन्द्र मोदी के ख़िलाफ़ पहली बार नीतीश कुमार ने खुलकर नाराज़गी दिखायी। हालाँकि नीतीश अब भी किसी का नाम लेने से बचते दिखे।

जल्द ही नीतीश ने गुजरात सरकार के उस पाँच करोड़ रुपये के चेक को लौटाने की घोषणा की जो 2008 की कोसी बाढ़ के बाद बिहार राहत कोष के लिए दिया गया था। बाद में अलग-अलग मौक़ों पर नीतीश यह कहते हुए पाये गये कि वह उसी दिन इस्तीफ़ा देकर नये जनादेश के लिए तैयार थे। नीतीश कुमार के कॉलेज दोस्त नरेन्द्र कुमार सिंह बताते हैं–

डिनर रद्द करने के कुछ दिन बाद मैं सीएम आवास गया। नीतीश नाराज़ थे और उन्होंने कहा कि इस्तीफ़ा देने में उन्हें दो मिनट लगेंगे। हमने उन्हें शान्त किया और कहा कि ऐसे विचार न लायें क्योंकि 2010 का चुनाव मिलकर ही लड़ना है।[8]

सुशील कुमार मोदी का कहना है कि नीतीश कुमार ने कभी औपचारिक तौर पर इस घटना के बाद इस्तीफ़े की बात नहीं कही। लेकिन पाँच करोड़ का चेक लौटाने के बाद निश्चित ही रिश्ते बिगड़ गये थे। लेकिन जदयू और बीजेपी चाहते नहीं थे कि बात ज़्यादा बढ़े। इस बीच पटना के पाली में सुशील मोदी ने नीतीश के साथ मंच साझा करने से इन्कार किया। हालाँकि बाद में नीतीश और बीजेपी के बीच युद्धविराम हुआ।

बिहार के मोदी बताते हैं–इस प्रकरण से बीजेपी के लिए सबसे अच्छी बात यही रही कि हमारे राष्ट्रीय अध्यक्ष नितिन गडकरी ने 2010 विधानसभा चुनाव के सीट बँटवारे में नीतीश से अपनी पार्टी के लिए 102 सीट क़ायम रखने की प्रतिबद्धता माँगी। नीतीश ने तो 90 सीट सोच रखी थी।

बीजेपी और नीतीश के बीच एक लकीर खिंच गयी थी। गाँधी मैदान पर हुई बीजेपी पार्टी की कार्यकारी बैठक के अन्तिम दिन आडवाणी ने सार्वजनिक सभा में कहा–*नीतीश जी हमारे मूल्यवान सहयोगी हैं, वो यहाँ आते तो अच्छा रहता।*[9] नरेन्द्र मोदी ने भी भाषण दिया जिसे जनता ने सबसे ज़्यादा सराहा। मोदी ने नीतीश के बारे में एक शब्द नहीं बोला और उनके भाषण में विकास के साथ राष्ट्रवाद का तड़का था।

नीतीश कुमार की व्याकुलता बढ़ती जा रही थी, लेकिन उनकी नज़र नवम्बर 2010 विधानसभा चुनाव पर टिकी थी। जदयू और बीजेपी के बीच सीट के बँटवारे

की बात चल रही थी। अक्टूबर 2005 के चुनाव में जदयू 141 और बीजेपी 102 की सीटों पर चुनाव लड़ी थी। 2010 विधानसभा चुनाव के लिए भी बीजेपी यही व्यवस्था चाहती थी।

नीतीश कुमार ने अलग-अलग तरीक़ों से बीजेपी को यह संकेत देने का प्रयास किया कि भगवा पार्टी पिछली बार जिन सीटों पर लड़ी थी, उनमें से कुछ सीटों पर जदयू के उम्मीदवार के जीतने की ज़्यादा सम्भावना है। बदले में बीजेपी ने भी जदयू के कमज़ोर उम्मीदवारों की लिस्ट तैयार रखी थी। बीजेपी के राष्ट्रीय अध्यक्ष नितिन गडकरी को नीतीश ने 102 सीट का वादा किया था और गडकरी ने सुशील कुमार मोदी और नन्द किशोर यादव से भी कह दिया था कि 102 सीट से कम पर समझौता नहीं करना है। बीजेपी को 102 सीट दी भी गयी लेकिन नीतीश ने 13 सीटों की अदला-बदली कर ली। नीतीश के हिसाब से उन्होंने सबसे मुनासिब 141 सीट ले ली थीं और कमज़ोर सीट अपनी साथी पार्टी को थमा दीं।

वह चाहते थे कि अपने बल पर बहुमत हासिल करें।

लेकिन नतीजों ने उन्हें हैरान कर दिया। बीजेपी ने 102 में से 91 सीट जीती, वहीं जदयू ने 141 में से 115 सीट जीतीं। बीजेपी का स्ट्राइक रेट (89 फ़ीसदी), जदयू (84 फ़ीसदी) से बेहतर था। 243 सीट वाले सदन में जदयू बहुमत हासिल करने से सात सीटों से रह गयी।

बीजेपी नेता इन्तज़ार कर रहे थे कि नीतीश कुमार एक संयुक्त प्रेस कॉन्फ्रेंस के ज़रिये धन्यवाद प्रेषित करेंगे, लेकिन नीतीश ने तो अपनी पार्टी के वरिष्ठ नेता शिवानन्द तिवारी और रामाश्रय प्रसाद सिंह के साथ सीएम आवास पर सिर्फ़ जदयू की प्रेस कॉन्फ्रेंस कर डाली। बीजेपी ने फिर अलग प्रेस कॉन्फ्रेंस की और इस तरह फासला बढ़ता जा रहा था।

नीतीश कुमार बताते हैं–

2009 की हरियाणा रैली वाली घटना से ही बीजेपी मुझे उकसा रही थी। क्या जरूरत थी नरेन्द्र मोदी को मेरे पास आकर हवा में मेरा हाथ पकड़ने की ? फिर पटना में 2010 की राष्ट्रीय कार्यकारिणी बैठक करके वो क्या दिखाना चाहते थे। 2010 के नतीजों के बाद बीजेपी बेहतर स्ट्राइक रेट की बात करने लगी और अपने कार्यकर्ताओं के लिए अलग से धन्यवाद प्रेषित करने का कार्यक्रम आयोजित करना। 2011 में बीजेपी जातिगत रैलियाँ निकालने लगी, जिससे उनका असल मकसद सामने आता है। इस तरह की रैलियाँ कई सालों बाद बिहार में निकाली गयीं और ऐसा करके बीजेपी बस अपना जनाधार मज़बूत करना चाहती है। [10]

गठबन्धन बस जैसे-तैसे करके काम कर रहा था। नीतीश–1 की सरलता नीतीश -2 के आते-आते जा चुकी थी। इस कड़वाहट के बीच अरुण जेटली एक और प्रस्ताव लेकर नीतीश के पास पहुँचे। बीजेपी चाहती थी कि मन्त्री पद के बँटवारे में 60:40 की जगह अब उन्हें 55:45 का हिस्सा मिले। आख़िरकार विधानसभा में उनकी संख्या 54 से 91 हो गयी है। नीतीश नहीं माने और कहा कि जीत किसी एक की नहीं, बल्कि सम्पूर्ण एनडीए की हुई है। जेटली ने बात आगे नहीं बढ़ाई लेकिन इस बातचीत में नीतीश ने एक ज़रूरी बात कही–हमारे सात उम्मीदवार इसलिए हारे क्योंकि कुछ निर्दलीय शिवसेना से मेल खाते चुनावी चिह्न के साथ खड़े हुए थे। यह तरीक़ा था बीजेपी को यह बताने का कि नीतीश अपने बूते पर बहुमत हासिल कर सकते हैं और चाहते तो 2010 के चुनाव के बाद बीजेपी से नाता तोड़ सकते थे।

विकास सम्बन्धित योजनाओं पर काम करते वक़्त नीतीश के दिमाग़ में हमेशा बिहार के मुस्लिम मतदाता रहे। वह अक्सर कहते कि अगर एनडीए का प्रधानमन्त्री उम्मीदवार नरेन्द्र मोदी को बनाया गया तो उनके लिए गठबन्धन जारी रखना मुश्किल होगा। वह इस बात पर ज़ोर देते रहे कि उन्होंने एक पिछड़े राज्य का विकास किया, वहीं नरेन्द्र मोदी तो एक विकसित राज्य को ही सँभाल रहे थे। ऊपर से नीतीश वरिष्ठ भी रहे क्योंकि वह रेलवे जैसे बड़े मन्त्रालय के केन्द्रीय मन्त्री रह चुके हैं। वह यह भी कहते कि पार्टी अध्यक्ष नितिन गडकरी ने उनसे कहा है कि 2014 चुनाव के लिए किसी को पीएम उम्मीदवार नहीं बनाया जायेगा।

नेता विपक्ष नन्द किशोर यादव कहते हैं–

नीतीश के मन में दो डर थे जो वह अलग-अलग मौक़ों पर अप्रत्यक्ष तौर पर दिखा दिया करते थे। यह कि अगर मोदी पीएम बने तो उनका मुसलमान वोट उनसे दूर चला जायेगा, दूसरा अगर मोदी पीएम बने तो वह आने वाले कुछ वक़्त के लिए अन्य ओबीसी नेताओं के लिए पीएम बनने के दरवाज़े बन्द कर देंगे। मोदीजी की आक्रामक ओबीसी राजनीति को लेकर नीतीश चिन्तित रहते थे क्योंकि इससे उनके साथ-साथ देश के तमाम बड़े ओबीसी नेताओं को नुक़सान हो रहा था।[11]

आने वाले वक़्त में नीतीश ने लोजपा के दो विधायक अपनी ओर कर लिए। राजद में भी उन्होंने फूट डाली। विधानसभा अध्यक्ष उदय नारायण चौधरी ने अधिसूचना जारी करते हुए राजद के 13 विधायकों को सदन में अलग समूह बनाकर बैठने के लिए कहा। विखण्डन के लिए पन्द्रह–यानी दो तिहाई की संख्या नहीं थी। इस तरह राजद को तोड़ने में नीतीश कुमार असफल रहे। लालू प्रसाद ने यह कहकर नीतीश की निन्दा की कि वह गन्दी और बेहद ओछी राजनीति कर रहे हैं।

इस बीच एनडीए गठबन्धन बरकरार था।

एनडीए का दूसरा कार्यकाल काफ़ी सुस्त सा रहा। दोनों साझेदारों के बीच अब रिश्तों की गर्माहट नहीं बची थी। 2010 के नतीजों ने नीतीश को राज्य और राष्ट्रीय दोनों ही स्तर पर बड़ा दर्जा दे दिया था। सामाजिक गणित का नया फॉर्मूला अब उन्हें सलाह के रूप में दिया जाने लगा–24 फ़ीसदी ईबीसी और 15 फ़ीसदी दलित को नीतीश का नया जनाधार बताया जाने लगा। उनके सलाहकारों में सीएम के पूर्व प्रधान सचिव और अब जदयू सांसद आरसीपी सिंह, सीए दोस्त लल्लन शर्राफ और पार्टी के दूसरे पायदान के नेता थे, जिनके मुताबिक़ ईबीसी, दलित, ग़ैर यादव ओबीसी और मुसलमानों का एक हिस्सा उनकी जीत तय करेगा। पार्टी कार्यालय में अलग-अलग जातियों के वर्गीकरण और बड़े नेताओं के फोन नम्बर थे जिसके ज़रिये कार्य प्रगति पर था। नीतीश अब पीएम पद पर नज़र बना रहे थे। वह अक्सर नवीन पटनायक का उदाहरण देते कि किस तरह वह बिना बीजेपी के साथ के इतने वक़्त तक बने हुए हैं। कुछ बीजेपी नेता इस चर्चा का हिस्सा भी बनते थे।

नेता विपक्ष नन्द किशोर यादव कहते–

नीतीश कुमार ने बिहार के बीजेपी नेताओं की अनदेखी शुरू कर दी। डिप्टी सीएम सुशील कुमार मोदी की शिक्षा विभाग के एक आईएएस अधिकारी और एसपी से पटती नहीं थी। वह चाहते थे कि सीएम उनका तबादला कर दे लेकिन नीतीश दोनों ही मामलों में ढिलायी बरत रहे थे। बीजेपी को इस नज़रअन्दाज़ी से सन्देश मिल रहा था।[12]

वैसे तो नीतीश को आडवाणी का बड़ा प्रशंसक नहीं माना जाता, लेकिन 11 अक्टूबर, 2011 को छपरा से शुरू हुई आडवाणी की अगुवाई वाली बीजेपी की जन चेतना यात्रा के उद्घाटन के लिए वह तैयार हो गये। नीतीश ख़ुश थे कि आडवाणी ने इस यात्रा से पहले सारण ज़िले की सिताब दियारा में जयप्रकाश नारायण के घर जाने का फ़ैसला किया। जेपी की प्रतीकात्मकता ने सन्तुलन बनाये रखने का काम किया। इस बार नीतीश को 2009 के चुनावों की तरह आडवाणी से दिक़्क़त नहीं थी। मोदी के सामने वह आडवाणी को चुनना बेहतर मानते थे।

जून 14, 2012 को नीतीश ने एक पार्टी बैठक में कहा कि एनडीए के पीएम उम्मीदवार की छवि साफ़ और धर्मनिरपेक्ष होनी चाहिए। द इंडियन एक्स्प्रेस ने 15 जून 2012 को लिखा (Nitish slams Modi: NDA's PM bidder must have secular image)–*गुजरात मुख्यमन्त्री नरेन्द्र मोदी के बीजेपी में बढ़ते दबदबे के प्रति*

एनडीए में असहजता देखी जा सकती है, जिसकी एक बानगी जदयू नेता और बिहार मुख्यमन्त्री नीतीश कुमार के उस बयान से मिलती है, जिसमें उन्होंने कार्यकर्ताओं से कहा कि एनडीए का अगला प्रधानमन्त्री उम्मीदवार वही होना चाहिए जिसकी छवि साफ़ और धर्मनिरपेक्ष होगी।[13]

चार दिन बाद नीतीश कुमार ने *द इकॉनॉमिक टाइम्स* को दिये साक्षात्कार में यह बात साफ़ तौर पर कही। जब न्यूज़ चैनल ने उनसे इस पर प्रतिक्रिया माँगी तब नीतीश ने कहा—स्वर्णिम वाक्य दोहराये नहीं जाते।

दोनों साझेदारों के बीच तनाव अब साफ़ तौर पर दिखायी दे रहा था, दीवार बड़ी और बड़ी होती जा रही थी। बीजेपी को समझौते की उम्मीद थी लेकिन नीतीश अड़े हुए थे। उनकी सूई तो नरेन्द्र मोदी पर अटकी हुई थी। लेकिन उन्होंने कभी भी उनका नाम खुलेआम नहीं लिया, वह हमेशा—वो, कुछ लोग—कहकर संकेत देते रहे। अब तक राष्ट्रीय मीडिया ने नरेन्द्र मोदी के एनडीए के पीएम उम्मीदवार होने की अटकलों पर यक़ीन करना शुरू कर दिया था। नीतीश कुमार अब भी केन्द्रीय नेतृत्व से सम्पर्क में थे। अरुण जेटली अब भी बीच की कड़ी बने हुए थे। उनके पास आडवाणी और गडकरी के फोन आ रहे थे।

अब नीतीश का खेमा 2012 के गुजरात विधानसभा चुनाव का इन्तज़ार कर रहा था, जिससे तय होगा कि पीएम उम्मीदवारी मोदी की झोली में गिरती है या नहीं। लेकिन गुजरात चुनाव में मोदी की जीत ने नीतीश को फ़िक्रमन्द कर दिया था। यूपीए से 2004 और 2009 में हारने वाली एनडीए तीसरी बार बदक़िस्मती को गले नहीं लगाना चाहती थी। 2009 के चुनाव में आडवाणी की पीएम उम्मीदवारी अपना असर नहीं छोड़ पायी। बीजेपी अब अगली पीढ़ी के हाथ में कमान देना चाहती थी। नरेन्द्र मोदी तेज़ी से उभरते हुए नयी पीढ़ी के नेता बन रहे थे। गुजरात की जीत ने हालात को उनके पक्ष में कर दिया था।

नीतीश का गठबन्धन से मोहभंग हो रहा था। बातचीत जारी थी। बीजेपी के वरिष्ठ नेता बताते हैं—गोवा बैठक के बाद कुमार ने दिल्ली में पार्टी अध्यक्ष नितिन गडकरी से मुलाक़ात की। गडकरी ने उन्हें आश्वासन दिलवाया कि कुछ नहीं होगा। उधर अरुण जेटली भी अपने दोस्त नीतीश से बात कर रहे थे। इस पूरी स्थिति में सबसे विकट हालात में एनडीए के संयोजक शरद यादव थे। वह नहीं चाहते थे कि गठबन्धन में दरार आये। आख़िरकार जदयू की ओर से वही तो एनडीए का

राष्ट्रीय चेहरा था। वैसे भी बिहार की राजनीति में उनकी लिए ज़्यादा कुछ नहीं था जहाँ नीतीश का एकछत्र राज था। बीजेपी ने बार-बार नीतीश को जदयू की दिसम्बर की समय सीमा की याद दिलायी जो इस पार्टी ने बीजेपी के लिए तय की थी ताकि वह अपने पीएम उम्मीवार की घोषणा कर सके। लेकिन नीतीश ने समय सीमा में बदलाव किया और कहा कि मोदी के अलावा कोई और नाम सुझाने का कोई संकेत नहीं दिख रहा है। बिहार के बीजेपी मन्त्रियों ने तय किया कि सम्बन्ध खटास में न पड़े इसलिए वह इस्तीफ़ा नहीं देंगे।

राजनीतिक विश्लेषक प्रो. एल एन शर्मा कहते हैं–

छपरा में आडवाणी की यात्रा को हरी झंडी दिखाने के बाद नीतीश को शायद कहीं-न-कहीं पीएम पद के सम्भावित उम्मीदवार नरेन्द्र मोदी को चुनौती देने के संकेत मिल गये थे। लेकिन यह बात आडवाणी और नीतीश दोनों ही नेताओं की महत्त्वाकांक्षाओं के लिए ग़लत साबित हुई। जिन्ना पर दी गयी प्रतिक्रिया से पहले ही आलोचना झेल रहे आडवाणी को मोदी की बढ़ती लोकप्रियता के बीच नीतीश को बढ़ावा देने वाले नेता की तरह देखा जाने लगा। उधर नीतीश भी इसभ्रम में थे कि आडवाणी उन्हें मूक समर्थन दे रहे हैं। दोनों ही नेताओं ने अपने लिए जो राजनीतिक हिसाब लगाया, वो ग़लत साबित हुआ। [14]

एनडीए में दरार के बाद बिहार विधानसभा में जदयू और बीजेपी का आमना-सामना हुआ। पूर्व सड़क निर्माण मन्त्री नन्द किशोर यादव को नेता विपक्ष बनाया गया। सदन में बीजेपी नेता–नरेन्द्र मोदी ज़िंदाबाद–के नारे लगाते हुए आये। इस पर सीएम नीतीश ने कहा–देख लीजिए, ये सुशील मोदी ज़िन्दाबाद नहीं बोलेंगे। मेरा अलग होने का निर्णय एक़दम सही है।

नन्द किशोर यादव ने तंज़ भरे भाषण में कहा कि किस तरह नीतीश ने पीएम बनने के अपने मक़सद के चलते गठबन्धन तोड़ दिया और यह भी कि जनादेश सिर्फ़ नीतीश के लिए नहीं, पूरे एनडीए के लिए था। सीएम अपनी बारी का इन्तज़ार करते हुए बस मुस्कुरा रहे थे। लेकिन यादव के भाषण के बाद ही विपक्ष सदन से बाहर निकलने लगा। नीतीश ने यादव को रोकने का प्रयास किया और कहा–अपना बोल लिया, हमारा नहीं सुनिएगा। यादव ने कहा–बहुत सुन लिया आपको। अब और नहीं सुनेंगे। बीजेपी यहाँ इस मोड़ पर खड़ी ही इसलिए है क्योंकि आपको कुछ ज़्यादा ही सुन लिया।

नीतीश के पास बोलने के लिए कुछ नहीं बचा था।

सन्दर्भ

1. साक्षात्कार, प्रेम कुमार मणि, 26 फ़रवरी, 2022
2. द इंडियन एक्सप्रेस (Nitish draws Hitler parallel, tells Modi: yours is languageoffascism, अक्टूबर 30, 2013, सन्तोष सिंह) indianexpress.com/news/nitish-draws-hitler-parallel-tells-modi-yours-is- language-of-fascism/1188955/0
3. जदयू के पूर्व राज्यसभा सांसद एन के सिंह, जुलाई 19, 2015
4. द इंडियन एक्सप्रेस (No place for us in Narendra Modi party, says JD(U), exits alliance, June 17, 2013, सन्तोष सिंह)
5. बीजेपी नेता और पूर्व डिप्टी सीएम सुशील कुमार मोदी, मई 20, 2015
6. नीतीश कुमार का साक्षात्कार, जुलाई 6, 2015
7. सुशील कुमार मोदी का साक्षात्कार, मई 20, 2015
8. नीतीश कुमार के कॉलेज के वक़्त के दोस्त नरेन्द्र कुमार सिंह का साक्षात्कार, जुलाई 1, 2015
9. बीजेपी नेता एल के आडवाणी (पटना जनसभा, गाँधी मैदान, जून 2010)
10. नीतीश कुमार का साक्षात्कार, जुलाई 6, 2015
11. नेता विपक्ष नन्द किशोर यादव का साक्षात्कार, अप्रैल 12, 2015
12. पूर्वलिखित।
13. द इंडियन एक्सप्रेस (Nitish slams Modi : NDA's bidder must have secular image, जून 15, 2012)
14. राजनीतिक विश्लेषक एल एन शर्मा का साक्षात्कार, मई 11, 2015

16
नीतीश के यू टर्न

यू टर्न—इस शब्द के साथ ही लौटना निहित है। लेकिन यू टर्न का एक पहलू और भी होता है कि वह हमें दूसरे छोर की ओर ले जाता है। अब यह मुड़ने वाले का सच है कि उसने दूसरे छोर पर क्या देखा। मजबूरी, राजनीतिक जिजीविषा या फिर अवसर। हालाँकि, राजनीति में यू टर्न को इतना बुरा नहीं माना जाता है। बस होता यह है कि व्यक्ति विशेष की विशेषता से इतर उसके मुड़ने पर लोग ज़्यादा आकर्षित हो जाते हैं।

बात 2021 के उस समय की थी, जब नीतीश कुमार एक सर्वदलीय प्रतिनिधिमण्डल लेकर प्रधानमन्त्री से मिलने गये थे। मुलाकात के ठीक बाद उन्होंने तब के नेता प्रतिपक्ष तेजस्वी प्रसाद यादव को जिस तरह से मीडिया के सामने बोलने दिया उसी समय लग गया था कि यह एक सामान्य बात नहीं है। वैसे यह अचरज की बात नहीं थी कि नीतीश और तेजस्वी जातीय जनगणना के मुद्दे पर एक साथ थे, लेकिन नीतीश की तेजस्वी के प्रति दरियादिली एक नये संकेत देने लगी थी। पटना लौटकर तेजस्वी और नीतीश की फिर मुलाकात हुई। इस बार मुख्यमन्त्री निवास के कमरे में सिर्फ नीतीश और तेजस्वी थे। मीडिया को बताया गया कि जातीय जनगणना पर खाका तैयार किया जा रहा है।

लेकिन बात कुछ और थी। तेजस्वी जिन्होंने नीतीश के साथ फिर न जाने की क़सम खायी थी, अब एक मंझे हुए राजनीतिज्ञ की तरह बात करने लगे। असल में संवाद का सिलसिला जदयू के राष्ट्रीय अध्यक्ष ललन सिंह और राजद के राज्यसभा सदस्य मनोज कुमार झा की बातचीत से शुरू हुई। लालू प्रसाद ने तेजस्वी को समझाया कि राजनीति में कुछ भी पूर्णतः हाँ या ना नहीं होता है। उन्होंने यह भी समझाया कि तेजस्वी के पास मुख्यमन्त्री बनने के लिए बहुत समय है और यह भी

कि कुछ समय के बाद नीतीश कुमार राष्ट्रीय राजनीति करने लगेंगे और बिहार की सत्ता तेजस्वी के पास देर-सवेर आ ही जायेगी। तेजस्वी को मानना ही था। मनोज कुमार झा ने चर्चा को आगे बढ़ाया। तेजस्वी के राजनीतिक सलाहकार संजय यादव भी अब जदयू नेताओं के सम्पर्क में थे। अब बस सही समय की प्रतीक्षा थी।

इधर, भाजपा को भान तो हो गया था, लेकिन विश्वास नहीं हो रहा था कि नीतीश फिर पलट सकते हैं। केन्द्रीय मन्त्री धर्मेंद्र प्रधान, जून 2022 में नीतीश से पटना में मिलते हैं। यह दो महीनों के अन्दर प्रधान की नीतीश कुमार से दूसरी मुलाकात थी। नीतीश कुमार ने नित्यानन्द राय और संजय जायसवाल के प्रति थोड़ी नाराजगी दिखाई, लेकिन कुछ ख़ास नहीं कहा। प्रधान को लगा सब ठीक ही है। लेकिन भाजपा के कद्दावर नेता और पूर्व केन्द्रीय मन्त्री अरुण जेटली के निधन के बाद नीतीश कुमार का सम्पर्क सूत्र टूट गया था और जब 2020 के चुनाव के बाद सुशील कुमार मोदी को फिर से उप मुख्यमन्त्री नहीं बनाया गया, तो नीतीश का संवाद भाजपा से कमज़ोर होता गया। दो नये उप मुख्यमन्त्री-तारकिशोर प्रसाद और रेणु देवी, बिल्कुल ही कमज़ोर कड़ी थे। बिहार भाजपा अध्यक्ष संजय जायसवाल के अपने ही सरकार पर प्रहार, ख़ासकर क़ानून व्यवस्था को लेकर आलोचना, केन्द्रीय राज्य मन्त्री नित्यानंद राय की मुख्यमन्त्री बनने की महत्त्वाकांक्षा और भाजपा की अपने बूते पर उभरने की छटपटाहट भी गठबन्धन तोड़ने के लिए कम जिम्मेदार नहीं थी।

जब जुलाई, 2022 में प्रधानमन्त्री नरेंद्र मोदी विधानसभा के शताब्दी वर्ष समारोह में पटना आये तब लगा सब ठीक हो जायेगा। कोई बड़ी घोषणा होगी और सब सामान्य हो जायेगा। प्रोटोकॉल के तहत नेता प्रतिपक्ष तेजस्वी भी बुलाये गये। पर इस बड़े अवसर पर तेजस्वी ठीक से बोल न पाये। लेकिन आश्चर्य तो तब हुआ जब नीतीश कुमार ने बहुत ही साधारण भाषण दिया, प्रधानमन्त्री की बहुत प्रशंसा की, लेकिन राज्य के लिए कुछ माँगा नहीं। स्टेज पर भी वह निकटता नहीं दिख रही थी। जब प्रधानमन्त्री की बारी आयी, तब उन्होंने नीतीश कुमार को मूल्यवान सहयोगी बताया, लेकिन उन्होंने भी बिहार के लिए कोई नयी घोषणा नहीं की। सब सामान्य तो नहीं लग रहा था।

इस आयोजन के बाद नीतीश कुमार केन्द्र सरकार के चार कार्यक्रमों में नहीं गये। एक गहरी ख़ामोशी का दौर शुरू हुआ। इस बीच में नीतीश कुमार कोरोना संक्रमित हो गये। उनका संवाद किसी से नहीं हो रहा था। मुख्यमन्त्री के प्रधान

सचिव की बात भी नीतीश कुमार से नहीं हो रही थी। अगस्त के प्रथम सप्ताह में जदयू ने अपने पूर्व राष्ट्रीय अध्यक्ष और केन्द्रीय मन्त्री रामचन्द्र प्रसाद सिंह को अनुशासनहीनता के लिए निष्काषित कर दिया और उन्हें भाजपा का एजेंट बताया। दोनों तरफ़ से आरोप और प्रत्यारोप के दौर चले। असल में यह भाजपा से अलग होने का पूर्वाभ्यास था। इस प्रकरण के पूर्व भाजपा के राष्ट्रीय नेताओं की एक बड़ी बैठक पटना में हुई। वंशवाद पर बोलने के क्रम में भाजपा के राष्ट्रीय अध्यक्ष जे.पी. नड्डा ने कह दिया कि जैसे-जैसे राजनीति में वंशवाद बढ़ रहा, क्षेत्रीय दल एक दिन सिमट जायेंगे और राष्ट्रीय दलों में सिर्फ़ भाजपा टिकी रहेगी। जदयू अध्यक्ष ललन सिंह इस बयान पर नाराज़ दिखे और एक प्रश्न के जवाब में यह तक कह दिया कि भाजपा को 200 नहीं, बल्कि 243 सीटों की तैयारी करनी चाहिए और जदयू भी ऐसा करने के लिए स्वतन्त्र है। अगस्त 8 का दिन। तकरीबन तमाम मीडिया बताने लगा कि गठबन्धन अब किसी भी समय टूट सकता है। केन्द्रीय गृह मन्त्री अमित शाह ने नीतीश कुमार को फ़ोन किया और पूछा कि मीडिया यह क्या दिखा रहा है। नीतीश कुमार ने संयत होकर कहा—अरे कुछ नहीं, जैसे आपके यहाँ गिरीराज सिंह बोलते रहते हैं। उसी तरह हमारे यहाँ ललन सिंह है। शाह आश्वस्त तो नहीं हुए। एक अन्तिम प्रयास की बात हुई कि बिहार में भाजपा के किसी नेता को भेजा जाये लेकिन अन्त में ऐसा हुआ नहीं।

अगस्त 9, 2022 को सभी तरफ आज गठबन्धन टूटने की ख़बर थी। मुख्यमन्त्री और राजभवन के बीच बस एक सड़क है। मीडियाकर्मी और कुछ नेतागण अब यहाँ थे। सब की नजर मुख्यमन्त्री निवास पर थी। अन्दर मीटिंग चल रही थी। चार बजे के आस-पास नीतीश कुमार राज्यपाल फागी चौहान से मिले। बाद में जब प्रेस से मुखातिब हुए तब दिल की सारी बात कह डाली, यहाँ तक यह भी अगर आज सुशील कुमार मोदी उप मुख्यमन्त्री होते तो यह नौबत नहीं आती। अपने राष्ट्रीय राजनीति में जाने की बात भी कह डाली, लेकिन प्रधानमन्त्री बनने की महत्वाकांक्षा वाले सवाल को टाल दिया।

तेजस्वी भी चहक रहे थे। समाजवादी विरासत की बात कर रहे थे और कैसे भाजपा केन्द्रीय एजेंसियों को आगे कर उन्हें डरा नहीं सकती। जदयू जो 2017 में तेजस्वी पर लगे भ्रष्टाचार के आरोप के सवाल पर अलग हुई थी, आज उसने उस सवाल को नकार दिया। ललन सिंह ने पूछा कि पाँच सालों में तेजस्वी पर हुए केस का क्या हुआ? नीतीश अक्सर ट्रिपल सी-क्राइम, करप्शन और कम्यूनिज़्म की बात करते हैं।

भाजपा में जाने के लिए करप्शन की बात की था और राजद के साथ आने के लिए कम्यूनिज़्म का उपयोग किया। नीतीश कुमार ने कह डाला—देश का माहौल बिगाड़ने की कोशिश हो रही थी। यह भी एक राजनीतिक शोध का विषय हो सकता है कि कैसे नीतीश कुमार ने जो भी बड़ा हासिल किया। भाजपा के साथ किया। कुल 21 वर्ष रहे भाजपा के साथ, उन्हीं के सहयोग से केन्द्रीय मन्त्री और मुख्यमन्त्री बने और जब अलग होने की बारी आयी, तो कैसे-कैसे बहाने ढूँढ़े। भाजपा की राजनीति बिल्कुल दूध से धुली नहीं है, लेकिन यह भी व्यावहारिक समाजवाद तो नहीं हो सकता।

चलते हैं पिछले यू टर्न की कहानी जानने। वो भी कम दिलचस्प नहीं है। 'ये पब्लिक' सब जानती है, पर समझना नहीं चाहती। बिहार की राजनीति का यह वह अध्याय है, जो इस विषय में दिलचस्पी रखने वाले को सबसे ज़्यादा लुभाता है– नीतीश कुमार का नरेन्द्र मोदी के प्रशंसक बनने से लेकर उनके सबसे बड़े विरोधी बनने और एक बार फिर उनसे हाथ मिलाने तक का सफ़र। यह तो इतिहास लिखने वाले ही तय करेंगे कि उन्हें उनकी वैचारिक दुविधा के लिए माफ़ कर दिया जाये या फिर इतिहास के आख़िरी पन्नों में उनका वर्णन भर कर दिया जायेगा या क्या उन्हें– काबिल-लालू प्रसाद की तुलना में महज़ काम चलाऊ करार दिया जायेगा।

नीतीश कुमार और नरेन्द्र मोदी के बीच का टकराव देखने लायक था, लेकिन फिर कुमार ने एनडीए में वापसी करके इस खेल को फीका कर दिया। वैसे तो दो नेताओं के बीच टकराव नयी बात नहीं है, लेकिन प्रधानमन्त्री और मुख्यमन्त्री के बीच इस तरह की टक्कर कि दोनों एक-दूसरे को कम साबित करने का कोई मौक़ा न छोड़ें–कम ही देखने को मिलती है। लगभग समान ताक़त के दो ओबीसी नेता, जिनमें से एक शिखर पर बैठा है और दूसरा अपनी महत्त्वाकांक्षा को पूरा करने में जुटा हुआ है। लेकिन फिर नीतीश के अचानक हार मान लेने से मानो देखने वालों के लिए मज़ा ही किरकिरा हो गया। खेल शुरू होने से पहले ही ख़त्म हो गया। शायद नीतीश कुमार से किसी तरह की राजनीतिक विचारधारा की उम्मीद करना बेकार है। वह सिर्फ़ वही करते आये, जो उनके लिए सुविधाजनक था।

आख़िर क्यों–यू टर्न–ने नीतीश कुमार का पीछा नहीं छोड़ा। क्या है नीतीश कुमार के इस क़दम के पीछे की कहानी। आख़िर यही नीतीश तो थे जिन्होंने कहा था–मिट्टी में मिल जायेंगे, लेकिन बीजेपी के साथ नहीं जायेंगे। वही नीतीश जो हमेशा आरएसएस को कोसने वाले लालू से एक क़दम आगे बढ़कर संघ मुक्त

भारत का नारा देते पाये गये। यह नारा नरेन्द्र मोदी के कांग्रेस मुक्त भारत के तोड़ के रूप में देखा गया। वही नीतीश जिन्होंने सुनिश्चित किया कि 2005 बिहार विधानसभा चुनाव के दौरान गुजरात के तत्कालीन सीएम मोदी को राज्य में चुनावी अभियान न करने दिया जाये। जून 2013 में बीजेपी से अलग होने से पहले नीतीश को मोदी का प्रमुख विरोधी माना जा रहा था, जो उस वक़्त गुजरात सीएम थे और भारत का प्रधानमन्त्री बनने की महत्त्वाकांक्षा रख रहे थे।

एनडीए में फूट के बाद मीडिया को बस मोदी के ख़िलाफ़ नीतीश के बयान का इन्तज़ार भर रहता था। हालाँकि मोदी विरोधी राजनीति की धुरी पर सोनिया और राहुल गाँधी को होना चाहिए था, लेकिन यह सीट तो नीतीश ने ले ली थी, जिसकी वजह से कहीं-न-कहीं उनमें एक अंहकार की भावना भी भर दी थी। 2015 विधानसभा चुनाव में महागठबन्धन की बड़ी जीत ने नीतीश का ओहदा और ज़्यादा ऊँचा कर दिया। कहीं-न-कहीं मोदी से हिसाब जो बराबर कर लिया गया था। 2014 लोकसभा चुनाव में नीतीश ने मुँह की खायी और 2015 बिहार चुनाव में मोदी की अगुवाई वाली बीजेपी को बुरी हार का सामना करना पड़ा। हालाँकि यह काम लालू के बिना सम्भव नहीं था, लेकिन नीतीश शाबाशी बटोर ले गये। बिहार की जीत ने नीतीश को कांग्रेस पर दबाव बनाने की वजह दे दी थी कि वह विपक्ष के महागठबन्धन के फॉर्मूले को राष्ट्रीय स्तर पर भी लागू करें। नीतीश जानते थे कि राष्ट्रीय स्तर पर इसकी सम्भावना कम है लेकिन कांग्रेस से अपेक्षा की जा रही थी कि वह नीतीश को विपक्ष की एक ज़रूरी और अहम ताक़त के रूप में देखे। वह जानते थे कि उनके पास लोकसभा में सिर्फ़ दो सांसद हैं लेकिन फिर भी वह चाहते थे कि मोदी की लोकप्रियता के बीच बिहार में उन्हें पटखनी देने के लिए कांग्रेस उनका उचित सम्मान करे।

लेकिन जिस तरह अच्छे दिन आते हैं तो जाते भी हैं, उसी तरह महागठबन्धन के साथ भी हुआ और इसमें फूट पड़ी। हर सिक्के के दो पहलू होते हैं, इस फूट के तीन पहलू थे–जदयू, राजद और बीजेपी।

पहली बात तो यह कि कांग्रेस कभी नहीं चाहती थी कि ग़ैर-कांग्रेसी कैम्प से किसी नेता को बढ़ावा दिया जाये। हाँ, बिहार में बीजेपी को हार का स्वाद चख़ाने के लिए कांग्रेस ने नीतीश का लोहा माना, लेकिन वह उन्हें ऐसा कोई पद नहीं देना चाहती थी जिससे राहुल गाँधी के नेतृत्व को खतरा पहुँचे। नीतीश कुमार ने शराबबन्दी के एजेंडा के साथ देश में अपनी अलग छवि बनाने का प्रयास शुरू किया

और वह केन्द्र से भी राष्ट्रीय स्तर पर शराबबन्दी लागू करने की माँग करते दिखे। वह बिहार से बाहर झारखण्ड, यूपी और महाराष्ट्र में इस मुद्दे को लेकर मुखर हुए। गुजरात, महाराष्ट्र और राजस्थान के कई गाँधीवादी संस्थानों ने नीतीश की माँग पर हामी भरी। इस काम के लिए झारखण्ड और यूपी में उनका सम्मान भी किया गया। लेकिन क्या इसके बूते वह बिहार से बाहर चुनावी जीत हासिल कर सकते थे। बिहार से जुड़े यूपी के कुछ इलाक़ों में उन्हें ऐसा कुछ होता प्रतीत हो रहा था। विकासवाद की आड़ में उन्होंने यूपी की पिछड़ी जाति कुर्मी के क्षेत्र के लोगों से जुड़ना शुरू किया, जिसमें पीएम मोदी का वाराणसी क्षेत्र भी शामिल है। लेकिन यूपी विधानसभा चुनाव में जब सपा और कांग्रेस ने जदयू को साथ जोड़ने में कोई दिलचस्पी नहीं दिखायी तो नीतीश कुमार की राष्ट्रीय महत्त्वाकांक्षा को फिर झटका लगा।

एसपी के ठंडे रवैये से जदयू चकित नहीं थी। पहले भी मुलायम सिंह यादव, जनता परिवार की पार्टियों के विलय के वक़्त अन्तिम समय में पीछे हट गये थे। जदयू ने माना कि सपा के साइकिल चिह्न को ज़्यादा स्वीकारोक्ति मिलेगी। नीतीश जानते थे कि जनता परिवार की एकजुटता एक फ्लॉप विचार था। एकजुट विपक्ष का सपना सच नहीं हो सकता क्योंकि ममता बनर्जी, बीजू पटनायक, मायावती, अखिलेश यादव, लालू प्रसाद, सबके अलग-अलग एजेंडा हैं, निर्वाचन क्षेत्र हैं और अहं है। और विपक्ष की सबसे बड़ी पार्टी तो कोई प्रयास करती ही नहीं दिख रही।

2017 में बिहार की राजनीति उस मोड़ पर आ गयी जिसका शायद काफ़ी वक़्त से अनुमान लगाया जा रहा था। होटल टेंडर के मामले में लालू प्रसाद के घर पर छापा पड़ा जिसके बाद महागठबन्धन में बड़ी फूट देखने को मिली जो नीतीश और लालू के बीच मद्धम आँच पर पक रही कड़वाहट का नतीजा थी। हालाँकि गठबन्धन के बावजूद लालू ने नीतीश पर कभी भरोसा नहीं किया, लेकिन निजी बातचीत में लालू अक्सर कहते दिखे कि नीतीश कभी भी नरेन्द्र मोदी के पास नहीं लौटेंगे। लालू को लगता रहा कि जदयू के पास सिर्फ़ दो लोकसभा सीट होने के बावजूद नीतीश, मोदी विरोधी राजनीति में अपनी जगह नहीं खोना चाहेंगे।

जदयू के राष्ट्रीय प्रवक्ता के सी त्यागी कहते हैं–

हमने सात से दस सीट माँगी थी। विपक्ष की एकता को बनाये रखने के लिए यह नामुमकिन तो नहीं था, ताकि बिहार जैसे महागठबन्धन को दोहराया जा सके। राहुल गाँधी और अखिलेश यादव ने आख़िरी वक़्त तक हमें अधर में रखा। हम तो आशावादी थे। लेकिन बात बिगड़ती लग रही थी। नीतीश ने राहुल गाँधी से मुलाक़ात

की लेकिन कुछ निकलकर नहीं आया। हम ये तो नहीं कह रहे थे कि नीतीश को विपक्ष का पीएम उम्मीदवार बना दीजिए, लेकिन राष्ट्रीय राजनीति में एक सम्मान की जगह की अपेक्षा तो कर ही सकते थे न। हमने एक ऐसा राजनीतिक माहौल बनाया जिसमें तीन पार्टियाँ नज़र आ रही थीं–कांग्रेस, बीजेपी और जदयू लेकिन विपक्ष एकता का यह मौक़ा कांग्रेस ने गँवा दिया। [1]

जदयू के एक नेता कहते हैं–

नीतीश कुमार के बिहार से बाहर निकलकर क्षेत्रीय नेताओं से तालमेल बैठाने के प्रयास से कांग्रेस परेशान थी। 2017 में गुजरात के उभरते हुए नेता हार्दिक पटेल ने नीतीश से मुलाक़ात की और नीतीश ने भी गुजरात में पटेल की जनसभा में जाने का फ़ैसला किया। तब हमें 10 जनपथ से सन्देश मिला कि नीतीश को हार्दिक का साथ नहीं देना चाहिए। नीतीश ने ऐसा किया भी। लेकिन महागठबन्धन में फूट से पहले कुमार आख़िरी बार राहुल गाँधी से मुलाक़ात की जो एक औपचारिक बातचीत से ज़्यादा कुछ नहीं थी। कांग्रेस के पास कुमार को देने के लिए कुछ नहीं था, जिसके बाद बिहार सीएम को यह बात समझने में देर नहीं लगी कि वह पीएम बनने का ख्वाब न देखें। अगर हम 2019 में 15 सीट भी जीतकर विपक्ष को बहुमत दिला देते तब भी पन्द्रह सांसद वाले नेता को कोई पीएम नहीं बनने देता। कांग्रेस ऐसा होने नहीं देती। मीडिया ने भी नीतीश की इस महत्त्वाकांक्षा को हवा देने में बड़ा रोल निभाया। ऊपर से उत्तर भारत के नेता जल्द ही पीएम बनने की इच्छा रखने लगते हैं, वहीं दक्षिण भारत के नेताओं–जयललिता से करुणानिधि और चन्द्रबाबू नायडू तक–ने अपने क्षेत्र पर ज़्यादा ध्यान दिया।

दूसरी बात यह कि कुमार हमेशा से ही लालू के साथ अपने गठबन्धन को लेकर संशय में रहते थे और बताया जाता है कि शपथ लेने के कुछ वक़्त बाद ही उन्होंने वरिष्ठ अधिकारियों से कहा कि–यह सरकार एक या डेढ़ साल से ज़्यादा नहीं चलने वाली।

राजद और जदयू के रिश्ते शुरू से ही ठीक नहीं थे। ज़ाहिर तौर पर इस व्यवस्था में सत्ता के दो केन्द्र थे। लालू प्रसाद बैठक करते और अपने दोनों मन्त्री बेटों के अनधिकारिक सलाहकार थे। डिप्टी सीएम तेजस्वी यादव और स्वास्थ्य मन्त्री तेज़ प्रताप यादव। कई बार तो बेटे से ज़्यादा लालू ही स्वास्थ्य मन्त्री लगते थे। द टेलिग्राफ के तत्कालीन मुख्य संवाददाता अमित भेलारी याद करते हुए बताते हैं–*एक बार मैंने देखा कि स्वास्थ्य विभाग में काम करने वाले एक आईएएस अधिकारी,*

लालू प्रसाद और उनके बेटे तेज़ प्रताप से मिलने उनके आवास पर पहुँचे। थोड़ी देर बाद लालू ने अपने मन्त्री बेटे से कहा कि वह बाहर जायें क्योंकि उनके अधिकारी से कुछ ज़रूरी बात करनी है।[2]

चरमराती शासन व्यवस्था का एक उदाहरण तब देखने को मिला जब कई आयोग और समितियों के पुनर्गठन में नीतीश कुमार लाचार दिखायी दिये। राजद और जदयू–दोनों ही बड़ा हिस्सा चाहते थे और सीएम ने यथास्थिति बनाकर रखी। यहाँ तक कि कई महीनों तक बिहार राज्य महिला आयोग बिना अध्यक्ष के काम करता रहा। वो तो पटना हाईकोर्ट के हस्तक्षेप के बाद एक महिला अध्यक्ष की नियुक्ति हुई। आईएएस, आईपीएस अधिकारी, एसडीओ, डीएसपी, हर किसी के तबादले में दोनों पार्टनर के बीच मामला फँस जाता, क्योंकि राजद अपने हिसाब से तबादले की माँग करता रहा। राजद प्रमुख कई बार एसपी और थाना प्रभारी को सीधे फोन कर लेते। शाहबाद के एसपी के पास एक बार यह कहने के लिए लालू प्रसाद का फोन आया कि स्टोन माफ़िया के ख़िलाफ़ कार्रवाई नहीं की जाये। लेकिन एसपी में इतना दम था कि उन्होंने लालू का फोन काट दिया। हालाँकि एसपी जानते थे कि इसके बाद उनका क्या हश्र होने वाला है। पटना में एक ग़ैर ज़रूरी पद पर उनका तबादला कर दिया गया और बाद में उन्हें गृह राज्य भेज दिया गया। जदयू विधायक लगातार नीतीश कुमार को ग़ैर यादव ओबीसी की महागठबन्धन से नाराज़गी की ख़बर देते रहते। ज़ाहिर तौर पर हालात नीतीश के बस में नहीं थे।

हालाँकि तेजस्वी प्रसाद यादव ने सड़क एवं निर्माण विभाग मन्त्री के तौर पर अच्छा काम किया, लेकिन अन्य राजद मन्त्री ऐसा नहीं कर रहे थे। यहाँ तक कि स्वास्थ्य मन्त्री तेज़ प्रताप यादव भी ग़लत वजहों से ख़बरों में रहते, मसलन लालू प्रसाद का ख़्याल रखने के लिए उनके आवास 10, सर्कुलर रोड पर डॉक्टरों की नियुक्ति करना। इसी तरह लालू प्रसाद का इन्दिरा गाँधी मेडिकल साइंस संस्थान का दौरा करना भी नीतीश कुमार को हजम नहीं हुआ। जदयू के पास लालू प्रसाद के इस 'अतिरिक्त संवैधानिक अधिकार' का कोई जवाब नहीं था।

बड़े भाई का रवैया दिखाने की राजद प्रमुख की आदत और उनका यह कहना कि गठबन्धन में सबसे बड़ी पार्टी होने के बावजूद उन्होंने नीतीश को सीएम पद पर बैठाया, यह बात नीतीश को चिढ़ा देती थी। यही नहीं, राजद समर्थकों का तेजस्वी यादव को अगले सीएम के तौर पर बढ़ावा देने और राबड़ी देवी के इसमें हामी भरने ने नीतीश के घाव पर नमक छिड़कने का काम किया। दरअसल नीतीश को दूसरे

नम्बर पर रहने की आदत नहीं थी, बीजेपी के साथ गठबन्धन के दौरान भी नीतीश के ही हाथ में कमान रहती थी, लेकिन इस बार उनके हाथ में कुछ नहीं लग रहा था।

लेकिन तेजस्वी प्रसाद यादव का इस पर कुछ और ही कहना है। वह बताते हैं कि जून 2016 के क़रीब नीतीश कुमार ने बीजेपी से बातचीत शुरू कर दी थी। तेजस्वी के मुताबिक़–

अक्सर नीतीश जी मुझे और अशोक कुमार चौधरी (बिहार के तत्कालीन शिक्षा मन्त्री) से कहते *कि नयी पीढ़ी को मौक़ा मिलना चाहिए। मैंने उनसे राजनीति और शासन व्यवस्था के बारे में बहुत कुछ सीखा। लेकिन जब मैंने संजय झा (जदयू के तात्कालीन दिल्ली प्रभारी और पार्टी के राष्ट्रीय महासचिव) को अप्रैल 2016 को गाँधी मैदान पर शराबबन्दी को लेकर बनी मानव शृंखला में नीतीश जी के पास खड़े देखा तो मुझे शक हो गया था। मुझे लगने लगा कि सीएम, बीजेपी से सम्पर्क में हैं। सब जानते हैं कि झा, नीतीश कुमार और अरुण जेटली समेत बीजेपी के वरिष्ठ नेताओं के बीच लिंक का काम करते हैं।*[3]

तेजस्वी के मुताबिक़ सिर्फ़ एक ही घटना नहीं थी जिसकी वजह से महागठबन्धन में दरार आयी। 4 जून, 2016 की बात है जब लालू प्रसाद के क़रीबी और राजद सांसद पीसी गुप्ता ने वित्तमन्त्री अरुण जेटली से मुलाक़ात की। राँची हाईकोर्ट ने चारा घोटाले के तमाम मामलों को इकट्ठा करने का फ़ैसला करके लालू प्रसाद के वकीलों को राहत दी। इसका मतलब है कि चारा घोटाले के पाँचों मामलों की सुनवाई एक केस के तौर पर ही होगी। फिर यह माभला सुप्रीम कोर्ट में गया।

जदयू के एक सूत्र के मुताबिक़–

अरुण जेटली के साथ बैठक में पीसी गुप्ता अकेले नहीं थे। लालू भी उनके साथ थे। हालाँकि पूरी बैठक में लालू चुप ही थे लेकिन गुप्ता ने कहा–नीतीश कुमार एक दम भरोसे का आदमी नहीं है। अरे वो अगर आप लोगों का नहीं हो सका, हम लोगों का क्या होगा? अगर आप मदद करें, नीतीश कुमार को हम लोग सेट कर देंगे।

पीसी गुप्ता चाहते थे कि बीजेपी की अगुवाई वाली केन्द्र सरकार, सुप्रीम कोर्ट में लालू के केस के आगे किसी कमज़ोर वकील को खड़ा करे। राजद का यह प्रस्ताव था कि इसके बदले में बिहार में ऐसा राजनीतिक माहौल तैयार किया जायेगा जहाँ बीजेपी और लालू का अहम रोल होगा और नीतीश दरकिनार कर दिये जायेंगे। लेकिन राजद के इन दो अहम नेताओं को जेटली से कोई आश्वासन नहीं मिला।

ज़ाहिर तौर पर मामला नरेन्द्र मोदी तक पहुँचना था, जहाँ एक नयी रणनीति तैयार हो रही थी।

जेटली के साथ लालू की बात तो नहीं बनी लेकिन नीतीश कुमार के लिए दरवाज़े खुल गये। जब इस गुप्त बैठक की जानकारी नीतीश को मिली और उन्हें राजद की मंशा के बारे में पता चला तब वह चन्द मिनटों तक चुप रहे। लेकिन उसके बाद से उन्होंने एक नयी रणनीति पर काम करना शुरू कर दिया।

जुलाई 2017 में लालू और कांग्रेस से रास्ते अलग करने से पहले एक साल तक नीतीश दोतरफ़ा राजनीति खेलते हुए कभी लालू को व्यथित करते रहे तो कभी बीजेपी को संकेत देते रहे। किसी दिन वह राजद का साथ देते तो किसी दिन नोटबन्दी और भ्रष्टाचार के ख़िलाफ़ मुहिम में एनडीए का साथ देते दिखते। नीतीश के इस तरह के रवैये से राजद शर्मिन्दा होता, लेकिन फिर उसे याद आता कि किस तरह जब जदयू, एनडीए का हिस्सा था, तब भी नीतीश ने राष्ट्रपति पद के लिए यूपीए उम्मीदवार प्रणब मुखर्जी के नाम की सहमति दी थी। वहीं नोटबन्दी पर नीतीश के बयान को बीजेपी के साथ उनकी नज़दीकी के तौर पर देखा जा रहा था। यहाँ तक की अफवाह थी कि नीतीश कुमार और अमित शाह की बैठक भी हुई थी लेकिन कुमार ने इसे उनके 'चरित्र हनन' का प्रयास बताया।

बिहार सीएम ने नोटबन्दी के मुद्दे पर जो राजनीतिक क़दम उठाया–मोदी के इस क़दम के ख़िलाफ़ सबसे मुखर होने वाले अरविंद केजरीवाल और ममता बनर्जी से दूरी बनाना–उससे विपक्ष में दरार पड़ ही चुकी थी। वैसे नोटबन्दी का समर्थन करने के लिए नीतीश के पास कुछ वाजिब वजह थीं। आख़िर उन्होंने ही बिहार विशेष अदालत क़ानून 2009 को लागू किया था, जिसके तहत सरकार को भ्रष्टाचार के आरोपी अधिकारी की सम्पत्ति ज़ब्त करने का अधिकार मिलता है। उन्होंने ही विधानसभा सदस्य स्थानीय क्षेत्र विकास योजना पर कमिशन फंड के तौर पर इस्तेमाल के आरोप के बाद इस योजना को ही समाप्त कर दिया। भ्रष्टाचार के प्रति 'शून्य सहिष्णुता' के सरकारी मन्त्र को साथ लेकर सीएम से लेकर तृतीय क्लास स्टाफ तक, सरकारी पदाधिकारियों द्वारा ऐच्छिक तौर पर अपनी सम्पत्ति का ब्यौरा देने की पहल और लोक सेवा अधिकार अधिनियम और लोक शिकायत निवारण अधिनियम भी नीतीश कुमार द्वारा लाया गया।

यह सच है कि सज़ा काट चुके लालू प्रसाद के साथ गठबन्धन में रहने के बावजूद नीतीश अपनी राष्ट्रीय छवि को लेकर बेहद सजग थे। यह एक बहुत बड़ी

विडम्बना थी, लेकिन इसके बावजूद नीतीश अपनी साफ़ सुथरी छवि बनाने में कामयाब हुए। आख़िर नीतीश के पास छवि का ही तो सहारा है। उनकी अलग छवि ही उन्हें बिहार की राजनीति में ऊँचे मुकाम पर लाकर खड़ा करती है। वरना तो जातिगत राजनीति वाले बिहार में नीतीश सिर्फ़ चार फ़ीसदी कुर्मी ओबीसी के ही नेता बनकर रह जाते।

ख़ैर, वापस राजद और जदयू के बिगड़ते रिश्तों पर आते हैं जिसकी भनक धीरे-धीरे राजद को पड़ने लगी थी। जहाँ विपक्ष ने मिलकर नोटबन्दी और सर्जिकल स्ट्राइक का विरोध किया, वहीं नीतीश खुलकर एनडीए का समर्थन कर रहे थे। फिर जनवरी 2017 को पटना में प्रकाश पर्व आया। इस मौक़े पर पीएम के साथ मंच पर राजद के किसी भी मन्त्री, यहाँ तक कि डिप्टी सीएम तेजस्वी यादव को भी जगह नहीं मिली। दरी पर राजद प्रमुख लालू प्रसाद का अपने दो बेटों के साथ दर्शकों के साथ बैठना और मंच पर पीएम मोदी और नीतीश कुमार का एक-दूसरे से कुछ कहते हुए हँसना अनदेखा कैसे हो सकता था। मोदी और नीतीश क्या बात कर रहे थे, इससे ज़्यादा महत्त्वपूर्ण था यह देखना कि कैसे बात कर रहे थे।

कार्यक्रम के बाद वीवीआईपी के लिए लंगर आयोजित किया गया। जब पीएम मोदी और नीतीश कुमार टेंट में पहुँचे तो लालू प्रसाद अपने बड़े बेटे तेज़ प्रताप के साथ लंगर के लिए बैठे हुए थे। मोदी ने तेज़ प्रताप को मज़ाक़ में कृष्ण कन्हैया पुकारा क्योंकि कुछ दिन पहले ही तेज़ की बाँसुरी वाली तस्वीर सोशल मीडिया पर वायरल हो रही थी। फिर पीएम ने लालू से हालचाल पूछे और कहा–आपकी ख़बर तो प्रेम गुप्ताजी से मिलती रहती है।

ऐसा कह सकते हैं कि इस एक वाक्य ने महागठबन्धन में दरार पैदा कर दी। किस तरह एक नेता ने धीरे-से दूसरे नेता तक बात पहुँचाई। यह कोई नहीं जानता कि पीएम मोदी और नीतीश ने पहले पीसी गुप्ता और लालू के जेटली से मिलने की चर्चा आपस में की थी या नहीं लेकिन इस एक लाइन ने लालू और नीतीश दोनों को यह बात समझा दी कि मोदी को हर क़दम की जानकारी है। शायद मोदी ने धीरे से नीतीश को यह इशारा भी कर दिया कि वह जेटली के साथ बात करते रहे हैं।

लालू प्रसाद अब असहज हो रहे थे लेकिन वह अब भी नहीं जानते थे कि क्या नीतीश, पीएम बनने के अपने सपने को भुलाने के लिए तैयार हैं। लेकिन जिस तरह 2014 चुनाव के बाद विधानसभा चुनावों में भी मोदी की तूती बोल रही है, उसे देखकर नीतीश शायद समझ रहे थे कि वह हवा में ही सपने बुन रहे हैं।

राजद को नज़रअन्दाज़ करने की एक और घटना, मार्च 2017 में बिहार दिवस के मौके़ पर देखने को मिली जब निमन्त्रण पत्र पर डिप्टी सीएम तेजस्वी प्रसाद यादव का नाम नहीं था। राजद का कहना था कि बात डिप्टी सीएम के नाम लिखने की नहीं थी, बल्कि गठबन्धन के वरिष्ठ पार्टनर को नज़रअन्दाज़ करने की है। बाद में बीजेपी ने पटना में दूसरे गंगा ब्रिज के लालू द्वारा उद्घाटन करने की तेजस्वी की योजना का भी विरोध किया। नीतीश को एक बार फिर लालू का तिरस्कार करने का मौक़ा मिला।

दस फ़रवरी, 2017 को पूर्व केन्द्रीय मन्त्री पी चिदम्बरम के पुस्तक विमोचन कार्यक्रम में नीतीश ने शायद आख़िरी बार बीजेपी की आलोचना की थी जब उन्होंने बीजेपी के राष्ट्रवाद पर हमला बोला और विपक्ष से एकजुट होने की अपील की, साथ ही राहुल गाँधी से विपक्ष का एजेंडा सेट करने की अपील की थी। यह कहा जा सकता है कि यह ग़ुस्सा जनता को दिखाने के लिए था और बीजेपी के साथ अपने रिश्तों को सुधारने की जल्दबाज़ी न करने की नीतीश की रणनीति का हिस्सा। नीतीश ख़ुद को नरेन्द्र मोदी सरकार की हल्की-फुल्की आलोचना करते नज़र आते लेकिन विपक्ष पर मोदी के ख़िलाफ़ मज़बूत रणनीति लाने का दबाव बनाकर रखते। लेकिन मई 2017 में विपक्ष के एकजुट होने के लिए सोनिया गाँधी द्वारा आयोजित भोज में शामिल न होकर मॉरिशस के प्रधानमन्त्री के लिए पीएम मोदी द्वारा आयोजित रात्रिभोज कार्यक्रम में पहुँचकर नीतीश कुमार ने एनडीए में अपनी वापसी के साफ़ संकेत दे दिये।

राज्य में एक अहम पद पर आसीन वरिष्ठ आईएएस अधिकारी कहते हैं–

पीएम नरेन्द्र मोदी के बयानों पर नीतीश कुमार की हर प्रतिक्रिया को मीडिया में जगह मिलने से सीएम कहीं-न-कहीं ख़ुद को मोदी को चुनौती देने वाले सबसे बड़े शख़्स के तौर पर देखने लगे थे। हालाँकि 2014 लोकसभा चुनाव में जदयू को दो सीट मिली (2009 लोकसभा चुनाव से 20 सीट कम) जिसने सीएम को हिलाकर रख दिया था, लेकिन फिर भी वह विपक्ष की अधिकतम एकता का ख़्वाब संजोए थे जो कभी सच नहीं हो पाया। आख़िरकार सीएम को अपनी सीमाओं का अहसास हुआ और उन्होंने अपनी राजनीति में फिर से नयी जान फूँकने का फ़ैसला किया, हालाँकि इससे उनकी छवि को नुकसान पहुँचा। लालू के साथ अपने गठबन्धन को लेकर नीतीश जी यही कहते कि अगर उनकी दस साल की विकास की राजनीति से दो सीट भी मिलती हैं तो लालू के साथ हाथ मिलाना ग़लत नहीं है।

लेकिन वह यह भी कहते कि बीजेपी को हराने के लिए राष्ट्रीय स्तर पर भी महागठबन्धन को दोहराना होगा। वह जानते थे कि लालू और उनकी राजनीति अलग तरह की है और वह ज़्यादा वक़्त तक साथ नहीं चल पायेंगे।

मई 2017 में नीतीश कुमार ने पहली बार कहा कि वह पीएम की रेस में नहीं हैं। द *इंडियन एक्सप्रेस* ने 16 मई, 2017 को रिपोर्ट प्रकाशित की जिसमें लिखा गया– अगले लोकसभा चुनावों में विपक्ष की ओर से प्रधानमन्त्री पद के अहम उम्मीदवार माने जाने वाले बिहार के मुख्यमन्त्री नीतीश कुमार ने कहा कि वह पीएम की रेस में नहीं हैं। जदयू के राष्ट्रीय अध्यक्ष नीतीश कुमार ने कहा है–*मैं पीएम की रेस में नहीं हूँ, ना ही मेरी ऐसी कोई राष्ट्रीय महत्त्वाकांक्षा है और न ही मुझे लगता है कि मेरे अन्दर पीएम बनने के गुण हैं। मैं एक छोटी-सी पार्टी का नेता हूँ और मेर काम तो बिहार की जनता की सेवा करना है।*[5]

राज्य की राजनीति ने इस तरह करवट ली कि साल 2005 से लेकर 2015 तक बीजेपी और राजद से ज़्यादा नीतीश का पलड़ा भारी रहा है। जब महागठबन्धन में दरार आयी तब नीतीश के पास विकल्प था क्योंकि जदयू और एनडीए के पास कुल 128 सीट थीं, वहीं 80 सीट होने के बावजूद लालू लाचार थे क्योंकि कांग्रेस के पास सिर्फ़ 27 सीट थीं। इधर नीतीश अपने–सात निश्चय–के नाम पर सुशासन के मॉडल को चला रहे थे, जिसमें हर घर में बिजली और नल में पानी और 12वीं पास छात्रों को ऋण देने की सुविधा शामिल रही।

बीजेपी चाहती थी कि नीतीश कुमार एक बार फिर एनडीए में शामिल हो जायें क्योंकि लालू, राबड़ी और तेजस्वी के ख़िलाफ़ सीबीआई द्वारा भ्रष्टाचार का मामला दर्ज किये जाने के बाद अपनी छवि को लेकर गम्भीर नीतीश कुमार, राजद के साथ नहीं रहना चाहेंगे। लालू की सबसे बड़ी बेटी मीसा भारती और उनके पति शैलेश के ख़िलाफ़ ईडी ने फर्ज़ी कम्पनियां चलाने को लेकर केस दर्ज किया और नयी दिल्ली में बिजवासन स्थित उनके शानदार फॉर्महाउस को अटैच किया। इसे 8 हज़ार करोड़ का धनशोधन केस बताया गया। जनता की भावनाएँ लालू के परिवार के ख़िलाफ़ जा रही थीं। नीतीश चाहते थे कि तेजस्वी इस्तीफ़ा दें, लेकिन उन्होंने ऐसा कभी कहा नहीं। यह काम उन्होंने मीडिया के भरोसे छोड़ रखा था। खींचतान जारी थी। नीतीश खामोश थे और हालात पर वरिष्ठ पत्रकारों की प्रत्यक्ष या अप्रत्यक्ष तौर पर राय सुनते लेकिन अपने क़दम का खुलासा नहीं करते।

इस बीच उप-राष्ट्रपति के पद के लिए विपक्ष के उम्मीदवार गोपाल कृष्ण गाँधी के नाम का समर्थन कर नीतीश ने और ज़्यादा भ्रम की स्थिति पैदा कर दी।

सबसे दिलचस्प बात थी कि लालू प्रसाद और नीतीश कुमार की रोज़ बातचीत होती थी। लालू कई बार राजद बीट के पत्रकारों को अलग से कहते कि वह नीतीश पर भरोसा नहीं करते। लालू को लगता रहा कि तेजस्वी को इस्तीफ़ा नहीं देना चाहिए क्योंकि इससे उनके परिवार के ख़िलाफ़ लगे भ्रष्टाचार के आरोपों को बल मिलेगा। लेकिन नीतीश चाहते थे कि तेजस्वी इस्तीफ़ा दें। राजद और जदयू के बीच का यह शोर अब हद पार कर रहा था। कई बार तो लालू, जदयू के प्रवक्ताओं को बुलाकर पूछते कि उन्होंने उनके बारे में क्या कहा। कई जदयू प्रवक्ता तो अपने बयान का वीडियो बनाते ताकि अगर लालू, नीतीश से उनकी शिकायत करें तो सबूत के तौर पर दिखाया जा सके।

25 जुलाई, 2017 तक हालात साफ़ होने लगे। जदयू के एक सूत्र बताते हैं–

सीएम के पास ज़्यादातर कॉल लैंडलाइन नम्बर पर आते थे। ऐसा ही एक कॉल उप राष्ट्रपति वैंकेया नायडू से आया। सीएम की नायडू से बातचीत से प्रतीत हो रहा था कि जदयू और बीजेपी फिर से क़रीब आ रहे हैं। सीएम ने नायडू से कहा–अगर हालात ठीक होते (एनडीए में वापसी) तो मैं आपका ही साथ देता। फिर एक बार जदयू के एक नेता ने सीएम से पूछा कि उप-राष्ट्रपति के मामले में पार्टी की लाइन क्या रखनी है, इस पर सीएम ने कहा कि दो दिन इन्तज़ार कीजिए। इसका साफ़ मतलब था कि नीतीश ने अलग होने का मन बना लिया है। कांग्रेस तो वैसे भी लालू और नीतीश के बीच समझौता करवाती नहीं दिख रही थी, बल्कि बिहार कांग्रेस प्रमुख अशोक कुमार चौधरी तो लालू का ही साथ दे रहे थे, ऐसे में नीतीश ने महागठबन्धन छोड़ने का मन बना लिया था। लेकिन निजी बातचीत में वह कहते कि–अगर तेजस्वी इस्तीफ़ा देते तो ज़्यादा बड़े नेता कहलाते। हालाँकि तेजस्वी का इस्तीफ़ा इस दरार को होने से रोकता नहीं, बस थोड़ा आगे सरका देता और शायद नीतीश को कुछ और नम्बर मिल जाते।

एक राजद नेता कहते हैं–

लालू प्रसाद के नेतृत्व में पार्टी की बैठक हुई और सबने तय किया कि तेजस्वी को इस्तीफ़ा नहीं देना चाहिए क्योंकि इससे हमारी राजनीतिक साख कमज़ोर होगी। हालाँकि लालू प्रसाद के परिवार ने एक बार इस पर चर्चा की थी लेकिन पार्टी में ज़्यादातर लोग इससे सहमत नहीं थे। हमने तय किया कि नीतीश के आगे नहीं झुकेंगे जो वैसे भी एनडीए के पास लौटना ही चाहते हैं। जब नीतीश ने नोटबन्दी का समर्थन किया तभी हम समझ गये कि नीतीश और बीजेपी के बीच कुछ पक रहा है।

और राजद का शक़ ग़लत भी नहीं था। अक्सर ग़लत वक़्त का खाना हाजमा बिगाड़ देता है। और सत्ता के भोज तो वक़्त के पाबन्द होते हैं। अगर सही वक़्त पर खा लिया तो सत्ता फलती फूलती है नहीं तो हाजमा बिगड़ते देर नहीं लगती है जैसे नीतीश कुमार और नरेन्द्र मोदी के मामले में 2010 में जदयू द्वारा रद्द किया गया रात्रिभोज का कार्यक्रम जिसने जदयू के साथ बीजेपी के रिश्ते बिगाड़ दिये थे। लेकिन एक-दूसरे रात्रिभोज ने ही इन रिश्तों को सुधारने का काम किया, जो इस बार बीजेपी नेता अरुण जेटली के घर आयोजित हुआ, जिसके बाद बीजेपी और नीतीश कुमार के बीच फिर से बातचीत के रास्ते खुले। जब बीजेपी और जदयू के बीच रिश्ते ख़राब थे, तब भी नीतीश और जेटली दोस्त बने रहे। इस तरह नरेन्द्र मोदी और बीजेपी के तत्कालीन अध्यक्ष अमित शाह ने नीतीश को फिर से बुलाने और बिहार में जीत हासिल करने का तरीक़ा खोजा। आख़िर नीतीश ही तो उनके सबसे बड़े विरोधी रहे, एनडीए से हटने के बाद आरएसएस के सबसे कड़े आलोचक रहे। नीतीश से ज़्यादा बीजेपी ने विपक्ष के किसी और नेता को गम्भीरता से नहीं लिया। जबकि वोट के आधार पर ममता बनर्जी और जयललिता, नीतीश के कहीं ज़्यादा बेहतर थीं, लेकिन बीजेपी और मीडिया के लिए नीतीश ही हमेशा चर्चा का विषय रहे।

और बीजेपी में अरुण जेटली के अलावा नीतीश की ओर किससे बातचीत होती थी। अमित शाह से नहीं, बल्कि नरेन्द्र मोदी से, वो भी कई बार।

जदयू के एक नेता बताते हैं—

नीतीश-जेटली के बीच की बातचीत को आगे ले जाने का काम राज्यसभा सांसद और नीतीश के क़रीबी आरसीपी सिंह ने किया। सिंह के ज़रिये जेटली से बातचीत का रास्ता तो खुला ही था। एनडीए में पहले वाली सम्माननीय जगह दिये जाने का नीतीश को भरोसा दिया गया। इस बीच नीतीश और मोदी के बीच निजी स्तर पर बातचीत जारी थी। पीएम मोदी ने बिहार के लिए केन्द्र की ओर से फंड दिये जाने की बात कही लेकिन 2019 के चुनावों की शर्तों पर चर्चा नहीं हुई।

जब जदयू और बीजेपी के बीच बातचीत चल रही थी, उस बीच बिहार बीजेपी में दरकिनार किये जा रहे नेता सुशील कुमार मोदी ने एक बार फिर से अपनी राजनीति में जान फूंकने के लिए सोच समझकर क़दम उठाया। सुशील मोदी को राज्यसभा की सीट न देकर गोपाल नारायण सिंह को दे दी गयी जिनकी आरएसएस से नज़दीकियां बताई जाती हैं। सुशील कुमार मोदी ने बहुत ही सोच-समझकर जनसत्ता के ऑनलाइन संस्करण से एक छोटी-सी ख़बर उठाई। दरअसल यह ख़बर वरिष्ठ पत्रकार कन्हैया भेलारी ने किसी और नाम की आड़ में लिखी थी।

यह ख़बर संजय गाँधी जैविक उद्यान यानी पटना ज़ू के बारे में थी, जहाँ दानापुर के पास बेली रोड पर बन रहे लालू प्रसाद के एक मॉल से ट्रक भरकर रेत लायी जा रही थी। ख़बर में मीडिया और विपक्ष के लिए दो संकेत छुपे थे–यह ज़ू तत्कालीन पर्यावरण मन्त्री तेज़ प्रताप यादव के मन्त्रालय के तहत आता था और वह किस तरह अपने परिवार के मॉल से रेत को ज़ू में भेजने की अनुमति दे सकते हैं। दूसरी बात यह कि इससे इस बात की पुष्टि होती है कि लालू के परिवार के पास एक बड़ी ज़मीन है जिस पर एक बहुमंज़िला मॉल बनाया जा रहा है। यहाँ एक बोर्ड लगा है जो कहता है–बिहार का सबसे बड़ा मॉल।

पटना ज़ू में सुबह की सैर करने वाले कन्हैया भेलारी कहते हैं–

मैं ज़ू के एक कर्मचारी से यूं ही बातचीत कर रहा था। उसने बहुत भोलेपन से कहा कि रात में लालूजी के मॉल से रेत लायी जाती है। इस रेत से अतिरिक्त रास्ते बनाये जा रहे हैं। मैंने रेत की ज़रूरत वाले एक छोटे-मोटे ठेकेदार की तरह बनकर रेत के ठेकेदार से बात कीजिसने तुरन्त कहा कि वो लालू के मॉल वाली ज़मीन से दिलवा देगा। मुझे ऐसा लगा कि यह बात एक बड़े घोटाले की तरफ़ इशारा कर रही है।[6]

यहीं से दशक की सबसे बड़ी ख़बर सुशील कुमार मोदी और मीडिया के हाथ लगी। मॉल की ज़मीन के ज़रिये सामने आया कि लालू के परिवार का कई कम्पनियों और उनकी सम्पत्तियों से कितना वास्ता है। कई बार तो सुशील मोदी के पास मीडिया से कहीं ज़्यादा जानकारी होती थी। कई बार वह पत्रकारों से जानकारी बटोरते थे। इस ख़बर की पड़ताल करने की सबसे अच्छी बात यह थी कि सभी जानकारी रजिस्ट्रार ऑफ़ कम्पनीज़ (RoC) के रूप में सार्वजनिक तौर पर मौज़ूद थी।

सुशील मोदी ने लालू प्रसाद के परिवार से जुड़े व्यवसायों की तह तक जाने के लिए चार्टर्ड अकाउंटेंट की मदद ली। जूनियर मोदी हर कुछ दिनों में प्रेस कॉन्फ्रेंस बुलाते और लालू के परिवार की किसी नयी कम्पनी या सम्पत्ति के दस्तावेज़ दिखाते। उधर लालू और उनका परिवार यह सब मानने को तैयार नहीं था और मोदी के आरोपों को राजनीतिक साज़िश करार करता रहा।

सुशील मोदी ने लालू के परिवार के दस्तावेज़ों से मामले को गरमाकर रखा। राजद के पास उन्हें काटने के लिए कुछ पुख्ता नहीं था। राजद के छोटे नेताओं ने निजी बातचीत में स्वीकारा कि सुशील मोदी के पेपरवर्क के आगे राजद की कोई तैयारी नहीं है। कुछ वक़्त बात जब लालू के लिए हालात बिगड़ते गये तब राजद के

राष्ट्रीय प्रवक्ता मनोज कुमार झा ने सुशील मोदी पर आरोप लगाए, लेकिन झा ने जो ऑडियो प्रस्तुत किया था वो स्पष्ट नहीं था। 2015 के चुनाव में सुशील मोदी, जनता के नेता के रूप में ख़ुद को साबित नहीं कर पाये लेकिन उन्होंने वो कर दिखाया जो पीएम नहीं कर पाये–बिहार में बीजेपी की सरकार बनाना। बीजेपी के एक नेता ने इस पर एक़दम सटीक तरह से कहा–जो काम नरेन्द्र मोदी बिहार में 50 बैठक करके नहीं कर पाये, वह काम सुशील मोदी ने 50 प्रेस कॉन्फ्रेंस में कर दिया।

नीतीश कुमार को सही राजनीतिक माहौल मिल रहा था। उन्होंने सब कुछ तभी तय कर लिया था, जब उन्होंने राष्ट्रपति पद के लिए यूपीए की मीरा कुमार के सामने बिहार के राज्यपाल रामनाथ कोविंद का समर्थन किया। लालू प्रसाद ने इसे ऐतिहासिक ग़लती बताया। 23 जून को एक इफ्तार पार्टी में नीतीश और लालू ने कैमरे के सामने एक-दूसरे को गले तो लगाया लेकिन इससे महागठबन्धन में पड़ने वाली दरार नहीं छुप पायी। ऐसा इसलिए क्योंकि दोनों ने इफ्तार पार्टी में एक-दूसरे से बात नहीं की। लालू ने नीतीश के कोविंद को दिये गये समर्थन पर खुलकर जो बोल दिया था।

पार्टी के बाद नीतीश ने तय किया कि वह अपने आवास तक पैदल ही जायेंगे। उन्हें इल्म हो गया था कि मीडिया उनका पीछा करेगी। वह बात करने के लिए रुके और सत्रह मिनट तक बात करते हुए उन्होंने कहा कि किस तरह यूपीए के एकजुट विपक्ष के विचार में क्यों गड़बड़ी है और वह क्यों बिहार की बेटी–मीरा कुमार–की जगह कोविंद का साथ दे रहे हैं। वह नाराज़ थे कि किस तरह विपक्ष, ख़ासकर कांग्रेस उनके साथ पेश आयी। नीतीश ने इसे कांग्रेस की पराजयवादी रणनीति बताया। वह जानना चाहते थे कि क्या इस तरह विपक्ष, नरेन्द्र मोदी से टक्कर लेने के बारे में सोच रहा है।

सुशील मोदी के एक के बाद एक खुलासे नीतीश का काम ही आसान कर रहे थे। न नीतीश और न ही जदयू के किसी नेता ने सुशील मोदी के इस दावे पर प्रतिक्रिया दी, जिसके तहत कहा गया था कि जदयू भी राजद प्रमुख की सम्पत्ति के दस्तावेज़ सामने लाने में मदद कर रहा है। हालाँकि नीतीश के क़रीबी राजीव रंजन सिंह उर्फ़ लल्लन सिंह ने एक प्रेस कॉन्फ्रेंस के ज़रिये कई दस्तावेज़ रखे जो लालू के परिवार के ज़मीन के प्लॉट से जुड़े थे। नीतीश ने एक ही बार रेत घोटाले पर बात की थी जब उन्होंने कहा कि इस मसले पर राज्य सरकार की एजेंसी नहीं, केन्द्र की एजेंसी को जाँच करनी चाहिए। दो दिन बाद, 7 जुलाई, 2017 को सीबीआई के 27 गुप्तचरों ने राबड़ी देवी के 10, सर्कुलर रोड के आवास पर छापा मारा।

अब महागठबन्धन में दरार को कोई नहीं रोक सकता। अभी तक जो राजनीतिक उठापटक चल रही थी, वो सब जनता को दिखाने के लिए थी। 26 जुलाई, 2017 को औपचारिक विभाजन हुआ।

26 जुलाई को सीएम आवास और राज भवन में काफ़ी हलचल देखने को मिली। कहा गया कि नीतीश कभी भी इस्तीफ़ा दे सकते हैं। सीएम ने लालू प्रसाद से आख़िरी बार बात की और कहा कि वह इस गठबन्धन को जारी रखना नहीं चाहते। हालाँकि नीतीश खुलकर तेजस्वी के इस्तीफे की बात नहीं कर रहे थे। इसी बीच लालू को चारा घोटाले से जुड़े केस को लेकर राँची कोर्ट जाना था। वह शान्त रहे लेकिन नीतीश को जो कहना था, उन्होंने कह दिया। लालू जानते थे कि ऐसा होगा। उन्हें हैरानी नहीं हुई क्योंकि वह नीतीश पर पूरी तरह भरोसा कभी नहीं कर पाये।

न ही लालू को बीजेपी की स्क्रिप्ट पर हैरानी हुई। यह कहकर कि भ्रष्टाचार के मुद्दे पर समझौता नहीं कर सकते और अपनी अन्तरात्मा की आवाज़ सुनकर इस्तीफ़ा देने के लिए राजभवन पहुँचे नीतीश ने कुछ घण्टे बाद अपने दोनों हाथ जोड़कर उन्हें अपने सिर पर लगा लिया मानो कह रहे हो कि उन्होंने ख़ुद को जनता के सुपुर्द कर दिया है। जब राजद सोच रही थी कि 80 सीटों के साथ सबसे बड़ी पार्टी के तौर पर वह अपना दावा पेश कर सके, तभी भाजपा और जदयू ने 26 और 27 जुलाई, 2017 की दरमियानी रात एक-दूसरे से हाथ मिला लिया। पीएम ने नीतीश के क़दम की सराहना करते हुए ट्वीट किया और भ्रष्टाचार की लड़ाई में साथ देने की बात कही। बीजेपी नेताओं को हरी झंडी मिल चुकी थी। शाम तक 1, अणे मार्ग पर बीजेपी नेताओं का जमावड़ा लग चुका था।

यह कहानी किसी बॉलीवुड फ़िल्म से कम नहीं थी। इस्तीफ़ा देने से पहले नीतीश ने पार्टी विधायकों के साथ बैठक की और माइक पर सीबीआई की उस छापेमारी पर विस्तार से बात की जो 17 जुलाई को लालू प्रसाद के घर पर हुई थी। उन्होंने बताया कि किस तरह लगातार कोशिशों के बावजूद किसी नतीजे पर जब नहीं पहुँचा गया तब उन्होंने इस्तीफ़ा देने का फ़ैसला किया। हालाँकि नीतीश ने यह साफ़ नहीं किया कि वह बीजेपी के पास लौट रहे हैं, लेकिन अवसरवाद और सहूलियत की राजनीति में पारंगत इस राजनेता के पास कोई और विकल्प भी नहीं था।

9 बजे तक बीजेपी नेता सुशील कुमार मोदी, नन्द किशोर यादव, प्रेम कुमार, मंगल पाण्डे और एनडीए के कई छोटे-बड़े नेता नीतीश के आवास पर पहुँच गये। रसोयी में क़रीब 60 लोगों के लिए ख़ाना पक रहा था। सावन का महीना था

इसलिए पूड़ी, आलू की सब्ज़ी, पनीर और दाल पक रही थी। कुर्सियाँ लग गयी थी। दर्शकों में पूर्व सीएम जीतन राम माँझी भी थे। वही माँझी जिन्हें फ़रवरी 2015 में जदयू ने बाहर का दरवाज़ा दिखा दिया था। लेकिन तब बात अलग थी। अब हालात अलग हैं,एनडीए की एक पार्टी के तौर पर माँझी एक बार फिर नीतीश के साथ खड़े हैं। वह फिर महागठबन्धन में गये और फिर एनडीए में आ गये।

एनडीए के विधायकों ने नीतीश को अपना नेता चुनने में वक़्त नहीं लगाया। नीतीश ने कहा–जो बीत गया सो बीत गया। अब नयी ऊर्जा और प्रतिबद्धता और भ्रष्टाचार के प्रति शून्य सहिष्णुता के साथ मिलकर काम करते हैं। सुशील मोदी ने नीतीश से कहा–लग रहा है मैं कोई सपना देख रहा हूँ। वहीं नन्द किशोर यादव ने नीतीश के लिए गुनगुनाया–सौ साल पहले हमें तुमसे प्यार था।

महागठबन्धन में दरार से पहले एक घोटाला सामने आया, जिसने बताया कि किस तरह नीतीश सरकार भागलपुर राजकोष के सरकारी पैसे की ग़ैरक़ानूनी निकासी को रोकने में दस साल तक विफल रही।

इसका मतलब बिहार सीएम नीतीश कुमार और एनडीए 1 और एनडीए 2 के दौरान उनके डिप्टी का पूरा कार्यकाल अब जाँचा जायेगा। राजद की अपील थी कि क्योंकि सृजन घोटाला राजकोष से निकासी से जुड़ा है, इसलिए ज़िम्मेदारी सिर्फ़ डीएम ही नहीं, वित्तमन्त्री और मुख्यमन्त्री की भी बनती है।

नेता प्रतिपक्ष तेजस्वी यादव ने कहा–

मेरे पिता लालू प्रसाद को चारा घोटाले में आरोपी बनाया गया जब कि यह घोटाला कांग्रेस के कार्यकाल का था लेकिन ज़िला राजकोष में धोखाधड़ी से हुई निकासी के लिए मेरे पिता को भी बतौर मुख्यमन्त्री और वित्तमन्त्री ज़िम्मेदार ठहराया गया तो इसी नियम से सृजन घोटाले में नीतीश कुमार और सुशील मोदी को क्यों कटघरे में नहीं लाया जाये। अगर मेरे पिता ने बीजेपी से हाथ मिलाया होता तो चारा घोटाला गायब हो चुका होता। नीतीश कुमार पर बीजेपी का कुछ ऐसा ही दबाव बना होगा तभी उन्होंने गठबन्धन तोड़ा।[7]

सृजन घोटाले में सीबीआई की जाँच जारी है। फिलहाल ऐसा कोई सबूत नहीं मिला है जिससे किसी बड़े राजनेता की कुर्सी पर आँच आये। अगस्त 2017 में द *इंडियन एक्सप्रेस* द्वारा पुलिस रिकॉर्ड, बैंक स्टेटमेंट की जाँच और अहम अधिकारियों के साक्षात्कारों से यह खुलासा हुआ कि किस तरह महिलाओं को रोज़गार से जुड़े प्रशिक्षण देने और अचार बेचने का काम करने वाले छोटे-सी ग़ैर

सरकारी संगठन सृजन महिला विकास सहयोग समिति लिमिटेड ने कम-से-कम आधी दर्जन कल्याण योजनाओं के लिए भागलपुर ज़िला प्रशासन के कई अकाउंट से धीरे-धीरे फंड की कथित धाँधली की है। इस काम में सरकारी अधिकारी, बैंक कर्मचारी और सृजन स्टाफ की कथित तौर पर मिली भगत रही।

बिहार की राजनीति में उथल-पुथल मची रहती है। नीतीश की बीजेपी से फिर से दोस्ती ऐसा ही कुछ है। लोकसभा और विधानसभा में एनडीए गठबन्धन की बिहार में अगुवाई करने वाले कुमार के लिए 2019 का चुनाव कठिन साबित हुआ। उनकी पार्टी में चुनाव रणनीतिकार प्रशान्त किशोर शामिल हुए। उन्होंने एक बार फिर नीतीश और लालू की सुलह करवाने का प्रयास किया और एक वरिष्ठ पत्रकार की मानें तो लालू और किशोर के बीच पटना में एक बैठक हुई जहाँ लालू ने कहा कि वह नीतीश से हाथ मिलाने के लिए राज़ी हैं, बशर्ते नीतीश एनडीए छोड़ दें। हालाँकि आगे चलकर किशोर ने ही आरसीपी सिंह से अनबन के चलते पार्टी छोड़ दी।

सन्दर्भ

1. जदयू नेता केसी त्यागी का साक्षात्कार, 20 दिसम्बर, 2019
2. दी टेलीग्राफ के तत्कालीन संवाददाता अमित भेलारी का साक्षात्कार, 10 जनवरी, 2021

3,4. नेता प्रतिपक्ष तेजस्वी प्रसाद यादव का साक्षात्कार, 20 दिसम्बर, 2020

5. पूर्व में स्वतन्त्र पत्रकार और अब न्यूज़ हाट के मैनेजिंग एडिटर कन्हैया भेलारी का साक्षात्कार, 15 दिसम्बर, 2020
6. नेता प्रतिपक्ष तेजस्वी प्रसाद यादव का साक्षात्कार, 21 फ़रवरी, 2021

17
जीतन राम माँझी और महादलित राजनीति

पहला बयान–

अगर पहले मैंने कभी दलितों के लिए आवाज़ उठाई होती तो मुझे कभी विधायक या मन्त्री भी नहीं बनने दिया जाता। मुख्यमन्त्री बनने के बाद भी चार महीने तक तो मैं चुप रहा, बस आईएएस, आईपीएस या एसडीओ के तबादले या पोस्टिंग को लेकर नीतीश कुमार के आदेश लेता रहता जो कभी लिस्ट भेजकर या कभी किसी अधिकारी को भेजकर कहलवाते कि साहेब ऐसा चाहते हैं। फिर मैंने अपने दिल और दिमाग़ की सुनना शुरू किया। मेरे जिन बयानों को विवादित नाम दिया गया है वो मैंने बोले क्योंकि मैं यह सब कहना चाहता था। आख़िरकार बिहार की राजनीति में दलितों की संख्या भले ही ज़्यादा हो लेकिन उन्हें कभी बोलने नहीं दिया गया। [1]

दूसरा बयान–

उनका तो नाम ही मत लीजिए, मैंने तो शरद यादव के साथ मिलकर उन्हें अपना उत्तराधिकारी चुना क्योंकि वह कम बोलते थे और उनकी विवादित छवि नहीं थी। बाकी के सीएम उम्मीदवार पहले से ही बड़े नेता थे और किसी और को ऊपर आने नहीं देते। लेकिन ज़रा सोचिए कि सीएम बनने के कुछ महीने बाद ही जब यह शख्स पीएम नरेंद्र मोदी के शपथ ग्रहण समारोह में जाते हैं तो मोदी जी से कहते हैं–मैं तो आना चाहता था लेकिन हमारे लोग ही नहीं चाहते थे। बाद में मुझे पता चला कि खुद मोदीजी भी इनके उतावलेपन से अचंभित थे कि वो उसकी आलोचना कर रहे थे जिसने उन्हें सीएम बनाया। मैं सीएम फिर से नहीं बनना चाहता था लेकिन वो तो दूसरों के हाथ की कठपुतली बन गए थे। [2]

कुछ इस तरह जीतन राम माँझी (पहला बयान) और नीतीश कुमार (दूसरा बयान) ने बिहार की राजनीति के माँझी वाले अध्याय पर अपना-अपना राजनीतिक पक्ष रखा।

सीएम माँझी को बाहर का रास्ता दिखा दिया गया, जिसके बाद उन्होंने हिन्दुस्तानी अवाम मोर्चा (सेक्यूलर) का गठन किया ताकि 2015 की टक्कर से पहले राज्य की राजनीति में ज़रा दलित दृष्टिकोण भी दिया जा सके। अनुसूचित जाति का यह नेता अपना पक्ष भी रखना चाहता था। वक्त का तकाजा देखिए माँझी अब नीतीश के साथ खड़े है एक सहयोगी के तौर पर। वैसे माँझी बाग़ी होने से पहले ही 16 फ़ीसदी अनुसूचित जाति की ताक़त की बात करनी शुरू कर दी थी और वह अक्सर कहते कि दरअसल यह वर्ग 22 फ़ीसदी है और इसलिए यही तय करेंगे कि अगला सीएम कौन बनेगा। जब माँझी नेता के तौर पर उभर रहे थे, तब ही नीतीश कुमार सतर्क हो गये थे।

जैसे ही माँझी ने दलित नेता बनने के प्रयास शुरू किये, वैसे ही वह नीतीश की आँखों में खटकने लगे और उनके लिए चुनौती बन गये। माँझी का विरोध बिहार की 1967 से 1972 तक की राजनीति की याद दिलाता है, जब पहली बार सत्ता का हस्तान्तरण सवर्ण से ईबीसी, ओबीसी और अनुसूचित जाति के नेतृत्व के हाथों में जा रहा था। लेकिन 1972 में जब कांग्रेस ने पूर्ण बहुमत के साथ सत्ता में वापसी की तो एक बार फिर राजनीति सवर्ण जाति केन्द्रित हो गयी। माँझी एक बार फिर सत्ता को ओबीसी से दलितों के हाथों में स्थानान्तरित करना चाहते थे, लेकिन उनका यह प्रयास शायद वक़्त से पहले हो गया। ऐसा माना जा रहा था कि ओबीसी राजनीति के अतिरेक के बीच माँझी–एनडीए या महागठबन्धन के बीच कुछ मोल-भाव कर सकते हैं। माँझी किसी राजनीतिक या सामाजिक आन्दोलन से निकले नेता नहीं बल्कि नीतीश की राजनीतिक उठापटक और माँझी उपनाम से उपजी उनकी निजी महत्त्वाकांक्षा से उभरे नेता हैं।

माँझी ने नेता के तौर पर जन्म लेने से पहले बिहार की राजनीति में 9 महीने तक मुख्यमन्त्री का गर्भकाल देखा। पहले वो एक मुख्यमन्त्री बने उसके बाद एक दलित नेता ने जन्म लिया। कई नेताओं को ऐसे सुनहरे मौके़ अपने राजनीतिक सफ़र के शुरूआत में मिलते हैं, माँझी को यह अवसर सत्तर साल की उम्र में मिला। वैसे भी 34 साल के राजनीतिक जीवन में उन्होंने बमुश्किल ध्यान केन्द्रित करने जैसा कुछ किया या कहा था कि उन्हें दलित नेता के रूप में देखा जा सके।

नीतीश कुमार ने सोचा कि गया के महकार गाँव से आने वाले जीतन राम माँझी, उस जगह को कुछ वक़्त के लिए भर पायेंगे जिससे नीतीश ने राजनीतिक अन्तराल लिया है और ऐसा करके नीतीश नैतिक तौर पर तो ऊँचे उठ ही जायेंगे, ऐसा नहीं था कि इस क़दम के साथ जदयू के इस सबसे बड़े नेता ने एक महादलित नेता के लिए कोई त्याग किया है, बल्कि नीतीश मान कर चल रहे थे कि माँझी तो कुछ वक़्त के लिए कुर्सी पर बैठे हैं जिसका बटन कुमार के हाथ में होगा, इस तरह से सत्ता उनकी मुट्ठी में ही रहेगी। लेकिन सत्ता तो रेत की तरह होती है, जितना मुट्ठी कस कर बाँधो, वो उतना ही छूटती है। नीतीश ने सोचा कि माँझी गद्दी को उनके लिए सँभालेंगे रखेंगे, लेकिन वह तो कुछ और ही सोच रहे थे। माँझी तो अपना रास्ता बनाना चाहते थे, अपने उपनाम के दम पर, उस उपनाम के दम पर जिसका महत्त्व नीतीश ने ही उन्हें समझाया था।

नीतीश जिस माँझी को जानते थे, वो कोई और ही था।

लोकसभा में जदयू की बुरी हार के बाद 17 मई, 2014 को नीतीश कुमार ने नैतिक ज़िम्मेदारी लेते हुए सीएम पद से इस्तीफ़ा दे दिया। लेकिन उनके ज़्यादातर विधायक चाहते थे कि वह अपना इस्तीफ़ा वापस लें। पार्टी में कोई और नेता भी नहीं था, जिस पर सब एकमत हों। नीतीश ने अपने समर्थकों से एक दिन का वक़्त माँगा। 19 मई को वह फिर अपने विधायकों से मिले जिनकी भावनाएं अब क़ाबू में थीं और वे अब कुमार को सुनने के लिए राज़ी थे। नीतीश ने उन्हें भरोसा दिलाया कि वह पार्टी को मज़बूत करने में अपना योगदान देते रहेंगे। लेकिन पहले की तरह जदयू के नये पार्टी नेता का चयन नहीं किया गया। विधायकों ने नीतीश से कहा कि वही नये नेता को नामाँकित करें।

18 फ़रवरी, 2014 की रात को नीतीश कुमार ने नये नेता का नाम सिर्फ़ पार्टी के राष्ट्रीय अध्यक्ष शरद यादव से साझा किया। नीतीश बताते हैं कि शरदजी ने कहा था कि यह बहुत अच्छा नाम है। नीतीश को बताया गया था कि राज्य की 13 फ़ीसदी आबादी यानी 21 अनुसूचित जातियों के समूह महादलित ने ही एक तरफ़ा लोकसभा चुनाव में जदयू को बड़े स्तर पर वोट दिया। पार्टी को इस महासमूह की वजह से 15.7 फ़ीसदी वोट मिले, हालाँकि इसके बावजूद लोकसभा में जदयू की लोकसभा सीट 20 से गिरकर महज़ 2 पर आ गयी–जिसमें एक तो नीतीश का घरेलू ठिकाना नालन्दा रहा और दूसरी पूर्णिया की सीट। नीतीश चाहते थे कि वह अपने महादलित जनाधार को और मज़बूत करें, वह आधार जिसे आठ सालों के अथक सामाजिक प्रयासों से नीतीश ने तैयार और हासिल किया था।

मखदमपुर विधायक (जहानाबाद) और अनुसूचित जाति-जनजाति कल्याण मन्त्री जीतन राम माँझी शान्त, विनम्र और ख़ुद को ज़्यादा महत्त्व न देने वाले मन्त्री थे जो ज़्यादा सुर्ख़ियों में नहीं रहते थे और सीएम पद के लिए उनका नाम दूर-दूर तक चर्चा में नहीं था। माँझी गया की एक शादी में जाने की तैयारी कर रहे थे कि तभी उनके पास नीतीश कुमार का फोन आया कि वह सीएम आवास पहुँच जायें। माँझी को लगा कि मौज़ूदा राजनीतिक हालात को लेकर चर्चा के लिए बुलाया होगा। जब माँझी 1, अणे मार्ग पहुँचे तो वहाँ शरद यादव मौज़ूद थे। अपनी आदतानुसार माँझी कोने की कुर्सी पर बैठ गये। नीतीश ने कहा–अरे यहाँ मेरी कुर्सी पर बैठिये। यह घर अब आपका है। यह सुनकर माँझी स्तब्ध थे। किसी राजनीतिक विशेषज्ञ ने यह नहीं सोचा होगा। अब तक तो स्पीकर उदय नारायण चौधरी, मन्त्री विजय कुमार चौधरी और नरेन्द्र नारायण यादव और जदयू राज्य अध्यक्ष बशिष्ठ नारायण सिंह का नाम ही चर्चा में था।

लेकिन कुछ ही महीनों बाद नीतीश को अहसास हुआ कि माँझी को लाने का मकसद पूरा नहीं हो रहा। माँझी को अहसास होने लगा कि यह कुर्सी उन्हें अपनी काबिलियत की वजह से नहीं, बल्कि उनके उपनाम की वजह से मिली है। उनका उपनाम जिसने उनकी महत्त्वाकांक्षा को पंख दिये।

माँझी ने हम (सेक्यूलर) का गठन किया, जिसकी प्रेरणा उन्हें अरविंद केजरीवाल की आम आदमी पार्टी–आप से मिली। माँझी अपनी इस पार्टी को नये ढंग से पेश करना चाहते थे। आप की तरह हम की कुछ टोपियाँ भी प्रचलित हुईं, लेकिन बिहार की राजनीति में यह टोपी आप जैसा असर नहीं छोड़ पायी।

इस पूर्व सीएम को पहले कभी महादलित नेता के पैमाने पर परखा नहीं गया था। लेकिन यह तय था कि बिहार की राजनीति में वह एक नया चेहरा बनकर उभर रहे थे। बीजेपी को माँझी का महत्त्व दो वजहों से समझ आ रहा था–एक यह कि वह रामविलास पासवान के साथ मिलकर एनडीए के लिए दलित वोट जुटा सकते हैं और दूसरा यह कि नीतीश के महादलित जनाधार के हिस्से में सेंधमारी करके वह कुमार के खेमे को सीधे तौर पर टक्कर दे सकते हैं। लेकिन माँझी की भी सीमाएँ हैं। उनके पास कहने के लिए ज़्यादा कुछ नहीं था। वह ज़्यादा से ज़्यादा मतदाताओं को यह बता सकते थे कि किस तरह उनके साथ दुर्व्यवहार किया गया और बीच कार्यकाल में ही उन्हें सीएम पद से हटा दिया गया। नीतीश की ही योजनाओं में कुछ जोड़-तोड़ करने के बाद माँझी ने अपना विकास-कार्ड खेला, लेकिन नीतीश के सुशासन वाले मुद्दे के आगे इसके टिकने की सम्भावना कम रही।

दलितों को मूल निवासी और ऊँची जाति को विदेशी बताने जैंसे लगातार विवादित बयान देकर माँझी ने अपनी एक अलग पहचान बना ली थी। इस तरह की टिप्पणियों ने उन्हें तुरन्त सुर्खियों में ला दिया और लालू प्रसाद, नीतीश कुमार और बिहार की राजनीति के स्थायी तीसरे चेहरे रामविलास पासवान के बीच उनके नाम की भी चर्चा होने लगी। लेकिन माँझी की सवर्ण विरोधी राजनीति ज़्यादा चल नहीं पायीं क्योंकि ख़ुद उनका दलितों से ज़्यादा ऊँची जाति के साथ उठना-बैठना रहा। उन्होंने बीजेपी को अपनी सहयोगी पार्टी के तौर पर चुना, जिसका एक मज़बूत सवर्ण जाति जनाधार है।

20 फ़रवरी को बिना शक्ति परीक्षण के माँझी से दबाव में इस्तीफ़ा लिया गया, जिसके बाद से उन्होंने एक भी सवर्ण विरोधी बयान नहीं दिया। बिना तैयारी के दिया गये बयान जो सीएम पद पर रहने के दौरान उनके द्वारा बार-बार दिये जा रहे थे। ख़ुद माँझी स्वीकार करते हैं—अब इसकी ज़रूरत नहीं है। इससे पता चलता है कि उनके सभी विवादित बयान, एक सोची-समझी राजनीतिक रणनीति के तहत दिये गये थे। वह शख़्स जिसकी 30 साल से लम्बे राजनीतिक सफ़र में कभी जुबान नहीं फिसली, उन्होंने बिहार की सबसे बड़ी कुर्सी पर नौ महीने बैठने के दौरान बहुत कुछ कह दिया।

नीतीश विरोधी होना ही जीतन राम माँझी का सबसे बड़ा हथियार था। लालू प्रसाद पर किया गया उनका हमला भी तर्कसंगत नहीं था, जिसमें उन्होंने राजद नेता पर आरोप लगाया था कि जब माँझी को सीएम पद से हटाया गया तब लालू ने एक दलित का साथ नहीं दिया। जबकि यह वही माँझी हैं जो लालू से हाथ मिलाना चाह रहे थे लेकिन राजद प्रमुख ने ही उन्हें न चुनकर सीएम के चेहरे के लिए नीतीश को चुना। दिलचस्प यह है कि ख़ुद माँझी जानते थे कि लालू उनके लिए सही विकल्प नहीं हैं। यह इसलिए था क्योंकि माँझी का कोई जनाधार नहीं था और नीतीश एक सिद्ध हो चुके नेता थे।

माँझी की राजनीति विडम्बनाओं से भरी थी। उनके खेमे में जदयू के बाग़ी नेता थे जो राजनीतिक या निजी वजहों से नीतीश के ख़िलाफ़ रहे। माँझी ने पहले-पहल सवर्ण जाति की आलोचना करके और फिर बाद में तमाम विकास सम्बन्धित उपायों के ज़रिये दलित कल्याण केन्द्रित राजनीति करके अपना काम चलाया। उनके मुख्य सलाहकार पूर्व मुख्यमन्त्री डॉ. जगन्नाथ मिश्र थे जो स्वयं सवर्ण जाति राजनीति का प्रतीक थे। मिश्र के बेटे नीतीश मिश्र, नीतीश और माँझी दोनों के ही कार्यकाल में

मन्त्री रहे और जो निजी वजहों से महकार के इस नेता का साथ दे रहे थे। नीतीश चाहते थे कि झंझारपुर विधानसभा क्षेत्र से फिर से चुनाव लड़ें। वह जानते थे कि एनडीए में दरार के बाद राजनीतिक समीकरण बदल गये हैं और अब अपनी नौका पार लगाने के लिए दूसरे खेमे में जाना बेहतर होगा।

दरअसल हम (सेक्यूलर) में बतौर पार्टी वो पारम्परिक बात नहीं थी जो महादलितों के मुद्दे को उठा सके। हम को माँझी समर्थक कम और नीतीश विरोधी लोगों का जमावड़ा कहना ग़लत नहीं होगा। मसलन जमुई से राजपूत जाति के पूर्व मन्त्री और वरिष्ठ नेता नरेन्द्र सिंह पहले भी कई खेमों में रह चुके हैं और अब वह माँझी के साथ हैं क्योंकि वह नीतीश विरोधी विचारधारा के हैं। सिंह के दो बेटे–अजय प्रताप सिंह और सुमित कुमार सिंह (तब जमुई और चकई से विधायक) भी चुनाव एनडीए कैम्प से लड़ना चाहते थे। माँझी खेमे में जदयू के 19 बाग़ियों में से आधे से ज़्यादा सवर्ण जाति से थे। माँझी कैम्प के छह विधायक बीजेपी में चले गये थे।

लेकिन इसके बावजूद माँझी के सपने बड़े थे। वह जानते थे कि हम (सेक्यूलर) अगर 15-20 सीट लाती है तो उनकी प्रासंगिकता बनी रहेगी, ख़ासतौर पर अगर त्रिशंकु विधानसभा के हालात बनते हैं। माँझी फिर से सीएम बनना चाहते थे, उन्हें उम्मीद थी कि वह किसी-किसी समझौते पर पहुँच ही जायेंगे। या फिर अगर उन्होंने एनडीए को उचित सीट दिलवा दी तो शायद बीजेपी उन्हें राज्यसभा की सीट दे दे या राज्यपाल का पद या शायद केन्द्रीय मन्त्री बना दे। लेकिन यह सब एनडीए के चुनाव प्रदर्शन पर निर्भर करता। माँझी ने अपने साथ कुशवाहा नेता शकुनि चौधरी को भी जोड़ लिया। चौधरी को हम का राज्य अध्यक्ष बनाया गया जो एनडीए कैम्प के एक और कुशवाहा नेता उपेंद्र कुशवाहा के लिए चुनौती बन गये थे। उपेंद्र केन्द्र में राज्यमन्त्री भी रहे और उनकी राष्ट्रीय लोक समता पार्टी पिछले लोकसभा चुनाव में तीन सीटों पर खड़ी हुई और तीनों जीती। एनडीए में इन दो कुशवाहा के बीच अहं का टकराव हो रहा था और बीजेपी के लिए यह एक बड़ी समस्या बन गयी थी।

माँझी जानते थे कि उनकी जाति का आधार ही उनकी ताक़त है। मुसहर और भुइया कुल मिलाकर साढ़े तीन फ़ीसदी हैं। एक नेता जिसके पास तीन से पाँच फ़ीसदी जनाधार हो, वह जिस भी गठबन्धन के साथ होगा, बिहार की राजनीति में उसका पलड़ा भारी हो सकता है। ऐसे नेता वोट को नतीजों में बदलने में बहुत मददगार होते हैं। माँझी प्रयास कर रहे थे कि वह सिर्फ़ मुसहर और भुइया नहीं, बल्कि अन्य अनुसूचित जाति समूहों के भी नेता बनें।

माँझी ने बहुत ही चतुराई के साथ नीतीश विरोधवाद को विकास के मुद्दे के साथ बुना। बतौर सीएम, माँझी ने अनुसूचित जाति-जनजाति और अल्पसंख्यक समुदाय के छात्र-छात्राओं को दूसरी श्रेणी में दसवीं पास होने पर 8 हज़ार रुपये की प्रोत्साहन राशि देना शुरू किया। यह पहल नीतीश कुमार ने सिर्फ़ पहली श्रेणी के छात्र-छात्राओं के लिए शुरू की थी, लेकिन माँझी का मानना था कि दूसरी श्रेणी के लिए यह पहल ज़्यादा ज़रूरी है क्योंकि दसवीं कक्षा के बाद उनके पढ़ाई छोड़ने के आसार ज़्यादा होते हैं। माँझी ने पहली और दूसरी श्रेणी में 12वीं पास करने वाले अनुसूचित जाति-जनजाति और अल्पसंख्यक समुदाय के छात्र-छात्राओं के लिए भी 15 हज़ार और 10 हज़ार रुपये की प्रोत्साहन राशि देना शुरू किया।

इस योजना पर बात करते हुए माँझी ने नवम्बर 2014 में मुझसे हुई एक अनौपचारिक बातचीत में कहा–कुछ क्षेत्रों में तो मैंने नीतीश कुमार से ज़्यादा विकास कार्य किया। हमने तय किया है कि पिछड़े और अति पिछड़े वर्ग से आने वाले छात्राओं के लिए 12वीं के बाद छात्रवृत्ति लायी जाये ताकि वह बिहार में या बाहर पढ़ सकें। लेकिन इस बीच अपनी कुर्सी बचाने के लिए माँझी ने यह भी कहा कि–प्लीज़ कोई तुलना मत कीजिएगा, जो नीतीश कुमार को अच्छी न लगे।

माँझी द्वारा नीतीश की अवज्ञा सार्वजनिक होने के बाद माँझी सरकार ने हड़बड़ी में कुछ फ़ैसले लिए। माँझी ने पासवान को महादलित में शामिल करने का बड़ा फ़ैसला लिया। यह एकमात्र जाति थी जिसे कुमार ने शामिल नहीं किया था। महादलितों का नेता बनने के प्रयास में माँझी ने यह बड़ा जुआ खेला और रामविलास पासवान के जनाधार में सेंध मारने की कोशिश की। इस बीच जदयू ने फ़रवरी 2015 के पहले हफ़्ते नीतीश कुमार को सदन में अपना पार्टी नेता चुना लेकिन माँझी ने इस्तीफ़ा देने से इन्कार कर दिया।

हर मुद्दे पर माँझी, नीतीश से बड़ी लकीर खींच रहे थे। जहाँ नीतीश ने पुलिस की नौकरी में महिलाओं के लिए आरक्षण घोषित किया, वहीं माँझी ने महिलाओं के लिए 35 फ़ीसदी आरक्षण की घोषणा किया। माँझी जानते थे कि पंचायत और स्थानीय निकायों में हर जाति की महिलाओं के लिए 50 फ़ीसदी आरक्षण देकर नीतीश काफ़ी लोकप्रिय हुए।

नीतीश को ललकारने के बीच माँझी ने एक और बड़ा फ़ैसला लिया, जिसके तहत उन्होंने टोला सेवक और विकास मित्र की नौकरी का कार्यकाल 25 साल कर दिया। टोला सेवक और विकास मित्र गाँव के सबसे छोटे स्तर टोला के लोगों

का प्रतिनिधित्व करते हैं और यह सुनिश्चित करते हैं कि सरकार की छोटी-से-छोटी योजना का लाभ इस समुदाय को मिले। नीतीश की छवि दाँव पर लगाकर इन नौकरियों को स्थायी करने से इस पद के कर्मचारियों के बीच माँझी लोकप्रिय हो गये। इसके अलावा 5 एकड़ तक की उपजाऊ ज़मीन के किसानों के लिए मुफ़्त बिजली का फ़ैसला लिया गया। 850 पुलिस स्टेशन में अनुसूचित जाति-जनजाति के पुलिस अधिकारियों की नियुक्ति की गयी। इसके अलावा पुलिसकर्मियों को एक महीने का अतिरिक्त वेतन दिये जाने का फ़ैसला भी माँझी ने लिया। माँझी ने अनुसूचित जाति-जनजाति के अधिकारियों के साथ बैठक में आरक्षण आयुक्त के पद को दोबारा शुरू करने की योजना भी बनायी और साथ ही ज़िला स्तर पर दलितों के लिए अधिकतम पदों की बात भी की गयी। आर्थिक सीमा को कम करके संविदा में एससी-एसटी वर्ग के लोगों के लिए आरक्षण का विचार भी उन्होंने रखा।

माँझी इसलिए भी खटकने लगे थे, क्योंकि उन्होंने तंगहाली से जूझ रहे राज्य में सरकार के दिखावे पर सवाल उठाये थे। मुख्यमन्त्री बनने का इरादा कभी न रखने वाले माँझी कहते हैं–मैंने विधानसभा की नयी इमारत और पटना में 500 करोड़ रुपये के संग्रहालय पर सवाल खड़े किये। मैंने पूछा कि क्यों सड़क परियोजना के लिए स्थानीय कम्पनियों की बजाय बाहर से सलाहकार की सेवाएँ ली जा रही हैं जो छह गुना ज़्यादा रकम वसूल रहे हैं। यह सभी सवाल माँझी उठा रहे थे, जो एक विनम्र मिज़ाज के मन्त्री थे और जिनकी तरफ़ 19 मई, 2014 से पहले मीडिया का कभी ध्यान नहीं गया। जिनकी विनम्रता और उपनाम ने ही नीतीश कुमार का ध्यान खींचा।[3]

माँझी ने अपने फैसलों से कहीं-न-कहीं नीतीश कुमार को चुप कर दिया था। वह जानते थे कि इन फैसलों को वापिस लेना नीतीश के लिए ठीक नहीं होगा। लेकिन नीतीश ने ऐसा किया और माँझी के 33 फ़ैसले वापिस ले लिए, बस पासवान को महादलित श्रेणी में शामिल करने के फ़ैसले को छोड़कर। हालाँकि सरकार ने इस पर किसी तरह की अधिसूचना जारी नहीं की है। नीतीश ने माँझी के कुछ फैसलों को नया बनाकर पेश किया, जिसमें इंस्पेक्टर स्तर से नीचे के पुलिसकर्मी को एक महीने का अतिरिक्त वेतन दिये जाने का फ़ैसला था।

जून 24, 2014 से नवम्बर 23, 2014 तक माँझी ने 81 घोषणाएँ की, जिसमें एससी-एसटी छात्र-छात्राओं को 75 फ़ीसदी की अनिवार्य उपस्थिति के बग़ैर ही छात्रवृति देना, मुसहर और भुइया को अनुसूचित जनजाति में शामिल करने की

सिफ़ारिश, एससी-एसटी और विकलांग द्वारा लघु उद्योग शुरू करने के लिए विशेष अनुदान और दो लाख एससी-एसटी विद्यार्थियों के लिए छात्रावास की सुविधा शामिल है। यह फ़ैसले माँझी की योजना और रणनीति बताते हैं। उन्होंने कुछ ज़रूरी क़दम उठाए जैसे मच्छरों से बचाव के लिए कार्यबल और गया की फल्गु नदी में पानी न ठहर पाने के श्राप से मुक्ति तक के लिए एक योजना शुरू की गयी। कहते हैं कि सीता ने फल्गु को श्राप दिया था कि उसमें कभी पानी नहीं टिकेगा।

हालाँकि अपने छोटे से कार्यकाल में बाद के वक़्त में माँझी की घोषणाओं में ऊँची जाति विरोधी राजनीति से हटकर समझौता ज़्यादा देखने को मिला। माँझी ने 28 अक्टूबर को सवर्ण जाति के ग़रीबों के बीच सरकारी लाभ पहुँचाने की बात कही। यह बात अलग है कि इतनी बड़ी घोषणाओं में से 10 फ़ीसदी योजना भी अमल में नहीं लायी जा सकी। माँझी, मुसहर समुदाय से सीएम की कुर्सी पर पहुँचने वाले पहले शख़्स थे। गया के खिजरसराय के महकार से आने वाले माँझी ने एक लम्बा सफ़र तय किया।

खिजरसराय से एक पक्की सड़क महकार के हरे घर पर जाकर रुकती है। आठ मुसहर परिवारों के गाँव में सिर्फ़ यही एक पक्का घर है। इसके अलावा ओबीसी, ईबीसी और ऊँची जाति के 100 परिवार हैं।

मई 2014 में जब मैंने इस गाँव के कुछ स्कूली बच्चों से माँझी के बारे में बात की तो एक बच्ची ने बहुत ही साफ़ लिखाई में ब्लैकबोर्ड पर हिन्दी में जीतन राम माँझी लिखा। पूरा गाँव नीतीश की दरियादिली के आगे नतमस्तक था। माँझी को सीएम की कुर्सी पर बैठाकर नीतीश कुमार का क़द महकार में और ज़्यादा बढ़ गया था।

माँझी के इस आवास पर कुछ पुलिसकर्मी सुरक्षा के लिए तैनात हैं, लेकिन बाग़डोर सीएम के भतीजे उपेंद्र माँझी के हाथ में है। उपेंद्र ने दो माले का घर दिखाया जो माँझी ने विधायक बनने के बाद बनाया। उपेंद्र बेहद गर्व के साथ माँझी के कमरे में लगा एसी दिखाते हैं, फ्रिज का ठण्डा पानी पिलाते हैं। उपेंद्र ही माँझी की 19 बीघा ज़मीन पर खेती करते हैं। वह बताते हैं कि किस तरह माँझी हमेशा से ही ज़मीन से जुड़े रहे। वह बेहद गर्व से बताते हैं–जब तक वह मन्त्री रहे, तब तक वह ख़ुद ही कुल्हाड़ी लेकर खेत पहुँच जाते थे।

1980 में कांग्रेस में रहकर माँझी पहली बार विधायक बने। 1983 में वह चन्द्रशेखर सरकार में डिप्टी मन्त्री बने। वह जनता दल में शामिल होकर 90 के

दशक में शिक्षा राज्यमन्त्री बने। फिर वह नीतीश के खेमे में आ गये और अक्टूबर 2005 में उनकी अगुवाई वाले एनडीए में अनुसूचित जाति-जनजाति कल्याण मन्त्री बने। राजद कार्यकाल में भ्रष्टाचार के एक मामले की वजह से उन्हें इस्तीफ़ा देना पड़ा। 2008 में नीतीश सरकार में एक बार फिर उन्होंने वापसी की। जीतन राम माँझी के बेटों के पास कार हैं, लेकिन माँझी अपनी पुरानी एम्बैसेडर से ख़ुश हैं जिस पर सवार होकर राजनीतिक गलियारों का सफ़र तय करते रहे।[4]

माँझी के दो बेटे और पाँच बेटियां हैं। उनके बेटे सन्तोष (अब मन्त्री) के पास स्नातकोत्तर डिग्री है और वह डॉक्टरेट हैं और दूसरे बेटे का नाम प्रवीण है जो स्नातक हैं और जो सुमन उपनाम लगाते हैं। दोनों भाई गया शहर वाले अपने घर में रहना पसन्द करते हैं। माँझी की पत्नी शान्ति देवी निरक्षर हैं। सन्तोष वज़ीरगंज के कॉलेज में पढ़ाते थे और अब अपने पिता की पार्टी के प्रमुख नेता बन गये हैं। माँझी की एक बेटी सुनैना वॉर्ड काउंसिलर है, रूबी, स्वास्थ्य विभाग में सुपरवाइज़र और प्रमीला का ब्यूटी पार्लर है।

महकार के अन्य माँझी, जीतन राम की तरह ख़ुशक़िस्मत नहीं है। वह अब भी जीवन-यापन के लिए खेतों में काम करते हैं और हैंड पम्प जैसी सुविधा के लिए मशक्कत करते हैं जो गर्मी में सूख जाते हैं।

माँझी को सीएम पद पर बैठना एक उम्मीद जगाता है। महकार के पास मुसहर गाँव है जहाँ इस समुदाय के वो लोग रहते हैं जो पहले चूहे खाया करते थे। इसी से इनका नाम मुसहर पड़ा। द इंडियन एक्सप्रेस की रिपोर्ट *(Their man, the CM, 24 मई 2014)* कहती है–

महकार से एक किलोमीटर दूर परबती नगर है, जहाँ 4 हज़ार की आबादी में 75 फ़ीसदी मुसहर हैं। एक कच्ची सड़क गाँव तक जाती है। जीतन राम के शपथ लेने के एक दिन बाद ही यहाँ रातोंरात वो हैंडपम्प लगा जिसे काफ़ी वक़्त पहले ही मंजुरी दे दी गयी थी। गाँव का यह तीसरा हैंडपम्प है, यहाँ ज़मीन के सूखे होने और चट्टानों की वजह से भूमिगत जलस्तर बहुत कम है। गाँव में दो कुए थे जो बहुत पहले सूख गये। परबत्ती नगर, मूल रूप से मज़दूरों का गाँव है जहाँ 40 फ़ीसदी आबादी 18 से 50 साल तक की उम्र की है और जो काम के लिए दिल्ली, लुधियाना और अलीगढ़ चले गये हैं। इनमें से ज़्यादातर ईंट की भट्टी में काम करते हैं।[5]

परबत्ती नगर की कहानी से जीतन राम माँझी पूरी तरह इत्तेफाक रखते हैं और कहते हैं कि ज़्यादातर गाँववालों का यही हाल है। वह मानते हैं कि सामाजिक और

आर्थिक बदलाव आने में वक़्त लगता है। वह अपने संघर्ष याद करते हुए बताते हैं कि किस तरह वह महकार से बाहर निकल पाये। माँझी याद करते हैं—मेरा पहला पाठ तो मैंने अपने मकान मालिक के यहाँ पढ़ा। मकान मालिक के बेटे को एक शिक्षक पढ़ाने आता था, जिन्हें लगा कि मेरे अन्दर कुछ बात है क्योंकि मैं चुपके से उन्हें पढ़ाते हुए सुनता था। वह मुझे पढ़ाने के लिए राज़ी हो गये और इस तरह मेरी कहानी शुरू हुई। मैं स्लेट के टूटे हिस्से पर पहाड़े लिखकर याद करता।

माँझी ने बताया कि किस तरह उनका जन्म नदी के पास हुआ और पैदाइश के बाद आयी बाढ़ की वजह से उनके पूरे परिवार को बरगद के पेड़ के ऊपर चढ़ना पड़ा।

कॉलेज के दिनों से ही माँझी को भाषण देना बहुत पसन्द था। स्नातकोत्तर करने के बाद वह लेक्चरर बनना चाहते थे। 1976 में उनके भाई गोविन्द की पुलिस सब-इंस्पेक्टर की नौकरी लग गयी और फिर माँझी की भी सरकारी नौकरी लग गयी। लेकिन उनके ज़हन में तो राजनीति ही थी।

सीएम बनने के बाद तो ज़ाहिर तौर पर राजनीति को उन्होंने और कसकर पकड़ लिया। पहले दो महीने तो माँझी चुप रहे और अपने ऊपरवाले के आदेश का पालन करते रहे। बड़े फैसलों से लेकर पोस्टिंग और तबादले तक हर मामले में ऊपर से हस्तक्षेप रहता था। मीडिया ने माँझी को रबड़ स्टाम्प बुलाना शुरू कर दिया। लेकिन देश भर में अहम पदों पर आसीन अनुसूचित जाति-जनजाति और दलित सरकारी अधिकारियों ने माँझी को अपनी अलग पहचान बनाने के लिए उत्साहित किया। लेकिन एक समस्या थी—उन्हें बिहार की राजनीति के दो दिग्गजों के बीच जगह बनानी थी—लालू प्रसाद और नीतीश कुमार। इतने कम वक़्त में अपनी प्रशासन व्यवस्था के ज़रिये वह ज़्यादा छाप नहीं छोड़ सकते। इसलिए उनके पास लोगों का ध्यान खींचने के लिए एक ही विकल्प बचता है—विवाद। उन्होंने ऊँची जाति को निशान बनाना शुरू किया और 28 सितम्बर को आरोप लगाया कि 2014 के विधानसभा उपचुनाव के दौरान जब वह मधुबनी के एक मन्दिर गये तो बाद में उसका शुद्धिकरण किया गया। हालाँकि उनके कैबिनेट साथी नीतीश मिश्र ने इस बात को नकारते हुए कहा कि माँझी राजनीति कर रहे हैं।

इसके बाद तो हड़बड़ी में कई बयान दिये गये, जिसकी वजह से माँझी ग़लत वजहों से चर्चा में रहे और जब नीतीश का इसकी तरफ़ ध्यान गया तो उन्होंने अपना

इरादा बदल दिया। 1 फ़रवरी को माँझी को निकाले जाने के बाद नीतीश कुमार ने कहा–मैंने उन्हें सरकार दी, वह तो पार्टी को ही मुझसे अलग करने लगे। मैं फिर से सीएम नहीं बनना चाहता था, पार्टी के लिए काम करना चाहता था लेकिन लोग कहने लगे–पार्टी बचेगा तब ना आप कुछ कर पायेंगे। सीएम बनने के तीन महीने तक तो माँझी एक रणनीति के तहत चुप रहे। लेकिन 12 अगस्त, 2014 को पटना में नव नियुक्त ब्लॉक विकास अधिकारियों को सम्बोधित करते हुए उन्होंने अपना एक निजी अनुभव साझा किया–मैंने 5 हज़ार की रिश्वत देकर 50 हज़ार का बिजली का बिल निपटाया। नीतीश कुमार के राज में विकास तो था लेकिन साथ ही भ्रष्टाचार भी बढ़ता चला गया।

इस तरह पहली बार माँझी और नीतीश कुमार के बीच लकीर खिंच गयी। वह अपने राजनीतिक आका को एक सन्देश देना चाहते थे। हालाँकि अगले दिन सीएम ने यह कहकर अपने बयान का बचाव किया कि उनका मतलब रिश्वत से नहीं था, उन्होंने तो बिजली विभाग के अधिकारी को मिठाई ख़रीदने के लिए सिर्फ़ 200 रुपये दिये थे।

इसके बाद उन्होंने सरकारी स्कूल की शिक्षा-व्यवस्था पर सवाल खड़े किये। 14 अगस्त को माँझी ने बयान दिया–सरकारी स्कूल की शिक्षा जैसे सरकारी बस जिसके हर हिस्से को एक साल में बदलना पड़ता है और प्राइवेट स्कूल जैसे कि निजी बस जिसका मालिक इतना कमाता है कि साल में नयी बस ख़रीद ले। यह बयान नीतीश कुमार की साढ़े आठ साल की मेहनत पर पानी फेरने के लिए काफ़ी है। राज्य सरकार अपने बजट का 24 फ़ीसदी शिक्षा पर ख़र्च करती है। उधर माँझी बिना झिझक के सरकारी स्कूल के शिक्षकों पर तंज कस रहे थे–ये शिक्षक क्लास में खैनी मसलते हैं।

मीडिया को जो मसाला चाहिए था, वो माँझी से उसे मिल रहा था।

21 अगस्त को माँझी ने फिर विवाद खड़ा कर दिया जब उन्होंने अनुसूचित जाति के युवाओं से अन्तर्जातीय विवाह करने की अपील की ताकि अनुसूचित जाति की आबादी 16 से 22 फ़ीसदी बढ़ सके। आलोचना होने पर माँझी ने ख़ुद को पीड़ित बताया और मीडिया को दोष देते हुए कहा–मेरा तो जन्म ही सहन करने के लिए हुआ। हर बयान के साथ वह ज़्यादा चर्चा में आ रहे थे। यह बात नीतीश को चिंतित कर रही थी लेकिन वह चुप थे।

29 अगस्त को दलित सीएम ने फिर भ्रष्टाचार की बात छेड़ी और डीएम तथा एसपी की एक बैठक में कहा–लोग कहते हैं पैसा ऊपर वालों के पास जाता है लेकिन मुझे तो कुछ नहीं मिला। मीडिया फिर इस ख़बर पर लपकी। विकास की बात ही नहीं हो रही थी, चर्चा में तो बस माँझी थे। घर, मोहल्ले, गाँव हर जगह उन्हीं की बात हो रही थी।

2 सितम्बर को माँझी ने छोटे व्यापारियों के उस विज्ञापन को सही बताया जिस पर लिखा था–बच्चों की पढ़ाई के लिए यह करना पड़ता है। पाँच दिन बाद उन्होंने शराबियों को सलाह दी–थोड़ा थोड़ा लिया कीजिए, दिक़्क़त नहीं होगी। माँझी अब जदयू में बड़े स्तर पर निराशा की वजह बन रहे थे।

17 अक्टूबर को सीएम ने डॉक्टरों पर मरीजों के इलाज में लापरवाही बरतने का आरोप लगाते हुए कहा कि ऐसा करने पर डॉक्टरों के हाथ काट देने चाहिए। जब भारतीय चिकित्सा संघ ने सीएम की आलोचना की तो उन्होंने कहा कि यह तो बस एक जुमला था।

इस बीच माँझी लगातार नीतीश को विकास के मुद्दे पर घेर रहे थे और कह रहे थे–मैं नीतीश से बड़ी विकास की लाइन खींच सकता हूँ।

आख़िरकार उन्होंने वह बात बोली जिसके लिए वह इतने दिनों से सबका ध्यान बटोर रहे थे। 24 अक्टूबर को उन्होंने अपने इरादे साफ़ किये–दलित और महादलित मिलकर अगला सीएम चुनेंगे। यह बयान उन्होंने अपने गाँव में दलित वोट की ताक़त बताने के लिए दिया था। 26 अक्टूबर को उन्होंने फिर कहा–मैं सीएम तो हूँ लेकिन फ़ैसले नहीं ले सकता। यह सीधे तौर पर नीतीश कुमार पर हमला था।

11 नवम्बर को माँझी का बयान–ऊँची जाति के लोग विदेशी हैं, भारत के मूल निवासी तो अनुसूचित जाति-जनजाति के लोग हैं। ऐसा लग रहा था कि माँझी नेता बनने के मिशन पर थे। अगर ग़ैर-ज़िम्मेदाराना बयान से कोई नेता बन सकता है तो माँझी इसका उदाहरण थे। सोशल मीडिया जैसे आक्रामक दौर में माँझी की तरकीबें फिट बैठती हैं।

तब तक जदयू के शीर्ष नेता माँझी की जगह किसी और के नाम पर चर्चा करने लगे थे। 15 नवम्बर तक माँझी ने कह दिया कि अगर नीतीश कहेंगे तो वह सहर्ष इस्तीफ़ा दे देंगे।

माँझी बताते हैं–

शरद यादव ने मुझसे कहा कि अगर वह मुझसे इस्तीफ़ा देने के लिए कहें तब भी मैं न दूँ। नीतीश ने मुझे हटाने के लिए मुलायम सिंह यादव और लालू प्रसाद से मुलाक़ात की। लेकिन मैं चाहता था कि नीतीश ख़ुद मुझसे इस्तीफ़ा देने के लिए कहें। क्योंकि वह स्पष्ट तौर पर मुझसे इस्तीफ़ा नहीं माँग रहे थे इसलिए मैंने भी इन्कार कर दिया।[6]

23 नवम्बर को वह बाग़ी हुए और कहा कि वह सीएम हैं और उन्हें कोई नहीं हटा सकता। उनकी बयानबाज़ी जारी थी। उन्होंने कहा कि भ्रष्टाचार की फ़ाइल का शॉर्ट सर्किट हो गया है।

जदयू नेता केसी त्यागी कहते हैं–

माँझी की जगह नये नाम पर चर्चा चल रही थी। महादलित वोट के नाराज़ होने का डर पार्टी को सता रहा था। माँझी लगातार पार्टी की छवि ख़राब कर रहे थे और हमें यक़ीन था कि ऐसा वह बीजेपी के कहने पर कर रहे थे। लालू प्रासद को मनाना मुश्किल था। हमें उन्हें बताना पड़ा कि माँझी किस तरह जदयू सरकार की प्रतिष्ठा पर कीचड़ उछाल रहे हैं और इसकी वजह से विकास को आगे लाने का जनता गठबन्धन का इरादा फीका पड़ जायेगा। पार्टी ने कुछ वैकल्पिक नाम पर चिन्तन किया लेकिन आख़िरकार नीतीश को दोबारा लाया जाना तय हुआ।[7]

अब तक माँझी को सरकार के कुछ बड़े मन्त्रियों का समर्थन मिलने लगा था– नरेन्द्र सिंह, ब्रिशन पटेल, महाचन्द्र प्रसाद सिंह और भीम सिंह। माँझी के मन्दिर वाले बयान से नाराज़ हुए नीतीश मिश्र भी अब उन्हीं की तरफ़ थे। पूर्व सीएम जगन्नाथ मिश्र अब उनके अनाधिकारिक सलाहकार बन गये थे, जिन्होंने माँझी से कहा कि वह अब बहुत दिन तक ऊँची जाति विरोधी राजनीति नहीं कर पायेंगे। जदयू के आठ विधायकों को 2014 राज्यसभा उपचुनाव में क्रॉस वोटिंग करने के लिए बरख़ास्त कर दिया गया, जिन्होंने ज़ाहिर तौर पर बाद में माँझी का साथ दिया। माँझी के पास कुल 19 विधायक थे और वह जदयू और राजद के कई अन्य विधायकों से सम्पर्क में थे। लेकिन इन विधायकों ने कहा कि वह सदन में माँझी का साथ तभी देंगे अगर ऊँट उनकी तरफ़ करवट लेता दिखायी दिया।

माँझी का समर्थन करने को लेकर बीजेपी मन नहीं बना पा रही थी क्योंकि ऊँची जाति का वोट बैंक बीजेपी का आधार रहा है और माँझी लगातार इस वर्ग के ख़िलाफ़ बयान दे रहे थे। लेकिन बीजेपी को ऐसा दलित नेता चाहिए था जो नीतीश कुमार को जवाब दे सके। दलित का अपमान–इस वाक्य ने माँझी और बीजेपी खेमे

में जगह बना ली थी। बीजेपी ने तय किया कि सदन में शक्ति परीक्षण के दौरान वह माँझी का साथ देंगे। उधर फिर से सीएम बनने की जल्दी में नीतीश ने 130 विधायकों को राजभवन के सामने लाकर खड़ा किया और राज्यपाल से कहा कि वह माँझी से 48 घण्टे में बहुमत सिद्ध करने के लिए कहें। राज्यपाल त्रिपाठी को वक़्त चाहिए था। बजट सत्र की तैयारी हो चुकी थी, सदन के संयुक्त सत्र में उनका भाषण तैयार था। 20 फ़रवरी को शक्ति परीक्षण का दिन तय किया गया। लेकिन इतना वक़्त नीतीश को बेसब्र कर रहा था।

बाग़ी माँझी के लिए आँकड़ा हासिल करना मुश्किल हो रहा था। इस्लामपुर (नालन्दा) के जदयू के बाग़ी विधायक राजीव रंजन (अब बीजेपी नेता) बताते हैं कि उन सबको सीएम आवास पर जमा कर दिया गया और उन्हें जगह बताने के लिए मना कर दिया गया। उनके कुछ विधायकों को जदयू से धमकी मिल रही थी। 20 फ़रवरी यानी शक्ति परीक्षण के दिन माँझी के कैम्प में पर्याप्त विधायक जमा नहीं हो पाये। माँझी ने कहा कि जान और सदस्यता का खतरा मोल लेने का कोई अर्थ नहीं। रंजन ने कहा कि इस तरह उन्होंने फ्लोर टैस्ट का विचार छोड़ दिया। और विधानसभा न जाकर वह इस्तीफ़ा लेकर राजभवन पहुँच गये। लेकिन उनकी जेब में एक और चिट्ठी थी–जिसमें विधानसभा भंग करने की सिफ़ारिश की गयी थी, लेकिन वह यह पत्र राज्यपाल को देना भूल गये।[8]

बिहार के वैधानिक इतिहास में कहानी का ऐसा अन्त पहली बार हुआ। विधानसभा किसी क़िले से कम नहीं लग रही थी जहाँ सेना तैनात थी। क़रीब 20 एम्बुलेंस खड़ी थी। क़रीब 50 से ज़्यादा मार्शल तैनात थे। सबको डर था कि विधानसभा में तोड़-फोड़ हो सकती है।

नीतीश मिश्र बताते हैं–विधानसभा स्पीकर उदय नारायण चौधरी द्वारा सीट का जो बन्दोबस्त किया गया, उस पर सवाल उठने लगे। माँझी के पास जदयू के किसी भी बाग़ी नेता को जगह नहीं मिली। दलित सीएम अकेले पड़े दिख रहे थे। वह शर्मिन्दा नहीं होना चाहते थे। वह नहीं चाहते थे कि लोग उनका मज़ाक़ बनाये। इसलिए सबने मिलकर तय किया कि ऐसे हालात से बचा ही जाये। उधर राज्यपाल के भाषण के लिए तैयारी कर ली गयी। बैंड तक बुला लिया गया। 10 बजकर 40 मिनट पर माँझी के इस्तीफे की ख़बर आयी तब कहीं हँसी तो कहीं भुनभुनाहट थी। बीजेपी नेता, जदयू नेता को बधाई दे रहे थे। जदयू नेता श्याम रजक ने बीजेपी नेता

से कहा–आपको अपना नेता बदल लेना चाहिए।और इस तरह नीतीश कुमार का फिर से आगमन हुआ।[9]

22 फ़रवरी को राजभवन में सीएम पद की शपथ लेने से पहले नीतीश ने जीतन राम माँझी से हाथ मिलाया। दोनों मुस्कुराये। बधाई दी गयी। ऐसा लगा जैसे कुछ हुआ ही नहीं था।

पहले के मुक़ाबले नीतीश काफ़ी शान्त थे। शायद उस कुर्सी की अहमियत वह समझ गये थे, जिसे छोड़ने के बाद उन्होंने फिर से थाम लिया था। वह जानते थे कि इस्तीफ़ा देकर उन्होंने ग़लती की थी। उन्होंने अरविंद केजरीवाल की उस माफ़ी से सीख ली जो उन्होंने सीएम पद से इस्तीफ़ा देने के बाद दिल्ली की जनता से माँगी थी। नीतीश ने हाथ जोड़कर नयी पारी की शुरुआत की। अपनी पहली प्रेस कॉन्फ्रेंस में उन्होंने फिर सुशासन की बात दोहराई और माँझी पर आख़िरी बार तंज़ कसते हुए कहा कि सोशल इंजीनियरिंग के लिए अच्छी सरकार के साथ समझौता नहीं कर सकते। हालाँकि ख़ुद नीतीश यह काम करते रहे, लेकिन पहली बार उन्होंने इस शब्द का सार्वजनिक तौर पर इस्तेमाल किया। और जब किया तो वो भी माँझी के लिए किया। 2014 लोकसभा चुनाव से वह समझ गये थे कि सोशल इंजीनियरिंग उनके लिए कारगर साबित नहीं हुई। अब सुशासन के ज़रिये ही वह माँझी के असर को ख़त्म कर सकते हैं। नीतीश बताना चाहते थे कि एक नेता का क़द उसकी शासन व्यवस्था ही बढ़ाती है।

लेकिन बाहर हो चुके माँझी का काम अभी बाक़ी था। उन्होंने तय किया कि वह सीएम आवास नहीं छोड़ेंगे या फिर नीतीश से आवास की अदला-बदली कर लेंगे। उस वक़्त नीतीश 7, सर्कुलर रोड पर रह रहे थे। माँझी की नज़र 7, सर्कुलर रोड वाले आवास पर थी ताकि नीतीश के साथ राजनीति खेली जा सके। फ़रवरी से लेकर जून मध्य तक सीएम के असल आवास को लेकर भ्रम की स्थिति बनी रही जिसके बाद माँझी अपने पुराने सरकारी आवास पर रहने चले गये। लेकिन इस बीच हुआ एक आम-लीची का क़िस्सा। जून के पहले हफ़्ते में माँझी ने एक ऐसा आरोप लगाया जिस पर पहले तो हँसी आयी लेकिन फिर इस पर एक गम्भीर चर्चा होने लगी। पूर्व सीएम ने कहा कि नीतीश कुमार ने सीएम आवास पर लगे आम और लीची के पेड़ों की सुरक्षा के लिए सुरक्षाकर्मी तैनात कर रखे थे। नियमानुसार इस पेड़ के फल या तो सिर्फ़ सीएम के लिए रखे जायें या फिर इसे बेचकर इससे मिलने

वाली रकम को राज्य के राजकोष को दे दी जाती है। इस वाकये पर शर्मिन्दा हुए नीतीश ने कहा–मैं अपने वेतन से उनके लिए आम ख़रीद दूँगा।

अब तक माँझी जान चुके थे कि सत्ता का फल ख़ाना तो आसान होता है लेकिन पचाना मुश्किल होता है।

चित्रांकन : नीता सिंह

सन्दर्भ

1. जीतन राम माँझी का साक्षात्कार, जुलाई 9, 2015
2. नीतीश कुमार का साक्षात्कार, जुलाई 6, 2015
3. जीतन राम माँझी का साक्षात्कार, जुलाई 9, 2015
4. माँझी के पैतृक गाँव महकार का दौरा (गया)
5. द इंडियन एक्सप्रेस की रिपोर्ट (Their man, the CM, 24 मई 2014
6. जीतन राम माँझी का साक्षात्कार, जुलाई 9, 2015
7. जदयू राज्यसभा सांसद केसी त्यागी,जून 19, 2015
8. इस्लामपुर से जदयू के बाग़ी विधायक राजीव रंजन, मई 20, 2015
9. पूर्व मन्त्री नीतीश मिश्र का साक्षात्कार, मई 20, 2015

18
और कमल खिला

सुप्रसिद्ध कवि गोपालदास नीरज की कविता की पंक्ति है–*जीवन नहीं मरा करता है*। ये पंक्तियाँ हमें धरती पर मौजूद जीवन को समझाती हैं। धरती पर मानव हमेशा से नहीं थे, पहले कोई और था, फिर सत्ता बदली लेकिन जीवन कभी नहीं मरा, बल्कि वह दूसरे रूप में धरती पर आया जिसमें हम भी एक हैं। राजनीति भी कुछ इसी तर्ज पर काम करती है, जब एक जाता है तो दूसरा पनपता है। कभी लालटेन जलती है, कभी तीर चलता है, तो कभी फूल खिलता है।

पटना के बीरचन्द पटेल पथ पर स्थित बिहार बीजेपी कार्यालय भगवामय हो रहा था। भगवा रंग से राजे बड़े-बड़े विज्ञापन-बोर्ड पर प्रधानमन्त्री नरेन्द्र मोदी और पार्टी के तब के राष्ट्रीय अध्यक्ष अमित शाह की विशाल तस्वीर लगी थी, जो कहीं-न-कहीं यह सन्देश दे रही थी कि नीतीश, लालू और कांग्रेस के जनाधार वाले राज्य में मोदी सबको पछाड़ने वाले हैं। बीजेपी ने नीतीश कुमार के पोस्टर अभियान का जवाब 'तेज़ विकास की यही पुकार, अबकी बार बीजेपी सरकार' और 'हर बिहारी की हुंकार, बीजेपी संग चला बिहार' जैसे नारों के साथ किया। ये 2015 चुनाव के ठीक पहले की बात है।

पहला राउंड–2014 चुनाव के लिए अक्टूबर 2013 में नरेन्द्र मोदी ने गाँधी मैदान से नीतीश कुमार को ललकारा था और अब दूसरा राउंड यानी 2015 के विधानसभा चुनाव के लिए मोदी को नीतीश की चुनौती स्वीकार करनी होगी। पीएम मोदी ने विकास का ऊँचा सुर लगाया और साथ में बिहार के लिए कल्याणकारी योजनाओं की झड़ी लगा दी।

2015 *चुनावी अभियान की शुरुआत के लिए नरेन्द्र मोदी ने उत्तरी बिहार के मुज़फ़्फ़रपुर को चुना। अपने भाषण से भीड़ में उत्तेज़ना भरने में महारत हासिल*

करने वाली मोदी के कानों में मोदी, मोदी के नारे गूँज रहे थे। अपने चिर-परिचित अन्दाज़ में पीएम सवाल पूछ रहे थे। जिसका जवाब जनता को हाँ या ना में देना था। माहौल बन गया था। नीतीश हैरान थे कि भारतीय इतिहास में पहली बार कोई पीएम किसी विधानसभा चुनाव में इतनी ताक़त झोंक रहा है, बीजेपी जानती थी कि मैदान में मोदी को ही उतारना पड़ेगा, जिन्होंने 25 जुलाई, 2015 को मुजफ्फरपुर की रैली में उस ऐतिहासिक राजनीतिक रात्रिभोज को याद किया जिसे नीतीश कुमार ने रद्द कर दिया था। मोदी ने कहा–उस दिन मैंने अपमान का घूंट पी लिया था। लोकतन्त्र में टकराव होते हैं, लेकिन इस तरह की राजनीतिक छुआ-छूत मैंने कभी नहीं देखी थी। मोदी जानते थे कि यह बात नीतीश को चुभेगी। नीतीश की विकास राजनीति पर भी चोट की और बिहार के लिए केन्द्र की ओर से सवा लाख करोड़ रुपये के विशेष पैकेज की घोषणा की।[1]

2014 के चुनाव में बिहार में बीजेपी की बढ़त के लिए नरेन्द्र मोदी ज़िम्मेदार रहे। अगर एनडीए से रिश्ते तोड़कर नीतीश ने मोदी को चुनौती दी तो उन्होंने भी पटना आकर उस ललकार का सामना किया। 27 अक्टूबर, 2013–गाँधी मैदान पर बीजेपी की हुंकार रैली हुई। यही वो दिन था जब नीतीश के बिहार में नरेन्द्र मोदी के रैली न करने की अनकही रोक पर विराम लग गया था।

मौक़े पर हुए सीरियल विस्फोटों के बीच हुंकार रैली ने बीजेपी की आत्मनिर्भरता को दर्शाया। हालाँकि विस्फोट के बावजूद किसी तरह की अफरा-तफरी नहीं मची। लोग सुरक्षित स्थान पर खड़े होकर नरेन्द्र मोदी के आने का इन्तज़ार करते रहे। घायलों को अस्पताल ले जाया गया जहाँ रास्ते में छह लोगों की मौत हो गयी। दो दर्जन घायल थे। बोधगया के महाबोधी मन्दिर में हुए एक के बाद एक विस्फोट के बाद यह दूसरा आतंकी हमला था। बीजेपी के राज्य अध्यक्ष मंगल पाण्डे 14 फुट ऊँचे मंच से लगातार ऊपर-नीचे कर रहे थे और ताज़ा अपडेट वहाँ मौजूद बड़े नेताओं को दे रहे थे।

मंगल पाण्डे (अबमन्त्री) याद करते हुए बताते हैं–

गाँधी मैदान पर हुए पहले ब्लास्ट के बाद सुशील कुमार मोदी ने डीजीपी और पटना एसएसपी को फोन किया। फिर दूसरे ब्लास्ट से उठता धुआँ दिखा। नरेन्द्र मोदी को तय करना था कि सुरक्षा कारणों के चलते वह रैली में आयेंगे या नहीं। उन्होंने तय किया कि वह आयेंगे। हमें डर था कि रैली रद्द होने का मतलब और हड़बड़ी और हमारे बिहार अभियान की ख़राब शुरुआत।[2]

मैं रैली में ज़रा देर से पहुँचा, मेरे साथ *इंडिया टुडे* के वरिष्ठ सहायक सम्पादक अमिताभ श्रीवास्तव थे। मीडिया गैलरी में लगी भीड़ से अलग हम लाउडस्पीकर के पास खड़े हुए ताकि मोदी को साफ़ तौर पर सुन सकें। एनडीए में दरार के बाद यह पहला मौक़ा था और लोग अन्दाज़ा लगा रहे थे कि मोदी, नीतीश पर निशाना साधेंगे। उधर ब्लास्ट से घायल हुए लोगों को एम्बुलेंस ले जा रही थी और ज़िला पुलिस अन्दाज़ा नहीं लगा पा रही थी कि इसके पीछे कितनी बड़ी साज़िश है। लेकिन उस दिन नज़ारा अनोखा था–सुरक्षा के खतरे के बीच मोदी बोलना चाहते थे और लोग उन्हें सुनना चाहते थे। ज़्यादातर लोग यह कहते हुए रुके हुए थे कि–मोदी को सुनकर जायेंगे।

मोदी ने नीतीश के ख़िलाफ़ पहला हमले बोलते हुए उनकी मेहमाननवाज़ी पर सवाल खड़े किये जिससे उनका इशारा सीधे तौर पर 2010 के रात्रिभोज का रद्द किये जाने से था। मोदी ने कहा–आपके सीएम सबके सामने मुझसे बात नहीं करते लेकिन मेरे साथ डाइनिंग टेबल ज़रूर साझा करते हैं। बस इस बात का ख़्याल रखते हैं कि मीडिया आसपास न हो। इस पर ठहाके लगने लगे। मोदी ने माहौल जमा दिया, ख़ासकर मुसलमानों के लिए की गयी अपील।

28 अक्टूबर, 2013 को छपी *द इंडियन एक्सप्रेस* की रिपोर्ट (From Nitish turf, Modi addresses Muslims; 'Is your fight against Hindus or poverty?')–

पटना के गाँधी मैदान की विशाल हुंकार रैली में मोदी ने कहा–मैं ग़रीब मुस्लिम भाइयों से पूछता हूँ कि वह ग़रीब हिन्दुओं से लड़ना चाहते हैं या ग़रीबी से लड़ना चाहते हैं। मैं ग़रीब हिन्दुओं से पूछता हूँ कि ग़रीब मुसलमानों से लड़ना है या ग़रीबी से। एक ग़रीब हिन्दू भी ग़रीबी से जूझ रहा है और ग़रीब मुस्लिम भी यही कर रहा है। आइए मिलकर ग़रीबी को हराते हैं।

उन्होंने लालू के जनाधार यादवों तक भी यह कहकर पहुँचने की कोशिश कि–मैं द्वारका से आया हूँ, कृष्ण की भूमि से। अपने भाषण के अन्त में उन्होंने भीड़ को बम ब्लास्ट से सतर्क करते हुए कहा–शान्ति से जायें, सुरक्षित जायें।

बीजेपी ने पहली बार नीतीश के ठप्पे से ख़ुद को मुक्त किया। नरेन्द्र मोदी सिर्फ़ इस रैली पर ही नहीं रुके, वह विस्फोट से पीड़ित छह में चार परिवारों से भी मिले। एक हफ़्ते के भीतर वह दूसरी बार बिहार दौरे पर आये, जिसकी वजह से बीजेपी के लिए माहौल बनने लगा। राज्य के बीजेपी नेता भी मोदी के जाने के बाद ब्लास्ट

में मारे गये लोगों के अस्थि-कलश लेकर उनके ज़िले में गये और लोगों से आतंक के ख़िलाफ़ लड़ने की अपील की। जदयू ने बीजेपी पर राजनीतिक फ़ायदे के लिए मानवीय भावनाओं से खेलने का आरोप लगाया।

जून 2013 में एनडीए में आयी दरार के बाद बिहार में नरेन्द्र मोदी चर्चा का विषय बने हुए थे। वरिष्ठ बीजेपी नेता राजनाथ सिंह ने दरार के बाद पटना में हुई पार्टी कार्यकर्ताओं की बैठक में कहा–सरकार से अलग होने के बाद पार्टी कार्यकर्ताओं में इतना जोश मैंने पहले कभी नहीं देखा। ज़्यादातर तो इसका उलटा ही होता है। बीजेपी और नीतीश के बीच के रिश्ते को उन्होंने कुछ इस तरह बयाँ किया–कमल की डाल पर पानी की बूँदें भी मोतियों की तरह लगती हैं। यह बात सिंह ने बिना नीतीश के नाम लिए कही थी।[4]

राज्य बीजेपी ने जदयू पर एनडीए के पक्ष में आये 2010 के जनादेश के साथ धोखेबाज़ी का आरोप लगाया। बीजेपी नेता कहते रहे कि 2010 का जनादेश एनडीए के लिए था, सिर्फ़ नीतीश के लिए नहीं। बीजेपी ने विधानसभा चुनाव में जदयू (84 फ़ीसदी) से बेहतर स्ट्राइक रेट (89 फ़ीसदी) की बात भी उछाली। बीजेपी के नेता विपक्ष नन्द किशोर यादव ने एनडीए में फूट के तुरन्त बाद हुए विधानसभा सत्र में नीतीश कुमार से कहा कि सिर्फ़ जदयू के चेहरे ने वोट नहीं जीते। यादव ने कुमार को याद दिलाया कि किस तरह फ़रवरी 2005 के चुनाव में नीतीश के चेहरे ने एनडीए का कोई भला नहीं किया। नीतीश के साथ-साथ किसी ने नहीं सोचा था कि बीजेपी अक्टूबर 2005 के चुनाव में 54 सीट से 2010 लोकसभा चुनाव में 91 सीट पर पहुँच जायेगी।

2010 चुनाव अभियान से पहले बीजेपी के कर्ता-धर्ता एल के आडवाणी ने पटना के हवाई अड्डे पर बीजेपी नेता–शाहनवाज़ हुसैन, सुशील कुमार मोदी और नन्द किशोर यादव से एनडीए की सीट का अन्दाज़ा लगाने के लिए कहा। शाहनवाज़ हुसैन ने कहा–200 प्लस। इस पर आडवाणी चकित होकर हँसते हुए बोले–इतनी सीट का क्या करना है। 150 काफ़ी है। हालाँकि नतीजों के बाद (206 सीट) सब जानते थे कि नीतीश की अगुवाई में एनडीए का यह सबसे अच्छा प्रदर्शन रहा। अब इससे अच्छा न हो पायेगा।

नरेन्द्र मोदी–इस नाम की वजह से बीजेपी-जदयू के रिश्ते बिगड़ने लगे थे। 2014 के चुनाव ने बीजेपी के लिए राष्ट्रीय स्तर के साथ-साथ बिहार में भी करो या मरो की स्थिति खड़ी कर दी थी। अगर बिहार में नरेन्द्र मोदी की लहर काम नहीं

करती तो इसका मतलब नीतीश का जादू बरक़रार है। नीतीश अब भी विकास के मुद्दे पर अड़े थे और कह रहे थे–मुझे कोई लहर नहीं दिख रही। अगर है भी तो वो लहर बनायी हुई है, कृत्रिम है। नीतीश लगातार बीजेपी की तकनीक से लैस ज़ोर-शोर वाले चुनावी अभियान की निन्दा कर रहे थे। लेकिन 2014 लोकसभा चुनाव में भगवा पार्टी की पहचान बन चुके बीजेपी के नारे–'अबकी बार, मोदी सरकार' ने जदयू का अभियान फीका कर दिया था।

जैसे-जैसे चुनाव आगे बढ़ रहा था, नरेन्द्र मोदी की माँग बढ़ती जा रही थी। भाषण के लिए मोदी के अलावा किसी बड़े नेता की चाह नहीं थी। बीजेपी उम्मीदवार हुकुम देव नारायण यादव के लिए बिहार आये अरुण जेटली, सुषमा स्वराज और राजनाथ सिंह में किसी की दिलचस्पी नहीं थी। मधुबनी के छोटे से क़स्बे बेनीपट्टी में इन नेताओं को सुनने के लिए भीड़ ही नहीं जुट पायी।

बिहार में हर रैली के साथ नरेन्द्र मोदी, भीड़ का ध्यान अपनी ओर खींचते जा रहे थे। लोगों को उनका वाजपेयी की तरह कुछ देर का मौन रहना पसन्द आ रहा था। बिहार में मोदी की आधा दर्जन रैली को भी क़रीब से देखने पर एक दिलचस्प सामाजिक मिश्रण सामने आता है। मोदी की रैली में न सिर्फ़ बीजेपी का पारम्परिक जनाधार देखने को मिला, बल्कि ओबीसी के यादव और कोइरी, और ईबीसी के मण्डल और कहर भी मौजूद थे। समस्त जातियों के बीच 18 से 35 साल तक के युवाओं पर मोदी का प्रभाव अच्छा था।

लोगों से आँख में आँख डालकर बात करना, मोदी की रैली की ख़ासियत थी। मोदी की रैली का जादू इस हद तक देखने को मिला कि गया की एक रैली में तो मोदी के हाँ या ना का जवाब देने के लिए लोगों ने बाँस की बनी सीमाओं को भी तोड़ दिया। दरअसल गया के आयोजकों ने मीडिया के लिए एक बड़ी जगह छोड़ने की ग़लती कर दी थी, जिसकी वजह से मोदी और दर्शकों के बीच रुकावट पैदा हो रही थी। ऊँचे मंच पर बड़े-बड़े कैमरे भी खलल पैदा कर रहे थे। जोश से भरी जनता ने पहले तो बाँस की रुकावट को हटाया और जब पुलिस ने लाठी चार्ज किया तो बदले में भीड़ ने चप्पल फेंकनी शुरू कर दी। मोदी ने जल्दी से माइक लेकर लोगों से शान्ति बनाये रखने की अपील की। बीजेपी को उस दिन समझ जाना चाहिए था कि बिहार उनके हाथ से कहीं नहीं जा रहा।

सार्वजनिक सभाओं में मोदी के साथ रहने वाले मंगल पाण्डे कहते हैं–

नरेन्द्र मोदी हर रैली के लिए अच्छे से तैयारी करते थे। वह उस इलाक़े की सीमाएं, नदियां, सिंचाई के साधन और उम्मीदवार के सामाजिक-आर्थिक पहलू,

हर चीज़ के बारे में जानते थे। वह अक्सर कहते कि बिहार ने हमेशा देश को अलग राह दिखायी है और इस बार भी यही होगा।[5]

अररिया, पूर्णिया, कटिहार और साथ में लगे भागलपुर और बाँका में बीजेपी का दबदबा कम ही था। यह कहना मुश्किल था कि क्यों यहाँ मोदी का जादू काम नहीं कर पा रहा था। भागलपुर से सैयद शाहनवाज़ हुसैन को राजद के बुलो मण्डल ने हराया, जिन्होंने ईबीसी गंगोता के वोट जुटाकर लालू के मुस्लिम-यादव मिश्रण में चार चाँद लगा दिये। अररिया और बाँका में राजद के सामाजिक गठजोड़ ने काफ़ी काम किया। दिवंगत नेता दिग्विजय सिंह की पत्नी पुतुल सिंह भी राजद के जय प्रकाश नारायण यादव से हारीं। जदयू सिर्फ़ दो ही सीट जीत पायी, लेकिन ऐसा करके उसने पूर्णिया में बीजेपी के सांसद उदय सिंह को बाहर का रास्ता दिखाया। ऐसा करके नीतीश ने सिंह से पूर्णिया की उस वेदना रैली का बदला लिया, जिसमें उन्होंने नीतीश कुमार की शासन प्रणाली पर सवाल उठाये थे, वो भी तब जब नीतीश एनडीए का ही हिस्सा थे।

लेकिन एनडीए का स्कोर था–31। राजद चार सीट पर क़ायम रही, कांग्रेस दो और एनसीपी के पास एक सीट थी। एनडीए की सहायक पार्टी रामविलास पासवान की लोक जनशक्ति पार्टी ने सात में से छह सीट जीतीं और उपेंद्र कुशवाहा की राष्ट्रीय लोक समता पार्टी ने तीनों सीटें जींती। 2009 चुनाव में 20 सीट जीतकर बिहार की सबसे बड़ी पार्टी बनी जदयू को मोदी के एक शॉट ने कांग्रेस के साथ पाँचवें नम्बर पर धकेल दिया। सिर्फ़ लालू ने ही नहीं पासवान ने भी नीतीश को बहुत पीछे छोड़ा और मोदी की लहर ने कभी नीतीश के चेले रहे कुशवाहा को भी अपने गुरु से आगे कर दिया।

अब बीजेपी–लालू, नीतीश और कांग्रेस के सामने नयी चुनौती खड़ी करना चाह रही थी। बीजेपी विधायक मण्डल के नेता सुशील कुमार मोदी ने कहा कि इस चुनाव में ज़्यादा मुस्लिमों को टिकट दी जायेगी। अब तक पार्टी की तरफ़ से पूर्णिया के अमौर से ही एक मुस्लिम विधायक सबा ज़फर थे। बिहार के मोदी का कहना था कि यह झूठ है कि बीजेपी को मुसलमान वोट नहीं देते।

लेकिन सुशील कुमार मोदी के इस बयान से पार्टी के दूसरे चेहरे इत्तेफाक़ रखते नहीं दिखे। जैसे गोरखपुर के तत्कालीन सांसद योगी आदित्यनाथ जिन्होंने वैशाली में सन्तों की एक सभा में हिन्दुओं के एकजुट होने का आह्वान किया। दिसम्बर 2014 को हुई तीन दिन की सन्त समागम वैशाली में 2200 मठाधीश और मन्दिर प्रमुखों

को सम्बोधित करते हुए योगी ने उनसे कहा कि हिन्दुओं को धर्म परिवर्तन करने से रोका जाये। उन्होंने कहा कि हिन्दुओं का एकजुट न होना ही नालन्दा यूनिवर्सिटी के नष्ट होने की वजह है। उन्होंने 15 लाख साधुओं से अपील की कि वह छह लाख गाँवों में जाकर हिन्दुओं को ईसाई और मुस्लिम धर्म परिवर्तन करने से रोकें। अपने विवादित भाषण में यह भी कहा कि हिंदु एकजुटता से क्या-क्या हो सकता है।

15 दिसम्बर, 2014 को *इंडियन एक्सप्रेस* की रिपोर्ट (Babri demolition was show of Hindu unity, don't stop gharwapsi: Adityanath to Govt)–

आरएसएस और उसके सहायकों के घर वापसी अभियान के पक्ष में बात करते हुए बीजेपी सांसद योगी आदित्यनाथ ने रविवार को केन्द्र से अपील की कि जिन हिन्दुओं का जबरन धर्म परिवर्तन करवा दिया गया था, अगर वह फिर से हिन्दू धर्म अपनाना चाहते हैं तो हस्तक्षेप न किया जाये। उन्होंने हिन्दू एकजुटता का आह्वान किया और कहा कि किस तरह 1992 में इस ताक़त की आज़माइश कर ली गयी थी, जब इस एकता के बूते पर बाबरी मस्जिद को ढहा दिया गया था।[6]

कुछ साल पहले मीडिया ने 70 अनुसूचित जाति के लोगों के धर्म परिवर्तन किये जाने का खुलासा किया था। गया की वीएचपी इकाई ने घर वापसी की योजना बनायी लेकिन सफल नहीं हो पाये, क्योंकि नीतीश कुमार सरकार ने गया के इस गाँव में सुरक्षा कड़ी कर दी थी। वीएचपी के घर वापसी के प्रयास ज़ाया हो गये क्योंकि घर वापसी के हवन में जो शामिल हुए, वो तो पहले से ही हिन्दू थे। एक व्यक्ति ने मज़ाक़ में कहा भी–ये तो हिन्दू को ही हिन्दू बना रहे हैं। धर्म परिवर्तन कर चुके अनुसूचित जाति के लोगों ने कहा कि परिवर्तन उनका अधिकार है। धर्म परिवर्तन कर चुके एक शख़्स ने यह बोलकर सबकी बोलती बन्द कर दी कि–ये वीएचपी के लोग दो किलो का धुआँ जलाकर समझते हैं कि काम हो गया।

बिहार में मुख्य विपक्षी पार्टी बनने में बीजेपी को एक लम्बा सफ़र तय करना पड़ा और अब जब वह अपने दम पर खड़ी हुई है तो उससे लड़ने के लिए लालू, नीतीश और कांग्रेस (1995 तक सबसे बड़ी पार्टी जिसके बाद उसने मुख्य विपक्षी पार्टी का दर्जा भी खो दिया) को एकजुट होना पड़ा। अब तक बीजेपी, दूसरी पार्टियों के भरोसे ही राज्य में खड़ी रही। बीजेपी के पुराने अवतार जनसंघ ने 1967 में पहली बार बिहार में महामाया प्रसाद सिन्हा की सरकार में सत्ता को साझा किया था जब उनके तीन नेता रुद्र प्रताप सारंगी, रामदेव महतो और विजय मित्रा मन्त्री बने। जनसंघ को 26 सीटें मिलीं। बिहार विधानसभा चुनाव में जनसंघ ने 1962 में खाता

खोला–ग़ौरी शंकर केसरी ने नवादा, जगदीश यादव ने नालन्दा की हिलसा और जनार्दन तिवारी ने सिवान की सीट जीती। बाद में जगदम्बी यादव ने मुंगेर उप-चुनाव को जीतकर यह आँकड़ा बढ़ा दिया।

जनसंघ की ज़्यादातर पैठ दक्षिणी बिहार में बन रही थी जो अब झारखण्ड है। ऐसा इसलिए क्योंकि मौज़ूदा बिहार में समाजवादी आन्दोलन उसके आड़े आ रहा था। जनसंघ, बिहार में उभरते हुई विपक्षी पार्टी एसएसपी की सहायक थी। बिहार में जनसंघ के चार बड़े नाम थे–कैलाशपति मिश्र, ठाकुर प्रसाद, जगदम्बी यादव और ताराकान्त झा।

कैलाशपति मिश्र, आगे चलकर वित्तमन्त्री बने और कर्पूरी ठाकुर की जनता पार्टी सरकार में नम्बर दो के ओहदे पर रही। मिश्र, आरएसएस पृष्ठभूमि से थे और पूरी तरह संघ के काम-काज में ख़ुद को झोंक चुके थे। वह ताउम्र कुँवारे रहे। बिहार में वह उसी दर्जे के संघ प्रचारक थे, जैसे कि राष्ट्रीय स्तर पर दीन दयाल उपाध्याय और अटल बिहारी वाजपेयी। उन दिनों मिश्र, राज्य स्तर पर अहम पद पर कार्यरत थे। वह संस्था के सचिव होने के नाते फ़ैसले लेने में देरी नहीं करते थे।

तब बीजेपी विधायक दल के नेता विपक्ष नन्द किशोर यादव कहते हैं–

कैलाशपति मिश्र तो झारखण्ड बनाने के पक्ष में ही नहीं थे, लेकिन एक बार जब केन्द्रीय इकाई ने 1990 में इस पर फ़ैसला कर लिया, तो उसके बाद वह इस मुद्दे के समर्थक बन गये। वैसे तो वह 1996 में नीतीश कुमार से हाथ मिलाने के पक्ष में भी नहीं थे। उन्होंने पार्टी के शीर्ष नेता वाजपेयी और आडवाणी से कहा भी कि कुमार बहुत महत्त्वाकांक्षी हैं और भरोसे लायक नहीं हैं। मिश्र ने नीतीश के उठते क़द की भविष्यवाणी पहले ही कर दी थी और कहा था कि देखिएगा पार्टी के नेताओं की तरक़्क़ी को दाँव पर लगाकर यह होगा।[7]

बात को आगे बढ़ाते हुए सुशील कुमार मोदी बताते हैं कि किस तरह एक महीने के लिए असम गये कैलाशपति मिश्र ने झारखण्ड मुद्दे पर अपनी असहमति जताई थी। मोदी बताते हैं कि मिश्र बहुत ही क़रीब से नीतीश कुमार की राजनीति को देख रहे थे, जो 1995 के चुनाव में समता पार्टी की ओर से सीएम पद के उम्मीदवार थे, लेकिन पार्टी को सिर्फ़ सात ही सीट मिल पायी थी। लेकिन फिर बीजेपी के पास सिर्फ़ दो ही साथी पार्टी बचती–शिवसेना और शिरोमणि अकाली दल इसलिए बीजेपी नहीं चाहती थी कि समाजवादी पृष्ठिभूमि से आने वाले जॉर्ज फर्नांडिज़ से वह हाथ धो बैठें।

कैलाशपति मिश्र, के एन गोविन्दाचार्य और अश्विनी कुमार–1970 से 90 के दशक के शुरुआती सालों तक जनसंघ और फिर बाद में बीजेपी के पीछे की अहम ताक़तों में से रहे। बीजेपी में सोशल इंजीनियरिंग के लिए गोविन्दाचार्य को ही श्रेय जाता है। हालाँकि जगदम्बी यादव को बीजेपी का राज्य अध्यक्ष बनाया गया, लेकिन 90 के दशक के शुरुआती सालों तक बीजेपी में ऊँची जाति का वर्चस्व बना रहा। पार्टी में सुशील कुमार मोदी और नन्द किशोर यादव जैसे ओबीसी नेताओं के उभरने का श्रेय भी गोविन्दाचार्य को ही जाता है, जिनका काम ही जाति-भेद हटाकर प्रतिभा की पहचान करना था। बाद में झारखण्ड के मुख्यमन्त्री बने बाबूलाल मराण्डी औरइस मौक़े को गँवाने वाले कामेश्वर चौपाल के आगे बढ़ने की वजह बीजेपी की सोशल इंजीनियरिंग ही थी जिसकी अगुवाई गोविन्दाचार्य कर रहे थे।

आरएसएस के कड़े प्रशिक्षण की वजह से कैलाशपति मिश्र अनुशासक बन गये थे जो पार्टी सदस्यों को अपने ही तरीक़े से अनुशासन में रखते थे। जब 1998 में 45 साल की उम्र में नन्द किशोर यादव बिहार के बीजेपी अध्यक्ष बने तब पार्टी में उनसे कई वरिष्ठ नेता मौज़ूद थे जिसमें उनके गुरु मिश्र भी शामिल थे।

नन्द किशोर यादव याद करते हैं–

जब मैं पार्टी की एक बैठक में पहुँचा तो मिश्र ने नाराज़गी जताई कि क्यों पार्टी के अन्य सदस्यों ने खड़े होकर मेरा यानी राज्य अध्यक्ष का अभिवादन नहीं किया। अगली मीटिंग में मिश्र मुझसे पहले पहुँच गये और मेरे आने पर खड़े हुए। बाक़ी सबने भी उनका अनुसरण किया। बाद में मिश्र जी ने मुझसे कहा कि बात किसी व्यक्ति की नहीं, कुर्सी के सम्मान की है।[8]

1969 के मध्यवर्ती चुनाव में जनसंघ का प्रदर्शन बेहतर रहा, जब उसने 34 सीट जीतीं लेकिन 1972 में फिर 25 सीट पर बात अटक गयी। 1977 में इसका विलय हुआ और बन गयी जनता पार्टी जिसने आपातकाल के बाद बिहार चुनाव में 214 सीट जीतकर झण्डे गाढ़ दिये। 1952 के बाद 57 सीट के साथ यह कांग्रेस का सबसे ख़राब प्रदर्शन था। अन्दरूनी कलह की वजह से जनता पार्टी का विघटन हो गया जिसके बाद उसके कई हिस्से हुए।जनसंघ का नया अवतार बीजेपी थी जो 20 सीट जीतकर चौथे नम्बर पर रही और जनता पार्टी से ही निकले जनता (एस) चरण दल से बस थोड़ा पीछे थी। 1985 चुनाव में कांग्रेस ने 196 सीट जीतीं, बीजेपी 16 सीट जीतकर तीसरे नम्बर पर रही, क्योंकि दूसरे नम्बर पर 46 सीट के साथ लोक दल थी। 1990 चुनाव में लालू के आगमन के बाद बीजेपी 39 सीट जीतकर लालू

सरकार को तब तक समर्थन देती रही जब तक कि बिहार सीएम ने आडवाणी की रथ यात्रा में रुकावट पैदा नहीं की जिसके बाद बीजेपी ने जनता दल से समर्थन वापिस ले लिया।[9]

1995 चुनाव से बीजेपी ने बिहार की राजनीति में पहली बार अपनी मौजूदगी मज़बूती से दर्ज करवाई। ठण्डी पड़ चुकी कांग्रेस में विपक्षी पार्टी की आक्रामकता बची नहीं थी और लालू यादव ने मण्डल (ओबीसी एकजुटता) और कमण्डल (आडवाणी की गिरफ़्तारी से मुसलमानों का ध्रुवीकरण) के ज़रिये एक सामाजिक फॉर्मूला तैयार कर लिया था। बीजेपी को उम्मीद थी कि मुख्य विपक्षी पार्टी बने न बने लेकिन पिछले चुनाव से बेहतर प्रदर्शन तो ज़रूर होगा।

उन दिनों वोटों की गिनती हाथों से होती थी और पूरी तरह नतीजे आने में दो दिन लगते थे। गिनती जारी थी और तब बाहर खड़े कुछ बीजेपी नेताओं को एक पत्रकार ने बताया कि उनकी पार्टी तो मुख्य विपक्षी पार्टी बनकर उभर रही है। नतीजे साफ़ थे–बीजेपी 41 सीट, कांग्रेस 29 और 173 सीट जीतकर जनता दल फिर सत्ता में लौट आयी।

पूर्व अधिकारी यशवन्त सिन्हा कुछ वक़्त पहले ही बीजेपी में शामिल हुए थे और उनसे पार्टी को उम्मीदें थीं। आडवाणी ने उन्हें नेता विपक्ष बनाया। पहली बार लालू प्रसाद को एक तगड़े विपक्ष का सामना करना पड़ा। यशवन्त सिन्हा हर लिहाज़ से लालू प्रसाद को टक्कर देते थे, यहाँ तक कि कई बार वह प्रसाद के मिज़ाज की तरह मज़ाक़ भी कर लिया करते थे। लेकिन 1996 में हवाला काण्ड में नाम आने के बाद सिन्हा को नेता विपक्ष के पद से इस्तीफ़ा देना पड़ा। फिर सुशील कुमार मोदी ने कमान सँभाली। वह उन चार याचिकाकर्ताओं में से एक थे, जिन्होंने चारा घोटाले में याचिका दर्ज की थी। 1997 में चारा घोटाले की वजह से लालू को इस्तीफ़ा देना पड़ा और मोदी से उनका ज़्यादा पाला नहीं पड़ पाया। राबड़ी देवी कार्यकाल में बीजेपी एक तरह से एकतरफ़ा बहस करती रही। काफ़ी वक़्त बाद मीडिया ने विपक्ष को महत्त्व देना शुरू किया। बीजेपी ने राबड़ी सरकार के 17 छोटी-बड़ी अनियमितताओं का खुलासा किया। उधर लालू प्रसाद तो चारा घोटाले की चोट सहन कर ही रहे थे।

1973 में पूसू अध्यक्ष लालू प्रसाद के बाद सुशील कुमार मोदी ही दूसरे सबसे बड़े छात्र नेता थे जो उस वक़्त पटना यूनिवर्सिटी छात्र संघ के महासचिव थे। मोदी, पूरी तरह आरएसएस में शामिल हो गये और एबीवीपी में शीर्ष ओहदे पर पहुँचे और

चारा घोटाले में लालू को चुनौती देकर अब उन्होंने सबका ध्यान खींच लिया था। पटना साइंस कॉलेज से बोटनी स्नातक मोदी, जेपी आन्दोलन में सक्रिय रहे, जिसकी वजह से वह अपना स्नातकोत्तर पूरा नहीं कर पाये।

सुशील कुमार मोदी याद करते हैं–

मुझे याद है हमने चारा घोटाले के खुलासे की शुरुआत महज़ दो दस्तावेज़ों के साथ की थी। जैसे ही हमने इसे सार्वजनिक किया, कई पीड़ित लोग ऐसे दस्तावेज़ों के साथ आगे आये, जिसमें सरकारी पैसे की अन्धाधुन्ध लूट के बारे में बताया गया था। उस वक़्त लालू प्रसाद से पंगा लेना आसान नहीं था, ऊपर से दादागिरी दिखाते उनके विधायकों से सदन में निपटना जैसे रामविचार राय जिसने मेरी उँगली ही एक तरह से तोड़ दी थी। लेकिन इससे बीजेपी और मेरा राजनीतिक विकास ही हुआ। इसके बाद हमने कोल-तार घोटाले का खुलासा किया। 1994-95 में 1300 किलोमीटर सड़क के लिए 44 एमटी कोलतार की ज़रूरत दिखायी गयी जिसे लूट नहीं कहेंगे तो क्या कहेंगे। पीडब्लूडी मन्त्री इलियास हुसैन को इस्तीफ़ा देना पड़ा और 140 लोग गिरफ़्तार हुए। एक बार ट्रेन में हुसैन साहब मिल गये। घोटाले ने उनका राजनीतिक सफ़र तो वैसे भी ख़त्म कर दिया था, शर्मिन्दा होकर कहने लगे–अब तो बख़्श दो।[10]

मोदी बताते हैं कि पीड़ित परिवार से मिलने की अहमियत उन्होंने कर्पूरी ठाकुर से सीखी। विपक्ष की राजनीति में पीड़ित के परिवार से मिलना ज़रूरी हिस्सा माना जाता है। मोदी के मुताबिक़ वह पाँच घटनाएँ जिसने बिहार में बीजेपी को आगे बढ़ाया–1995 में पार्टी का मुख्य विपक्षी पार्टी बनना, चारा घोटाले में पार्टी का लगातार आक्रमक रवैया, केन्द्र में एनडीए का सरकार बनाना और 1999 में 64 में से 40 सीट जीतना, नीतीश कुमार से हाथ मिलाना और 2010 विधानसभा चुनाव में बीजेपी का 91 सीट जीतना।

कॉलेज के वक़्त से ही मोदी का मीडिया के प्रति आकर्षण रहा और उन्होंने एक ऐसे राजनेता की छवि बनायी जो 1990 में विधायक बनने के बाद भी स्कूटर चलाते थे और अख़बारों के दफ़्तरों में प्रेस विज्ञप्ति देने के लिए अपने बॉडीगार्ड को स्कूटर के पीछे बैठकर ले जाते थे। मोदी याद करते हैं–मुझे हिन्दी और अंग्रेज़ी दोनों में प्रेस विज्ञप्ति बनानी पड़ती थी। जब छात्र नेता था तब राष्ट्रीय मीडिया से कवरेज मिला जिससे मैंने सीखा कि किस तरह समाचार एजेंसी की ख़बरें जादू पैदा करती हैं।

सक्रिय राजनीति में मोदी ने ज़रा देर से प्रवेश किया जिसकी बड़ी वजह एबीवीपी का वो फ़ैसला था जिसके तहत 1977 विधानसभा चुनाव में छात्र नेताओं

के खड़ा होने की मनाही थी। उस चुनाव में सब नये थे। मोदी बताते हैं–जनता पार्टी अध्यक्ष सत्येंद्र नारायण सिन्हा के घर भीड़ लगी रहती थी। जब मैंने एक आदमी को सिन्हा के घर के बाहर सबका अभिनन्दन करते देखा तो मैंने वजह पूछा। उसने कहा पता नहीं जनता लहर में कल इनमें से कौन विधायक या मन्त्री बन जाये।

पटना के एक व्यापारी के बेटें सुशील कुमार मोदी ने के एन गोविन्दाचार्य से प्रेरणा लेकर दस साल की उम्र में आरएसएस का दामन थामा। 1977 में वह आरएसएस प्रचारक बने और एबीवीपी के सबसे बड़े पद राष्ट्रीय महासचिव पर दो बार रहे। उन्होंने तीन साल का कड़ा प्रशिक्षण लिया। 1967 से सक्रिय राजनीति का हिस्सा रहे मोदी बताते हैं कि अपने प्रशिक्षण के दौरान उनकी आँखों के सामने गुरु गोलवलकर की मृत्यु हुई। वह 1971 में पुसू के पाँच कैबिनेट मन्त्रियों में से एक थे। जेपी आन्दोलन की अगुवाई करने वालों में से वह एक थे और मीसा प्रावधान के तहत दो साल तक जेल में रहे।

1985 के अन्त तक मोदी ने पूर्णकालिक प्रचारक का काम छोड़कर परिवार बसाने का फ़ैसला किया। बॉम्बे से जम्मू जा रही ट्रेन में उनकी मुलाक़ात जेसी जॉर्ज से हुई जो केरल से हैं। दस महीने की मुलाक़ात के बाद दोनों ने शादी का फ़ैसला लिया। आरएसएस और बीजेपी दोनों ने इस शादी पर आपत्ति नहीं जताई। अब तक मोदी की मुलाक़ात बीजेपी के सबसे बड़े नेता अटल बिहारी वाजपेयी से नहीं हुई थी जिन्हें मोदी ने पोस्टकार्ड भेजकर पटना अपनी शादी में आने का न्यौता दिया।

वाजपेयी ने 10 मार्च, 1986 को इस चिट्ठी का जवाब दिया–*तुमने इस शादी से आधुनिक भारत के भविष्य की मज़बूत नींव रखी है। हम सबको ऐसे हिम्मत भरे क़दम लेने की ज़रूरत है। ज़रूरी है कि ऐसे उदाहरण पेश किये जाये कि नयी पीढ़ी के लिए नयी दिशा और दशा तैयार की जाये। मेरे पास शब्द नहीं है...*[11]

13 अप्रैल, 1986 को वाजपेयी, सुशील और जेसी की शादी में आये जो पटना के राजेन्द्र नगर के शाखा मैदान में हुई। शादी आर्य समाज विधि से पूरी हुई। मंच से भाषण दिये गये। वाजपेयी ने कहा–*ऐसे लोगों को वर-वधू को आशीष देने के लिए बुलाया गया जिन्होंने ख़ुद ने शादी नहीं की। यह शादी समारोह अनोखा है। यह उत्तर-दक्षिण, अन्तर्राज्यीय, अन्तरधार्मिक, अन्तरभाषीय मेल है, जहाँ दुल्हन केरल से है, जो सदियों से प्रार्थना कर रही कुमारी कन्या के पास है। पाटलिपुत्र का भी हिमालय से रिश्ता है और कन्याकुमारी की नज़र हमेशा से हिमालय पर रही है। इस रिश्ते में प्यार पहले हुआ और शादी बाद में हो रही है।*[12]

मोदी कहते हैं कि वाजपेयी की सामाजिक मुद्दों पर पकड़ की वजह से बीजेपी ने 1977 में कर्पूरी ठाकुर को आरक्षण मसले पर समर्थन देने का फ़ैसला लिया। मोदी हँसते हुए बताते हैं कि स्नातक तक तो उन्हें सिर्फ़ रेल में आरक्षण के बारे में पता था। उन्हें अफ़सोस है कि वह मोदी उपनाम हटा नहीं पाये क्योंकि इसी से उनकी पहचान है लेकिन उनके बेटे यह उपनाम नहीं लगाते। उनका बड़ा बेटा उत्कर्ष तथागत एक बैंक में रिसर्च विश्लेषक हैं और छोटे बेटे अक्षय अमृतांशु ने ऑक्सफोर्ड यूनिवर्सिटी से नागरिक क़ानून की पढ़ाई की है।

तीन बार विधायक और भागलपुर से एक बार सांसद रह चुके सुशील मोदी कहते हैं कि एल के आडवाणी ने पार्टी में दूसरी पीढ़ी के नेताओं को बढ़ावा देने का काम किया। वह कहते हैं–बीजेपी में इस वक़्त शीर्ष पर बैठे 90 फ़ीसदी नेताओं को आडवाणी जी ने निखारा है। वह बताते हैं कि किस तरह 1995 के अमेरिकी चुनाव के शुरुआती राउंड देखने के लिए वैंकेया नायडू के साथ आडवाणी ने उन्हें अमेरिका भेजा। मतदाताओं को सीधे फोन करने का विचार भी अमेरिका से लाया गया। इसके अलावा वॉइस रिकॉर्डर वाले लैंडलाइन फोन भी यहीं की देन थे। वह बताते हैं–रिकॉर्ड मैसेज मेरी आवाज़ में होता था कि अपना सन्देश छोड़ दीजिए तो कई लोगों को लगता था कि मैं झूठ बोल रहा हूँ कि मैं नहीं हूँ क्योंकि आवाज़ तो मेरी ही है। पटना में तो लोग फिर भी सीख गये लेकिन राजीव प्रताप रुडी के पास ऐसा एक फोन गाँव में था और वहाँ तो वो गाँववालों को समझा ही नहीं पाये कि यह रिकॉर्डेड मैसेज क्या बला है।

2015 की बात करें तो मोदी सीएम उम्मीदवार की बात ही नहीं करना चाहते। नरेन्द्र मोदी ने डबल इंजन की बात कही थी (केन्द्र और बिहार में सरकार) और पूछा था कि पायलट कौन होगा ? सुशील मोदी ने हँसते हुए जवाब दिया–बिहार को डबल इंजन मिल जाने दीजिए, पायलट तो हम चुन ही लेंगे। मोदी को नीतीश की छाँव में रहना अब अखरने लगा है। एनडीए में दरार से पहले जीएसटी पर बनी वित्तमन्त्रियों की समिति के प्रमुख होना मोदी की बड़ी उपलब्धि थी लेकिन नीतीश से अलग हटकर पहचान बनाना उनके लिए मुश्किल रहा। डिप्टी नम्बर वन का तमगा अब उन्हें परेशान करने लगा है जिससे वह जल्द से जल्द छुटकारा पाना चाहते थे।

बीजेपी की तिकड़ी रविशंकर प्रसाद, राजीव प्रताप रुडी और सैयद शाहनवाज़ हुसैन, बिहार बीजेपी का राष्ट्रीय चेहरा हैं। शत्रुघ्न सिन्हा ने भी इस ताक़त में इज़ाफा किया था और सार्वजनिक बैठक में उनका खामोश बोलना अक्सर छा जाता था।

बिहार बीजेपी में भूमिहार जाति के गिरिराज सिंह जैसे नेता भी रहे जो नरेन्द्र मोदी के वफ़ादार माने जाते है। 2014 लोकसभा चुनाव में उन्होंने यह कहकर सनसनी पैदा कर दी कि जो नरेन्द्र मोदी का विरोध कर रहे हैं, वह पाकिस्तान जाना चाहते हैं। गिरिराज ने नीतीश को चुनौती देने में कभी संकोच नहीं किया–बतौर सहायक भी और बतौर विरोधी भी। हर पार्टी में एक ऐसा राजनीतिक अवगुणी होता है, जिसे कभी-कभार मौक़ा देखकर तरजीह दी जाती है।

सुशील कुमार मोदी के बाद दूसरे नम्बर पर विधानसभा में नेता विपक्ष रहे नन्द किशोर यादव थे। उन्होंने अपनी राजनीति को हमेशा पटना साहिब निर्वाचण क्षेत्र तक की सीमित रखा, इसलिए उन्हें कभी भी यादव नेता की तरह नहीं लिया गया। शायद इसके लिए वह आरएसएस के प्रशिक्षण को ज़िम्मेदार ठहरा सकते हैं, जो किसी भी नेता को किसी विशेष जाति के खाके में नहीं ढालता, ख़ासकर हिन्दी पट्टी में उभरने वाले जातिगत नेता की तरह तो बिल्कुल नहीं। लेकिन सदन में नेता विपक्ष के तौर पर नन्द किशोर ने अच्छा रोल निभाया और वक़्त-वक़्त पर नीतीश कुमार को चुनौती दी। 2013 में एनडीए में दरार के बाद बतौर नेता विपक्ष उनके द्वारा दिया गया भाषण सर्वश्रेष्ठ माना जाता है। फिर 2015 बजट सत्र में भी उन्होंने एक और भाषण दिया। ऊपरी सदन में पार्टी नेता सुशील कुमार मोदी थे जिनकी वजह से यादव और नीतीश का कई बार आमना-सामना हुआ। विनीत स्वभाव के यादव को नीतीश पसन्द करते थे और बिहार में उन्हें एनडीए का संयोजक बनाने में नीतीश का अहम रोल रहा।

नन्द किशोर यादव को पार्टी में उनके वरिष्ठ नन्दू कहकर बुलाते हैं। उनके परदादा झालो सरदार ज़मींदार थे और कहते हैं कि वह शेर पाला करते थे। *उनके दादा रामदास राय ने डींगे मारने के अलावा कुछ नहीं किया। दादा पंछी पालने के शौक़ीन थे। हम शेर से चिड़िया पर आ गये।* नन्द किशोर बताते हैं कि किस तरह उनके पिता पन्ना लाल यादव के पास कुछ नहीं बचा और पुराने पटना के खाजेकलान इलाक़े में उन्हें शून्य से शुरुआत करनी पड़ी। 1969 में दसवीं पास करने के बाद नन्द किशोर की ज़िन्दगी में मोड़ आया। वह बताते हैं–*मैं एक अखाड़े में दोस्तों के साथ गणित की पढ़ाई करने जाता था। तब मेरे दोस्त दिनेश कुमार ने कुछ पंक्तियाँ पढ़ी–निज ग़ौरव, निज वैभव, देश के बहादुर भूल गये, उपदेश दिया जो गीता का क्यों सुनना, सुनाना भूल गये।* नन्दू की इन पंक्तियों ने इस क़दर छुआ कि अगले ही दिन वह आरएसएस से जुड़ गये। वहीं से एबीवीपी से होते हुए यादव

ने जेपी आन्दोलन में हिस्सा लिया और मीसा प्रावधान के तहत जेल की सज़ा से भी गुज़रे। [13]

1990 के विधानसभा चुनाव में पार्टी ने उन्हें टिकट नहीं दिया। गोविन्दाचार्य ने उन्हें रेस से बाहर होने के लिए मनाया क्योंकि पार्टी पटना की तीन सीट पर अपने उम्मीदवार बदल रही थी। यादव बताते हैं—मैंने तुरन्त गोविन्दाचार्य की बात मान ली और यह मेरे लिए ठीक भी रहा। 1995 में मैं विधायक बना और 45 साल की उम्र में बिहार बीजेपी का अध्यक्ष। यादव की पत्नी किरण को 90 के दशक में कैंसर हुआ जिसके बाद वह बिस्तर पर ही थीं। बीजेपी नेता उमा भारती, किरण से मिलने आईं और उनसे उनकी इच्छा पूछी तो किरण ने धीमी आवाज़ में कहा—मेरे पति को विधायक बनवा दीजिए। नन्द किशोर अब तक सात बार विधायक रह चुके है।

केन्द्र में अटल बिहारी वाजपेयी सरकार के गठन ने बिहार बीजेपी का हौसला बढ़ाया और वहाँ के काडर को और मज़बूत किया। नीतीश कुमार के साथ हाथ मिलाने से लालू को सत्ता से हटाने के बीजेपी के मक़सद को और बल मिला। 1999 लोकसभा चुनाव में एनडीए की शानदार जीत से बीजेपी सोचने लगी कि लालू को चित कर दिया गया है। यही वजह थी कि 2000 के विधानसभा चुनाव को एनडीए ने गम्भीरता से नहीं लिया। चुनावी अभियान की न तैयारी थी, न ही कोई रणनीति। एनडीए नेता इस बात को लेकर सुनिश्चित थे कि लालू अब नहीं लौटने वाले हैं। नतीजों ने सबको चौंका दिया। लालू अभी भी सबसे बड़ी पार्टी थी, हालाँकि बहुमत से थोड़ा पीछे थी। राज्यपाल विनोद पाण्डे ने एनडीए को सरकार गठन के लिए न्यौता देकर ग़लती की थी। हालाँकि गठबन्धन में बीजेपी बड़ी पार्टी थी लेकिन सीए पद के लिए नीतीश कुमार का नाम सुझाया गया। नीतीश जानते थे कि बहुमत साबित नहीं हो पायेगा, लेकिन वह इसे एक अवसर की तरह देख रहे थे, जिसमें सीएम बनने के बाद एनडीए के पदक्रम में उनका ओहदा बढ़ जायेगा।

फ़रवरी 2005 चुनाव से पहले नीतीश कुमार, इस साझेदारी में ख़ुद को बीजेपी से ज़्यादा बड़ा बताने में जुट गये और बीजेपी झुक भी गयी क्योंकि लालू को चुनौती देने के लिए नीतीश सही व्यक्ति लग रहे थे। नीतीश ने 160 सीट की माँग की, बीजेपी इसे स्वीकार नहीं कर सकती थी। आख़िरकार जदयू 141 और बीजेपी 102 सीट पर राज़ी हुई।

फ़रवरी 2005 चुनाव में नतीजे नहीं बल्कि अवरोध ज़्यादा था। एनडीए को तसल्ली थी कि लालू को बीच में ही रोक दिया गया। एनडीए को अब अक्टूबर 2005 में फिर से होने वाले विधानसभा चुनाव के लिए तैयार रहना था। फ़रवरी चुनाव में दुविधा और अस्पष्टता के बीच एनडीए ने नीतीश कुमार को सीएम के चेहरे के लिए आगे किया। रामविलास पासवान सरकार के गठन में अपनी भूमिका से नाख़ुश थे। बीजेपी विकास के मुद्दे पर बात कर रही थी। उधर नीतीश कुमार, न्याय यात्रा के ज़रिये बिहार के लोगों से जुड़कर उनसे कहने का प्रयास कर रहे थे कि राज्य को लालू के लालटेन युग से बाहर निकलने की ज़रूरत है। मरणासन्न स्थिति वाली राजद के पास राबड़ी के अलावा कोई चेहरा नहीं था और सामने आंकड़ों के साथ तैयार नीतीश तैयार खड़े थे।

जब नतीजे सामने आये तो बीजेपी को 54 और जदयू को 87 सीट मिली। अब बीजेपी को सरकार में अपना हिस्सा भी चाहिए था। पार्टी ने डिप्टी सीएम पद की माँग की। सुशील मोदी बताते हैं–

बिहार के बीजेपी प्रभारी अरुण जेटली और मैं दिल्ली में शरद यादव के घर नीतीश कुमार से मिलने पहुँचे। जेटली ने डिप्टी सीएम पद, बीजेपी को मिलने की बात कही। नीतीश चुप रहे। उनके दोस्त राजीव रंजन सिंह (ललन सिंह) अक्सर कुमार की जगह बात करते थे। उन्होंने कहा कि सत्ता के दो केन्द्र नहीं हो सकते। वैसे ख़ुद न बात करके अपने आदमी को बात करने देना नीतीश की पुरानी रणनीति रही है। वो तो शरद यादव थे जो शायद चाहते थे कि नीतीश के पास ही पूरी ताक़त रहे, उन्होंने हस्तक्षेप किया और हामी भरी। इस तरह मैं डिप्टी सीएम बना। [14]

नीतीश कुमार को सरकार में बड़ा हिस्सा तो मिला लेकिन उन्होंने अपने काडर को बढ़ाने में मेहनत नहीं की। किसी भी संवदेनशील मुद्दे पर बात करने के लिए जदयू अभी भी बीजेपी के काडर पर निर्भर थी। नन्द किशोर यादव को ऐसे कई मौक़े याद हैं जब समस्या को ख़त्म करने के लिए नीतीश कुमार को बीजेपी काडर की ज़रूरत पड़ी जिसके लिए उन्होंने कभी यादव, तो कभी सुशील मोदी को याद किया।

केन्द्र, राज्य और युवा नेताओं वाले तीन परत के नेतृत्व के अलावा 38 ज़िलों और 509 ब्लॉक में बीजेपी के ज़िला अध्यक्ष हैं, पंचायत स्तर पर 8200 पार्टी प्रमुख हैं। 2600 वार्ड अध्यक्ष हैं। पार्टी की कई इकाई हैं–युवा, महिला, अल्पसंख्यक, किसान, अनुसूचित जाति और जनजाति।

सन्दर्भ

1. नरेन्द्र मोदी, मुजफ्फरपुर रैली, जुलाई 25, 2015
2. बीजेपी राज्य अध्यक्ष मंगल पाण्डे, मई 28, 2015
3. द इंडियन एक्सप्रेस (From Nitish turf, Modi addresses Muslims: 'Isyourfightagainst Hindus orpoverty? October 28, 2013, Santosh Singh) http://indianexpress.com/article/india/politics/from-nitish-turf-modi-addresses-muslims-is-your-fight-against-hindus-or-poverty/
4. राजनाथ सिंह, जून 2013
5. मंगल पाण्डे, मई 28, 2015
6. द इंडियन एक्सप्रेस (Babri demolition was show of Hindu unity, don't stop gharwapsi: Adityanath to Govt, December 15, 2014)
7. नन्द किशोर यादव, जून 27, 2015
8. नन्द किशोर यादव, जुलाई 21, 2015
9. बिहार विधानमण्डल : उद्भव और विकास, राधानन्दन झा, शारदा प्रकाशन, नया टोला, पटना
10. सुशील कुमार मोदी, जुलाई 29, 2015
11. अटल बिहारी वाजपेयी, बीच समर में, सुशील कुमार मोदी, पृ. 11, प्रभात प्रकाशन, दिल्ली
12. अटल बिहारी वाजपेयी, बीच समर में, सुशील कुमार मोदी, पृ. 9, प्रभात प्रकाशन, दिल्ली
13. नन्द किशोर यादव
14. सुशील कुमार मोदी, जुलाई 29, 2015

19

रामविलास पासवान : शहरबन्नी से संसद तक

लोक जनशक्ति पार्टी (लोजपा) के राज्य अध्यक्ष और अपने छोटे भाई पशुपति कुमार पारस के जन्मदिन समारोह से लौटकर रामविलास पासवान अपने पटना के एस के पुरी आवास पर थे। चुनाव साल में पार्टी की ओर से किये जा रहे इफ्तार के आयोजन की तैयारी से पासवान ख़ुश दिख रहे थे। पास ही के हॉल में उनके बेटे चिराग पासवान, 2015 चुनावी के लिए पार्टी नेताओं से आख़िरी विमर्श कर रहे थे। पासवान को तालियों की आवाज़ सुनाई दे रही थी। चमकते हुए चेहरे के साथ पासवान कहते हैं–चिराग ने सब सँभाल लिया है, देख रहे हैं न। बॉलीवुड में कुछ वक़्त तक अपनी क़िस्मत आज़माने के बाद चिराग राजनीति में अपने पिता का अनुसरण करने आ गये। हालाँकि उनमें अपने पिता की तरह देसी अपील नहीं है, लेकिन पहली बार सांसद बने चिराग अपने पिता के नक्श-ए-क़दम पर चलने का प्रयास करते तो दिख ही रहे हैं।

इफ्तार पार्टी के चन्द घण्टों पहले बीजेपी के वरिष्ठ नेता और फ़िल्म अभिनेता शत्रुघ्न सिन्हा ने यह कहकर खलबली मचा दी कि पासवान एनडीए के लिए उचित सीएम उम्मीदवार हो सकते हैं। आख़िर पासवान का राजनीतिक सफ़र काफ़ी शानदार रहा है और उन्हें राजनीति में पसन्द भी किया जाता है। हालाँकि सिन्हा के इस बयान को बीजेपी ने ज़्यादा तवज्जो नहीं दी। इस बयान पर पासवान ने भी प्रतिक्रिया नहीं दी लेकिन वह हैरान थे कि आख़िर गठबन्धन में अपने से छोटी पार्टी के नेता को बीजेपी क्यों उम्मीदवार बनायेगी। दलित नेता पासवान अपनी सीमा जानते थे और उन्हें दूसरे पायदान पर रहने में कोई गुरेज़ नहीं था। किसी एक बात पर न टिक पाने के लिए चर्चित पासवान 25 जुलाई को मुज़फ्फ़रपुर में हुई रैली में मोदी की तारीफ़ करते हुए कहते हैं–2014 के नतीजे का असल श्रेय एक ही आदमी

को जाता है–मोदी। लालू प्रसाद जैसे नेता भी सबके सामने उनकी आलोचना करते हैं, लेकिन अपने पारिवारिक कार्यक्रम में मोदी के साथ तस्वीर खिंचवाने का मौक़ा नहीं गँवाते।

पासवान की राजनीति के लचीलेपन का सबसे बड़ा उदाहरण तब देखने को मिला जब 2014 चुनाव से पहले एनडीए में शामिल होने के लिए उन्होंने गोधरा दंगों पर अपने पक्ष से समझौता कर लिया। ज़मीन से जुड़े और बेहद बड़े दिल वाले नेता पासवान जो अपने पहनावे के साथ समझौता करते नहीं दिखे, वह समझौते की राजनीति कर बैठे। एक नेता जिनमें अपार सम्भावनाएं रहीं, वह पलड़ा भारी या हलका करने के काम आने लगे। वह दलित राजनीति का राष्ट्रीय चेहरा हो सकते थे, लेकिन ऐसा लगता है कि वह बिहार की 5 फ़ीसदी आबादी पासवानों के नेता बनकर ही सन्तुष्ट हैं। पासवान ख़ुद जानते हैं कि उनकी प्रशंसा करता–गूँजे धरती आसमान, रामविलास पासवान–का नारा अन्दर से कितना खोखला है।

बीजेपी के ख़िलाफ़ अपने धर्मनिरपेक्षता का झंडा बुलन्द करने वाले पासवान के पक्ष परिवर्तन ने राष्ट्रीय राजनीति में हड़कम्प मचा दिया। यह वही पासवान हैं, जिन्होंने यूपीए के दिनों में अपनी पाकिस्तान यात्रा में राष्ट्रपति परवेज़ मुशर्रफ के सामने मोदी की आलोचना की थी। मुसलमानों के बीच पासवान के सीमित प्रशंसक ही हैं लेकिन 2002 में उनके इस्तीफे ने निश्चित ही धर्मनिरपेक्ष नेता के रूप में उनका क़द बढ़ा दिया था।

या तो पासवान ने बीजेपी से फिर से राजनीतिक दोस्ती करने के लिए अपना पक्ष बदला या फिर 2002 में केन्द्रीय मन्त्री के पद से इस्तीफ़ा देते वक़्त वह आधा झूठ बोल रहे थे। वैसे तो वह गोधरा के विषय पर बात करते वक़्त एहतियात ही बरतते हैं लेकिन अब पासवान कुछ हद तक स्वीकार करते हुए कहते हैं–*कांग्रेस विरोधी दिनों से ही मेरे नरेन्द्र मोदी से अच्छे रिश्ते थे और मैं उन ख़ास लोगों में से था जिन्हें 2002 में गुजरात सीएम पद की शपथ लेने के कार्यक्रम में मोदी ने न्यौता दिया था। 2002 में एनडीए छोड़ने के बाद भी मैंने उनके पारिवारिक कार्यक्रमों में हिस्सा लिया और वह कहते रहे कि–गुजरात आते रहिए, मेरी आलोचना करते रहिए लेकिन मैं फिर भी आपका स्वागत करूंगा। एनडीए के मन्त्री पद को छोड़ने की बड़ी वजह नीतीश कुमार थे, जिनकी एनडीए संयोजक जॉर्ज फर्नांडिज़ से काफ़ी नज़दीकी थी और जिनका शरद यादव और मेरा पोर्टफोलियो बदलने में बड़ा रोल था। हालाँकि मुझे कोयला मन्त्रालय मिला जो बुरा नहीं था, लेकिन मुझे बुरा लगा कि यह करते*

हुए मुझे क्यों नहीं बताया गया। नीतीश ने ही मुझे एनडीए छोड़ने के लिए उकसाया। जब से नीतीश ने राष्ट्रीय राजनीति में क़दम रख तब से मेरी उनसे बिल्कुल नहीं बनी।[1]

जहाँ बिहार के उनके एक प्रतिरोधी, उनके एनडीए छोड़ने के लिए ज़िम्मेदार थे, वहीं दूसरे प्रतिद्वन्द्वी लालू प्रसाद की वजह से 2014 में उन्होंने फिर से एनडीए का दामन थामा। राजद उन्हें मनचाही सीट नहीं दे रहा था और सोनिया गाँधी के साथ दो बार बैठक के बावजूद कांग्रेस के साथ उनकी बात नहीं बन रही थी। लोजपा नेताओं के बीच अनिश्चितता का माहौल था। पासवान ने लालू प्रसाद के साथ अच्छे सम्बन्ध बनाये थे और वह उनके बुरे दिनों में उनसे मिलने राँची जेल भी गये थे। इधर चिराग पासवान भी चुनावी राजनीति में पहला क़दम रख रहे थे। लेकिन गोधरा पर रामविलास पासवान का पक्ष उनके आड़े आ रहा था।

रामविलास पासवान कहते हैं–

गठबन्धन के मामले में लालू प्रसाद और मेरी कभी नहीं बनी। जब राजद के साथ बात नहीं बन रही थी तब चिराग मेरे पास आये और बोले की बीजेपी के साथ हाथ मिलाने में क्या बुराई है। उन्होंने एक अनुभवी राजनेता की तरह मुझसे बात की और बताया कि किस तरह पार्टी के वरिष्ठ नेता भी यही चाहते हैं। वो दुखी भी थे कि लालू की तरफ़ से सीट बँटवारे को लकर कोई फ़ैसला नहीं लिया जा रहा है। मैं सोच में पड़ गया और फिर मैंने हाँ कह दिया। बीजेपी से हाथ मिलाने के पीछे चिराग का बड़ा रोल रहा। बाद में बीजेपी नेता सैयद शाहनवाज़ हुसैन, हमारे दिल्ली निवास पर आये और गठबन्धन की बात पक्की हुई। उस घटना के बाद मेरे लिए चिराग का बतौर राजनेता उदय हो चुका था।[2]

पासवान के लिए राजनीति में व्यावहारिकता बहुत ज़रूरी है। वह जानते थे कि राजद के साथ रहकर लोजपा का ज़्यादा भला नहीं हो पायेगा। 2009 में राजद के साथ मिलकर उन्होंने 12 लोकसभा सीट जीतीं और कुछ हाथ नहीं लगा। 1977 में पहली बार रिकॉर्ड अन्तर से जीत हासिल कर पासवान और हाजीपुर लोकसभा निर्वाचन क्षेत्र मानो एक-दूसरे के समानार्थी बन गये थे। लेकिन 2009 में वह हाजीपुर हार गये। 1984 चुनाव में इन्दिरा गाँधी के प्रति उठी सहानुभूति की लहर के बाद यह उनकी दूसरी हार थी। यूपीए 1 में मन्त्री रह चुके पासवान ने फिर भी लालू की मदद से राज्यसभा में सीट पक्की की। लेकिन वह 2009 को दोहराना नहीं चाहते थे। 2010 विधानसभा चुनाव में और बुरा हाल हुआ जब राजद के साथ मिलकर लड़ी

गयी 75 सीट में से वह 3 ही जीत पाये। उनके तीन में से दो विधायक तो नीतीश के दल में शामिल हो गये, यह संकेत देते हुए कि अब राज्य की राजनीति में पासवान का कोई काम नहीं। नीतीश की लहर में पासवान के हाथ से दो चुनाव तो निकल गये, अब मोदी लहर में वह फिर से यह ग़लती नहीं कर सकते थे।

पासवान पर अपने परिवार से परे कुछ और न सोच पाने का आरोप लगता आया है। छह में से तीन सांसद उनके परिवार से ही हैं–वह ख़ुद, उनके बेटे और उनके भाई। साल 2000 से पहले पासवान की राजनीति लालू प्रसाद, शरद यादव और नीतीश कुमार जैसे विरोधियों से निपटने में ही चली गयी और 2000 के बाद जब उन्होंने लोजपा का गठन किया, तब वह प्रासंगिकता, समझौते और टिक पाने की जद्दोजहद में ही लगे रहे। निजी स्तर पर उन्होंने तरक़्क़ी की–वह 9 बार लोकसभा सांसद रहे और 1989 में वीपी सिंह सरकार में केन्द्रीय कैबिनेट मन्त्री से शुरुआत करने के साथ ही वह बिहार से आने वाले अकेले नेता है जिनका केन्द्रीय मन्त्री के तौर पर सबसे लम्बा कार्यकाल रहा। लेकिन कांशीराम की तरह दलित राजनीति में उनका ख़ास योगदान नहीं रहा। पासवान ने 1983 में दलित सेना का गठन किया जो अनुसूचित जाति का अर्ध राजनीतिक मंच था, लेकिन वह पूरे बिहार में इसका विस्तार करने में असफल रहे। पासवान की दिक़्क़त यह रही कि उन्होंने राष्ट्रीय राजनीति में ख़ुद को कुछ ज़्यादा ही झोंक दिया।

पासवान मानते हैं–

मेरे पास बिहार सीएम बनने का बहुत अच्छा मौक़ा था जब पीएम वीपी सिंह ने 1990 विधानसभा चुनाव से पहले मुझे बिहार की राजनीति में लौट जाने के लिए कहा था। लेकिन राज्य की राजनीति में मेरी दिलचस्पी नहीं थी। मेरे मना करने के बाद राम सुन्दर दास को जीत की सम्भावना के साथ बिहार के सबसे ऊँचे पद के लिए तैयार किया गया। अब तो अपने फ़ैसले पर अफ़सोस होता है और डॉ. राम मनोहर लोहिया की किताब 'व्हील ऑफ़ हिस्ट्री' के वह शब्द याद आते हैं जिसमें लिखा गया था कि सत्ता सवर्ण जाति से ओबीसी और फिर अनुसूचित जाति के पास जाती है। लेकिन बिहार को अभी इस तीसरे चरण के सत्ता हस्तान्तरण में वक़्त लगेगा।[3]

1986 में पूर्व डिप्टी पीएम और कांग्रेस के वरिष्ठ नेता जगजीवन राम के निधन के बाद पासवान के एक दलित नेता के रूप में उभरने की बहुत सम्भावना थी, लेकिन बदलाव का ज़रिया न बन पाने के पासवान के अपने कुछ बहाने हैं।

उनकी जगह कांशीराम ने ले ली। अगस्त 1977 में पहले जातिगत नरसंहार के बाद पासवान ने पटना के बेलछी में अपना प्रतिनिधिमण्डल भेजा। अनुसूचित जाति के सांसदों ने दलित मंच के गठन की चर्चा की लेकिन पासवान को तो चुनावी राजनीति से फुर्सत नहीं थी। दिसम्बर 1978 में कांशीराम ने अखिल भारतीय पिछड़े और अल्पसंख्यक समुदाय कर्मचारी संघ (बामसेफ) की नींव रखी। बाद में 1981 में कांशीराम ने दलित शोषित समाज संघर्ष समिति (डीएस4) का गठन किया और फिर उनकी राजनीतिक पार्टी बहुजन समाज पार्टी का भी आगाज़ हुआ।

रामविलास पासवान की ट्रेन दो वजहों से छूटी–वह दलितों की राजनीति करने के बहुत ज़्यादा इच्छुक नहीं थे और दूसरा वह बिहार से आने वाले बड़े राष्ट्रीय नेता की पहचान गँवाना नहीं चाहते थे।पासवान कहते हैं–कई राज्यों में चमारों की आबादी बड़ी तादाद में है।

लेकिन पासवान की उतनी मौज़ूदगी नहीं है। बिहार और बाद में यूपी में चमारों ने दलित राजनीति पर क़ब्ज़ा करके रखा। बिहार में कुछ पासवान नेता तो राजनीतिक फायदों के लिए राम उपनाम का इस्तेमाल करने लगे। पासवान स्वीकार करते हैं कि कांग्रेस से लेकर नीतीश तक की सत्ता से उनके टकराव की वजह से उनकी जाति के लोगों को लड़ाकू कहा जाने लगा और सरकारी नौकरी में उनकी अनदेखी होने लगी। पासवान ने कभी भी कांशीराम की राजनीति के साथ इत्तेफाक़ नहीं रखा, जिसके तहत वह सरकार से टक्कर लेते थे अपनी ही जाति के लोगों को बढ़ावा देते थे। पासवान को डीएस 4 के नारे–तिलक, तराजू और तलवार, इनको मारो जूते चार से भी दिक़्क़त थी जो उनके मुताबिक़ जातिवाद से लिपटा हुआ बेहद अपमानजक नारा था। कांशीराम की उत्तराधिकारी मायावती से भी पासवान की ज़्यादा नहीं बनी। पासवान कहते हैं–*2002 में मेरे एनडीए छोड़ने की एक वजह, गठबन्धन की नयी सदस्य मायावती से मेरे टकराव की भी बताई जाती है लेकिन कोई निजी दुश्मनी नहीं थी। मेरी बात तो साबित हो गयी जब मायावती ने एनडीए का समर्थन दिया। अनुसूचित जाति की राजनीति सिर्फ़ सवर्णों या ओबीसी का बहिष्कार करने से नहीं होगी, आपको साथ में रहना भी तो सीखना होगा।*

लेकिन वह राष्ट्रीय दलित नेता बनने से चूक गये क्योंकि उन्होंने कांशीराम की तरह परिवार के परे जाकर मायावती जैसे बाहरी सदस्य को उच्च ओहदे पर बैठाने की हिम्मत नहीं दिखायी। फिर लालू प्रसाद के ऊपर उठने और उनके ओबीसी और दलितों के सम्मान की रक्षा करने की दुहाई ने पासवान के लिए जगह और कम कर दी।

जगजीवन राम के बाद रामविलास पासवान एक बड़े दलित नेता बन सकते थे, लेकिन वह सिर्फ़ एक जाति विशेष के नेता रह गये। जहाँ यूपी में ओबीसी और दलित नेता साथ-साथ में बढ़ रहे थे, वहीं 1990 से लेकर आज तक बिहार का नेतृत्व ओबीसी केन्द्रित ही रहा।

वरिष्ठ पत्रकार सुरेन्द्र किशोर कहते हैं–

पासवान की राजनीति का अन्दाज़ नीतीश और लालू से अलग था। वह राष्ट्रीय राजनीति में अपनी जगह से ख़ुश थे। वह अपने से बाद में आये प्रतिरोधियों की तरह बिहार का लाभ नहीं उठा पाये। उनमें अपार सम्भावनाएँ थीं और 1977 में उनकी जीत से तो कर्पूरी ठाकुर जैसे नेता भी प्रभावित दिखे। लेकिन 1989 में केन्द्रीय मन्त्री बनने के बाद पासवान की तरक़्क़ी पर जैसे रोक लग गयी। उन्हें सूट-बूट पहनने वाला पाँच सितारा अन्दाज़ का नेता माना जाता था। लेकिन अपने पहनावे को लेकर वह अक्सर कहते कि दलित साथियों को अपने नेता के रहन-सहन का तरीक़ा पसन्द आता है।[4]

भोला पासवान शास्त्री–बिहार के इकलौते पासवान नेता जो 1968 से 1972 के बीच तीन बार मुख्यमन्त्री बने लेकिन कुल मिलाकर उनका कार्यकाल दस महीने से ज़्यादा का नहीं चला क्योंकि 1967 चुनाव के बाद सत्ता हस्तान्तरण के पहले चरण के दौरान हुई उठापटक के वक़्त उन्हें यह पद मिला। जनता पार्टी में अन्दरूनी कलह के बीच कर्पूरी ठाकुर के बाद राम सुन्दर दास को सीएम (अप्रैल 1979-फ़रवरी1980) बनाया गया। बिहार में एक अनुसूचित जाति का नेता तभी सीएम बनता है जब किसी तरह के समझौते की नौबत हो या राजनीतिक अनिश्चितता हो। अगर पासवान ने राज्य की राजनीति में दिलचस्पी ली होती तो उनके समावेशी राजनेता की छवि से यह परम्परा बदली जा सकती थी। दलित नेता जीतन राम माँझी (मई 2014-फ़रवरी 2015) का सीएम बनना भी नीतीश द्वारा दलित वोट के एकीकरण के प्रयास का ही हिस्सा था। लेकिन माँझी जब आक्रामक होने लगे तो सत्ता से हटा दिये गये। लालू और नीतीश दोनों ने ही महत्त्वाकांक्षी दलित नेताओं को शामिल तो किया लेकिन एक वक़्त के बाद उनका तरक़्क़ी नहीं होने दी। पासवान जैसे दिग्गज को राष्ट्रीय लोग समता पार्टी के प्रमुख उपेंद्र कुशवाहा के रूप में अपने से कम अनुभव के प्रतिरोधी भी मिले जो मुख्यमन्त्री बनने का सपना रखते हैं।

2014 चुनाव से पहले पासवान को अपनी तरफ़ करने से बीजेपी काफ़ी उत्साहित थी। पासवान का नरेन्द्र मोदी के साथ जुड़ना बीजेपी की रणनीति के

अनुरूप था, जिसके ज़रिये पासवान वोट का जुटान और मोदी के नेतृत्व की बड़े स्तर पर स्वीकारोक्ति की बीजेपी की योजना सफल होती दिख रही थी। दलित नेता और उनके बेटे चिराग पासवान, 2014 चुनावी अभियान के लिए बिहार के मुज़फ्फ़रपुर में हुई नरेन्द्र मोदी की पहली रैली में शामिल हुए। दोनों का मोदी ने मंच पर अभिवादन किया और चिराग के कन्धे पर हाथ रखकर न कहकर भी बहुत कुछ कह दिया।

4 मार्च, 2014 को *द इंडियन एक्सप्रेस* की रिपोर्ट (Bihar: Flanked by Paswans, Narendra Modi sells 'N(Development)A')–

रामविलास पासवान और उपेंद्र कुशवाहा जैसे नये सहयोगियों के साथ नरेन्द्र मोदी ने सोमवार को मुज़फ्फ़रपुर में राष्ट्रीय विकास गठबन्धन के लिए साथ माँगा। उन्होंने बिहार के मुख्यमन्त्री नीतीश कुमार को याद दिलाया कि उनके राज्य के विकास का रिकॉर्ड काफ़ी ख़राब है और वोटबैंक की राजनीति के लिए वह आतंकवाद से भी नरमी से पेश आते हैं। गठबन्धन के एक हफ़्ते बाद लोजपा प्रमुख पासवान ने भी एनडीए के प्रधानमन्त्री उम्मीदवार के साथ पहली बार मंच साझा किया और मोदी की विकास पुरुष कहकर सम्बोधित किया, साथ ही दलित और मुसलमानों के विकास के लिए प्रतिबद्धता की कामना की।[5]

चिराग पासवान अपनी उम्र से कहीं ज़्यादा परिपक्व लग रहे थे और पिता पासवान के लिए गये राजनीतिक यू टर्न के सवाल पर बेहद ही सधे हुए अन्दाज़ में बोले–एसआईटी ने मोदी को क्लीन चिट दी है इसलिए लोजपा के गठबन्धन को लेकर मीडिया को ज़्यादा कुछ नहीं समझना चाहिए।

एनडीए गठबन्धन में लोजपा ने सात सीट पर चुनाव लड़ा और एनडीए की जीती गयी कुल 31 सीट में से 6 उसके नाम रहीं। पासवान एक बार फिर केन्द्रीय मन्त्री के लिए चुने गये और पाँच साल के अन्तराल के बाद एक बार फिर वह सत्ता के गलियारे में लौट आये। पासवान पाला बदलते हुए पहले से कहीं ज़्यादा तेज़ी से पीएम नरेन्द्र मोदी के एजेंडा को मज़बूती देने लगे। महाराष्ट्र विधानसभा चुनाव से पहले एनडीए गठबन्धन से अलग होने पर उन्होंने शिवसेना की आलोचना की और कहा कि सहयोगी पार्टियों को बीजेपी की लाइन के साथ तालमेल बैठाना होगा। जहाँ एनडीए के सीएम उम्मीदवार को लेकर चुनाव से पहले और बाद में लिए जाने वाले फ़ैसले को लेकर बिहार में बीजेपी की एक और सहयोगी पार्टी आरएलएसपी बार बार बीजेपी के फ़ैसले की जगह एनडीए के फ़ैसले पर ज़ोर देती रही,

वहीं लोजपा एक दब्बू साथी की तरह व्यवहार कर रही थी। अपने से बड़ी सहयोगी पार्टी बीजेपी पर दबाव बना रहे उपेंद्र कुशवाहा और जीतन राम माँझी, पासवान के इस रवैये से ख़ुश नहीं थे।

लेकिन पासवान का यह नरम रवैया 2014 के बाद की बात है। उनकी शुरुआत तो एक जोशीले नेता के तौर पर हुई और उनकी राजनीति के ज़्यादातर सफ़र में वह ऐसे ही रहे। राष्ट्रीय राजनीति में उनके उत्थान का सीधा सम्बन्ध 1989 में वीपी सिंह के प्रधानमन्त्री बनने से रहा। बोफोर्स मुद्दे पर कांग्रेस छोड़ने के बाद वीपी सिंह ने जन मोर्चा का गठन किया। पासवान की सिंह से पहली मुलाक़ात तब हुई जब सिंह इलाहाबाद से उप चुनाव लड़ रहे थे। वह सिंह के साथ दिल्ली तक आये और अपने राजनीतिक विचार साझा किये। आगे के महीनों में सिंह जब पटना आये तो पासवान, उन्हें दलित छात्रवास की दयनीय हालत दिखाने से नहीं चूके।

वीपी सिंह सत्ता में आये और पासवान को सीधे मिल गया श्रम एवं कल्याण विभाग मन्त्रालय। 14 अप्रैल, 1990 को कैबिनेट ने चार ऐतिहासिक फ़ैसले लिए– बी आर अम्बेडकर के जन्मदिन पर सार्वजनिक अवकाश, अम्बेडकर प्रतिष्ठान की स्थापना, जिन्होंने हाल ही में बुद्ध धर्म अपनाया, उनके लिए आरक्षण और पैगम्बर मोहम्मद की जन्म शताब्दी पर अवकाश की घोषणा।

पासवान बताते हैं कि किस तरह धूल खाती बीपी मण्डल आयोग की रिपोर्ट को लागू करने के विषय पर पीएम वीपी सिंह ने सबसे पहले उनके डिप्टी देवीलाल और उस विभाग के मन्त्री पासवान से चर्चा की थी। देवीलाल को मन्त्री समूह का प्रमुख बनाया गया और उनसे कहा गया कि वह मण्डल आयोग को लागू करने के तरीक़े पर रिपोर्ट तीन महीने में दें।

पासवान ने बताया–

जाट समाज से देवीलाल पर दबाव बनाया जा रहा था, इसलिए उन्होंने तीन महीने के भीतर ही मन्त्री समूह के प्रमुख से इस्तीफ़ा दे दिया। पीएम ने मुझसे समूह की अगुवाई कर रिपोर्ट जमा करने के लिए कहा। वीपी सिंह ने यह भी कहा कि बतौर विभाग मन्त्री मैं ही इसकी घोषणा संसद में करूं और मैंने और कुछ और मन्त्रियों ने सुझाव दिया कि सवर्ण जाति से होने की वजह से अगर पीएम उसकी घोषणा करेंगे तो ज़्यादा बड़ा सन्देश जायेगा।[6]

जनता दल सरकार में दो खेमे थे, एक वीपी कैम्प जिसमें पासवान थे और दूसरा देवीलाल कैम्प जिसमें शरद यादव और लालू प्रसाद जैसे नेता थे। पासवान ने सोचा नहीं था कि मण्डल आयोग इतना बड़ा मुद्दा बनेगा और लालू उसे इस

क़दर भुनाएँगे। उन्हें लालू प्रसाद कभी पसन्द नहीं थे और 1990 विधानसभा चुनाव के बाद बिहार सीएम को चुनने के लिए हुए अन्दरूनी चुनाव में पासवान ने उनके ख़िलाफ़ ही वोट किया था।

पहले जनता दल और फिर जदयू के साथ पासवान ने अपना सफ़र जारी रखा। जहाँ बिहार में उनके प्रतिरोधी लालू और नीतीश ने राज्य की राजनीति में अपना रास्ता बना लिया। जहाँ नीतीश पहले वीपी सिंह और फिर वाजपेयी सरकार में केन्द्रीय मन्त्री रहे, वहीं पासवान पहले केन्द्रीय रेल मन्त्री और फिर केन्द्रीय दूरसंचार मन्त्री के अपने पद से सन्तुष्ट दिखे। 2000 में उन्होंने अपनी लोक जनशक्ति पार्टी का गठन किया।

1998 में पासवान की जगह नीतीश को रेल मन्त्री बना दिया गया। ज़ाहिर तौर पर पासवान इससे ख़ुश नहीं थे लेकिन बिहार में लालू को चुनौती देने के लिए एनडीए की ज़मीन को मज़बूत करने के मक़सद से नीतीश को रेल मन्त्रालय दिया गया। 2000 विधानसभा चुनाव के अधूरे जनादेश के बाद पीएम वाजपेयी ने बिहार के नेताओं की बैठक बुलायी। पासवान कहते हैं–जब मैं बैठक में पहुँचा तो नीतीश वहाँ पहले से ही मौजूद थे। लेकिन वाजपेयी जी की महानता थी कि उन्होंने सीएम पद के लिए मेरा नाम लिया। मैं ज़रा अचम्भित था और मैंने प्रेम से इस प्रस्ताव को अस्वीकार कर दिया और कहा कि आप किसी और को चुन लीजिए। इसके बाद से ही अवसर पासवान के हाथ से निकलकर नीतीश की झोली में गिरने लगे।

पासवान ने 2004 चुनाव से पहले यूपीए से हाथ मिलाया। दिल्ली में सोनिया गाँधी के पड़ोस 12 जनपथ पर रहने वाले पासवान को उनके सुरक्षा गार्ड ने बताया कि गाँधी उनसे मिलने आयी हैं। पासवान चकित थे क्योंकि उन्हें पहले से इस बारे में बताया नहीं गया था। जब तक वह गेट तक पहुँचे, सोनिया उनके प्रांगण में आ चुकी थीं और पासवान के यूपीए का हिस्सा बनने के लिए राज़ी होने से पहले उन्होंने बैठने से इन्कार कर दिया। पासवान, कांग्रेस प्रमुख के इस क़दम के बाद ना कैसे बोल सकते थे।

2004 के चुनाव में पासवान को चार सीट मिलीं लेकिन 22 सीट पाकर लालू तो ख़ुद ही हैरान थे। कांग्रेस ने पासवान को भरोसा दिलाया था कि यूपीए को एकजुट करने के लिए उन्हें इनाम के तौर पर रेल मन्त्रालय दिया जायेगा। पासवान इन्तज़ार कर रहे थे तभी सोनिया गाँधी के सहायक अहमद पटेल का उनके पास फोन आया कि लालू, रेल मन्त्रालय के लिए ज़िद पर अड़े हैं। पासवान ने लालू को फोन किया

जिन्होंने कहा कि ये तो दो भाइयों के बीच लड़ाई करवाने की कोशिश है। पासवान ने फिर अहमद पटेल से बात की जिन्होंने कहा–आपको लालूजी की चिट्ठी ही भेज दूँ क्या। पटेल ने पासवान को ख़त पढ़कर सुनाया जिसे सुनकर पासवान एक बार फिर अनदेखे किये जाने से नाराज़ हुए। बाद में पासवान को दूसरा मन्त्रालय दिये जाने के लिए वीपी सिंह से बात की गयी। सिंह ने अपने चेले रहे पासवान को समझाने के लिए डायलिसिस को एक दिन के लिए टाल दिया। अब मण्डल के कर्ता-धर्ता को पासवान कैसे मना कर सकते थे। पासवान, वीपी सिंह को नेता नहीं, समाज सुधारक मानते थे।

मण्डल के बाद लालू प्रसाद, देवीलाल से वीपी के खेमे में चले गये। सामाजिक आधार और रुचि की कमी की वजह से बिहार की राजनीति में पासवान पीछे हो रहे थे। पूर्व डिप्टी सीएम और बीजेपी नेता सुशील कुमार मोदी कहते हैं–पासवान हमेशा से पीएम बनना चाहते थे, उन्होंने सीएम बनने का प्रयास ही नहीं किया। कई बार तो लालू, पासवान के साथ मज़ाक़ भी कर लिया करते थे जिन्होंने दो बार शादी की थी। एक वरिष्ठ पत्रकार, 90 के दशक का एक ऐसा ही क़िस्सा बताते हैं जो उन्हें पासवान ने ही सुनाया था। जब लालू प्रसाद ने पासवान को फोन करके कहा था कि वह चाहते हैं कि बड़की भौजाई को विधान परिषद का सदस्य बना दिया जाये। पासवान अपनी पहली पत्नी से बात करना चाहते थे और उन्होंने कहा कि वह लालू से बात करते हैं। पासवान ने बताया–घबराहट के मारे मुझे टॉयलेट जाना पड़ा। फिर मैंने शान्त मन से सोचा कि लालू ऐसा करना क्यों चाहते हैं। तब मैंने लालू को फिर से इस बारे में फोन किया, तब लालू ने विषय ही बदल दिया–और रामविलास भाई, सब ठीक है न। लालू के इस ग़लत वक़्त के मज़ाक़ से पासवान का सामना होता रहता था।

फ़रवरी 2005 के चुनाव के बाद पासवान की किसी मुस्लिम सीएम को बनाने की ज़िद, दरअसल बिहार में उनके दोनों प्रतिद्वन्द्वी के साथ कड़वाहट के इतिहास से जुड़ी है। वह न ही लालू का साथ देना चाहते थे, न नीतीश का। गतिरोध को तोड़ने के लिए उन्होंने अल्पसंख्यकों के दोनों झंडाबरदारों के सामने धर्मनिरपेक्षता का पासा फेंका। पासवान कहते हैं–लालू ने कहा कि मेरे भाई पशुपति कुमार पारस को सीएम बनाने का प्रस्ताव दिया, नीतीश भी मुझसे दो बार मिले और मुझे सीएम का प्रस्ताव दिया। लेकिन मुझे सीएम बनना ही नहीं था। लेकिन मैं कांग्रेस से बहुत निराश था जिन्होंने मुस्लिम सीएम की मेरी माँग नहीं मानी। अब तो पासवान 2009

चुनाव की अपनी ज़िद पर अड़ने की ग़लती पर अफ़सोस करते हैं लेकिन मुस्लिम सीएम बनाने के पक्ष का उन्हें कभी अफ़सोस नहीं हुआ।

लोजपा के तत्कालीन उपाध्यक्ष और पार्टी को 29 सीट दिलवाने में बड़ा रोल निभाने वाले डॉ. रंजन प्रसाद यादव कहते हैं–

सरकार न बनने देना पासवान की ग़लती थी। मैं नहीं चाहता था कि वह सरकार बनाने में लालू की मदद करें लेकिन वो एनडीए के साथ तो सरकार बना ही सकते थे ताकि छह महीने में दूसरे चुनाव में होने वाले ख़र्च को बचाया जा सकता था।[7]

पासवान की राजनीति पर तब और खतरा मंडराने लगा जब मुख्यमन्त्री नीतीश कुमार महादलित श्रेणी लेकर आये जिसमें पासवान को छोड़कर बिहार की 21 अनुसूचित जातियों को शामिल किया गया। नीतीश ने पासवान के साथ खेल करने की कोशिश की और यह पता लगाने के लिए कि पासवानों को इस श्रेणी में लाना चाहिए या नहीं, एक आयोग का गठन किया। लेकिन यह सब राजनीतिक दिखावा था और महादलित आयोग ने ज़ाहिर तौर पर पासवानों को इस श्रेणी से बाहर ही रखा जिससे कहीं-न-कहीं इस दलित नेता को राहत ही मिली।

द *इंडियन एक्सप्रेस* की 19 अप्रैल, 2010 की रिपोर्ट है (Panel report in, Paswans kept out of Mahadalits)–

आयोग ने महादलित की श्रेणी में पासवानों को शामिल न करने के पीछे की वजह बताते हुए कहा है कि अन्य अनुसूचित जातियों की तुलना में पासवानों की राजनीति में ज़्यादा भागीदारी है–जैसे भोला पासवान का मुख्यमन्त्री बनना और रामविलास पासवान का मुख्यमन्त्री बनना। हालाँकि आयोग ने माना कि पासवान, महादलित में शामिल अन्य अनुसूचित जातियों की ही तरह एक पिछड़ी जाति है। आयोग के सदस्य बब्बन रावत ने कहा–राज्य सरकार को दी गयी 13 बिन्दुओं की सिफ़ारिश में आयोग ने कहा कि मज़बूत डील-डौल वाले पासवानों को सरकारी और निजी सुरक्षा गार्ड का प्रशिक्षण दिया जाये।[8]

1969 में पहली बार चुनाव में क़िस्मत आज़माने के साथ ही पासवान ने बड़े राजनीतिक ओहदे के लिए लड़ना शुरू कर दिया था। 1969 में वह संयुक्त समाजवादी पार्टी की ओर से खगड़िया के अलौली से विधायक बने। वह अलौली के लोकप्रिय कांग्रेस नेता और मुहसर जाति के मिश्री सदा से टक्कर लेने की सोच भी नहीं सकते थे। वह छात्र राजनीति में सक्रिय थे लेकिन राजनीति का पेशा अपनाने के बारे में गम्भीरता से नहीं सोचा था। स्नातकोत्तर करने के बाद दरोगा की परीक्षा में फेल हुए लेकिन डिप्टी एसपी की नौकरी के लिए योग्य साबित हुए।

खगड़िया के शहरबन्नी गाँव से आने वाले एक छोटे-से किसान जामुन दास के बेटे के लिए इतनी बड़ी सफलता मायने रखती है। पासवान के पिता कबीरपन्थी थे इसलिए दास उपनाम लगाते थे। शहरबन्नी, बालन नदी के किनारे बसा गाँव है जो चार ज़िलों से घिरा है–दरभंगा, समस्तीपुर, सहरसा और खगड़िया। गाँव में ओबीसी, ईबीसी और अनुसूचित जाति की आबादी है। प्राथमिक स्कूल के लिए चार किलोमीटर पैदल और फिर आगे की पढ़ाई के लिए छह किलोमीटर और पैदल चलकर जाने वाले पासवान ने स्नातक की पढ़ाई खगड़िया के कोसी कॉलेज से की और फिर स्नातकोत्तर के लिए पटना आये। वह भलीभाँति जानते थे कि डीएसपी की नौकरी उनके और उनके परिवार के लिए कितनी अहम है।

जामुन दास ने अपने दुबले-पतले बेटे की सेहत को देखते हुए टॉनिक के लिए 250 रुपये दिये। पासवान जो काली पैंट और उससे मेल खाती शर्ट ही पहना करते थे, उन्होंने इस पैसे से साइकिल ख़रीद ली और अपने दोस्त जगदीश मोची को आगे बैठाकर अलौली घूमने लगे। यह तब की बात है जब उन्हें एसएसपी से टिकट नहीं मिला था। एक बार वह ट्रेन से सफ़र कर रहे थे, जब संयोग से उनकी मुलाक़ात अलौली से कांग्रेस विधायक मिश्री सदा से हुई जो पासवान को चेहरे से नहीं जानते थे। सदा ने उनसे कहा कि किस तरह रामविलास नाम का कल का लौंडा, उनके ख़िलाफ़ चुनाव लड़ने की सोच रहा है। पासवान चुप रहे और उन्होंने अपनी पहचान नहीं बताई लेकिन यह शब्द कल का लौंडा उनके दिमाग़ में अटक गया। वह एसएसपी दफ़्तर के चक्कर लगाने लगे और उन्हें टिकट भी मिल गया। लेकिन तब तक वह एसएसपी के सबसे बड़े नेता कर्पूरी ठाकुर से नहीं मिले थे।

कम उम्र के पासवान ने 700 वोट से मिश्री सदा को हरा दिया। उन्हें पटना में विधायक फ्लैट मिल गया। एक बार एक राजनेता उनके घर आये और कहा कि वह विधायक रामविलास पासवान से मिलना चाहते हैं। पासवान अपनी पहचान नहीं बता रहे थे लेकिन जब पता चला कि यह नेता कर्पूरी ठाकुर हैं तो पासवान ने शर्मिन्दा होकर अपना परिचय दिया।

पासवान ने जब राजनीति में प्रवेश किया तो उनके सिर पर किसी का हाथ नहीं था। कर्पूरी, संयुक्त विधायक दल के नेता थे। चुनाव के बाद विधायक दल का नेता चुना जाने के लिए बैठक हुई। दो नाम सामने आये–रामानन्द तिवारी (शिवानन्द तिवारी के पिता) और श्रीकृष्ण सिंह (पूर्व मन्त्री नरेन्द्र सिंह के पिता)–दोनों ही सवर्ण जाति से थे। उपेंद्र नाथ वर्मा, एसएसपी अध्यक्ष थे। ऐसे में पासवान उठे और उन्होंने कहा–पार्टी दावा करती है कि वह पिछड़ों और दलितों के हक़ की लड़ाई लड़ती है

और जब विधायक दल का नेता चुनने की बारी आयी तब दो ऊँची जाति के नेता को खड़ा कर दिया। इस पर एसएसपी नेता राम इक़बाल सिंह ने कहा कि पासवान को ही तीसरा उम्मीदवार बना दिया जाये। पासवान लड़े और हार भी गये–उन्हें सिर्फ़ 11 विधायकों का साथ मिला लेकिन इसी बहाने उन्होंने कर्पूरी ठाकुर का ध्यान खींच लिया।

पासवान, चरखा समिति के सदस्य थे और उन्होंने बाद के वक़्त में जेपी आन्दोलन में हिस्सा लिया। आपातकाल के दौरान वह कर्पूरी ठाकुर के साथ नेपाल जाकर छुप गये। वहाँ बैठक करने के लिए ठाकुर ने एक नायाब तरीक़ा निकाला। वह भारत-नेपाल सीमा पर नदी पार करते और फिर शाम के वक़्त बैठक करते और पुलिस के आने का शक होता तो कोई कार्यकर्ता टॉर्च की लाइट से इशारा कर देता।

एक बार ऐसी ही एक बैठक के दौरान कार्यकर्ता ने टॉर्च की रोशनी दिखायी जिसके बाद पासवान और ठाकुर को दौड़ना पड़ा। कर्पूरी थककर चूर हो गये और उन्होंने कहा कि अब वह नहीं दौड़ सकते, फिर चाहे पुलिस ही क्यों न गिरफ़्तार कर ले। अगले दिन वह उस कार्यकर्ता से मिले जिसने टॉर्च दिखाया था, जिसने कहा कि उसने तो यह बताने के लिए इशारा किया था कि पुलिस नहीं आ रही। फिर तो कर्पूरी ने उस शख़्स को भर-भर के गालियाँ दीं।

इस बीच पासवान कुछ वक़्त के लिए कोलकाता में छुपे जहाँ उन्होंने 17 बार शोले देखी। 1975 में राजद के मौज़ूदा नेता अब्दुल बारी सिद्दीक़ी के साथ उन्हें गिरफ़्तार किया गया। पहले तो बारी ने पहचान ग़लत बताते हुए ख़ुद को ईसाई और पासवान को ब्राह्मण बताया लेकिन बाद में एक पुलिसकर्मी ने पासवान को पहचान लिया। मीसा के तहत पासवान को गिरफ़्तार कर लिया गया और उन्हें एक साल की जेल की सज़ा हुई।

पासवान कहते हैं कि बिहार सरकार के अधिकारी और पुलिस ने बहुत साथ दिया क्योंकि उनमें से 30 फ़ीसदी तो कायस्थ थे जो जेपी की ही जाति के थे और पासवान के ऐसे हर फ़ैसले के बारे में उन्हें आगाह कर दिया जाता था जिससे उन्हें नुकसान हो सकता था।

आगे के सालों में कर्पूरी ठाकुर से पासवान की नज़दीकी बढ़ती गयी। पासवान बताते हैं कि ईबीसी के नेता को अक्सर अनूप लाल यादव की अगुवाई वाले यादव खेमे से ब्लैकमेल किया जाता था। 1985 चुनाव के बाद लालू प्रसाद समेत 18 यादव नेताओं ने डिप्टी स्पीकर के पद के लिए अनूप लाल मण्डल के लिए मुहिम छेड़ दी।चौधरी चरण सिंह को इस विद्रोह की भनक लगी और उन्होंने पासवान को

पटना भेजा ताकि वह कर्पूरी ठाकुर के मन की बात भी जान सकें। ठाकुर ने कहा कि वह भी अनूप लाल मण्डल के पक्ष में हैं। लेकिन बाद में चरण सिंह ने पासवान को बताया कि ठाकुर ने तो शिवानन्द पासवान का नाम सुझाया है। पासवान कहते हैं–पहली बार मुझे कर्पूरीजी पर ग़ुस्सा आया कि उन्होंने मुझसे झूठ क्यों कहा। बाद में चरण सिंह ने मुझे यह भी बताया कि किस तरह 1977 जनता दल सरकार के बाद मुझे केन्द्रीय मन्त्री बनाने के सिंह और राजनारायण के प्रस्ताव को भी कर्पूरीजी ने ठुकरा दिया था। मैं नहीं जानता कि उन्होंने मेरे साथ ऐसा क्यों किया। इसके बाद से ही पासवान ने कर्पूरी से दूरी बना ली थी। 1977 में कर्पूरी की इच्छा के ख़िलाफ़ जाकर पासवान को टिकट दिया गया।

पासवान के निधन के बाद उनकी विरासत अब उनके बेटे चिराग पासवान के हवाले हैं लेकिन अपने पिता की तरह अनुसूचित जाति के पासवानों से वही सम्बन्ध स्थापित कर पाना उनके लिए एक चुनौती रहने वाली है। पिता की छाया के बिना चिराग अब अपनी लोक जनशक्ति पार्टी (रामविलास)के नेता हैं जब हाजीपुर सांसद और उनके चाचा पशुपति कुमार पारस केन्द्र में मन्त्री और राष्ट्रीय लोक जनशक्ति पार्टी के नेता हैं। पारस को जो अधिकतम पाना था पा गये चिराग भले ही 2020 के चुनाव में कुछ ख़ास नहीं कर पाये लेकिन जदयू को तो ज़रूर क्षतिग्रस्त कर दिया बिहार में तीसरे नम्बर की पार्टी बनाकर। चिराग अगर ज़मीनी राजनीति करते रहे तो उनका भविष्य सुरक्षितहै। आनेवाले दिनों में जब बिहार की राजनीति द्विध्रुवीय हो जायेगी तो चिराग की अहमियत बढ़ेगी। उन्होंने मुझे जुलाई 2021 के एक मुलाक़ात में बताया कि उनके पास भाजपा और तेजस्वी के बीच किस को चुने का सहज विकल्प है। वो प्रधानमन्त्री मोदी को भी पिता तुल्य मानते है और तेजस्वी को अनुज। पर राजनीति तो अग्रज और अनुज अपने हिसाब से तय करती है।

चलते-चलते थोड़ी-सी बात उपेंद्र कुशवाहा की।

बिहार राजनीति के योद्धा–उपेंद्र कुशवाहा। उनके सपने, उनकी महत्त्वाकांक्षा और उनकी राजनीति का तरीक़ा बहुत कुछ नीतीश कुमार से मिलता-जुलता था। 2014 लोकसभा चुनाव में उनकी नयी बनी पार्टी आरएलएसपी ने 100 फ़ीसदी जीत हासिल की- तीन में से तीन सीट जीती। कुशवाहा ने भी कर्पूरी ठाकुर के मार्गदर्शन में ही अपना राजनीतिक सफ़र शुरू किया जिसके बाद उन्होंने नीतीश कुमार का दामन थामा, जिन्होंने कुशवाहा को विधानसभा का नेता विपक्ष बनाकर राज्य की राजनीति में एक तरह से घसीट लिया। यह हुआ 2004 चुनाव से पहले जब समता पार्टी और जदयू के विलय से नीतीश को अपनी साथी पार्टी जदयू से एक सीट ज़्यादा मिल गयी।

नीतीश की लव-कुश वाली रणनीति की वजह से बीजेपी के नेता सुशील कुमार मोदी की जगह कुशवाहा ने ले ली।

हाजीपुर के महनार से आने वाले कुशवाहा के सहयोगी सांसद रामविलास पासवान थे। लोकसभा चुनाव से पहले कुशवाहा एनडीए में शामिल हुए थे और अपने कट्टर प्रतिद्वन्द्वी जदयू नेता नीतीश कुमार से ज़्यादा सीट पाकर बेहद आनन्दित महसूस करते। हालाँकि अपने जनाधार और राजनीतिक ताक़त के हिसाब से वह ज़रूरत से ज़्यादा बड़ा सपना देख रहे थे। सीएम पद की महत्त्वाकांक्षा की बात को वह हँसकर टाल देते हैं और उसे पार्टी पर डाल देते हैं लेकिन ऐसी कूटनीतिक बातें उनकी छवि जैसे व्यक्ति पर जमती नहीं है। वह मानते हैं कि गठबन्धन में सन्तुलन बनाये रखने के लिए मोल-भाव की राजनीति करनी पड़ती है। वह कहते हैं–सिर्फ़ बीजेपी नहीं, एनडीए चुनाव लड़ रही है। एनडीए को ही सीएम पद का उम्मीदवार तय करने दिया जाये। वह सामूहिक नेतृत्व की बात को स्वीकारते हैं। वह ख़ुश हैं कि चुनावी अभियान के पोस्टर पर एनडीए के सभी नेताओं की तस्वीर है।[9]

कुशवाहा कहते हैं कि नीतीश कुमार ने तो लालू प्रसाद को पोस्टर से ग़ायब कर दिया है, लेकिन बीजेपी ऐसा न करे और अपनी सहयोगियों को दिखाए। वह कहते हैं–उसे हम सबको दिखाना होगा, हम सबकी सामाजिक ताक़त को मतदाताओं के सामने लाना होगा ताकि जाति विभाजन पर काम कर रहे महागठबन्धन के सामने खड़े हो सके। वह साफ़ कहते हैं–बीजेपी जितना ज़्यादा कुशवाहा, पासवान और माँझी को लोगों तक पहुँचाएगी, उतना ही अगड़ी-पिछड़ी की राजनीति के साथ चुनाव लड़ रहे विरोधियों को चोट पहुँचेगी। बीजेपी के सहयोगी ओबीसी कुशवाहा, अनुसूचित जाति के पासवान और माँझी की अगुवाई में विरोधियों के छुपे हुए हथियारों को भी बेअसर कर सकते हैं।

महनार के सामाजिक कार्यकर्ता मुनिश्वर सिंह के बेटे कुशवाहा, कर्पूरी ठाकुर के क़रीबी थे और राजनीतिक विज्ञान में स्नातकोत्तर थे। पढ़ाई के दिनों में वह पटना में कर्पूरी ठाकुर के घर रहा करते थे और राजनीति में इनकी दिलचस्पी बढ़ती चली गयी। अप्रत्यक्ष तरीक़े से वह राजनीतिक गतिविधियों में भी शामिल होने लगे।

1985 में नीतीश कुमार की अध्यक्षता वाले युवा लोक़दल के कुशवाहा महासचिव बने। वह याद करते हुए बताते हैं–कर्पूरी ठाकुर अक्सर मेरे घर आते और यहाँ की मछली उन्हें बेहद पसन्द आती थी। पिताजी से बात करते हुए उन्होंने कहा कि मुझे राजनीति में होना चाहिए। पिताजी ने कहा कि मेरा बेटा इतनी अनिश्चितता से भरा पेशा नहीं अपनायेगा।

इसके साथ ही कुशवाहा और नीतीश कुमार के साथ ही कहानी शुरू हुई। कुशवाहा, कुमार के विचारों से प्रभावित थे। समता पार्टी के दिनों से ही दोनों साथ थे। 2000 में वैशाली के जनदाहा से कुशवाहा ने चुनावी राजनीति में प्रवेश किया। उन्होंने अक्टूबर 2005 का चुनाव दलसिंहसराय से लड़ा और हार गये। आगे के सालों में नीतीश कुमार से उनके मतभेद हुए और 2007 में उन्होंने जदयू छोड़ दी। डेढ़ साल एनसीपी में रहने के बाद उन्होंने राष्ट्रीय समता पार्टी का गठन किया और 2009 के उप चुनाव में 17 विधानसभा सीट पर क़िस्मत आज़माई। उन्हें जीत तो नहीं मिली लेकिन ठीक-ठाक वोट मिले थे।

2010 चुनाव से पहले ही कुशवाहों के वोट को जुटाने में कुशवाहा की अहमियत को नीतीश कुमार जान चुके थे। कुशवाहा को राज्यसभा की सीट दे दी गयी। लेकिन उन्होंने एक बार फिर नीतीश द्वारा बाहर के लोगों को टिकट देने का विरोध किया। वह ज़िद पर अड़े थे कि दलसिंहसराय के तत्कालीन राजद विधायक को जदयू से टिकट न दिया जाये क्योंकि इस तरह बाहर के लोगों को बढ़ावा देने से पार्टी कार्यकर्ता का मनोबल घटता है। कुशवाहा ने राजगीर में कार्यकर्ताओं की बैठक में अपनी भड़ास निकाली और कहा कि यदि ऐसा हुआ तो वह राज्यसभा सांसद का पद भी छोड़ देंगे। नीतीश ने खुलेआम कुशवाहा का यह कहकर अपमान किया कि कुछ लोग सिर्फ़ इसलिए बोल रहे हैं क्योंकि उन्हें मंच मिल गया है। लेकिन कुशवाहा के सपने बड़े थे और वह इस बात से नाराज़ थे कि नीतीश अपने बाद पार्टी में किसी को जगह नहीं देते।

कुशवाहा कहते हैं–

राजगीर में नीतीश ने जब कहा कि कौन है मेरे बाद, मैं आँखें मूँद लूँ तो पार्टी का क्या होगा–यह लाइन अनिश्चितता की चिन्ता नहीं, उनका घमंड दिखाती हैं। अगर आज जदयू में दूसरे नम्बर पर कोई नहीं है तो इसके ज़िम्मेदार वह अकेले हैं। हम जैसे नेता तो बस उनकी चाल के प्यादे हैं। वह इस्तेमाल करके फेंकने में यक़ीन रखते हैं।[10]

नीतीश के अलावा कुशवाहा ने जॉर्ज फर्नांडिस और शरद यादव को भी नज़दीक से जाना और वह बतौर राजनेता नीतीश के बदला लेने की प्रवृत्ति पर बात करते हुए कहते हैं–

जब समता पार्टी के संस्थापक सदस्य पीके सिन्हा, नीतीश से ज़्यादा जॉर्ज फर्नांडिस को बढ़ावा देने लगे और नीतीश के रेल मन्त्री कार्यकाल के दौरान उनके ख़िलाफ़ बोलने लगे तब मैं रेलवे का बोर्ड सदस्य था और मैंने अपने कानों से

नीतीश को पटना के जदयू कार्यालय में किसी से यह कहते हुए सुना था कि सिन्हा को ठीक से समझा दिया जाये।[11]

कुशवाहा कहते हैं कि नीतीश ने तो शरद यादव को भी नहीं छोड़ा था। 2010 में महिला आरक्षण बिल के दौरान पार्टी ने कोटे के भीतर कोटे की माँग की लेकिन नीतीश ने अपने पार्टी अध्यक्ष की ही बात को काटकर कहा कि सिर्फ़ महिला आरक्षण होगा, कोई कोटे के भीतर कोटा नहीं होगा। कुशवाहा कहते हैं- इस घटना के बाद मैं जब दिल्ली में शरद जी से मिला तो वह रुआंसे होते हुए बोले–नीतीश यह क्या कर रहा है, मुझे नंगा कर दिया।

नीतीश-विरोधवाद तो कुशवाहा की राजनीति का आधार रहा है। लेकिन रामविलास पासवान और उपेंद्र कुशवाहा तो सन्तुलन बनाने और बिगाड़ने की राजनीति के दो विपरीत और चरम किनारे हैं।–एक पासवान थे जो सीएम बनना ही नहीं चाहते थे और एक सीएम बनने के लिए बेताब थे।

कुशवाहा अब लौटकर जदयू में आ गये हैं। पार्टी में उनकी सीधी टक्कर रामचन्द्र प्रसाद सिंह से है। अगर ऐसा कहा जाय कि जिस प्रकार सुशील कुमार मोदी मुख्यमन्त्री पद की प्रतीक्षा सूची में रहे, कुशवाहा भी प्रतीक्षा सूची में हैं–उनकी राह में भाजपा और शायद आरसीपी हैं।

सन्दर्भ

1,2,3. रामविलास पासवान का साक्षात्कार, जुलाई 12, 2015 और 26 जुलाई 2015

4. स्वतन्त्र पत्रकार सुरेन्द्र किशोर, जुलाई 17, 2015

5. द इंडियन एक्सप्रेस (Bihar : Flanked by Paswans, Narendra Modi sells 'N(Development) A', सन्तोष सिंह, http://indianexpress.com/article/india/politics/hunkar-rally-flanked-by-paswans-narendra-modi-sells-nda/

6. रामविलास पासवान का साक्षात्कार, जुलाई 12, 2015

7. पूर्व राज्यसभा सांसद और पूर्व लोजपा नेता डॉ. रंजन प्रसाद यादव, मई 15, 2015

8. द इंडियन एक्सप्रेस (Panel report in, Paswan skept out of Mahadalits, अप्रैल 19, 2010, सन्तोष सिंह)

9,10,11. उपेंद्र कुशवाहा का साक्षात्कार, जुलाई 8, 2015

20

फिर क्या होगा उसके बाद

बिहार में चुनाव सम्पन्न हो चुके थे। तमाम एग्ज़िट पोल महागठबन्धन को बढ़त दे रहे थे। नेता प्रतिपक्ष तेजस्वी प्रसाद यादव अपने कार्यकर्ताओं को संयम रखने की सलाह दे रहे थे। राष्ट्रीय जनता दल सत्ता के क़रीब लग रहा था। लालू प्रसाद का कोई बयान अभी तक नहीं आया था, शायद उन्हें असली चुनाव परिणाम की प्रतीक्षा थी। इधर, उनके परिवार में उत्साह का माहौल था। तेजस्वी के लगभग सभी बहनोई पटना आ चुके थे, शपथ ग्रहण समोराह की चर्चा भी होने लगी थी। चर्चा तो यह तक हो रही थी कि तेजस्वी कौन-सा कुर्ता या शेरवानी पहनेंगे।

परिणाम का दिन। राजद, कांग्रेस और वाम पार्टियाँ मिलकर 110 सीटों पर रुक गयीं–सत्ता से 12 सीटें दूर। राजद फिर से सबसे बड़ी पार्टी बनकर उभरी 75 सीटों के साथ। नीतीश कुमार की जनता दल (यू) 43 सीटों पर सिमट गयी, लेकिन उनकी सहयोगी, भाजपा को 74 सीटें मिलीं। जीतन राम माँझी और मुकेश साहनी के दलों को चार-चार सीटें आयीं। तीसरे नम्बर की पार्टी होने के बावजूद नीतीश फिर से सत्ता पर क़ाबिज़ हो गये। दोनों खेमों के बीच तक़रीबन 13,000 मतों का ही अन्तर था।

तेजस्वी मुख्यमन्त्री तो नहीं बन पाये, लेकिन बिहार की राजनीति में उनका ज़ोरदार आगमन हो गया। उन्होंने दो विशाल राजनीतिक वटवृक्ष–लालू प्रसाद और नीतीश से परे अपनी जगह बनायी। 10 लाख रोज़गार देने का वादा जनता को बहुत भाया था। लेकिन राजनीति में सत्ता तक पहुँचने के बहुत पेंच और पैंतरे होते हैं। तेजस्वी हार गये, लेकिन जीत गये। नीतीश कुमार सत्ता में आ तो गये, लेकिन उनका इक़बाल और क़द थोड़ा छोटा लगने लगा।

आइए चलते हैं, भाजपा के दफ़्तर। सुशील कुमार मोदी अब तक उप मुख्यमन्त्री रहे थे और लोग उम्मीद कर रहे थे, वही इस पद पर आसीन होंगे। लेकिन दिल्ली

दरबार से बुलावा सरकार गठन के पहले ही आ गया था। कुछ संकेत तो मिल ही गये थे। सूत्र बताते हैं कि मोदी को भाजपा के राष्ट्रीय अध्यक्ष जे.पी. नड्डा का फ़ोन आया था दिल्ली आने के लिए। मोदी को दिल्ली में कहा गया कि अब नये लोगों को मौक़ा दिया जाये, जो पार्टी की अगले 20 बरसों तक सेवा कर सकें।

भाजपा के नये नेता के चुनाव का दिन। केन्द्रीय मन्त्री राजनाथ सिंह बिहार में पर्यवेक्षक के रूप में भेजे जाते हैं। सुशील मोदी उनकी अगवानी करने पटना एयरपोर्ट जाते हैं। इधर, बिहार भाजपा प्रभारी भूपेन्द्र यादव, पार्टी ऑफ़िस में नव निर्वाचित विधायकों की बैठक का आकलन कर रहे हैं। औपचारिक परिचय होता है, लेकिन विधायक दल और विधानमण्डल दल के नेता का चुनाव नहीं होता। अभी तक किसी विधायक को पता नहीं है कि सुशील मोदी उनके नेता नहीं चुने जायेंगे, लेकिन ऐसा पहली बार हुआ कि भाजपा ने अपने दफ़्तर में अपने नेता का चुनाव नहीं किया।

भूपेन्द्र यादव शायद कोई असहज स्थिति नहीं चाहते थे। वे सुशील मोदी को फ़ोन कर कहते हैं कि राजनाथ सिंह को सीधे मुख्यमन्त्री आवास ले जाया जाये, भाजपा के सारे विधायकगण वहीं पहुँच रहे हैं। सुशील मोदी और राजनाथ सिंह मुख्यमन्त्री निवास पहुँचते हैं। एनडीए की बैठक शुरू होती है। नीतीश कुमार सर्वसम्मति से नेता चुने जाते हैं यानी एक बार फिर मुख्यमन्त्री।

अब सुशील मोदी खड़े होते हैं और कटिहार से चौथी बार चुने गये विधायक तारकिशोर प्रसाद का नाम विधायक दल के नेता के रूप में प्रस्तावित करते हैं, लेकिन किसी को कुछ समझ नहीं आया कि आख़िर हो क्या रहा है। तमाम लोग अब भी समझ रहे हैं कि सुशील मोदी ही भाजपा विधानमण्डल दल के नेता होंगे और उसी लिहाज़ से उप मुख्यमन्त्री भी। तारकिशोर प्रसाद भी पूर्ण रूप से स्थिति नहीं समझ पा रहे। अब सुशील मोदी ट्वीट करते हैं कि पार्टी ने उन्हें बहुत कुछ दिया और कोई भी उनसे कार्यकर्ता का पद नहीं छीन सकता।

अब स्पष्ट होता है कि तारकिशोर प्रसाद उप मुख्यमन्त्री होंगे। नीतीश कुमार किसी से चुटकी लेते हुए कहते हैं कि पहली बार भाजपा के नेता का चुनाव मुख्यमन्त्री निवास में हुआ, वह भी मुख्यमन्त्री के चुनाव के बाद।

तारकिशोर प्रसाद का नाम किसने सुझाया? लोग समझते हैं कि सुशील मोदी ने सुझाया होगा। एकदम नहीं। यह दिल्ली में ही निर्णय हो चुका था। सुशील मोदी को हटाने के लिए उनका सजातीय नेता चाहिए। संजय जायसवाल सांसद होने के कारण रेस से बाहर हो गये, मोतिहारी से विधायक प्रमोद कुमार उतने योग्य नहीं

समझे गये। बात घूम-फिर कर तारकिशोर पर टिकी और कोई विकल्प ही नहीं था। दूसरी जाति समुदाय से नेता चुना ही नहीं जाना था।

रेणु देवी का नाम दूसरे उप मुख्यमन्त्री के तौर पर कैसे आया? यह प्रसंग बहुत ही रोचक है। मुख्यमन्त्री और उप मुख्यमन्त्री का चुनाव हो चुका है, तभी प्रधानमन्त्री का फ़ोन राजनाथ सिंह को आता है। सामने नीतीश कुमार बैठे हैं। सूत्र बताते हैं कि नरेन्द्र मोदी ने कहा–अति पिछड़े समुदाय से और कोई महिला दूसरी उप मुख्यमन्त्री हो। रेणु देवी का नाम भी उन्होंने ही सुझाया। फिर क्या था? भाजपा के दो उप मुख्यमन्त्री बने और बिहार भाजपा में सुशील मोदी युग का अन्त हुआ। भाजपा के राष्ट्रीय प्रवक्ता और बिहार में उद्योग मन्त्री सैयद शाहनवाज़ हुसैन कहते है कि शायद कैलाशपति मिश्र के बाद सुशील मोदी को एक बड़े नेता के तौर पर देखा जायेगा। सुशील मोदी राज्यसभा सदस्य हैं। अभी भी सक्रिय हैं। भाजपा उनका विकल्प अब भी तलाश रही है।

जनता दल (यू) भले ही ख़ुश थी कि उनके नेता फिर से मुख्यमन्त्री बन गये। चिराग पासवान, अलग चुनाव लड़कर भले ही एक ही सीट जीत पाये (वह भी अब नीतीश के साथ है) लेकिन वे अपने 'असम्भव नीतीश' मिशन में कुछ तो सफल हुए।

तो अब आगे क्या?

राजद के नेता तेजस्वी की शादी एक निजी समारोह में दिल्ली में हुई। अपने बचपन की मित्र रेचल से विवाह करके तेजस्वी ने न सिर्फ़ जाति बल्कि धर्म से ऊपर उठकर एक उदाहरण प्रस्तुत किया। यह उनके लिये राजनीतिक रूप से बहुत ही चुनौतीपूर्ण रहा होगा। एक ईसाई धर्म मानने वाली कन्या से विवाह राजद की पारम्परिक सोच से ऊपर की बात थी। तेजस्वी ने अपनी शादी को भी समावेशी राजनीति का एक हिस्सा बताया, ख़ासकर उनको जो राजद को मुस्लिम-यादव की पार्टी मानते हैं।

राजद की राजनीति वैसे दोराहे पर है–एक रास्ता नीतीश कुमार की तरफ़ जाता है और दूसरा कांग्रेस और अन्य पार्टियों के साथ त्रिशंकु जैसी स्थिति बनाता है। जब तक नीतीश बिहार की राजनीति के केन्द्र में रहेंगे, यह ऊहापोह बनी रहेगी, लेकिन यह संशय लम्बा नहीं चलेगा। साल 2025 आते-आते बिहार की राजनीति दो ध्रुवीय हो जायेगी, जिसमें एक तरफ़ भाजपा रहेगी और दूसरी तरफ़ राजद। जदयू का अस्तित्व 2024 के चुनाव तक ज़रूर है, लेकिन एक बार नीतीश केन्द्र की तरफ़

रुख़ करते हैं या उनकी पार्टी विखण्डित हो जाती है, तो भाजपा और राजद का सीधा मुक़ाबला होगा। चिराग पासवान जैसे नेता को इनमें से एक को चुनना होगा। कांग्रेस के कन्हैया कुमार और राजद के राजकुमार तेजस्वी एक म्यान में नहीं रह सकते और कांग्रेस अपने बूते पर संघर्ष करे तो फिर कोई बात हो। अगर ऐसा हुआ तो फ़ायदा भाजपा को होगा।

बिहार की राजनीति दो ध्रुवीय हो गयी है। इसकी बहुत कम सम्भावना है कि नीतीश फिर पलट जायें। अगर ऐसा हो भो जाये तो किसी को अचरज नहीं होगा। मुझे तो कभी-कभी शरद यादव की बात याद आती है, जब उन्होंने मुझसे कहा था कि नीतीश ज़्यादा समय एक जगह नहीं टिक सकते। पर अब नीतीश के पास राजनीतिक प्रयोग करने के लिए बहुत समय और विकल्प नहीं है। सम्भव हो देर-सवेर राजद और जदयू का विलय हो जाये। नीतीश राष्ट्रीय राजनीति में जाने का पूरा प्रयास कर रहे हैं, लेकिन बात तो तब बनेगी, जब राष्ट्रीय विपक्ष का कोई साझा कार्यक्रम हो। बात नेतृत्व की नहीं है, सवाल है क्या ममता बनर्जी, नीतीश कुमार, लालू प्रसाद, अखिलेश यादव, के.सी.आर., एम.के. स्तालिन और अरविन्द केजरीवाल एक साथ आ सकते हैं। उससे भी बड़ी बात—क्या ये सब कांग्रेस के साथ आएंगे और राहुल गाँधी को नेता मानेंगे। राहुल आख़िर भारत जोड़ो जैसी यात्रा किसी और को नेता बनाने के लिए तो नहीं कर रहे हैं। जब तक भाजपा बनाम सब नहीं होगा, विपक्ष को कुछ हासिल नहीं होगा। केन्द्र में सत्ता का परिवर्तन जब-जब हुआ है, तब या तो कोई करिश्माई नेतृत्व के कारण हुआ या उस समय की सरकार की गलती से हुआ। साल 1977 जब सत्ता पलट हुआ, तब जेपी का नेतृत्व था और इमरजेंसी की पृष्ठभूमि थी। साल 1989 में वी.पी. सिंह के करिश्माई नेतृत्व और राजीव गाँधी पर बोफोर्स सौदे में धाँधली के आरोप ने कांग्रेस को पराजित कर दिया। नीतीश कुमार भले ही कह लें कि 2014 वाले 2024 में आयेंगे क्या। लेकिन उन्हें भी पता है कि विपक्ष को एक जुट करना बहुत ही दुष्कर है। यहीं उनकी राजनीति उलझी हुई लग रही है।

लेकिन 2025 का विधानसभा चुनाव में महागठबन्धन नीतीश को चेहरा शायद ही बनाये। और यही से बिहार की राजनीति राजद बनाम भाजपा हो जायेगी। जैसे ही नीतीश मुख्यमन्त्री पद की दावेदारी से हटेंगे, भाजपा उनका जनाधार, खासकर कोइरी-कुर्म-धानुक को तोड़ने का प्रयास करेगी। वैसे भाजपा में नेताओं का अकाल है, संभव है केन्द्रीय नेतृत्व किसी पिछड़े या दलित पर दांव लगाए। क्या पता जनक राम वो चेहरा हो या फिर सम्राट चौधरी। जनक के पक्ष में उनकी जाति और

राजनीतिक अनुभव है, तो उनके विपक्ष में उनका भाजपा में बसपा से आना है। सम्राट भी समता पार्टी, राजद और जदयू होते हुए भाजपा में आये हैं। लेकिन उनके पक्ष में जो बात है, वह उनका कुशवाहा समाज से आना। भाजपा के पास यही नेता हैं जो नीतीश कुमार का जनाधार वोट तोड़कर भाजपा में ला सकते हैं। रही बात नित्यानंद राय की, लगता नहीं कि भाजपा एक यादव नेता को तेजस्वी के आगे शायद ही करे, क्योंकि उनका मुख्य जनाधार वोट नाराज हो सकता है। अमित शाह कह चुके हैं कि बिहार में नेता की घोषणा 2024 के लोकसभा चुनाव के ठीक बाद होगी। दावेदारी में सब लगे हैं। संजय जायसवाल भी लगे हैं, लेकिन भाजपा अक्सर राजनीतिक पण्डितों से इतर सोचती है। चेहरा जो भी हो, 2025 का मुकाबला तो बहुत दिलचस्प होगा।

काग़ज़ पर जो सामाजिक समीकरण अब दिखते हैं। तो सात दलों वाले गठबन्धन, जिसमें कांग्रेस और तीनों लेफ्ट पार्टियाँ भी है। 40 प्रतिशत के ऊपर के जनाधार के साथ मैदान में उतरेगी। उधर, भाजपा को कम-से-कम 10 प्रतिशत और मत चाहिए इनसे लड़ने के लिए। यही महत्त्वपूर्ण हो जाते हैं। चिराग पासवान और मल्लाह नेता मुकेश साहनी। चिराग के पास कम-से-कम पाँच-सात प्रतिशत का आधार मत है, वहीं साहनी के पास दो से तीन प्रतिशत। अगर भाजपा नीतीश के लव-कुश आधार को तोड़ दे, तो लड़ाई जमेगी। भाजपा को नीतीश की छाया से निकलना ही होगा।

2025 उनका असली लिटमस टेस्ट होगा।

चलते-चलते प्रशान्त किशोर की बात भी कर ही लेते हैं। अभी किशोर गाँव-गाँव घूम रहे हैं और अच्छा आकलन कर रहे हैं जमीनी समस्याओं का। इस बार किशोर गम्भीर लग रहे हैं। अगर पूरा बिहार घूम लिया और किसी बड़े दल के झांसे में नहीं आये तो नेता तो बन ही जायेंगे। उनकी सोच अभी बहुत स्पष्ट है, वह सत्ता परिवर्तन नहीं व्यवस्था परिवर्तन की बात कर रहे हैं। लोगों के मन में बहुत सवाल हैं, पैसे कहाँ से आ रहे हैं, कोई पार्टी की डमी तो नहीं है आदि-आदि। लेकिन मैं प्रशान्त किशोर की एक वैकल्पिक राजनीति की तरह देखता हूँ। उनका कहना है कि या तो उन्हें जनता पूरे तरह से नकार देगी या पूरी तरह से स्वीकार करेगी। क्या वे बिहार के केजरीवाल होंगे?

पर उनका जो फ़र्ज़ है अहल-ए-सियासत जाने, अपना तो पैगाम-ए-मुहब्बत है जहाँ तक पहुँचे।

धन्यवाद

सबसे पहले धन्यवाद अपने माता-पिता का और गुरुजनों का। बिहार के तमाम राजनेताओं का। कहानी के मुख्यपात्र, लालू प्रसाद, नीतीश कुमार और स्वर्गीय रामविलास पासवान का। सुशील कुमार मोदी और शिवानन्द तिवारी का। पत्रकारिता जगत में अभिभावक तुल्य सुरेन्द्र किशोर का। समाजवादी विचारक और साहित्यकार मित्र प्रेम कुमार मणि का। उन तमाम गलियों और कूचों का जहाँ से कहानियाँ निकलकर आती हैं।

विशेष धन्यवाद अनुज-तुल्य मित्र और प्रख्यात पत्रकार सौरभ द्विवेदी का, जिन्होंने अनुवाद का विचार दिया और उसे ठोस रूप देने में मदद की। वाणी प्रकाशन की प्राणवायु अदिति माहेश्वरी-गोयल का, जिन्होंने इस काम को मूर्तरूप दिया। किताब की अनुवादक कल्पना शर्मा का, उनके सुस्पष्ट अनुवाद, तल्लीनता और धैर्य के लिए। पंकज रामेन्दु को पाठन और साहित्यिक सुझाव के लिए। अनन्य शिष्या और मित्र रजनी सेन को सतत प्रोत्साहन के लिए।

धन्यवाद, अग्रज बाबुल भैया (रंजीव), अग्रजा साधना, अनुज त्रय–आशुतोष, परमतोष और मन्तोष को। सहचरी चित्रा को, जो कर्म पथ से डिगने नहीं देती। भांजे गौरव, पुत्र शाश्वत और पुत्री शिवांगी को। सासू माँ हेमलता सिंह और 'क़ानूनन' भ्राता-द्वय आशुतोष और अनिमेष को। प्रिय मित्र मनोज चौरसिया, अमिताभ श्रीवास्तव, भाई-समान अभिनव को। स्तम्भकार और पत्रकार द्वय आशुतोष कुमार ठाकुर और अतुल ठाकुर को।

और मेरे उन तमाम पाठकों को जो लेखक बनाते हैं। उस संगीत को जो अन्तस में ठहराव बनाये रखता है।